BALDUR KÖSTER

PYRAMIDEN UND PALÄSTE IN MITTELAMERIKA

EIN VERGLEICH MIT BAUTEN DER ÄGYPTER UND GRIECHEN

MIT 224 FOTOGRAFIEN UND 101 ZEICHNUNGEN
DES VERFASSERS

VERLAG PHILIPP VON ZABERN · MAINZ AM RHEIN

192 Seiten mit 225 Farb- und 103 Schwarzweiß-
abbildungen

Umschlag vorne: Uxmal, NONNENVIERTEL,
vorne der Ostpalast, dahinter die
Wahrsagerpyramide

Vorsatz vorne: Monte Alban, der südliche Teil des
ZEREMONIALZENTRUMS im Morgenlicht

Frontispiz (Abb. 1): Uxmal, NONNENVIERTEL,
Portal am Ostpalast

Vorsatz hinten: Uxmal, vom Podest des
Gouverneurspalastes auf das Nonnenviertel (Mitte)
und auf die Wahrsagerpyramide (rechts)

Umschlag hinten: Kabah, MASKENPALAST,
Detail einer Chacmaske

NACHWEIS DER ABBILDUNGEN

Alle Zeichnungen und Fotografien stammen vom
Verfasser mit Ausnahme von:

Abb. 14 Okarina als Priesterfürst geformt,
aus „Welt der Maya"

Abb. 113 Palenque, Kreuztempel, Rekonstruktion
Innerer Schrein,
aus Proskouriakoff, Tatiana, An Album of Maya
Architecture, Norman University of Oklahoma
Press 1970, Abb. Nr. 13

Abb. 253 Timgad, Trajansbogen,
© Henri et Anne Stierlin, Genéve

Abb. 287 Chich. Itzá, Markt, Rekonstruktion,
aus Proskouriakoff, Tatiana, An Album of Maya
Architecture, Norman University of Oklahoma
Press 1970, Abb. Nr. 109

*Bibliografische Information der Deutschen
Bibliothek*

Die Deutsche Bibliothek verzeichnet diese
Publikation in der Deutschen Nationalbibliografie;
detaillierte bibliografische Daten sind im Internet
über *<http://dnb.ddb.de>* abrufbar.

© 2003 by Verlag Philipp von Zabern,
Mainz am Rhein
ISBN 3-8053-3254-8
Lithos: Scan Comp GmbH, Wiesbaden
Alle Rechte, insbesondere das der Übersetzung in
fremde Sprachen, vorbehalten. Ohne
ausdrückliche Genehmigung des Verlages ist es
auch nicht gestattet, dieses Buch oder Teile daraus
auf photomechanischem Wege (Photokopie,
Mikrokopie) zu vervielfältigen oder
unter Verwendung elektronischer Systeme zu
verarbeiten und zu verbreiten.
Printed in Germany by Philipp von Zabern
Printed on fade resistant and archival quality paper
(PH 7 neutral) · tcf

INHALT

Fett gesetzte Orte sind mit einem Lageplan zusammen kurz beschrieben

EINFÜHRUNG

DANKSAGUNGEN

Herrn Prof. Dr. Berthold Riese sei herzlich gedankt für hilfreiche Auskünfte und für die Durchsicht des Manuskripts.
Der Verlag Philipp von Zabern in Mainz, für den stellvertretend Frau Dr. Annette Nünnerich-Asmus genannt sei, hat sich mit großer Mühe des Manuskripts und der vergleichsweisen großen Zahl der Zeichnungen und farbigen Abbildungen angenommen, wofür ich ebenfalls herzlich danke.

ZUM BUCHTITEL

Der im Titel verwendete Begriff MITTELAMERIKA ist die immer noch allgemein gebräuchliche geographische Bezeichnung für den Lebensraum der Indiovölker, die auf der Landbrücke zwischen Nord- und Südamerika ihre bedeutende Kultur schufen.

Ich möchte diesen Begriff jedoch einengen. Denn im Grunde umfaßt dieser Kulturraum nur einen Teil Mittelamerikas. 1943 benutzte erstmals Paul Kirchhoff für dieses Gebiet den Begriff MESO-AMERIKA, er hat sich seither in der Fachwelt durchgesetzt.

Dieses Gebiet umfaßt – nach heutigen Staatsgrenzen unterteilt – das zentrale und östliche Mexiko, Guatemala, Belice, El Salvador und jeweils den Westen von Honduras und Nicaragua. MESO-AMERIKA ist weniger ein geographischer Begriff, sondern eher ein historischer. Denn auf dem genannten Gebiet entwickelte sich lediglich in der Zeit von etwa 650 v. Chr. bis zur Landung der Spanier 1519 n. Chr. – also in einer Spanne von rund 2000 Jahren – eine eigene, ausgeprägte, eben die sogenannte mesoamerikanische Kultur, während in der Vorzeit und in der frühen spanischen Zeit eine kulturelle Abgrenzung dieses Gebietes nicht bestand und es sich erst in der 1. Hälfte des 19. Jhs. politisch in ganz anders abgegrenzte Staaten zersplitterte.

Deshalb soll hier im Folgenden von der ARCHITEKTUR in MESOAMERIKA gesprochen werden.

Die MESOAMERIKANISCHE ARCHITEKTUR ist – weil sie sich völlig unberührt von den übrigen Kulturen dieser Welt entwickelte – verglichen mit anderen Kulturräumen, über ein frühes Stadium nicht hinausgekommen. Sie hat zwar Leistungen aufzuweisen, die von der Kunstwissenschaft als klassisch – erweitert in den Unterteilungen vor-, spät- und nachklassisch – eingestuft werden, aber verglichen mit den Architekturen Ägyptens, Griechenlands und Roms, die sich über viel längere Zeiträume entwickeln konnten, ist die Mesoamerikas über ein frühes Stadium nicht hinausgekommen; es fehlen die Säulenhallen ägyptischer Tempel, die Körperhaftigkeit und der Formenkanon griechischer Tempel und die überwölbten Innenräume römischer Bauten. Die mesoamerikanische Architektur beschäftigt sich fast nur mit dem Bau von TEMPELPYRAMIDEN und PALÄSTEN; auf diesem Gebiet ist Vergleichbares und Ebenbürtiges entstanden.

Diese Architektur ist – denkt man an die gewaltigen Pyramiden in der Nähe der heutigen Stadt Mexiko, an die Tempelanlagen in Guatemala und an die reich geschmückten Pyramiden und Paläste auf der Halbinsel Yucatán – von großen Geheimnissen umgeben. Anders als über die Anfänge der Architektur in Ägypten und in Europa, über die wir gut unterrichtet sind und deren Entstehen wir auf wenige Jahre genau festlegen können, kann man Fragen nach der Entstehungszeit mesoamerikanischer Bauten meist nur grob beantworten; Angaben wie „entstanden zwischen 600 und 800 n. Chr." sind oft schon als genau anzusehen. Bis heute ist es keinem Forscher gelungen, eine zeitlich genau fixierte Geschichte der Völker Mesoamerikas aufzustellen. Diese Völker haben uns – mit Ausnahme der Maya – weder feste Daten ihrer Geschichte noch die Namen ihrer Städte, Tempel und Paläste überliefert. Zwar hat man Vieles über ihr Wesen und ihre religiösen Vorstellungen aus Stelen, Inschriften, Wandmalereien und ganz wenigen Handschriften erfahren, auch geben die Kalender-Hieroglyphen der Maya genau fixierte Daten an. Aber es ist zweifelhaft, auch wenn die restlichen, heute noch unentschlüsselten Hieroglyphen eines Tages alle lesbar sein sollten, ob sich jemals eine chronologisch exakte Geschichte der Völker Mesoamerikas wird aufstellen lassen, die in ihrer Genauigkeit nur annähernd der des Abendlandes entspricht.

Andererseits fesseln gerade die ungelösten Geheimnisse eine schier unübersehbare Zahl von Forschern. Dabei fällt auf, daß man sich hauptsächlich mit der Ikonographie, d. h. mit der Deutung der vielen Reliefs, Skulpturen, Malereien und der zunächst geheimnisvollen Hieroglyphen auf Stelen und Tempeln beschäftigt, sind dies doch die einzigen Quellen, die uns beim Fehlen schriftlicher Mitteilungen, etwas über das Wesen und das Denken dieser Menschen verraten können. Besonders die Maya geben mit reichem Dekor aus ihrer mythologischen Welt, das uns üppig wuchernd an den Tempelwänden in Halbreliefs oder mit sich wiederholenden Mustern entgegentritt, Rätsel um Rätsel auf. Erstaunlich viel ist gerade in den letzten Jahrzehnten erklärt oder annähernd gedeutet. Manches wird seinen Sinn wohl nie ganz offenbaren.

Die Deutung der Architektur wird fast immer im Zusammenhang mit der Deutung der Skulpturen und Inschriften vorgenommen. So wird die Architektur in erster Linie von ihren mythologischen Wurzeln her interpretiert; die Aussage der Architektur selbst wird bei dieser Betrachtungsweise zumeist vernachlässigt; beim Lesen vieler Publikationen entsteht der Eindruck, als seien die Architekturteile nur als Hintergrund mythologischer Darstellungen gedacht; die Auslegung der Architektur selbst erscheint zweitrangig.

Im Gegensatz zu den üblichen Darstellungen soll in diesem Buch versucht werden, die Architektur Mesoamerikas allein von ihrer architektonischen Aussage her zu erläutern. Denn auch in Mesoamerika diente die Architektur nicht allein dazu, dem religiösen Anliegen einen Rahmen zu geben, sie entwickelte auch dort eine Eigenkraft, die, losgelöst vom mythologischen Ursprung, aus sich selbst heraus eine große Wirkung ausstrahlt. Diese architektonische Aussage wird das Thema dieses Buches sein. Ähnlich wie der Maler Rufino Tamayo in seiner Skulpturen-Sammlung in Oaxaca die Skulpturen losgelöst von ihrem heute meist vergessenen mythologischen Entstehen nur nach künstlerischen Gesichtspunkten sammelte und ordnete, so soll hier versucht werden, die Architektur Mesoamerikas lediglich nach der Art ihrer künstlerischen Gestaltung (und ihrer bautechnischen Bewältigung) *) zu werten.

Ihr mythologischer Gehalt soll nur dann, wenn es zum Verständnis notwendig ist, zur Erklärung herangezogen werden. Im Vordergrund steht nicht die Frage nach dem mythologischen Anlaß, der eine bestimmte Form hat entstehen lassen, sondern die Frage, wie diese Form sich innerhalb der architektonischen Möglichkeiten entwickelt hat.

In dieser Atmosphäre geschichtlicher Rätsel drängt sich beim Betrachten der Architektur, besonders der Pyramiden, aber auch der Paläste und der Einzelheiten wie Portale, Säulen und Gebälk, natürlich die Frage auf nach dem Entstehen dieser vielen Formen. Sie erscheinen uns zum Teil sehr fremdartig, besonders wenn man sich die vielen furchterregenden Skulpturen ansieht, die oft die ganzen Außenwände der Tempel und Paläste überziehen.

Ganz anders ist es bei den Pyramiden, den beeindruckendsten Monumenten Mesoamerikas, bei ihrem Anblick denkt jeder sofort an Ägypten. Haben die Indios in Mesoamerika Verbindungen nach Ägypten gehabt? Haben sie von dort die Pyramidenform übernommen? Und von dieser Überlegung ausgehend stellt sich die Frage: Stammen evtl. auch einige Palastformen direkt aus Ägypten?

Andererseits drängen sich bei einigen Tempeln und Palästen Ähnlichkeiten zur griechischen Architektur auf: Einzelheiten der Tempelgrundrisse, Säulenhallen, auch einzelner Säulen und Türgewände – viele Elemente könnten von den Griechen geradezu übernommen sein.
Als Einführung ins Thema bietet es sich an, zunächst dieser Frage nachzugehen.

2 Edzná, PALAST-
GEBÄUDE DER FÜNF
STOCKWERKE
Monolithische Säule im 4. Stock

Nachfolgend werden auf jeder Seite
MESOAMERIKANISCHE BEISPIELE
*immer **oben**,*
ÄGYPTISCHE und GRIECHISCHE
*BEISPIELE immer **unten***
dargestellt

3 Gizeh, Ägypten
MASTABA der 5. Dynastie
Säule mit Kapitell am Eingang

---

*) In diesem Zusammenhang sei darauf hingewiesen, daß mit der Vorgehensweise, Bauten aus der Entwicklung ihrer Form zu erklären, der Verfasser auf Fragen gestoßen ist, die aus dieser Sichtweise u.U. zu ganz neuen Erkenntnissen führen könnten; z. B. auf die Fragen:
Trennt die Mittelwand im Tempel den Zweikammergrundriß evtl. in einen diesseitigen und einen jenseitigen Bereich (S. 69). Trennen analog die jeweils durchgehenden Mittelwände in den Galerien des Palastes von Palenque (S. 122) und die durchgehende Mittelwand im Südpalast des Nonnenviertels in Uxmal (S. 142) gleichfalls die diesseitige von der jenseitigen Welt und sind aus diesem Grunde die Kammern aller Mayapaläste ausschließlich zu religiösen Zwecken genutzt worden?

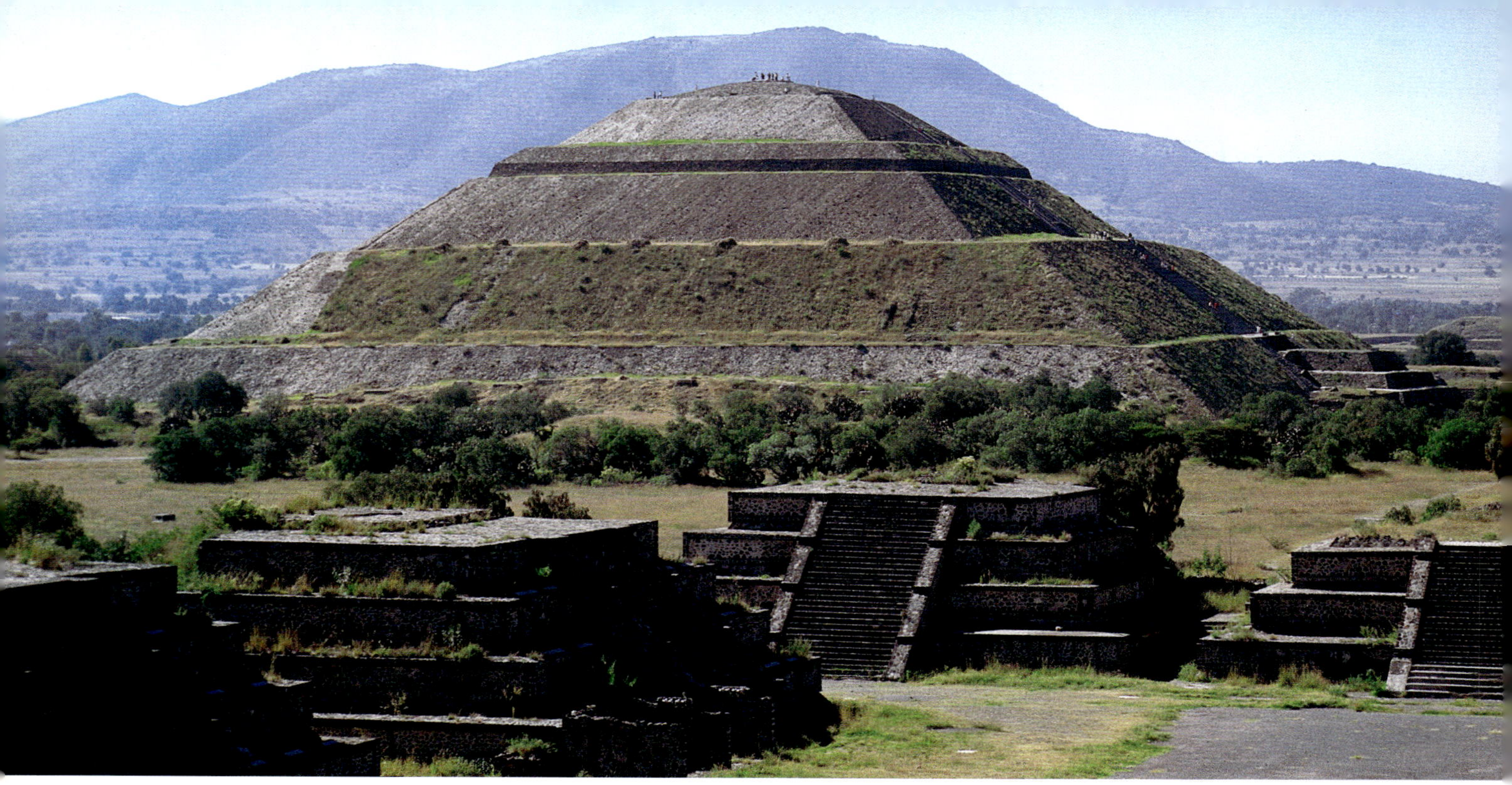

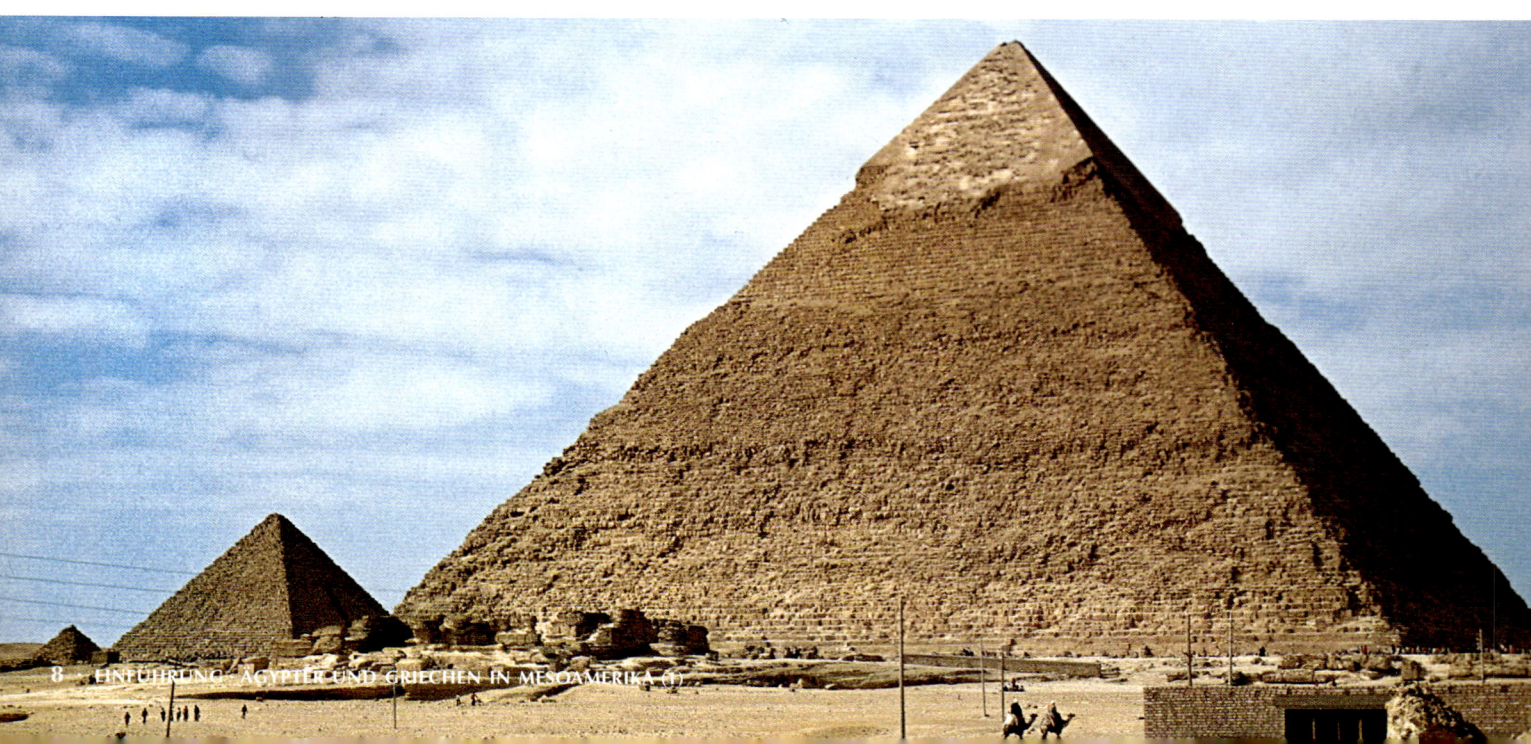

ÄGYPTER UND GRIECHEN IN MESOAMERIKA ?

oben:
4 (21,0 x 11,0)
Teotihuacán
SONNENPYRAMIDE
von Nordosten gesehen
(von der Mondpyramide) aus

unten:
5 (21,0 x 9,0)
Gizeh, Ägypten
CHEPHRENPYRAMIDE

Pyramiden sind die gewaltigsten Bauwerke, die Menschen vor Beginn des Industriezeitalters geschaffen haben. Wir finden sie in dieser Form an zwei Stellen der Welt: in Ägypten und in Mittelamerika. Die größten dieser Pyramiden stehen in Ägypten auf dem Pyramidenfeld von Gizeh und in Mittelamerika in Teotihuacán, unweit von Mexiko-Stadt.

Allererste bauliche Gestaltungen der Menschen waren nicht von einem lebensnotwendigen Zweck bestimmt, sie standen in keinem Zusammenhang mit profanen Behausungen, sie sind vielmehr gewaltige Monumente mit symbolischem und beschwörendem Charakter. Ihr Erstehen scheint aus heutiger Sicht unfaßbar. Es ist kaum nachvollziehbar, was an Erfindungsgabe und an menschlicher Arbeitskraft zu leisten war, um diese Baumassen so präzise zu ordnen und aufzuschichten. Diese Leistung wird noch unbegreiflicher, wenn man sich vergegenwärtigt, daß die Bauwerke von Menschen geschaffen wurden, die selbst nur in armseligen Behausungen lebten.

Die SONNENPYRAMIDE (oben) entstand zwischen 100 und 1 v. Chr., die CHEPHRENPYRAMIDE (unten) etwa um 2500 v. Chr.

Die Gemeinsamkeiten ihrer Abmessungen bestechen: Die Sonnenpyramide mißt an der Basis 225 x 222 m, die Chephrenpyramide 215,25 x 215,25 m (die etwas größere Cheopspyramide zum Vergleich 230,38 x 230,38 m). Allerdings hat die Chephrenpyramide eine Höhe von 143,50 m (die Cheopspyramide ursprünglich 146,60 m), während die Sonnenpyramide ursprünglich nur eine Höhe von 75 m erreichte; die mesoamerikanische Pyramide ist also flacher. Das mindert die Übereinstimmung ein wenig. Auch hat die mesoamerikani-

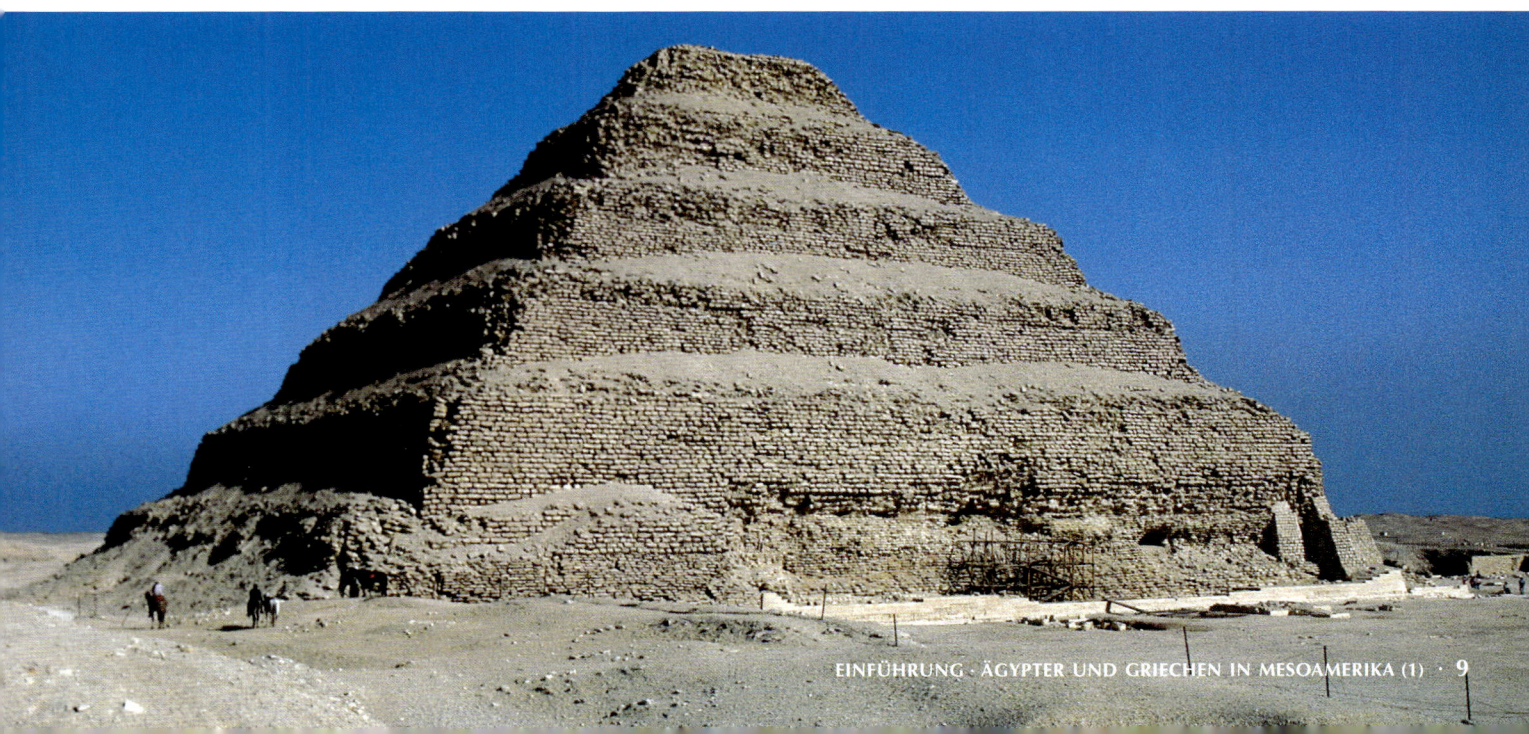

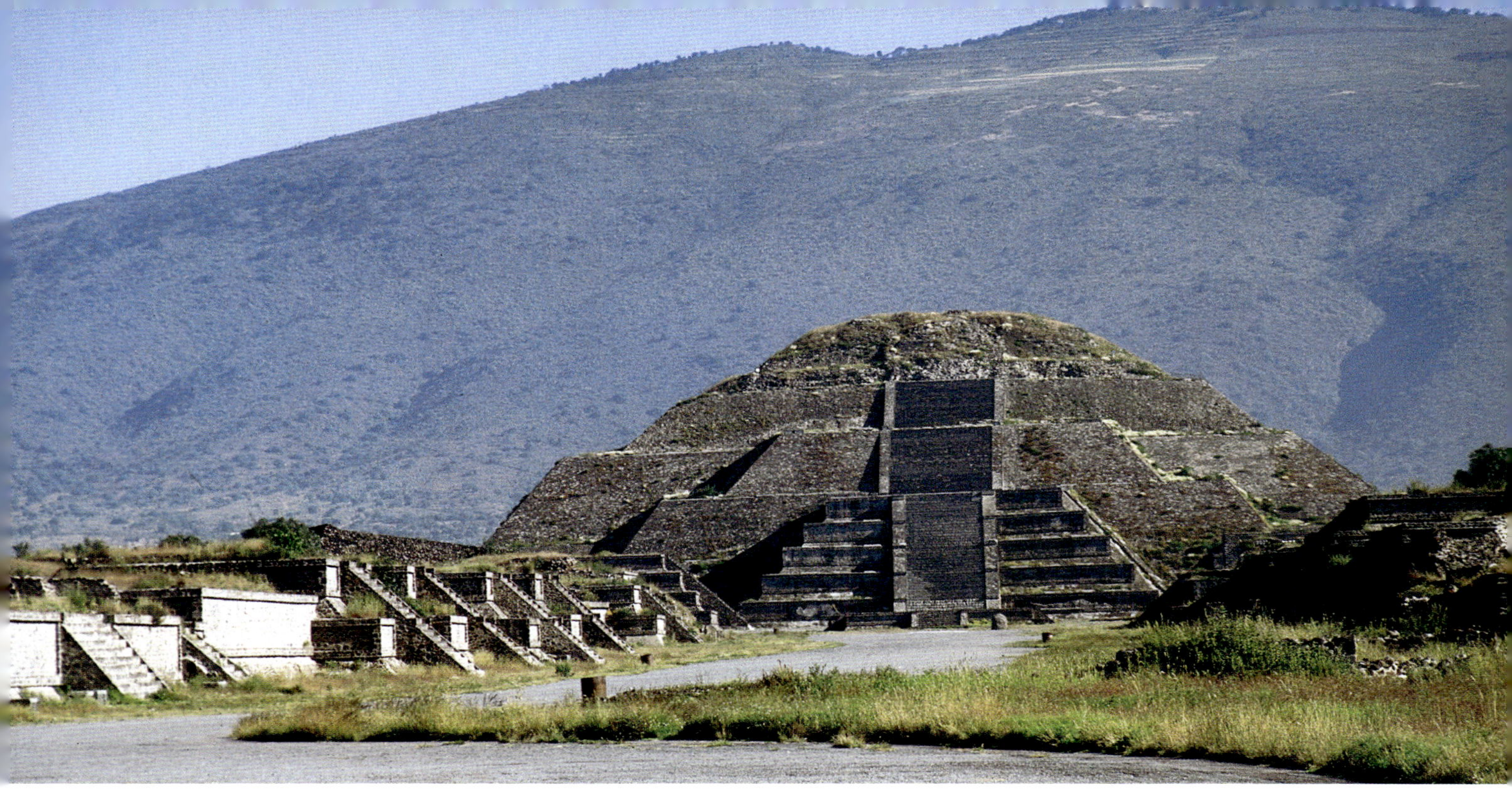

sche keinen spitzen Abschluß, sie schließt als flache Plattform, auf der ursprünglich ein Tempel stand. Und vor allem zeigt sie nicht die in Ägypten übliche rein geometrische Pyramidenform mit gleichen, dreiecksförmigen Außenflächen, sondern sie stellt eine Stufenpyramide dar.

Nun kann man natürlich – sucht man weitere Zusammenhänge – darauf verweisen, daß die Ägypter ebenfalls Stufenpyramiden bauten; das bekannteste Beispiel ist die PYRAMIDE DES DJOSER in Sakkara (siehe unten).

Sie entstand aus Überbauung einer zweistufigen (nach Osten sogar dreistufigen) Mastaba (ägyptisches Wort für Bank) (Zeichnung des Schnitts siehe S. 30). Ein Merkmal der Mastaba sind ihre abgeschrägten Außenwände; sie wurden bei der Überbauung übernommen. Diese neue Mastaba wurde gewaltig überhöht, zunächst zu einer vierstufigen, in der letzten Bauphase zu einer sechsstufigen „Pyramide". Die einzelnen Stufen werden geprägt durch die Form der abgeschrägten Mastabawände. Hätte man es beim vierstufigen Ausbau belassen, wäre heute eine noch größere Ähnlichkeit mit der ebenfalls vierstufigen MONDPYRAMIDE vorhanden.

Darüber hinaus sind beide Pyramiden in ähnlicher Weise in Heiligtümer eingebunden: Die Pyramide des Djoser bildet den Mittelpunkt des Grabbezirks, zu ihren Füßen schließen sich jeweils mit Innenhöfen der Nordpalast und der Südpalast an.

Die Mondpyramide ist ausgerichtet auf den davorliegenden Platz, auf den die Totenstraße einmündet: Er ist umgeben von symmetrisch angeordneten kleineren Pyramidensockeln, er ist sozusagen der zentrale Punkt des Heiligtums.

Die Mondpyramide und die ägyptische Stufenpyramide sind keineswegs in allen Formen identisch, aber ihre Übereinstimmungen sind auffällig genug. Es sind viele Theorien aufgestellt worden, die besonders am Beispiel der großen Pyramiden Verbindungen zwischen Ägypten und Mesoamerika zu begründen versuchen.

oben:
6 Teotihuacán
MONDPYRAMIDE
von Süden gesehen
(von der Totenstraße aus)

unten:
7 Sakkara, Ägypten
PYRAMIDE DES DJOSER

oben:
8 Chichén Itzá
*TEMPEL AM NORDENDE
DES BALLSPIELPLATZES*
Ansicht von Süden

Doch nicht allein die Ähnlichkeit der Pyramiden ist aufregend: Rund achthundert Jahre später tauchen in Mesoamerika Gebäude auf, die uns nun nicht mehr an Ägypten erinnern, sondern ans klassische Griechenland. Stammen die beiden bisher gezeigten monumentalen Pyramiden aus der frühen klassischen Periode Mesoamerikas, so gehört im Vergleich dazu der oben abgebildete kleine TEMPEL an der nördlichen SCHMALSEITE des BALLSPIEL-PLATZES in Chichén-Itzá zu den späten Tempeln aus der in Mesoamerika „nachklassisch" genannten Zeit.

Genau genommen hat sich von den „vorklassischen" Pyramiden bis zu diesem „nachklassischen" Tempel nichts verändert: Auch dieser Tempel steht auf einem pyramidenähnlichen Unterbau, eine Treppe führt zu ihm hinauf. Nur die Proportionen sind ganz andere geworden: Statt der gewaltigen Pyramide, dem Unterbau eines kleinen Tempels, findet sich hier ein sehr niedriges Podest, das lediglich drei kleine Stufen besitzt; es ist wesentlich kleiner als der Tempel selbst. Dementsprechend ist die Treppe, die zum Tempeleingang führt, – verglichen mit den Treppen der frühen Pyramiden – sehr kurz geworden.

Das Wichtigste ist: Es sind jetzt Proportionen entstanden, die denen der klassischen griechischen Antike sehr nahestehen. Ein vergleichbarer griechischer Tempeltyp (ein sogenannter Anten-Tempel, d. h. ein dreiseitig geschlossener Raum mit zwei Säulen in der Vorderfront), sei danebengestellt: Das SCHATZHAUS DER ATHENER im Apollon-Heiligtum in Delphi (Griechenland).

Gewiß, der griechische Tempel ist mehr in die Höhe gereckt, der mesoamerikanische etwas breiter gelagert. Aber der Grundriß hat eine erstaunliche Ähnlichkeit: Bei beiden Tempeln sehen wir den dreiseitig geschlossenen Raum, bei beiden wird die Vorderfront durch zwei Säulen geöffnet! Zwar sind beim mesoamerikanischen Tempel die Anten, die Seitenwände, ein Stück in die Vorderfront herumgezogen. Das liegt jedoch daran, daß beim mesoamerikanischen Tempel der Eingang nicht an der Stirnseite liegt, sondern immer in der Längswand; das ändert aber nichts an der grundsätzlichen Übereinstimmung beider Tempeltypen.

9 Delphi, Griechenland
*SCHATZHAUS DER ATHENER
IM APOLLON-HEILIGTUM*
Ansicht von Osten

Von der Tempelfront mit zwei großen Säulen führt in Griechenland architekturgeschichtlich ein gerader Weg zu den langen Säulenhallen. Aus dem Antentempel entwickelte sich der Prostylos mit vier Säulen in der Vorderfront, dann der Doppelprostylos, bei dem sich die vorderen vier Säulen an der Rückfront wiederholen, und schließlich der Peripteros, bei dem die Säulen als Kranz um den ganzen Tempel herumgeführt werden. Erst in hellenistischer Zeit entstanden aus dem Säulenkranz der Tempel die langen Säulenhallen mit geschlossener Rückseite, die damals die Plätze und Hauptstraßen aller Städte schmückten.

Die in UXMAL (südlich des Nonnenviertels) rekonstruierte SÄULENHALLE könnte vom Grundriß her direkt aus einer hellenistischen Stadt importiert worden sein, doch sie wurde nicht – wie in Griechenland – aus dem Tempelbau entwickelt, sondern entstand am Ende einer ganz anderen geschichtlichen Entwicklung aus rein praktischen Erwägungen. Die Halle in Uxmal steht in einem Heiligtum und wird (das zeigt die aufwendige De-

koration am hohen Gesims) kaum als Markthalle gedient haben.

Deshalb sei hier zum Vergleich mit Griechenland auch keine Markthalle, sondern eine Tempelwand gegenübergestellt: die Längswand des HEPHAISTEION in Athen. Es fällt auf, daß in Griechenland die Säulen enger beieinander stehen, sich mehr in die Höhe strecken und daß das stark ausgeprägte Gesims (das jedoch nicht die in Mesoamerika übliche Höhe erreicht) diese vertikale Ausrichtung wieder bremst, wodurch insgesamt eine spannungsreiche Ausgewogenheit entsteht.

Die späteren hellenistischen Hallen aber – und da besteht wieder Übereinstimmung mit der Halle in Uxmal – errichtete man aus praktischen Gründen mit größeren Abständen der Säulen, sie entsprechen etwa genau den Abständen in der Säulenhalle in Uxmal (haben in Griechenland allerdings erheblich schlankere Säulen).

Ist dieser Hallenbau Mesoamerkas in Kenntnis hellenistischer Konstruktionen entstanden und wurde er lediglich in der Dekoration der Landesart angepaßt?

10 Uxmal
SÄULENHALLE
SÜDL. VOM NONNENVIERTEL
Ansicht von Westen

11 Athen, Griechenland
HEPHAISTEION
Ansicht von Süden

oben:
12 Sayil
PALAST

Der PALAST in SAYIL (Abb. oben) ist, wie alle Paläste im Mayaland, allem Anschein nach keine Herrscherwohnung in unserem Sinne gewesen, sondern eher ein Heiligtum, dessen genaue Nutzung uns – wie so oft in Mesoamerika – unbekannt ist. Für ein Heiligtum spricht, daß der dreigeschossige Bau im Grunde eine sehr abgeflachte, dreistufige Pyramide bildet und daß – ähnlich wie bei den Pyramiden – eine breite Treppe über die abgestuften Paläste nach oben führt. Die Palasträume selbst bilden nach vorn offene Kammern, die nicht abschließbar sind. Die Kammern der beiden unteren Geschosse lehnen sich mit ihren geschlossenen Rückwänden an das aufgeschichtete Erdreich des Unterbaus. Vor den Kammeröffnungen breiten sich Terrassen aus, die von den Dächern der jeweils darunterliegenden Palasträume gebildet werden.

Der TOTENTEMPEL (oder auch Terrassentempel) DER HATSCHEPSUT in Dêr el-Bahri, Ägypten, (Abb. unten) lehnt sich zwar nicht an künstliche Aufschüttungen, sondern an eine natürliche Felswand (was im Ergebnis auf das Gleiche hinausläuft). Allerdings führen hier die Öffnungen nicht in einzelne Kammern (wie in Sayil), sondern in Hallen.

Aber in beiden Fällen liegen vor den Öffnungen breite Terrassen, die auf eine gleiche Nutzung schließen lassen. In Ägypten dienen die Hallen – wie es bei Pharaonen-Tempeln üblich ist – zur Darstellung des Herrschaftsfolge und der Taten der Hatschepsut. Das geht aus den farbigen Darstellungen hervor, mit denen alle Wände überzogen sind. Übereinstimmend ist bei beiden Bauten auch die in drei Ebenen gestaffelte Anordnung der Hallen.

unten:
13 Dêr el-bahri, Ägypten
TOTENTEMPEL DER HATSCHEPSUT

Zwar gibt es Unterschiede zum Bau in Sayil: In Dêr el-bahri sind die Terrassen breiter, es führt statt einer Treppe eine flache Rampe von Terrasse zu Terrasse; die Hallen sind höher, tiefer und länger als die Palasträume in Sayil, vor allem werden sie durch Pfeilerreihen abgeschlossen, die eine große Strenge ausstrahlen. Aber das System ist in beiden Fällen das gleiche: Die drei langgestreckten Hallenbauten entwickeln sich auf abgestuften Ebenen, sie sind durch eine breite Treppe (oder Rampe) miteinander verbunden und lehnen sich alle mit ihrer Rückseite an eine Aufschüttung oder den Fels an.

Die hier als Einführung ins Thema ausgesuchten Beispiele – läßt man **allein** die Bilder auf sich wirken – tragen zur Vermutung bei, daß die mesoamerikanische Architektur zumindest von der ägyptischen, aber auch im gewissen Grade von der klassischen griechischen Architektur Impulse erfahren haben muß. Der Eindruck verstärkt sich beim weiteren Durchblättern dieses Buches. Aber man sollte vor weiteren Vergleichen sehr nüchtern die Frage stellen: War zunächst geographisch und dann auch zeitlich gesehen überhaupt eine Übernahme von Architekturformen vom Mittelmeerraum bis nach Mittelamerika möglich?

Zur **geographischen Situation:** Das Weitergeben und die Übernahme von Bauformen, das führt die griechische Geschichte überall vor Augen, setzt lebhafte Handelsbeziehungen voraus. Zwar ist es bekannt, daß es bereits vor den ersten spanischen Eroberern einer geringen Zahl von Seefahrern gelungen war, den Atlantik zu überqueren. Aber diese waren Abenteurer und Krieger; sie haben allenfalls Waffen und Schmuck in ihren kleinen Booten mitgeführt. Sie waren keine Händler im großen Stil und erst recht keine Baumeister, die detailliert über die Architektur des Mittelmeerraumes hätten berichten können. Diese wenigen Kontakte sind in keiner Weise mit den Handelsbeziehungen zu vergleichen, die die Griechen übers ganze Mittelmeer hinweg aufgebaut hatten und die die Voraussetzung dafür waren, daß sich die hellenistischen Bauformen in diesem Raum überhaupt erst verbreiten konnten.

Daraus ziehe ich den Schluß:
Da es keine ausreichenden Kontakte über den Atlantik gab, ist ein Weitergeben von Bauformen vom Mittelmeerraum bis nach Mesoamerika vor der Landung der ersten Spanier **unmöglich** gewesen.

Ein **zweiter**, noch gewichtigerer Grund ergibt sich aus der zeitlichen Dimension: Würde man – nur als Gedankenspiel – einen kulturellen Austausch für möglich halten, dann wäre ab dem Ende des ersten vorchristlichen Jahrhunderts, als in Mesoamerika die Zeit der großen Architektur begann, kaum die Pyramide als typische Architekturform des Mittelmeerraumes über den Atlantik gekommen.

Damals galten die Pyramidenfelder in Gizeh nur noch als kuriose Wunder; ihre Erbauung lag immerhin über zweieinhalb Jahrtausende zurück. Vielmehr wären es Formen der hellenistischen und der frühen römischen Architektur gewesen, die man mitgebracht hätte: Also griechische Säulenordnungen in ihrer zierlicheren hellenistischen Abwandlung und vor allem die neu erfundene Bogen- und Gewölbetechnik der Römer. Und im zweiten und dritten nachchristlichen Jahrhundert hätten Seefahrer von den großen Thermen und Theatern Roms berichtet, aber wohl kaum von den Pyramiden Ägyptens.

Was aber **drittens** die Übernahme aller genannten Architekturformen völlig ausschließt, ist die unterschiedliche Entstehungsgeschichte der einzelnen Bauformen. Die vorweg gezeigten Ähnlichkeiten sind immer nur Momentaufnahmen zweier ansonsten ganz unterschiedlicher Entwicklungen, die rein zufällig zur betrachteten Zeit zu annähernd gleichen Formen geführt hatten. Die Vorformen der Pyramiden sind in Mesoamerika völlig verschieden von denen in Ägypten.

Die Möglichkeit für das Auftreten ähnlicher Architekturformen liegt – wie im Nachfolgenden noch eingehend erläutert wird – vor allem in der Übereinstimmung zivilisatorischer Rahmenbedingungen.

So stehen wir bei allen aufgezeigten Ähnlichkeiten, die uns noch beschäftigen werden, vor der nicht wegzuleugnenden Tatsache, daß sich Architekturformen immer wieder neu bilden können und sie sich nicht unbedingt aus vorhergehenden weiterentwickeln müssen.

Oder anders ausgedrückt:
Ähnliche zivilisatorische Grundbedingungen können in der Architektur zu ähnlichen Grundformen führen. Diese Grundformen können **mehrfach erfunden** werden.

Doch sind die **bisher gezeigten Ähnlichkeiten** für mich so erstaunlich, daß sie Anlaß waren für die nachfolgenden Betrachtungen, in denen versucht werden soll:

1. durch Vergleiche mit ähnlichen ägyptischen oder griechischen Bauformen das Wesen der mesoamerikanischen Architektur verständlicher zu erklären und

2. darauf hinzuweisen, daß unter gewissen Umständen klassisch zu nennende Grundformen der Architektur mehrfach entstehen können und daß diese Formen auf dem Grunde des menschlichen Wesens angelegt sind.

DIE VÖLKER MESOAMERIKAS

Bevor wir uns der ARCHITEKTUR MESOAMERIKAS zuwenden, müssen wir uns mit den VÖL-KERN beschäftigen, die diese Architektur schufen. Dabei soll auf ÄHNLICHKEITEN mit den Kulturen ÄGYPTENS und GRIECHENLANDS hingewiesen werden, aber auch auf das, was diese Kulturen wesentlich unterscheidet: DIE GANZ ANDEREN RELIGIÖSEN VORSTELLUNGEN und Gebräuche der Indiovölker.

Während die frühen Kulturen Asiens, Nordafrikas und Europas in gegenseitigem Wissen voneinander entstanden, entwickelten sich die Indiokulturen Mesoamerikas (und auch der Anden) völlig unabhängig davon, sie waren dem Blickfeld der übrigen Menschheit entzogen.

Die folgenden Hinweise zur GESCHICHTE DER VÖLKER MESOAMERIKAS sollen nur die unbedingt erforderlichen Informationen geben, die zum Verständnis der im Anschluß gezeigten Architektur erforderlich sind. Im übrigen wird auf die im Anhang AUFGEFÜHRTE LITERATUR verwiesen.

ALLGEMEIN

Die Indio-Völker entstanden aus Wandergruppen von Sammlern und Jägern, die erstmals, vor etwa 40000 Jahren aus Asien kommend, die damals vereiste oder sogar verlandete Behringstraße überquerten und von Nordamerika aus über einen sehr langen Zeitraum über Mittelamerika bis nach Feuerland vordrangen. Vor etwa 20000 Jahren lebten erstmals Menschen im heutigen Mittelamerika; vor etwa 9000 Jahren gab es den ersten Pflanzenanbau und vor etwa 5000 Jahren den ersten Maisanbau, der später die wichtigste materielle Grundlage der Zivilisation bildete.

Interessant ist, daß in Mesoamerika immer wieder neue Schübe von Einwanderern, aus dem Norden kommend, die frühen Zivilisationen überlagerten und Neues schufen. Das sind Ereignisse, die sich auch am Nil abspielten, wo fremde Eroberer aus der Wüste kamen, und die ebenfalls in Griechenland mit der Einwanderung der Dorer geschahen. Das sind die frühesten zivilisatorischen Übereinstimmungen, die zwischen Mesoamerika und Ägypten bzw. Griechenland auszumachen sind.

Vergleiche mit der Topographie und dem Klima lassen allerdings weniger Übereinstimmungen erkennen. Weder gibt es in Mesoamerika die trockene, völlig niederschlagslose Wüste Ägyptens, in der allein die jährlichen Nilüberflutungen das lebensnotwendige Wasser bringen, noch das (im Altertum) durchweg grüne Bergland Griechenlands mit dem ausgeglichenen, feuchtwarmen mediteranen Klima.

Mesoamerika ist eher ein Land extremer Gegensätze: Mexiko und Guatemala bestehen überwiegend aus Hochtälern von 1600 bis 2500 m Höhe, in denen Mexiko-Stadt und das alte Teotihuacán liegen und in denen es mitteleuropäisch kühl und jahreszeitlich oft trocken ist.

Darunter bis 700 m Höhe (wo am nördlichen Rand Palenque liegt) ist es feuchtwarm, hier wuchert der Urwald. Und die Niederungen zur Küste hin (in denen die Olmeken ihre erste Kultur schufen) sind tropisch heiß und sehr feucht. Es gibt Regionen, in denen die Niederschläge gering und jahreszeitlich sehr unterschiedlich sind, dort erflehten die Menschen den Regen. Andererseits gibt es in Golfnähe Regionen, wo der Regen ausreichend fällt und man statt dessen von den Göttern die Sonne erbitten mußte.

Ganz anders sieht es auf der riesigen, nahezu flachen Halbinsel Yucatán aus; hier fällt insgesamt ausreichend Regen. Aber der Boden besteht aus wasserdurchlässigem Kalk; das Wasser fließt gar nicht erst in Flüssen ab, sondern versinkt sofort im Boden, der an der Oberfläche wieder austrocknet. Bleibt der Regen längere Zeit aus, vertrocknet die Vegetation. Fällt er zu kräftig, versumpfen die Felder. Den Maya gelang es aber, durch den Bau von Entwässerungskanälen dem Boden hohe Ernteerträge abzuringen. In diesen Regionen fand der Regenkult seine größte Verbreitung. Heute wechselt in diesen Regionen dichter Urwald mit dünnerem, steppenartigem Buschwald.

IHRE RELIGION

Die Kultur und die Religion der Völker Mesoamerikas entstand völlig isoliert von der übrigen Welt. Um so mehr ist man erstaunt, daß sich so vieles findet, was uns aus den frühen Religionen des Abendlandes bekannt ist. Es gibt eine wundervolle Schöpfungsgeschichte, es gibt eine vielschichtige Götterwelt. Und vor allem gibt es eine enge Verbundenheit zwischen dem Tun der Menschen und dem der Götter, was wiederum Glaubensvorstellungen hervorbringt, die so völlig abweichen von den uns bekannten und die dazu führten, daß sich in den Opferhandlungen für unser Empfinden so grausame Dinge abspielten, die mit einen Grund dafür bildeten, daß die Spanier versuchten, diesen „Götzenkult" völlig auszurotten.

Es kann nicht Sinn dieses Buches sein, auch nur annähernd erschöpfend die religiöse Welt der Indiovölker darzustellen; ich möchte stark zusammengedrängt nur einen Überblick geben, wie er mir unbedingt notwendig erscheint zum Verständnis der aus diesem Glauben heraus geschaffenen Architektur. Denn so sehr die zivilisatorischen Umstände in der Architektur ganz ähnliche Entwicklungen hervorbrachten, so führte die Religion mit dem Übermaß an Opferhandlungen und an zeremoniellen Aufwand auch zu Formen, die uns sehr fremd erscheinen.

Im Kosmos der Menschen Mesoamerikas ist alles auf das engste miteinander verbunden. Die Götter, die sich selbst gegenseitig befehdeten, hatten alles geschaffen. Sie hatten aber auch diese Welt zu erhalten, ohne die Götter war kein Leben möglich. Sie hatten die Menschen eigens dafür geschaffen, daß diese sie verehrten. Sie waren aber auch von den Menschen abhängig, denn – und darin sehe ich einen großen Unterschied zu anderen Religionen – die Menschen waren auch dazu verpflichtet, die Götter zu „ernähren". Das geschah anfangs durch Opfern von Früchten, Mais und Tieren so wie es alle Naturreligionen kennen, dann aber im zunehmenden Maße durch menschliches Blut als Sinnbild allen Lebens.

Blutopfer sind zwar aus allen Naturreligionen bekannt, aber das anfängliche Aderlassen bei religiösen Zeremonien steigerte sich später zu maßlosen Menschenopfern, die diese Religion so grausam erscheinen läßt. Das führte schließlich auch in der Architektur zu ganz eigenen Richtungen.

Auch in Mesoamerika war der Kosmos unterteilt in drei Ebenen: in das blaue Himmelsgewölbe, in dem die Götter herrschten, (und das sich nachts, wenn es dunkel wurde, mit der Unterwelt verband), in die Mitte, die steinige Erde, auf der die Menschen lebten, und schließlich in das schwarze Wasser der Unterwelt, zu der nur die Götter und die Verstorbenen Zugang hatten. Für die lebenden Menschen gab es zu dieser Unterwelt nur eine Verbindung: Nur ihren hohen Priestern bzw. ihren Priesterfürsten war es möglich, im Trancezustand (der wohl meist durch starkes Aderlassen erreicht wurde) in die Unterwelt hinabzusteigen. Nach dem Erwachen aus diesem Zustand konnten sie dem Volk verkünden, was Götter oder Ahnen ihnen dort unten aufgetragen hatten.

Gerade diese Handlung scheint mir ein Schlüssel zu sein für das Verständnis dieser Religion und der ganzen Kultur. Himmel und Unterwelt bilden die **wahre**, die **geistige Welt**, die uns umgebende

*14 Okarina (Gefäßflöte) als PRIESTERFÜRST geformt
Dieser trägt einen Kopfschmuck aus blauen Federn und hält in den Händen zwei Rasseln, mit denen er den Rhythmus schlug, nach dem das Volk tanzte.
(Grabbeilage aus Nebaj, El Quiché, Guatemala)*

Natur stellt **nur die stoffliche Umsetzung des Geistigen** dar.

Die erforderlichen Riten einer solchen direkten Kontaktaufnahme mit Göttern und Ahnen setzten schon voraus, daß sich aus den ursprünglichen Dorfgemeinschaften kleine Staatswesen (ähnlich den kleinen Stadtstaaten Griechenlands) gebildet hatten, und daß es eine Adelskaste gab, die einen Priesterfürsten gewählt hatte (ich scheue die oft benutzte Bezeichnung „König" für dieses durch und durch religiös geprägte Amt). Ein solcher Herrscher war kein absoluter Fürst wie ein antiker König, er war der Vertreter eines Gottes auf Erden und deshalb bemüht, seine göttliche Abstammung nachzuweisen. Er war für das Wohlergehen aller Menschen verantwortlich, versagte er, dann konnten seine Untertanen ins Randgebiet eines anderen Staates abwandern oder sich einem anderen Herrscher unterstellen. Seine wichtigste Aufgabe war, alle erforderlichen Entscheidungen als von den Göttern gewollt zu begründen. Er hatte seine Macht nach außen hin darzustellen: Er erschien mit gewaltigem Kopfputz, der den seiner nachfolgenden Würdenträger übertreffen mußte, er hatte seine Verehrung den Göttern gegenüber durch Tempelbauten auszudrücken, er mußte diese Stätten, um dort den Göttern möglichst nahe zu sein, auf hohe Podeste stellen, er mußte das Geistige, das die wahre Welt ausmacht, durch Architektur zum Ausdruck bringen.

In der Schöpfungsgeschichte der Maya *) wird erzählt, wie die Götter die Menschen eigens dazu schufen, sie zu verehren und vor allem sie zu ernähren. Bevor die Götter die Menschen schufen, gab es bereits ein anderes Menschengeschlecht, das jedoch wieder vernichtet wurde, weil es keine Seele hatte und nicht fähig war, die Götter zu erkennen und anzubeten. Da die Götter verlangten, unentwegt mit Opfergaben versorgt zu werden, war selbst das alltägliche Leben von ständigen Opfern bestimmt.

Die heute noch jenseits der Ballungsräume lebenden Nachfahren der Menschen, die damals diese große Architektur schufen (man denke da besonders an die Maya), unterscheiden sich in ihrem zurückhaltenden Wesen noch heute von den Bewohnern Süditaliens und der griechischen Inseln. Sie kennen nicht die überschwengliche Lebensfreude Südeuropas, statt dessen tragen sie eine stoische Ruhe zur Schau, mit der sie alle Unbilden ihres ärmlichen Lebens zu meistern scheinen. Was sie bewegt drücken sie eher in mystischer Weise aus, noch immer sind Reste des alten Glaubens und der alten Riten vorhanden, durchsetzt mit der inbrünstigen Heiligenverehrung des katholischen Glaubens. So wie heute in Kirchen gebetet wird, teils still versunken, teils in lauten Gesängen mit der Gemeinschaft, müssen wir uns auch das tägliche Leben damals vorstellen. Es gab kein Aufbegehren gegen die Götter, auch nicht gegen Ungerechtigkeiten der Priester und Herrscher.

Ebenso gefaßt stand man dem Tod gegenüber. Daß jeder Mensch sterben würde, war sicher; dafür, daß man ins Reich der Ahnen eingehen konnte, mußte man selbst oder mußten die Nachfahren Opfer bringen. Wurde man selbst als Opfer ausersehen, dann war es kein Unglück, sondern göttlicher Wille. Man betrachte auf der Abbildung oben den gefaßten, aber keineswegs ängstlichen Ausdruck eines Menschen, der gerade dem Schlangengott geopfert wird oder der – je nach Deutung – seinem Volk aus dem Jenseits erscheint, um ihm eine Botschaft zu verkünden. Diese Haltung, die von großem Vertrauen in den Glauben zeugt, muß man sich immer vergegenwärtigen, wenn man vor der zunächst unbegreiflichen Architektur steht. Nur Menschen, die ein sehr festes Weltbild besitzen, können ihrer Architektur einen so starken Ausdruck verleihen.

Individuelles Handeln und Denken war den Menschen unbekannt, sie lebten für die Gemeinschaft und fühlten sich in ihr geborgen. Sie lebten nach keiner von Menschen formulierten Idee, sondern in einem von den Göttern geschaffenen und von ihnen geleiteten Weltenraum.

15 Labná
PALAST
Ecke der Gewölbezone.
Skulptur eines Schlangenkopfes, in dessen Rachen ein Mensch zu sehen ist (entweder ein gerade geopferter Mensch oder auch ein Fürst oder hoher Würdenträger, der seinem Volk aus dem Jenseits erscheint)

Je mehr also der Priesterfürst nach außen hin seine Macht demonstrierte und damit zeigte, daß er mit den Göttern verbunden war und die geistige Welt mit der irdischen in Einklang stand, um so mehr fühlte sich das Volk geborgen und war willig, die gewaltigen Bauten, die diese Verbindung der Welten darstellten, kollektiv zu errichten. Zwar erflehte jeder einzelne für sich, daß sein kleines Anwesen von einem Gott geschützt werde, daß andere Götter die Ernte gedeihen ließen, den Kindersegen brächten und die Ahnen im Jenseits beschützten, aber je größer und aufwendiger die Gemeinschaft dafür ihre Tempel ausstattete, um so sicherer fühlte er sich in diesem Glauben. Eines war jedem Menschen klar: Ohne die Beschwörung der Götter würde es keinen Regen geben, würden Mais und Früchte nicht wachsen und nicht vor bösen Tieren bewahrt werden und vor allem: ohne Opfer würde die Sonne am nächsten Tage nicht wieder auferstehen.

Es ist immer wieder erschütternd zu lesen, wie die Indios von ihrem Glauben an das Zusammenleben von Göttern, Menschen und Natur in wunderschönen Geschichten erzählt haben. Die Abgeschiedenheit von den anderen Kulturvölkern scheint die Phantasie der Menschen in viel stärkerem Maße angeregt zu haben, als wenn durch Berührung mit anderen Kulturen fremde Ideen lediglich weiter verarbeitet worden wären.

*) siehe: „Das Buch des Rates Popol Vuh", aus dem Quiché übertragen und übersetzt von Wolfgang Cordan, Düsseldorf/Köln 1962)
und:
Popol Vuh, Das heilige Buch der Quiché-Indianer von Guatemala, übersetzt und übertragen von Leonhard Schultze, Jena, Stuttgart 1944, 2. Aufl. 1972

oben links:
16 Labná
PALAST
Maske des Regengottes Chac

oben rechts:
17 Teotihuacán
PYRAMIDE DES2 QUETZALCOATL
Kopf des Quetzalcoatl (der
Federschlange)

Der so vielschichtige Kosmos, an den die Indio-völker glaubten, ist uns aus Darstellungen an Pyra-midensockeln und Tempeln nicht erst seit der frühen „klassischen" Zeit bekannt. Die reichen Funde an Skulpturen, Grabbeigaben und religiö-sem Gerät zeigen, daß die Ursprünge weit in die „früh- und vorklassische" Zeit zurückgehen; die Mehrzahl der Gottheiten war bereits in olmeki-scher Zeit bekannt. Sie wurden grundsätzlich von allen Völkern Mesoamerikas verehrt, dabei wurden ihre Namen in die einzelnen Sprachen übertragen. Natürlich vergrößerte sich die Götterfamilie stän-dig, sie wurde vor allem durch lokale Gottheiten bereichert. Die Indiovölker benötigten zur Entste-hung von Legenden keine geschichtlichen Gege-benheiten, sie erfanden selbst eine irrationale, gei-stige Welt, die an Vielfalt die griechische Mytholo-gie übertrifft.

Hier seien nur zwei Beispiele kurz genannt: Der wichtigste aller Götter ist zweifellos der Regengott, in Zentralmexiko Tlaloc genannt, im Mayaland Chac. Dort ist er (wie auf der Abb. oben links) als sogenannte Chac-Maske auf allen Tempeln und Palästen unzählige Male zu finden. Merkmale sind seine lange, rüsselförmige Nase (die – sehr zer-brechlich aus Stein geformt – an den meisten Mas-ken heute fehlt) und seine beiden großen, kreisrun-den Augen.

Dieser Gott hält alles in seiner Hand: Fällt ge-nug Regen, dann gedeiht die Ernte, die Menschen werden satt, der Wohlstand blüht, fällt kein oder zu wenig Regen, dann geschieht das Gegenteil. Die-ser mächtige Gott wird nicht wie Zeus als strenger, aber gütiger Vater dargestellt, sondern als eine furchterregende Maske. Diese ist ein Symbol für sein Wesen, für seine Stärke und seine alles überra-gende Macht. Vor seinem Abbild fühlt sich der Mensch hilflos, ihm bleibt nur übrig, den Gott zu beschwören, daß er alles zum Guten wende. Diese Beschwörungen, bei denen sich der einzelne Mensch hilflos flehend der mächtigen Gottheit ge-genübersieht, sind ein wesentlicher Teil der meso-amerikanischen Religion.

Die gefiederte Schlange, deren Köpfe eindrucks-voll an der Quetzalcoatlpyramide in Teotihuacán abgebildet sind (siehe oben und S. 44 f), ist eine ganz andere Göttergestalt. Zunächst einmal gelten Schlangen ihrer Nützlichkeit wegen als heilige Tiere, sie sorgen dafür, daß die Maisfelder – die Grundlage allen Lebens – von Ungeziefer befreit werden. Deshalb liebte man es, symbolisch ganze Felder mit einem Schlangenleib zu umgeben und übertrug dies dann auf Gebäude (z. B. auf die oben genannte Pyramide, wo sich Schlangenleiber auf allen schrägen Wandflächen der Pyramide (den so-genannten Taluds) entlangziehen.

Man begegnet Schlangenleibern und Schlan-genköpfen allenthalben in den Dekorations-flächen. Der Gott in Gestalt der Federschlange heißt in Teotihuacán Quetzalcoatl, in Chichén Itzá, wohin er von den Tolteken mitgebracht wurde, Ku-kulkán. Er war dort in erster Linie der Schutzgott der toltekischen Oberschicht, wurde aber auch an anderen Orten (z. B. in Uxmal) verehrt.

Quetzal heißt ein tropischer Vogel mit langen grünen Federn, mit denen die Adligen sich gern schmückten. Den Gott Quetzalcoatl gab es schon früh. Später fügte ein Herrscher der Tolteken in Tula namens Topiltzin diesen Götternamen seinem Na-men hinzu (siehe auch S. 24); dieser Herrscher wurde dank seiner guten Regierung zu einer göttli-chen Gestalt, mußte aber (wahrscheinlich auf Druck der Kriegerkaste) Tula verlassen. Er soll nach Osten übers Meer gezogen sein mit der Weissa-gung, daß er eines Tages von dort zurückkehren werde. Diese Weissagung spielte eine große Rolle, als die Azteken den mit seinen Schiffen aus dem Osten angereisten Cortéz zunächst für den zurück-gekehrten Quetzalcoatl hielten. Eine andere Le-gende erzählt, daß Quetzalcoatl mit einem Teil sei-ner Anhänger nach Yucatán gezogen sei. Und um die Verwirrung voll zu machen, berichtet eine wei-tere Legende, daß er sich damals selbst geopfert und verbrannt habe und seither als Morgenstern (den man ebenfalls Quetzalcoatl nennt) am Him-mel leuchtet.

Auch die Auseinandersetzungen der Völker untereinander hatten religiösen Charakter: Wenn Krieger
aufeinandertrafen, dann trugen sie reiche, leuch-
tende Gewänder und einen Kopfputz in gleicher
Weise, wie es bei religiösen Feiern üblich war. Man
kannte keinen totalen Krieg, wie ihn die Spanier
sofort nach ihrer Ankunft führten. Es war nach einer
gewonnenen Schlacht nicht üblich, dem Feind
nachzusetzen und ihn vollends zu vernichten, sondern man feierte statt dessen einen oder mehrere
Tage den Sieg mit religiösen Zeremonien, bei denen die Gefangenen geopfert wurden. Kriege dienten
auch nicht dazu, das besiegte Volk zu unterwerfen,
sondern es genügte, wenn sich der Herrscher dem
mächtigeren Staat unterwarf und sich zu Tributen
verpflichtete. Später führte man die sogenannten
Blumenkriege, die einzig dazu dienten, Gefangene für
die Opferhandlungen zu machen.

Wie wenig man in Mesoamerika Wert und
Würde des einzelnen Menschen achtete, zeigt ein
Podest in Chichén Itzá (siehe Abb. oben links). Es
trägt Nachbildungen der Köpfe von Gefangenen
oder auch von Verlierern im Ballspiel. Es war üblich, die Köpfe der Geopferten auf Holzstangen zu
setzen und in den Heiligtümern zur Schau zu stellen. Daraus erkennt man, daß das Vergießen von
Blut nicht allein eine symbolische Handlung war,
sondern das auch die Menge der Geopferten eine
Rolle spielte. In „vorklassischer" und „klassischer"
Zeit waren Menschenopfer Einzelhandlungen, in
„nachklassischer" Zeit aber, das zeigt die Zur-
Schau-Stellung auf der Abb. oben links (und das ist
auch in Berichten der ersten Spanier zu lesen),
wurden sie zu Massenhinrichtungen.

Erklärlich sind diese Vorgänge nur dadurch, daß
diese Menschen, deren künstlerische Fähigkeiten
so hoch entwickelt waren, ein Bewußtsein von
Menschenwürde (das sich auch im Abendland erst
nach und nach herausbildete) völlig fehlte. Menschen waren Sachen, über die man ohne Skrupel
verfügen konnte. Sie hatten zwar eine wertvolle
Seele, diese aber gehörte ohnehin den Göttern.
Darüber hinaus war selbst das Leben der Götter
von gegenseitigem Töten geprägt.

Das Ballspiel war kein sportlicher Wettkampf in
unserem Sinne – wahrscheinlich gab es überhaupt
keine nur unterhaltsamen Veranstaltungen im Leben der Indios. Ein solches „Spiel" versinnbild-
lichte einen göttlichen Vorgang: Den Lauf der
Sonne und die damit verbundenen Gefahren. Hintergrund war die grundsätzliche Furcht, daß die
Sonne abstürzen könne und am nächsten Tage
nicht wieder aufgehen würde. Das Spielfeld symbolisierte den Himmel, der Ball die Sonne, die
Spieler waren die Mächte des Himmels, die miteinander kämpften. Wenn die Spieler den Ball nicht
weiterbewegen konnten, war die Sonne abgestürzt.
Anfangs tötete man nicht ganze Mannschaften,
sondern begnügte sich mit einzelnen Opfern.

Ein Relief am Ballspielplatz in El Tajín (Abb.
oben) zeigt eine solche feierliche Handlung. Das
Opfer selbst trägt noch seine prunkvolle Krieger-
tracht, es wird von einem ebenfalls prunkvoll ge-
kleideten Sieger festgehalten, während ein hoher
Würdenträger (zu erkennen an seinem hohen Kopfputz) mit einem Obsidianmesser das Herz heraus-
schneidet. Es ist eine feierliche, symbolische Handlung, bei der das Opfer gefaßt seine Rolle mitspielt.

In ähnlicher Weise werden auch die Opfer vor
den Tempeln zelebriert worden sein, wir werden
darauf bei der Besprechung der Tempel zurückkommen.

Eine anderes, zeitlich sehr viel späteres Relief am
Ballspielplatz in Chichén Itzá (siehe Abb. auf S. 59)
zeigt einen Gewinner mit dem abgeschlagenen
Kopf eines Gegenspielers in der Hand, den er an
dessen Kopfputz festhält. Daraus wird geschlossen, daß es in späterer Zeit weniger Einzelopfer
gab, sondern die unterlegene Mannschaft insgesamt einfach enthauptet wurde.

Sinn der unzähligen Zeremonialfeiern, für die alle
Tempelpyramiden und Paläste gebaut wurden, war
in erster Linie, die von den Göttern geschaffene
Weltordnung auf festlicher Ebene nachzuspielen.

Die Ausrichtung dieser Heiligtümer und Tempelpyramiden wurde nach den Gestirnen bestimmt. Dabei kam der Sonne die größte Bedeutung zu. In der Weltschöpfung heißt es, daß die ersten Menschen noch im Dunklen lebten, das erste Aufgehen der Sonne wurde von den Menschen durch Gebete herbeigefleht. Besonders wichtig waren den Menschen die beiden Tage des Jahres, an denen die Sonne im Zenit steht. Die Richtung, in der an diesen Tagen die Sonne aufgeht, wurde bestimmend für die Achsen, an denen die Heiligtümer aufgereiht wurden (vergl. Ausrichtung der Totenstraße in Teotihuacán, S. 38 f). Das Bild der großen Welt galt als Vorbild für die menschliche Gesellschaft, die ähnlich organisiert war. Beim Bau der Zeremonialzentren benutzte man gleiche Ordnungsprinzipien, z. B. die Himmelsrichtungen mit ihren dazugehörigen Zahlen und Farben. Die räumliche und zeitliche Gliederung der Welt war mit der Vorstellung der zyklischen Wiederkehr allen Geschehens koordiniert.

Die schon hoch entwickelte Gesellschaft der Zeit, in der die hier gezeigten Pyramiden und Paläste erbaut wurden, war hervorgegangen aus Dorfgemeinschaften, die geführt wurden von Priestern und von einer sich allmählich bildenden Adelskaste. Als die ersten Staaten entstanden, die ihre Bedeutung nach außen hin durch ständig wachsende Zeremonialstätten zeigten, wurde vom Adel ein Priesterfürst (oder ein König, der gleichzeitig das höchste Priesteramt bekleidete) gewählt. Dieses Amt war meist erblich, sein Ursprung wurde von den Göttern hergeleitet.

Während sich eine solche Entwicklung von Dorfgemeinschaften zu kleinen Königtümern auch in allen frühen Kulturen des Abendlandes ablesen läßt, ist das zuvor beschriebene Ausgeliefertsein der Menschen an die mächtige Götterwelt, das in den genannten Opferhandlungen gipfelt, ein religiöser Glaube, den es in dieser übersteigerten Form im Abendland nicht gibt. Hinzu kommt eine weitere uns ebenfalls unbekannte Glaubensvorstellung:

Den heidnischen Religionen der Antike und dem Christentum ist gemeinsam, daß man von einer unendlichen Welt ausging, daß man zwar zu gewissen Zeiten einen Weltuntergang befürchtete, diesen aber nicht von vornherein als zwangsläufiges Ereignis ansah. Eine ganz andere Vorstellung beherrschte Mesoamerika. Dort war die Zeit endlich, man dachte in Zeitabschnitten von 52 Jahren (das ergab sich aus den genannten zwei Kalenderordnungen, die auf S. 26 besprochen werden). Mit dem Ablauf dieser Zeit ging die bestehende Welt unter, danach begann eine weitere, neue Welt. Zu gewissen Zeiten stellte man sich dieses Ende konkret als Untergang vor, es wurden alle Häuser und Tempel zerstört und man verharrte im Gebet und Opfer. Waren die Götter gnädig und fand der Untergang nicht statt, so beging man freudig den Neuanfang. Zu diesem Zwecke wurden die Tempel nicht einfach erneuert, sondern man überbaute die gesamte Unterkonstruktion des Tempels und schuf so ein neues und dazu wesentlich höheres Bauwerk. Gewaltige Baumassen wurden dabei bewegt (siehe Abb. oben). So ist erklärlich, daß fast alle mesoamerikanischen Pyramiden aus mehreren Kernen bestehen: Der nachfolgend größere ummantelt jeweils den früheren, kleineren.

Das sich hier offenbarende Denken widerspricht diametral dem unseren: Bei uns haben die monumentalen Bauten Ewigkeitscharakter, sie sind besonders solide konstruiert, um der Unendlichkeit der Zeit zu entsprechen; das verdeutlichen ägyptische Pyramiden und griechische Tempel. In Mesoamerika jedoch hatte alles nur seinen Wert in der gerade bestehenden, zeitlich begrenzten Welt. Das Vorhandensein der Monumente war zwar wichtig, aber noch wichtiger erscheint der Vorgang des Bauens selbst. Mit dem Um- und Überbauen der Heiligtümer wurde das Alte zwar nicht vernichtet, aber man entzog es durch diese Überbauung den Blicken der Lebenden. Man kam nie auf den Gedanken, einen neuen Tempel einfach neben dem alten zu erbauen (wie es bei den Griechen üblich war). Statt dessen konservierte man das Alte und die in ihm steckende „Seele" durch die Umhüllung. Mit jeder Überbauung wuchs die Tempelpyramide in die Höhe und wurde damit noch wirkungsvoller.

oben links:
20 Teotihuacán
MONDPLATZ mit der Totenstraße und der Vielzahl der Podeste für die Zeremonien

oben rechts:
21 Chichén Itzá
NONNENKLOSTER
Überbauung im Norden

DIE KULTUREPOCHEN

Siehe auch die **Zeittafel** am Ende des Buches (S. 184 f.): DIE MESOAMERIKANISCHEN KULTUREN IM ÜBERBLICK

Man unterteilt die MESOAMERIKANISCHE KULTUR in **einzelne Epochen**, wobei der Begriff „**klassisch**" bereits für die relativ frühe Periode der ersten großen Pyramidenbauten verwendet wird, während andererseits z. B. der Höhepunkt der Mayaarchitektur mit „**spätklassisch**" bezeichnet wird. Dies ist zumindest für die Architektur unglücklich. (Deshalb habe ich nachfolgend diese Bezeichnungen immer in Anführungsstriche gesetzt.)

DIE „VORKLASSISCHE" PERIODE
Etwa 1500 v. – 200 n. Chr.

Über die „vorklassische" oder auch formative Periode geben nur archäologische Grabungen Auskunft. Um 1500 v. Chr. gab es an den Flüssen nahe der Pazifikküste erste dörfliche Siedlungen in denen meist nicht mehr als 20 Familien lebten. Lebensgrundlage waren Muscheln, Krebse, Schildkröten und Fische. Zur gleichen Zeit entwickelten sich erste Siedlungen auch im Zentralen Hochland (mit Maisanbau und einfacher Töpferei) und auch an der Nordküste Yucatáns, von wo aus das Innere besiedelt wurde. Um 800 v. Chr. nahm ganz Mesoamerika einen kulturellen Aufschwung. Aus stabilen Dorfkulturen entstanden erste städtische Zivilisationen, gleichzeitig wurden die landwirtschaftlichen Anbaumethoden verbessert.

Von 0–200 n. Chr. setzte eine dramatische Entwicklung ein. Es bildeten sich Stadtstaaten, die teilweise großstädtische Ausmaße annahmen. Die Grundzüge und der Themenkreis der mesoamerikanischen Kultur wurden entwickelt. Das Pantheon der Gottheiten bildete sich heraus, schon aus dieser Zeit sind erste Menschenopfer bekannt. Man baute Ziegel- und Lehmpyramiden mit hölzernen Tempeln darauf, wenig später auch die ersten Stufenpyramiden; die Sonnenpyramide in Teotihuacán wurde begonnen. Erstmals wurden im Mayaland in Uaxactún Pyramidenstufen mit Masken aus Stein und Stuck verkleidet.

DIE „KLASSISCHE" PERIODE
Etwa 200 – 600 n. Chr.

In der „klassischen" Periode ab etwa 200 n. Chr. entstanden in Teotihuacán, Monte Albán und im Mayaland erste Hochkulturen von sehr unterschiedlicher Ausprägung.

Die Gesellschaft begann sich zu spezialisieren: Ganz unten in der Hierarchie standen die Bauern, die die Nahrungsmittel produzierten. Sie lebten in einfachen Hütten, oft in weiter Entfernung von den Zeremonialstätten. Ganz in deren Nähe wohnte und arbeitete die Handwerkerschaft und die darüber stehenden Spezialisten wie Maler, Stuckateure und Steinmetzen. Unmittelbar am Zentrum wohnten in festen Häusern die Mitglieder der religiösen und weltlichen Verwaltung sozusagen als gehobene Mittelschicht. An der Spitze der Hierarchie stand der Hochadel, der untereinander versippt war, und der die hohen Priester- und Regierungsämter bekleidete. Der Adel wählte aus seiner Mitte einen Herrscher, der gleichzeitig das höchste Priesteramt inne hatte. Diese an Zahl nicht sehr große Führungsschicht hatte ihre festen Häuser oder kleinen Paläste unmittelbar neben den Tempelanlagen.

Zerklüftetes Bergland einerseits und Urwälder andererseits verhinderten die Bildung größerer Flächenstaaten; das Land gliederte sich politisch in mehr oder weniger große Stadtstaaten, ein Merkmal, das wiederum eine Ähnlichkeit zur Entwicklung in Griechenland aufweist. Die eigene Überlieferung der Indiovölker reichte bei Ankunft der Spanier nicht bis in die „klassische" Zeit zurück; z. B. gab es keinerlei Wissen mehr über die Bewohner von Teotihuacán. Nur bei den Völkern, deren Zusammensetzung über Jahrhunderte konstant blieb, z. B. bei den Totonaken, Zapoteken und Maya gab es einige wenige Überlieferungen. Die wichtigsten Auskünfte über die „klassische" Zeit erhält man dadurch, daß die Völker Mesoamerikas damals begannen, ihre kulturellen und historischen Traditionen durch bildnerische Darstellungen in Form von Skulpturen und Grabbeigaben darzustellen. Besonders die Maya schufen mit ihren Stelen wichtige Dokumente, aus deren Hieroglyphenschriften man Einzelheiten (zu begrenzten Themen, wie z. B. der Herrscherfolge) bereits aus der „klassischen" Zeit erfahren kann.

Die Skulpturenkunst erlebte ihren ersten Höhepunkt in den Verkleidungen der Stufenpyramiden. Die in diesem Zusammenhang erfundene Verkleidung mit Talud und Tablero (einer schrägen und einer darüber aufbauenden senkrechten Wandfläche) kann neben der Pyramidenform selbst als erste Erfindung einer besonderen Architekturform angesehen werden; im Mayagebiet wurde etwas später das Scheingewölbe erfunden.

DIE „SPÄTKLASSISCHE" PERIODE
Etwa 600 – 900 n. Chr.

In der „spätklassischen" Zeit kam es auf dem Gebiet der Architektur zu weiteren Höhepunkten. Im zentralen Mexiko waren es besonders die späten Pyramiden von El Tajín, im Mayagebiet neben den Pyramiden die reich dekorierten Palastbauten.

Es ist ein großes Rätsel, warum es in „spätklassischer" Zeit ab 600 n. Chr. zu Zusammenbrüchen von Kulturen kam. Eigentliche Gründe sind nicht überliefert; auch hier kann nur gemutmaßt werden. Waren es Völkerverschiebungen oder Aufstände der unzufriedenen Landbevölkerung? Oder brach in den schnell gewachsenen Städten die komplizierte Arbeitsteilung zwischen dem produktiven Teil der Bevölkerung, also den Bauern und kleinen Handwerkern und dem immer größer werdenden unproduktiven Teil der Priester, Verwaltungsbeamten und Krieger über Nacht zusammen?

Nur der Norden Yucatáns blieb davon verschont, hier entwickelte sich zwischen 600 und 800 n. Chr. die Maya-Kultur weiter, hier wurde die mesoamerikanische Architektur zu ihrer größten Blüte geführt. Die Steinmetztechnik wurde verfeinert; mit einer wohldurchdachten Vorfertigung der Schmuckelemente gelang es, die riesigen Fassaden der Paläste teilweise vollflächig mit beeindruckenden Dekorationen zu überziehen.

DIE „NACHKLASSISCHE" PERIODE
Etwa 900 – 1550 n. Chr.

In der „nachklassischen" Zeit ab 900 n. Chr. veränderte sich die Gesellschaft. Während bis dahin die Staaten vom Adel zusammen mit der Priesterschaft geführt wurden, gewannen nun die Kriegerkasten zunehmend an Einfluß. Auch ihr Handeln war religiös beeinflußt, was sich schon darin zeigt, daß ihre Hauptaufgabe darin bestand, ausreichend Gefangene für die immer größer werdende Zahl von Menschenopfern zu beschaffen. Durch die Kriegerkasten verlagerten sich die Bauaufgaben; statt großer Zeremonialpaläste entstanden nun unmittelbar neben den Pyramiden überdachte Pfeiler- und Säulenhallen, in denen sich die große Zahl der Krieger versammeln konnte, um zu beraten, aber auch um mystische Sitzungen abzuhalten, wie es vorweg allein die Priester taten. Der Bau größerer Innenräume führte zu einer beschränkten technischen Weiterentwicklung der Hallenbauten. Darüber hinaus entstand allerdings in der Architektur selbst nichts entscheidend Neues mehr.

Es gab nur eine Ausnahme: Chichén Itzá. Dort bildete sich unter dem Einfluß der Tolteken ab etwa 1000 eine Synthese von bildnerischem und strukturellem Schmuck der Mayabauten und der strengen Architektur Zentralmexikos. Das dort Geschaffene führte zu einem letzten Höhepunkt der mesoamerikanischen Architektur.

Die späten Bauten des 15. und frühen 16. Jahrhunderts zeichnen sich allein durch große Strenge und Monumentalität aus. Es wurde Mode, die neuen Stufenpyramiden an der Schauseite mit überdimensionierten, ungeheuer breiten Treppen zu überziehen. Auch ältere Pyramiden wurden mit solchen Treppenanlagen überbaut. Es ist zu vermuten, daß diese eine Rolle gespielt haben bei den zeremoniellen Menschenopfern, die sich in der Spätzeit häuften.

Die Azteken, die zwischen 1400 und ihrem Untergang 1521 ihre Hauptstadt Tenochtitlán zu einer wirklichen Großstadt ausbauten, schöpften lediglich aus der Formenwelt zurückliegender Zeiten. Im Hauptzentrum ihrer Stadt erbauten sie riesige Pyramidentempel, die sich durch die auffallend breiten Treppen auszeichnen. Der Schmuck dieser Pyramidentempel weist nur noch wenige steinerne Skulpturen auf, er besteht meist nur aus Stuck mit kräftiger Bemalung. Viele der Pyramidentempel waren gleich zwei Gottheiten geweiht; das führte auf der oberen Plattform zur Errichtung von Doppeltempeln.

Bezeichnend auch für Tenochtitlán sind die großen, von Pfeilern oder Säulen getragenen Saalbauten, den Versammlungsorten der Kriegerkasten. Ihre offene Bauweise zeigt, daß die Kasten sich nicht abschotten mußten, daß sie also keine Geheimbünde waren, sondern ihre Zusammenkünfte größtenteils aus religiösen Meditationen bestanden. Hallen dienten aber auch zur Ausbildung der Söhne aus adligen Familien, die entweder Krieger oder Priester wurden.

ALLGEMEIN

Bei der Bewunderung der hohen kulturellen Leistungen, nicht nur auf dem Gebiet der Skulpturen, sondern mehr noch beim Bau der Stufenpyramiden und Paläste, muß man gleichzeitig immer wieder darauf hinweisen, daß die technischen Geräte, die zu ihrer Ausführung benutzt wurden, die der Steinzeit waren: Es gab überhaupt keine Werkzeuge aus Metall (eine Metallherstellung findet man vereinzelt erst in „nachklassischer" Zeit, sie diente dann in erster Linie zur Schmuckherstellung, kaum zur Verbesserung der Arbeitsgeräte). Zum Transport setzte man lediglich die menschliche Muskelkraft ein; es gab weder Zugtiere noch Wagen; ein Rad wurde in Mesoamerika nicht erfunden. Letzteres zeigt Ähnlichkeit zu Ägypten, wo ebenfalls gewaltige Baumassen nur mit Muskelkraft bewegt wurden, ohne daß man dafür Räder benutzte. Die uns in Mesoamerika begeisternden Steinmosaiken, Obsidiangefäße und -skulpturen zeugen nicht von einem hohen Stand der Technik, sondern lediglich von der großen Geschicklichkeit der Handwerker.

Die gewaltigen Bauleistungen waren nur möglich durch eine fortgeschrittene Arbeitsteilung, was andererseits eine straffe Organisation der Gesellschaft voraussetzte. Der einzelne Mensch galt wenig, die Familie und die Sippe waren der großen Gemeinschaft kollektiv untergeordnet. Es bestand aber ein Sozialverbund zwischen Volk und Herrscher (und seiner ihn tragenden Adelskaste), denn der Herrscher hatte die Sorgepflicht für das Volk, er mußte dessen Wohlergehen sichern. Dazu gehörte nicht nur die materielle Sorge für den Lebensunterhalt (wozu der Herrscher die Verteilung der bäuerlichen Produkte organisierte), sondern mehr noch das Wohl im geistigen Bereich, d. h. im Zusammenleben der Menschen mit der Götter- und Geisterwelt. Der Herrscher, der meist auch das oberste Priesteramt bekleidete, war verpflichtet, ständig persönliche Opfer zu erbringen (was vor allem in Form von Blutopfern geschah). Überhaupt war das Leben der herrschenden Adelskaste keineswegs entspannt und geruhsam, sondern (was aus Wandmalereien hervorgeht) mit Fasten, Selbstkasteiungen und regelmäßigem Opfern ausgefüllt.

In den Städten, deren Mittelpunkt vom großen Zeremonialzentrum beherrscht wurde, war die Bevölkerungsdichte sehr hoch. So kam es, daß sich in größeren Stadtteilen durchaus auch Tempelanlagen als Nebenzentren entwickeln konnten. In der hohen Bevölkerungszahl mag auch eine Ursache liegen für das ungeklärte, meist plötzliche Verlassen der großen Zentren: Brach das System der komplizierten Arbeitsteilung zusammen, mußte die Bevölkerung in entferntere, schwächer besiedelte Gebiete ausweichen und sich dort wieder auf primitive Art ihren Lebensunterhalt suchen.

DIE EINZELNEN VÖLKER

Die Völker Mesoamerikas bewahrten, obwohl sich unterschiedliche Sprachen gebildet hatten, ihre kulturelle Einheit bewahrt. Es gab (bis auf den Versuch unter den Azteken in der allerletzten Phase) keine staatliche Einheit aller Völker. Selbst die einzelnen Völker blieben in kleine Stadtstaaten zersplittert. Doch führte der rege Handel untereinander zu vielseitigem kulturellem Austausch.

Von den mesoamerikanischen Völkern, die eine überragende Bedeutung gewannen und damit auch für die Betrachtung der mesoamerikanischen Architektur wichtig sind, sollen nur einige näher erwähnt werden (ohne daß damit die Leistungen der anderen geschmälert werden):

1. Die **Olmeken**, die nahe der Küste des Golfs von Mexiko die erste bedeutende Kultur schufen und den nachfolgenden Völkern Grundlagen auf allen Gebieten der Kultur hinterließen.
2. Die **Bewohner von Teotihuacán** im zentralen Hochland nahe dem heutigen Mexico-City, die mit ihren Pyramiden und deren Verkleidungen den ersten Höhepunkt der Architektur schufen.
3. Die **Totonaken von El Tajín** nordöstlich davon am Rande des Hochlandes, die den Pyramidenbau weiterentwickelten und erste Höhepunkte im Palastbau erreichten.
4. Die **Bewohner von Monte Albán** beim heutigen Oaxaca im südlichen Hochland Mexikos, wo zunächst in der „Vorklassik" ab 600 v. Chr. unbekannte, olmekisch beeinflußte Völker wohnten, dann in der 3. und 4. Phase 300 – 700 n. Chr. die Zapoteken und schließlich die Mixteken, die das nahe Mitla erbauten.
5. Die **Maya**, die das Hochland von Guatemala und Honduras und das zu Mexiko gehörende Bergland von Chiapas und die Halbinsel Yucatán bevölkerten und die eine Architektur schufen, die alles andere in Mesoamerika überragt und gleichzeitig der frühen europäischen Architektur sehr nahekommt.
6. Die **Tolteken**, die die Stadt Tula gründeten, diese unter dem Druck der Chichimeken verließen, später als kleinere Gruppe nach Chichén Itzá gelangten, diese Stadt ausbauten und der Maya-Architektur zu einer letzten Blüte verhalfen.
7. Die **Azteken**, die auf einer Insel mitten im See im zentralen Hochland Mexikos ihre Stadt Tenochtitlán erbauten und später von hier aus zum ersten Mal in der Geschichte Mesoamerikas ein Großreich errichteten, das erst 1521 von den Spaniern zerstört wurde.

DIE OLMEKEN

Unter den vielen aus dem Norden kommenden Völkern waren es die Olmeken, die zu ersten bereits hohen kulturellen Leistungen gelangten. Sie siedelten zwischen 1500 und 200 v. Chr. an der Küste des Golfs von Mexiko. Dort gab es tropische Flüsse und überschwemmte, heiße Böden, die ähnlich fruchtbar waren, wie die vom Nil überfluteten

Lageplan von LA VENTA
siehe S. 31

Felder Ägyptens. Prächtig gediehen dort Mais und schwarze Bohnen; es entstand eine erste Überflußgesellschaft. Die Olmeken verehrten kosmische Elemente wie Wasser, Feuer, Sonne und Vegetation als Gottheiten; der Jaguar war für sie ein göttliches Wesen. Sie schufen den ersten Kalender, erfanden ein Zahlensystem und eine frühe Hieroglyphenschrift und stellten bereits astronomische Beobachtungen an. Die Gewohnheit, ihre Gottheiten mit steinernen Symbolen zu verehren, machte sie zu ersten großen Steinschneidern. Davon zeugen die vielen Opfergaben in ihren Gräbern, aber auch ihre bekanntesten Schöpfungen, die riesigen, mehrfach überlebensgroßen Basaltköpfe, mit den rundlichen Gesichtszügen und den vollen Lippen (siehe Abb. oben), die höchstwahrscheinlich Herrscherköpfe darstellen.

Die Olmeken hinterließen auch die ersten sakralen Stätten: riesige Erdpyramiden, bei denen sie erstmals den rechten Winkel anwandten und die sie zumeist aus dem Material formten, das sie beim Ausheben von Kanälen gewannen. An diesen ersten Pyramiden finden sich zwar noch keine Architekturmerkmale, weshalb sie bei der nachfolgenden Architekturbeschreibung nicht bildlich gezeigt werden können, aber bei der Entstehungsgeschichte der Pyramiden muß näher auf sie eingegangen werden. Ihr Hauptplatz La Venta hatte einen Stadtplan mit nord-südlich ausgerichteter Symmetrieachse, es gab einen rechteckigen Zeremonialplatz mit einer aus Lehm gestampften Pyramide dahinter.

Auf der Suche nach kostbaren Steinen, aus denen sie die Opfergaben für ihre Gottheiten herstellten, aber auch nach dem harten Obsidian, mit dem sie diese Steine bearbeiteten, mußten sie weit umherziehen und mit entfernt wohnenden Völkern Tauschhandel treiben. So erklärt sich, daß die Olmeken ihr umfangreiches kulturelles Erbe (zu dem allerdings noch keine Architekturformen gehören) an fast alle nachfolgenden Völker Mesoamerikas weitergegeben haben.

DIE BEWOHNER VON TEOTIHUACAN

Zur ersten ausgeprägten und gleichzeitig zur größten zivilisatorischen Ansiedlung Mesoamerikas überhaupt kam es in Teotihuacán. Der Übergang von der „vorklassischen" Zeit zur „klassischen" um etwa 150 n. Chr. war gleichzeitig auch ein Übergang von einer bäuerlich ausgerichteten Gesellschaft zu einer städtisch geordneten. Städtische Zentren wurden nun nach Plan angelegt, die Straßen und Gebäude wurden nach astronomischen Überlegungen ausgerichtet, monumentale Pyramidentempel entstanden. Die Anfänge Teotihuacáns reichen in die „Vorklassik" zurück; der Kern der Sonnenpyramide wurde bereits damals angelegt. Mit ihrer Fertigstellung und dem schon kurz zuvor begonnenen Bau der Mondpyramide waren die beiden größten je in Mesoamerika geschaffenen Pyramiden entstanden. Und zusammen mit der Anlage der auf die Mondpyramide ausgerichteten Pilgerstraße (der Totenstraße) entstand der großstädtische Charakter. Die Stadt bedeckte über 20 qkm, die Schätzung ihrer größten Einwohnerzahl schwankt zwischen 75 000 und 200 000. Teotihuacán war zwar auch eine Handels- und Handwerkermetropole, doch in erster Linie eine heilige Stätte, zu der die Menschen aus großen Entfernungen pilgerten.

Fragt man aber nach dem Namen der Bewohner dieser größten Stadt Mesoamerikas, so zeigt sich exemplarisch die große Lücke im Wissen über diese Kultur: Weder ihr ursprünglicher Name und der ihrer damaligen Herrscher, noch die Namen ihrer Pyramiden, Tempel und anderer heiliger Stätten sind uns überliefert. Nur die reichen Keramikfunde und einige Wandmalerein geben einen gewissen Einblick vom Leben zu Beginn der „klassischen" Zeit. Der Kalender wurde vervollkommnet, Mathematik und Astronomie entwickelten sich weiter. Das Handwerk produzierte u. a. Töpferwaren, die in weit entfernte Gegenden exportiert wurden. Besonders einträglich war, daß die Stadt die sogenannte Obsidianstraße kontrollierte. Denn Obsidian war damals der wichtigste Rohstoff, aus dem alle Werkzeuge und Waffen hergestellt wurden.

Mit dem Handel einher entwickelte sich die große kulturelle Ausstrahlung Teotihuacáns zu anderen Völkern, sie reichte bis nach Tikal und Kaminaljuyú in Guatemala.

DIE TOTONAKEN IN EL TAJIN

El Tajín ist das Zentrum des Stadtstaates der Totonaken (die erst relativ spät ein nicht näher bekanntes Volk von seiner dort gelegenen Kultstätte verdrängt haben). Die Stadt liegt rund 300 km östlich von Teotihuacán am Rande des Hochlandes schon in den üppig bewachsenen Niederungen nahe des Golfes von Mexiko. In der Frühzeit stand sie unter dem Einfluß der Olmeken, später unter dem Teotihuacáns. Doch stammen ihre heute noch in sehr großer Zahl erhaltenen Bauten alle erst aus der „späten klassischen" Zeit zwischen 600 und 1000 n. Chr. Nach der Aufgabe Teotihuacáns um 650 n. Chr. übernahm El Tajín in einem gewissen Maße dessen Vormachtstellung.

Während sich die „klassischen" Pyramiden und Podeste Teotihuacáns durch eine große Strenge und sein Stadtgrundriß durch ein klares, rechtwinkliges, von Achsen ausgehendes System auszeichnen, war die Architekturauffassung im spätklassischen El Tajín eine ganz andere geworden. Denn die Religion, die zwar nach wie vor durch zahlreiche Opferhandlungen geprägt war, verlor einen Teil ihrer Strenge, weil das angenehmere Leben in der üppigen Natur der Golfregion die Abhängigkeit von den Göttern weniger spürbar machte. So zeichnet sich alles Gebaute durch eine größere Leichtigkeit aus: Der Stadtgrundriß hat keine Achsen mehr und folgt nur in Teilen dem rechten Winkel, die Pyramiden, die zwar noch den Einfluß Teotihuacáns erkennen lassen, werden steiler und entwickeln üppigere Einzelformen. Mit den Pyramidenverkleidungen aus Nischen und Mäanderornamenten entsteht ein ganz eigener für El Tajín typischer Stil.

Vermutlich ist in der Nähe der Golfküste (wohl schon von den Olmeken) auch das zeremonielle Ballspiel erfunden worden. Es spielte – wie der Ballspielplatz dort zeigt – auch in El Tajín eine große Rolle.

oben links:
23 TEOTIHUACAN
Blick von der Mondpyramide
nach Südosten
in die zentrale Hochebene

Lageplan TEOTIHUACAN
siehe S. 38

oben rechts:
24 EL TAJIN
Die Umgebung des
Zeremonialzentrums
im subtropischen Hügelland
nahe der Golfküste
Lageplan EL TAJIN
siehe S. 48

oben links:
25   MONTE ALBAN
Vorn ein Teil des Plateaus mit
verschiedenen Tempeln, dahinter
Blick ins Tal hinunter, das von hohen
Bergketten eingefaßt wird

Lageplan MONTE ALBAN
siehe S. 52

oben rechts:
26   TULA
Das Zeremonialzentrum inmitten
der hügeligen Hochebene
nördlich von Mexiko-Stadt

Lageplan TULA
siehe S. 92

DIE ZAPOTHEKEN IN MONTE ALBAN

Weiter entfernt von Teotihuacán und dennoch mit Beziehungen dorthin findet sich im südlichen Hochland nahe der heutigen Stadt Oaxaca ein anderes Zentrum einer Hochkultur: Monte Albán. Die zentrale Tempelanlage liegt inmitten des weiten Hochtales von Oaxaca auf einem künstlich abgeflachten Berg, der 400 m aus der Ebene herausragt. Monte Albán wurde in seinen ersten beiden Phasen von unbekannten, den Olmeken nahestehenden Völkern besiedelt, die zum ersten Mal Gottheiten mit genauen Gesichtszügen darstellten und frühe Bauten mit reliefartig bearbeiteten Steinen umgaben.

Ab 200 n. Chr. gewannen die Zapoteken die Herrschaft und Monte Albán wurde neben den vielen kleinen Städten, die die Zapoteken errichteten, einmalig in Lage und Ausdehnung gestaltet: Das Plateau wurde seitlich von den Tempelanlagen eingefaßt, an denen wie an keinem anderen Ort Mesoamerikas ungewöhnlich breite Treppenanlagen bestimmend sind.

Die Zapotheken bauten in Monte Albán auch geräumige Totenkammern unter den Gebäuden und an den Flanken des Berges. Als Götter verehrten sie den Regengott, den sie Cocijo nannten, und verschiedene Maisgötter; Letztere zeigen, daß die Landwirtschaft eine große Rolle spielte im breiten, fruchtbaren Hochtal um das heutige Oaxaca herum.

Am Ende der „spätklassischen" Periode setzte auch hier ein allgemeiner Niedergang ein und ab 1100 n. Chr. eroberten die Mixteken, von den nahe gelegenen Bergen kommend, die Städte der Zapoteken. Die Herrscher der Mixteken nutzten die heiligen Stätten ihrer Vorgänger nicht weiter, ließen sich dort aber bestatten. Die Mixteken schufen aber auch Eigenes in der Architektur: Im nahe gelegenen Palast von Mitla gaben sie mit einzigartigen Steinmosaiken der Fassadenkunst einen neuen Anstoß.

DIE TOLTEKEN IN TULA

Bevor wir zu den Maya kommen, soll vorweg von den TOLTEKEN gesprochen werden, von denen eine größere Gruppe am Ende der Mayazeit etwa um 1000 n. Chr. ins Mayagebiet einfiel, Chichén Itzá eroberte und dort zusammen mit den Maya wohl die letzte große Architektur Mesoamerikas schufen.

Die Tolteken waren kurz vor 900 v. Chr. als ein halbnomadischer Stamm der Chichimeken in die zentralmexikanische Hochebene eingefallen, hatten eine Zeit lang im damals schon verfallenen Teotihuacán mit den dortigen Bewohnern zusammengelebt, hatten deren Fertigkeiten erlernt und sich dann „Tolteken" (d. h. Handwerker) genannt. Am Ende bauten sie die schon vorhandene Ansiedlung Tula, gut 60 km nordwestlich von Teotihuacán gelegen, zu ihrer Hauptstadt aus.

Als Nomadenstamm waren die Tolteken ein ausgeprägt kriegerisches Volk; sie kannten bereits die Metallherstellung, ihre starke Kriegerkaste war merklich an der Führung beteiligt. Ihr Häuptling Topiltzin aber, der schon in zivilisierter Umgebung erzogen war und der sich nach einer Legende zum Stellvertreter des Gottes Quetzalcoatl gemacht und dessen Namen angenommen hatte (siehe auch S. 17) geriet in Schwierigkeiten mit der Kriegerkaste, denn als Quetzalcoatl, dem Gott der gefiederten Schlange, der auch als Friedens- und Schöpfergott galt, soll er sich den Menschenopfern widersetzt haben. Einer anderen Legende zufolge mußte Topiltzin mit seinen Anhängern im Jahre 987 Tula verlassen. Ein Teil dieser Tolteken soll in Richtung Golfküste aufgebrochen und zunächst in El Tajín eingedrungen und später nahe der Küste ostwärts bis nach Chichén Itzá vorgedrungen sein, das sie zu ihrer neuen Hauptstadt erwählten. Dort setzten die neuen Herrscher ihre eigenen politischen Vorstellungen durch, nahmen aber die Sprache der Maya an. In „nachklassischer" Zeit begann in Chichén Itzá eine fruchtbare Verbindung zwischen toltekischer und Maya-Architektur.

DIE MAYA ...

Die Maya nehmen in der Architekturentwicklung die überragende Stellung ein. Das liegt zum einen an dem riesigen Gebiet, das sie besiedelten: Zunächst die Hochländer von Chiapas (heute eine Provinz Mexikos), dann die Hochländer von Guatemala und vom benachbarten Honduras, später das gesamte Tiefland der Halbinsel Yucatán (die heute in vier Provinzen Mexikos aufgeteilt ist). Zum anderen lebten die Maya in kultureller Konkurrenz untereinander, denn sie bildeten keinen zusammenhängenden Staat, sondern hatten sich, wie es bei allen Indiovölkern üblich war, zu relativ kleinen Stadtstaaten zusammengeschlossen.

Andererseits erleichterten die gemeinsame Sprache und die gemeinsame Religion den kulturellen Austausch. In ihrer Frühzeit standen auch die Maya unter dem Einfluß der Olmeken. Die Maya waren bereits in der „Vorklassik" die ersten, die in Yucatán Plattformen und Erdpyramiden mit Stuck bedeckten und damit die frühesten Architekturformen schufen. Von da an dauerte es aber noch mehrere Jahrhunderte, bis sich in „klassischer" Zeit ab 300 n. Chr. in Uaxactún und Tikal wesentliche Elemente der Maya-Architektur herausbildeten. Diese gelangten erst zu Beginn der „spätklassischen Zeit" in Palenque, Tikal und Copán zu höchster Blüte und steigerten sich am Ende der „spätklassischen" Zeit nochmals in Uxmal und den umliegenden Städten.

Unbegreiflich ist für uns der Untergang all dieser reichen Städte, der um 750 n. Chr. am Nordrand des Hochlandes begann und sich erst nach 850 n. Chr. im flachen Norden Yucatáns fortsetzte. Vermutungen darüber wurden schon auf S. 20 angestellt. Auf jeden Fall hatte sich die Stadtbevölkerung gegenüber der Landbevölkerung überproportional vermehrt; Versuche, die landwirtschaftliche Produktion auf den kargen Böden Yukatáns zu intensivieren, schlugen letztlich fehl. Zudem nahmen die kriegerischen Auseinandersetzungen unter den Stadtstaaten zu; beides zusammen wird schließlich den Zusammenbruch herbeigeführt haben.

... IN PALENQUE

Palenque liegt ganz im Westen des Mayalandes am Abhang des Berglandes von Chiapas. Diese Randlage führte dazu, daß sich seine Architektur wesentlich von der der Mayastädte Yucatáns unterscheidet. In seinen Anfängen wurde es beeinflußt vom relativ nahegelegenen La Venta, der wichtigsten Stadt der Olmeken. Bedeutung erlangte es als wichtiger Knotenpunkt von Handelswegen. Die erst Ende des 18. Jhs. wiederentdeckte Stadt war in der Zwischenzeit vom Urwald verschlungen. Sie weist nicht das strenge Achsensystem Teotihuacáns auf; vielmehr sind die Pyramidentempel ähnlich wie in El Tajín locker um kleinere und größere Plätze gruppiert. Der raumbildende Eindruck dieser Plätze ist erst durch ständiges Hinzufügen und durch regelmäßige Überbauungen entstanden. Die Bauten, die heute rekonstruiert sind, wurden alle zwischen 600 und 800 erbaut.

Um 750 geriet der Herrscher der mächtigen Stadt in Streit mit der Nachbarstadt Toniná, wo er gefangen genommen und später den Göttern geopfert wurde. Das leitete den Untergang Palenques ein. Letzte Datierungen von 783 finden sich auf einem Türsturz der Inschriftenpyramide und eine andere von 799 auf einem Tongefäß, das die Amtseinführung eines Herrschers überliefert.

... UND IN UXMAL

Uxmal, die bedeutendste Mayastadt im nordwestlichen Yucatán, errichtete ihre großen Bauten zwischen dem 6. und 10. Jh. Sie spielte besonders kurz vor ihrem Untergang noch eine wichtige Rolle, indem sie mit Chichén Itzá und Mayapán zusammen einen Dreierbund bildete, der militärisch das nördliche Yucatán beherrschte und aus dem zunächst Chichén Itzá und letztlich dann Mayapán als Sieger hervorgingen.

Der ständige Konkurrenzdruck, in dem Uxmal mit den kleineren Nachbarstädten Labná, Xlapak, Sayil und Kabah um die Ausgestaltung der Paläste stand, führte u. a. dazu, daß der Stadt mit dem Gouverneurspalast und dem Nonnenviertel der absolute Höhepunkt der mesoamerikanischen Architektur gelang.

27 PALENQUE
Das Zeremonialzentrum am Rande
der Tiefebene,
hier mit dem Hang des südlich
anschließenden Hügellands

Lageplan PALENQUE
siehe S. 66

28 UXMAL
Blick von der Wahrsagerpyramide
über den Urwald Yucatáns mit einer
noch nicht freigelegten Pyramide

Lageplan UXMAL
siehe S. 124

29 QUIRIGUA
Stele F
mit dem Datum 15. 3. 761

HIEROGLYPHENSCHRIFT UND ZEITBESTIMMUNGEN DER MAYA

Die Maya waren das Volk, das alles bisherige Wissen bei sich vereinte und auf einen so hohen Stand brachte, daß man in der Mathematik und der Astronomie den Römern voraus war und im Kalenderwesen mit weit zurückliegenden Daten rechnen konnte, die andere Völker der Zeit sich nicht einmal vorstellen konnten.

Einmalig in Mesoamerika ist die Erfindung einer **Hieroglyphenschrift**, die keine Bilderschrift ist (wie die Bildzeichen der Azteken), sondern aus Silbenzeichen besteht zusammen mit Symbolzeichen für Götter, Herrscher usw. und einer Zahlenschrift (siehe Abb. unten). Zur Letzteren gehört auch die Erfindung der Null, die damit – denkt man an die Araber – zweimal voneinander unabhängig erfunden wurde. In diesem Zusammenhang vervollkommneten die Maya auch den bisher schon gebräuchlichen **Kalender**. Er bestand bei allen Völkern Mesoamerikas aus einem Sonnenjahr von 18 Monaten zu je 20 Tagen mit 5 zusätzlichen Tagen und aus einem Ritualjahr, das aus 20 Zeichen und 13 Zahlen zur Bildung einer Periode von 260 Tagen führte, und bei dem sich schließlich, wenn in beiden Perioden von 365 und 260 Tagen gleichzeitig zählte, nach einem Zyklus von 18 980 Tagen oder umgerechnet 52 Jahren beide Zählungen berührten. An diesem Datum konnte ein Weltuntergang geschehen, auf jeden Fall erneuerte sich jedes Mal die Welt. Beim Bau der Pyramidentempel führte dieser Zyklus dazu, daß alle 52 Jahre ein Anlaß bestand, einen Neubeginn zu suchen und z. B. die alten Tempel zwar nicht zu zerstören, aber ganz (oder zumindest teilweise) zu überbauen – also zu erneuern.

Das Kalendersystem ist das Ergebnis intensiver Himmelsbetrachtungen. Die Maya berechneten die Umlaufbahnen aller Gestirne und konnten Sonnen- und Mondfinsternisse voraussagen. Ihre errechneten Werte weichen nur unerheblich von den modernen Berechnungen ab.

Inschriften mit Hieroglyphen wurden meist an besonderen Architekturteilen (z. B. an Stürzen und an Pfeilern der Tempel) angebracht; sie finden sich aber auch an den eigens für solche Mitteilungen an die Nachwelt geschaffenen **Stelen** Sie enthalten in erster Linie Namen und Geschlechterfolgen der Herrscher und berichten von ihrem Wirken und ihren Taten.

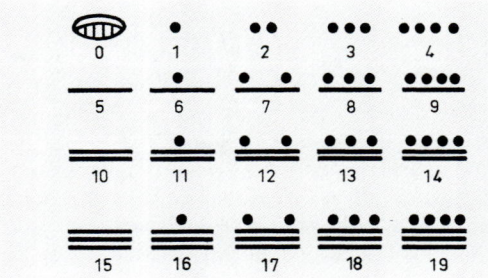

30 ZAHLENZEICHEN
der Maya

STELEN sind hohe, senkrecht stehende, monolithische Steinblöcke, die normalerweise eine Höhe von 3 bis 4 m, in Quirigua sogar maximal 10,60 m erreichen. Wir kennen Stelen auch aus der griechisch-römischen Antike; dort wurden sie überwiegend als Grabmale ausgeführt, erreichten aber kaum Höhen wie im Mayaland. Die Maya begannen sehr früh in ihren Tempelbezirken diese Stelen vor den Pyramidentempeln aufzustellen; die ältesten uns bekannten Stelen stehen in Tikal (siehe Stelen vor den Tempeln I und II in Tikal auf den Abb. auf S. 83, 84 und 85). Mit den Hieroglyphen vermitteln die Herrscher geschichtliche Daten und berichten von ihren eigenen Erfolgen. Während auf der Vorder- und Rückseite in wohlproportionierter Zusammenstellung stilisiert oder auch naturgetreu meist die Priesterfürsten und begleitende Personen dargestellt sind, tragen die Seitenflächen die Hieroglyphen, die ebenfalls künstlerisch angeordnet sind und – so weit man sie heute entziffern kann – etwas über das Wirken der Herrscher aussagen; vor allem aber – und das macht sie besonders interessant – tragen sie Datums-Hieroglyphen. Waren wir bisher, besonders in sonst so reichen Stätten wie Teotihuacán oder Monte Albán, auf eine sehr ungenaue Datierung angewiesen, so bieten uns die Maya mit diesen Stelen endlich die Möglichkeit, eine Menge von Daten auf den Tag genau zu erfahren.

Die Daten, die auf den Seitenflächen der Stelen in Hieroglyphenform dargestellt sind, sind in der sogenannten Langzeitrechnung angegeben, für die 5 Hieroglyphen erforderlich waren:. Die erste, die viermal so groß ist, wie die übrigen, enthält Einheiten von 144 000 Tagen (394,5 Jahre), die als Namen eines Gottes dargestellt sind. Dabei gingen die Maya von einem mythischen Jahr 1 aus, das mehr als 3000 Jahre vor den frühesten, uns bekannten Zeitangaben liegt. Die anderen vier, zu einem Block geformten Hieroglyphen enthalten jeweils Einheiten von 7200, 360, 20 und 1 Tag(en), (wobei 360 Tage einem Mondjahr von 18 Monaten mit je 20 Tagen entsprechen – und die für das Sonnenjahr fehlenden fünf Tage am Jahresende als „unglückliche" hinzugerechnet wurden). Jedes beliebige Datum ist also mit fünf Angaben zu schreiben und auf einen Tag genau in unseren Kalender umzurechnen. Das früheste uns so überlieferte Datum stammt aus dem Jahre 292 von einer Stele in Tikal.

Die eindrucksvollsten Stelen finden sich in Quirigua, einer Kultstätte nahe dem Golf von Honduras. Sie wurden alle im Abstand von fünf Jahren zwischen 746 und 780 n. Chr. aufgestellt. Danach wechselte man aus unerklärlichen Gründen die Form und errichtete bis zum Jahre 810 große, gedrungene Blöcke in Tiergestalt, die sogenannten Zoomorphe. Datums-Hieroglyphen finden sich aber auch an Türstürzen der Tempel und Paläste. Besonders in Palenque erleichtern sie uns die zeitliche Einordnung. Am Sonnentempel (siehe Lageplan S. 66) findet sich die Jahreszahlen 642 und im Turm des Großen Palastes eines der letzten Daten, die bereits genannte Jahreszahl 783.

DIE AZTEKEN IN TENOCHTITLAN

So wie in Griechenland zu dem Zeitpunkt, als das Wesentliche und Bleibende in Bildender Kunst und Architektur bereits geschaffen war, das politisch zersplitterte Land unter Alexander dem Großen geeinigt wurde und sich als Folge davon die griechische Kultur in Form des Hellenismus im ganzen Mittelmeerraum ausdehnte, gab es auch in Mesoamerika ein bedeutendes Volk, das vom 15. Jahrhundert an einen großen Teil Mesoamerikas beherrschte: die Azteken. Kulturell betrachteten sie sich als die Erben der Tolteken, die sie in ihrer Mythologie übertrieben verehrten. Denn bevor sie Mitte des 14. Jhs. – einer Verheißung folgend – ihre Stadt Tenochtitlán mitten im Texcoco-See gründeten, hatten sie, als letztes Nomadenvolk aus dem Norden kommend, 150 Jahre auf einer Wanderschaft verbracht und sich dabei auch eine zeitlang im bereits verlassenen, toltekischen Tula aufgehalten und dessen Kultur kennengelernt.

Ihr Gott, der sie auf dieser Wanderschaft geführt hatte, war wohl ein ehemaliger Stammesfürst, der auf der Wanderung verstarb und später von seinen Anhängern vergöttlicht wurde. Er war es auch, der seinem Volk am Ende den zunächst unwirtlich erscheinenden Platz inmitten der Lagune als Wohnstätte anwies.

Zunächst standen die Azteken, die sich selbst Mexika nannten, noch lange Zeit unter der Oberherrschaft der benachbarten Tepaneken, erst nach 100 Jahren konnten sie das Joch abschütteln und sich selbst nach und nach zu den Beherrschern des Hochlandes machen.

Ihr Schutzgott Huitzilopochtli, der zusammen mit dem Regengott Tlaloc das höchste Ansehen genoß, war ursprünglich ein Erd- und Wassergott, aber von der Zeit an, wo die Azteken begannen, andere Völker zu beherrschen, wurde er im wesentlichen zum Kriegsgott.

Zudem bildete sich bei den Azteken ein gewisses Geschichtsbewußtsein, und es entstand ein Interesse an der Aufeinanderfolge einmaliger, von den Menschen hervorgerufener Geschehnisse, das die Auffassung von der zyklischen Wiederkehr der Ereignisse verdrängte. Damit einher ging die Zunahme kriegerischer Handlungen.

Die Zeit war vorbei, wo Kriege allein um der Gefangenen willen geführt wurden. Jetzt folgte eine Eroberung nach der anderen. Zu Beginn des 16. Jahrhunderts herrschten die Azteken über Völker, die von der Golfküste bis zur Pazifikküste wohnten. Allerdings erfolgte dabei keine flächendeckende Unterwerfung der Besiegten, es ging auch jetzt um Gefangene für die Opferhandlungen; ihre Zahl stieg wegen des erhöhten Blutzolls, den man den Göttern leisten zu müssen glaubte, ins Unermeßliche. Aber die besiegten Herrscher wurden geschont und blieben im Amt, sie mußten sich lediglich unterwerfen und sich zu hohen Tributzahlungen verpflichten, die am schwersten das Volk trafen.

Nutznießer war die mitten im See gelegene Hauptstadt Tenochtitlán, sie blühte auf, und zählte bald weit über 100 000 Einwohner; sie versetzte die Spanier (die 1519 erstmals und noch friedlich in die Stadt kamen) ob ihrer Pracht und Schönheit in höchste Bewunderung. Städtebaulich war die Stadtanlage eine große und einmalige Leistung. Sie war in einem Rasternetz angelegt und durch Kanäle in Sektoren geteilt. Das Zeremonialzentrum lag genau in der Stadtmitte, es war von einer Schlangenmauer umgeben; neben den gewaltigen Pyramidentempeln breiteten sich große Hallen aus.

Diese geschützte Lage mitten im See, die sie für Feinde uneinnehmbar machte, und gleichzeitig die zivilisatorische Bezwingung der schwierigen Situation durch den Bau von Dämmen, Kanälen und „schimmenden Inseln" bildeten die Grundlage für die Vormachtstellung, die Tenochtitlán später einnehmen konnte. Man muß sich vorstellen, daß man bis zur Besiedlung des Sees alle Handelsgüter auf menschlichen Schultern tragen mußte. Es gab weder Lasttiere noch Wagen und auch keine Flüsse, die auf längere Strecken ständig befahrbar waren. Nun bot das seichte Wasser des relativ ruhigen Sees zum ersten Mal die Möglichkeit, mit kleinen Kanus ein ganz neues, überlegenes Transportsystem aufzubauen. Zum ersten Mal konnten mit den vielen kleineren Städten an den festen Ufern des Sees Handelsgüter in bisher nicht gekannten Mengen ausgetauscht und im Innern der Stadt sogar bis zu den Haustüren transportiert werden. Diese neue Beförderungstechnik machte es erst möglich, die gewaltigen Tributzahlungen der unterworfenen Völker (die alle in Naturalien geleistet wurden) zu verteilen, zu lagern und an andere Städte weiter zu verkaufen.

31   TENOCHTITLAN
Die Azteken-Hauptstadt inmitten des Texcoco-Sees
(Hypothetische Rekonstruktion – Wandmalerei im Museo National de Antropología in Mexiko-Stadt)

In der Mitte das große ZEREMONIALZENTRUM (siehe S. 102) links ein weiterer Tempelbezirk, auf dem See die Dämme, die in die Stadt führten. Im Hintergrund das ansteigende Gebirgsland mit den beiden Vulkanen Popocatépetl (5452 m) und Iztaccíhuatl (5286 m)

oben rechts:
*32   Monte Albán
GEBÄUDE IV
Pyramidensockel mit
teilweise erhaltenem Tempel
Ein Beispiel eines der materiellen
Welt entrückten Tempelbaus*

VON DER RELIGION BEEINFLUSSTE BAUFORMEN

Wurde in der Einführung bewußt herausgestellt, daß es auf Grund ähnlicher zivilisatorischer Voraussetzungen erstaunlich viele Übereinstimmungen in den Architekturen Mesoamerikas und des Mittelmeerraumes gibt, so ist es andererseits ebenso erstaunlich, wie viele ganz eigene und uns in Verwunderung versetzende Formen die Architektur Mesoamerikas hervorgebracht hat. Diese zweite Seite mesoamerikanischen Bauens wird bei der folgenden Betrachtung genau so wichtig sein, denn sie widerspricht der klassischen, ausgewogenen Grundhaltung, die andere frühe Hochkulturen auszeichnet. Doch beides zusammen, die oft übereinstimmenden klassischen Grundformen und die Besonderheiten, die die Glaubensvorstellungen hinzugefügt haben, machen erst das Wesen der mesoamerikanischen Architektur aus.

Es wurde festgestellt: Gemeinsame Voraussetzungen wie das warme, aber dennoch relativ gemäßigte Klima, ferner der Umstand, daß es von Arbeit freie Zeiten gab, die für gemeinschaftliches Bauen genutzt wurden, und schließlich auch die in allen frühen Kulturen auftretende Urform des Hausbaues, all diese Komonenten zusammen ließen ähnliche Architekturformen entstehen. Ganz anders und viel intensiver jedoch, als in anderen Hochkulturen, entwickelten sich in Mesoamerika die Glaubensvorstellungen – weshalb ich auch diese Anmerkungen über die Religion vor die Architekturbetrachtung setzen möchte.

Als wesentlicher Unterschied im Glauben wurde deutlich, daß man die Götter nicht allein verherrlichte und mit Opfergaben erfreute, sondern daß es eine Art Schicksalsverbundenheit zwischen Göttern und Menschen gab, die darin bestand, daß die Götter einerseits diese Welt geschaffen und mit Menschen bevölkert hatten und auch verpflichtet waren, für den Fortbestand dieser Welt zu sorgen, daß sie aber andererseits auch von den Menschen abhängig waren. Die Götter hatten die Menschen nicht allein erschaffen, damit sie von ihnen verherrlicht wurden, sondern die Menschen waren im Gegenzuge für ihre Erschaffung verpflichtet, die Götter zu „ernähren".

Und in dieser Verpflichtung zum Erhalt der Götter liegt m.E. die Wurzel des unterschiedlichen Denkens, das die uns fremden, oft erschreckenden Bauformen entstehen ließ. Denn die Götter verlangten nicht nur Mais, Früchte und schmackhafte Tiere, sie forderten menschliches Blut, das als Sinnbild allen Lebens galt. Nur die Erfüllung dieser Verpflichtung half den Menschen, ihre Ängste vor den Göttern in Grenzen zu halten.

Die Furcht vor dem Nicht-Wieder-Erscheinen der Sonne bildete die zentrale, die ganz große Angst. Aber ebenso beschwerlich für die Menschen waren all die kleinen Ängste, die nicht weniger einschneidend ihr Leben beeinflußten. Denn alle Erscheinungen in der Natur, alle Tätigkeiten und Vorhaben der Menschen waren mit dem Wirken der Götter verbunden. Die Götter- und Geisterwelt, vielschichtiger als anderswo, ist oft schwer zu begreifen. Die allgemeine Angst wirkte sich auch aus auf das, was die Menschen unter Anleitung ihrer Priester bauten. Die Götter hatten ihre Wohnung im Himmel, in der Unterwelt (wo auch das Jenseits der Toten lag), ebenso in Bergen, Flüssen und Naturerscheinungen. Jedenfalls in Bereichen, die die jenseitige Welt verkörperten. Die Tempel sollten eine Verbindung zu dieser Welt ermöglichen, man entrückte sie der materiellen Welt, hob sie an auf Podeste, aus denen die **Pyramiden** entstanden und deren Tempel sich hoch oben immer mehr von der diesseitigen Welt entfernten.

Die Menschen Mesoamerikas lebten also in keiner sorglosen Welt; ihre Welt war ein krasses Gegenstück zur heutigen „Freizeitgesellschaft". Alle Stunden des Tages, die man nicht mit der Arbeit für den Lebensunterhalt verbrachte, waren mit religiösen Handlungen ausgefüllt, die in den großen Zeremonialfeiern vor den Tempeln gipfelten und oft mehrere Tage und Nächte in Anspruch nahmen. Diese Feiern bestanden zumeist darin, daß man Geschehnisse aus dem Leben der Götter nachspielte, wobei die Priester die Kostüme der Götter trugen und sich während der Zeremonien durchaus auch als solche fühlten. All dem mußte das Volk zuschauen können, dazu boten sich die **Stufen der Pyramidensockel** an, die von weitem gesehen werden konnten (siehe Abb. oben) und dafür waren **breite Treppen** notwendig. So begeistert wir heute von den gewaltigen Treppenanlagen sind, sie sind nicht um der Architektur willen entstanden, sondern erfüllten rein kultische Zwecke.

Die Tempel dienten aber auch zur Darstellung der Übermacht der Götter. Die **furchterregenden Masken** des Regengottes z. B. symbolisierten dessen ungeheure Macht, sie flößten Angst ein machten jedem klar, was geschähe, wenn er sich seiner Opfer und Riten entziehen würde. Bei großen Zeremonien versetzten die drohenden Masken, wenn es z. B. darum ging, den Regen zu erflehen, die Menschen in ein Höchstmaß von Ekstase, in der allein es gelingen konnte, die Beschwörung zum Erfolg zu führen. Alle Riten drückten weniger Verehrung oder gar Liebe den Göttern gegenüber aus, sondern waren fast ausschließlich von einer großen Angst bestimmt.

Für dieses **Zur-Schau-Stellen göttlicher Macht** sind für die Tempel zwei besondere Bauteile erfunden worden, die es in anderen Kulturen nicht gibt (oder zumindest nicht in dieser ausgeprägten Weise): Die GEWÖLBEZONE und der Dachkamm, die CRESTERIA. Wir werden sehen, daß das zunächst steile, hölzerne Tempeldach im weiteren Verlauf bei den Maya von einem steinernen Gewölbe abgelöst wurde, bei den anderen Völkern von einem massiven flachen Dach von beträchtli-

cher Höhe, das aus Holzbalken und dicken Mörtel-schichten bestand. Beide Dacharten entwickelten als Verkleidung dieser Dachzone (die ich bei den Mayabauten „Gewölbezone" genannt habe) senk-rechte Wände, die m.E. nur deshalb die gewaltige Höhe erhielten, weil hier Götterbilder und Symbole religiöser Geschehnisse angebracht werden muß-ten. Gleichzeitig wird mit der großen Höhe – die Schmuckflächen sind oft höher als die eigentliche Außenwand darunter – eine bedrohlich wirkende Kopflastigkeit erreicht. Beides zusammen gibt den gewünschten beschwörenden Charakter, der in dieser Weise in keiner anderen Kultur zu finden ist.

Daneben entwickelte sich noch eine ganz an-dere, sehr entzückende Bauform, die zwar auch beschwörend wirken soll, aber durch ihr Nach-oben-Streben und durch die Öffnungen in ihrer Mauerstruktur dann doch eine große Leichtigkeit erhält: der Dachkamm oder die sogenannte „Cre-stería". Mit ihrem heute fast immer verlorenen Figurenschmuck war sie damals eine steingewor-dene Gebärde, die sich himmelwärts den Göttern entgegenstreckt. In dieser Form (mit dem reichen Figurenschmuck) ist sie eine Erfindung, die auf Me-soamerika beschränkt geblieben ist.

ÜBERBAUUNGEN

Und schließlich führt eine weitere, uns fremde weltanschauliche Vorstellung zu einem ganz ande-ren Denken in bezug auf den Sinn allen Bauens. Gemeint ist die bereits genannte Vorstellung einer endlichen Welt. Sie führte zu dem für uns unver-ständlichen Brauch, die Heiligtümer jeweils nach einem bestimmten Zyklus zu überbauen. Nüchtern gesehen bedeutet das: Ein Bauwerk war nur für eine begrenzte Lebensdauer bestimmt. Nach Ab-lauf dieser Zeit wurde u.U. jede Pyramide und jeder Tempel überbaut, d. h. man verhüllte das Be-stehende mit einem Steinmantel und errichtete auf dieser Ummantelung eine neue Pyramide und einen neuen Tempel (oder überbaute zumindest die Treppenanlage – wie es auf der Abb. oben rechts zu sehen ist).

Während die Griechen sich darum bemühten, ihren Tempeln einen Ewigkeitswert zu verleihen, und deshalb die ursprünglich hölzernen Formen in

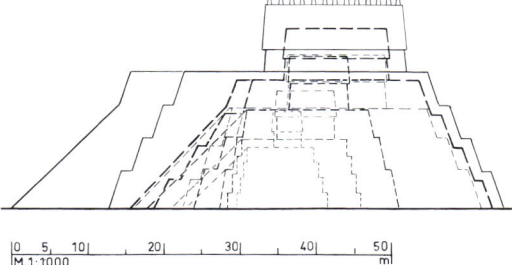

oben links:
33 Palenque
SONNENTEMPEL
Gewölbezone und Crestería

oben rechts:
34 Palenque
INSCHRIFTENPYRAMIDE –
Überbauung der Treppenanlagen

links:
35 Tenayuca
SCHLANGENPYRAMIDE
Schnitt durch insgesamt
sieben Überbauungen
M. 1:1000

kostbaren Stein umsetzten, waren die Bauten Me-soamerikas oft nur für einen Zyklus von 52 Jahren bestimmt; sie weisen deshalb in ihrer Verkleidung nur eine geringe Lebensdauer auf. Das ursprüng-liche Aussehen der großartigen Pyramiden, die heute lediglich durch ihre gewaltigen Steinmassen wirken, war spätestens nach einer Generation ver-flogen, wenn der Überzug aus Stuck und Farbe sich verflüchtigt hatte. Bezeichnend ist auch, daß auf den steinverkleideten Pyramidensockeln zunächst lediglich hölzerne Tempel errichtet wurden, deren zeitlicher Wert ebenso begrenzt war, wie der der bemalten Putzschichten der Sockelflächen.

Es erscheint mir sehr wichtig, vorweg auch dar-auf hinzuweisen, daß die **ÜBERBAUUNGEN** für uns heute insofern ein großes Problem bilden, weil sie das Erfassen früherer Zustände und die zeitliche Zuordnung der einzelnen Phasen der Errichtung sehr erschweren. Auch wenn sich mittlerweile die Erbauung der Pyramiden und Paläste insgesamt auf ein Jahrhundert einordnen läßt, so ist das Entstehen der einzelnen Überbauungen kaum feststellbar, es sei denn, man findet z. B. bei Palästen über den Türstürzen Datumsangaben in Hieroglyphenform o. ä., was aber nur Klarheit über diesen speziellen Bauteil verschafft, nicht aber über die zeitlichen Zusammenhänge der übrigen Überbauungen und der Anbauten.

In den weiteren Ausführungen sollen nun
1. die GEMEINSAMEN GRUNDFORMEN DER ARCHITEKTUR verglichen und
2. die in Mesoamerika aus unterschiedlichen religiösen Vorstellungen entstandenen, uns FREMDEN ARCHITEKTURFORMEN erläutert werden.

PYRAMIDEN

FRÜHE „KLASSISCHE" PYRAMIDEN

IHRE ENTSTEHUNG

Die in der Einführung dargestellte Ähnlichkeit zwischen mesoamerikanischen und ägyptischen Pyramiden ist beeindruckend. Sie entstand durch eine Momentaufnahme zweier im Grunde sehr unterschiedlicher Entwicklungen. Die Ähnlichkeiten entstanden in dem Augenblick, als beide Kulturen einen vergleichbaren Standard in ihrer Zivilisation erreicht hatten. Beide Pyramidenformen haben jedoch einen ganz unterschiedlichen Ursprung. Die ägyptische Pyramide, das wurde schon bei der Stufenpyramide des Djoser (siehe S. 9) erwähnt, entstand aus der Mastaba. Eine Mastaba ist der oberirdische Teil über einem Grabschacht, sie ist flach und langgestreckt und wurde zunächst aus Lehmziegeln erbaut. Das Innere der Mastaba enthält keine Räume in unserem Sinne, sondern das als massiver Block aufgefaßte Totenhaus ist wie ein unterirdisches Grab lediglich durch mehrere Kammern „ausgehöhlt"; die Wände sind oft dicker, als die Kammern breit sind. In den Kammern wurden Gegenstände des täglichen Lebens mitgegeben, derer sich der Tote bedienen sollte. Als später mehrere Mastabaformen mit ihren geneigten Außenflächen übereinander gestülpt wurden, ergab das die sogenannte Stufenpyramide (siehe Abb. unten). Das alles geschah – blickt man auf die gewaltige Länge der ägyptischen Geschichte – in „nur" knapp drei Jahrhunderten: Die Mastabaform wurde in der 1. Dynastie (etwa 2900 – 2720 v. Chr.) voll ent-

wickelt; der Erbauer der ersten Stufenpyramide, Djoser, regierte um 2620 – 2600 v. Chr.

Im Zuge einer ästhetischen Vervollkommnung entstand neben der Stufenpyramide die sogenannte Knickpyramide, schließlich kam man zur reinen Pyramidenform. Alle späteren ägyptischen Pyramiden zeigen diese rein geometrische Form; sie sind nicht begehbar und von der Basis bis zur Spitze mit einem sauber gearbeiteten Steinmantel umgeben, wie er heute noch an der Spitze der Chephrenpyramide (siehe nochmals Abb. S. 8) zu sehen ist. Dagegen sind die mesoamerikanischen Stufenpyramiden nie als geometrische Form erdacht worden, sie entwickelten sich – wie wir im Weiteren sehen werden – aus übereinandergeschichteten Sockeln, die man als Unterbau für die Tempel errichtete. Sie waren zweckgebundene Formen.

Die ägyptischen Pyramiden dagegen sind zweckfreie Architekturmonumente. Zwar dienten sie zur Bestattung, hatten insofern also doch einen realen Anlaß, aber die Grabkammer, die irgendwo im Innern versteckt liegt und nur über einen verborgenen Eingang erreichbar ist, beeinflußt in keiner Weise die Architektur der Pyramide. Es gibt viele – auch unterschiedliche – Theorien über die Bedeutung der Pyramiden. Ihr eigentlicher Sinn wird wohl darin gelegen haben (das beweisen die kostbaren Grabbeilagen), das Fortleben des Pharaos nach seinem Tode sicherzustellen und es dadurch möglich zu machen, daß seine Kräfte auch aus dem Jenseits weiter zum Wohle und Schutze des Volkes wirken konnten.

unten links:
36 Sakkara
Ägypten
MASTABA DES PTAHHOTEP
aus der 5. Dynastie
Grundriß M. 1:800

unten rechts:
37 Sakkara
Ägypten
STUFENPYRAMIDE DES DJOSER
Schnitt

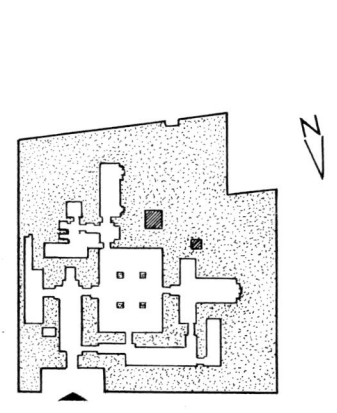

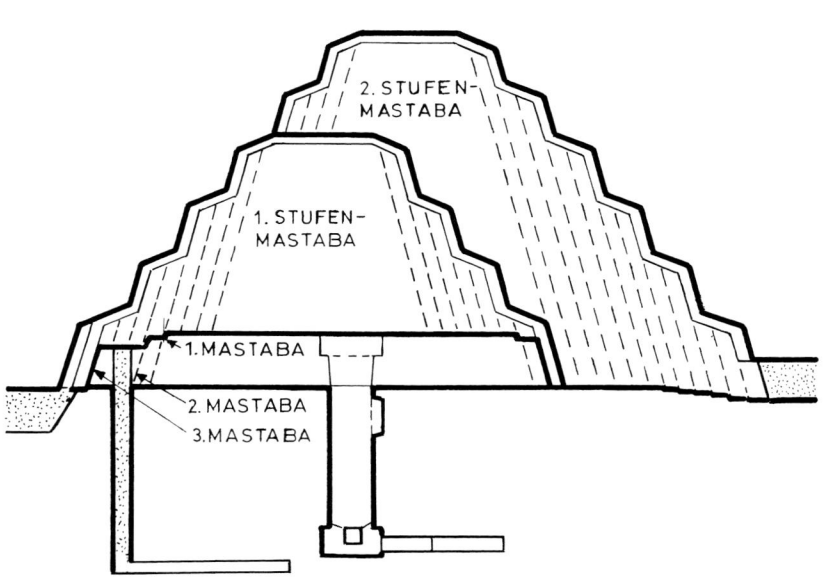

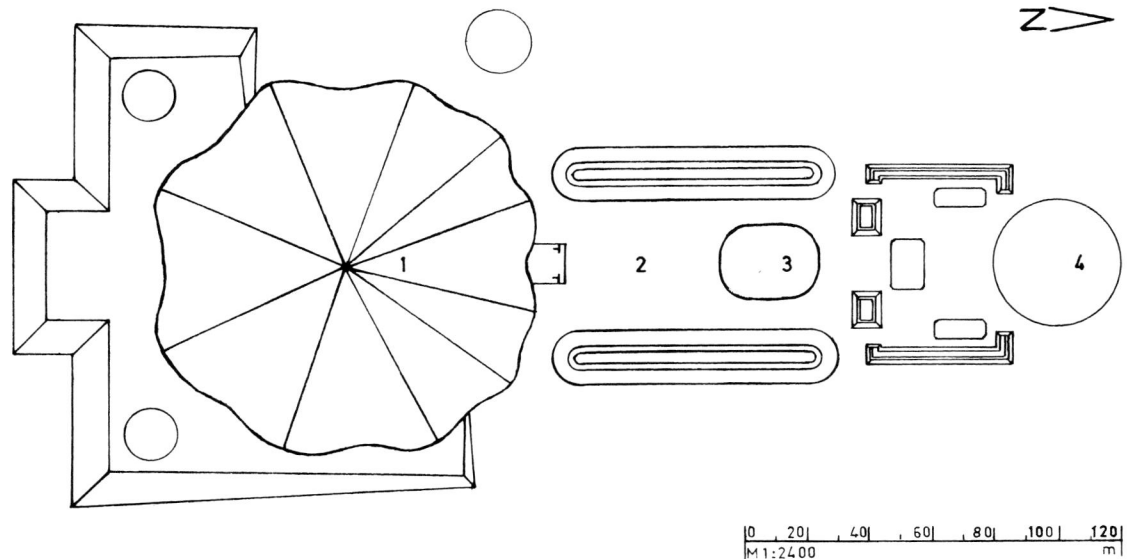

38 La Venta
ZEREMONIALZENTRUM
Lageplan M 1:2400
1 Hauptpyramide
2 Ballspielplatz
3 Zeremonialplatz
4 Später Grabhügel

Im Gegensatz zu Ägypten entwickelte sich der Pyramidenbau in Mesoamerika über einen wesentlich längeren Zeitraum. Er begann bereits in der mittleren vorklassischen Zeit unter den Olmeken. In ihrem Zentrum, in SAN LORENZO (im Südosten der Provinz Veracruz) (hier nicht dargestellt) veränderten sie die Geländeoberfläche: Erdreich, das beim Aushub von künstlichen Seen und Abflußkanälen frei wurde, schichteten sie auf zu länglichen Plattformen mit einzelnen Erhöhungen, die wahrscheinlich Vorläufer der ersten Pyramiden sind. Von Tempeln oder anderen Gebäuden, die auf diesen Plattformen gestanden haben, sind keine Spuren erhalten; gefunden wurden als Aufsehen erregende Stücke lediglich einige der riesigen, monolithischen Basaltköpfe (siehe Abb. S. 22).

Die zweite uns bekannte Pyramidenstätte ist LA VENTA (siehe oben), das etwa zwischen 1100 und 300 v. Chr. bestand, es lag auf einer Insel im Sumpfgebiet des Rio Tonalá. Im Süden des Zentrums baute man aus Lehm eine im Grundriß fast kreisförmige Erhebung mit dem beachtlichen Durchmesser von 130 m, die eine Höhe von über 50 m erreichte. Von dieser Pyramide ausgehend folgt genau nach Norden eine Achse, an der Plätze mit Resten kleinerer, erhöht liegender Bauten ausgemacht wurden. Den Abschluß bildet wiederum eine Pyramide, allerdings von wesentlich geringeren Abmessungen.

Alle pyramidenartigen Bauwerke in San Lorenzo und in La Venta bezeugen lediglich das frühe Vorhandensein der äußeren Form. Sie bestehen aber nur aus Erdreich oder Lehm; von möglichen Verkleidungen aus Stein oder Stuck, also Anfängen eines dekorativen Gestaltens, fand man keine Spuren.

Als frühe Gestaltung kann man allein die geometrische Ausformung der Plattformen ansehen, die aus ganz praktischen, bautechnischen Notwendigkeiten entstand. Im nahezu ebenen Sumpfland nahe der Golfküste, setzte man die Wohnhütten auf kleine, künstlich aufgeschichtete Plattformen, die dem bereits früh entwickelten Ordnungsgedanken des rechten Winkels folgten und seitlich abgeböscht waren. Ähnlich erbaute man auch die ersten Stätten zur Verehrung der Gottheiten; die hölzernen Gebäude darauf unterschieden sich anfangs nur wenig von den Hütten, in denen die Menschen lebten. Um die Wirkung einer solchen sakralen Stätte zu verstärken, erhöhte man hier die Plattformen erheblich (siehe Abb. oben rechts).

Eine größere Höhe der abgeschrägten Seitenflächen bedeutete jedoch gleichzeitig eine größere Menge ablaufenden Regenwassers, was wiederum stärkere Auswaschungen zur Folge hatte. Wenn man das ungehinderte Ablaufen des Wassers an den geböschten Seitenflächen verhindern wollte, mußte man horizontal verlaufende Rinnen anlegen. Was war nun naheliegender, als diese Rinnen in Form von Stufen auszuführen? Gewann man durch das bewußte, breite Zurückspringen doch gleichzeitig eine größere Festigkeit in diesen Aufschüttungen aus Erdreich oder Lehmziegeln.

Von diesen Vorformen ausgehend wurden in einem langen Zeitraum von rund 1000 Jahren die Grundlagen für die spätere Blüte des Pyramidenbaus gelegt. Dazu gehören in gestalterischer Hinsicht die Anwendung des rechten Winkels und die bewußte Ausformung erster Pyramidensockel; auf technischem Gebiet die Herstellung luftgetrockneter Ziegel, die Verwendung von Mörtel als Bindemittel, die Anwendung von Stuck zum Schutz der Steinverkleidungen und das Ausprobieren erster Steinmetztechniken für die Skulpturen dieser Podeste.

39 *FRÜHER TEMPEL*
in Mesoamerika,
der durch einen rechtwinkligen
Erdsockel angehoben ist
(Hypothetische Rekonstruktion)

40 El Tajín
PYRAMIDE
am Platz der „arroyo"
Teilweise rekonstruiert

DIE ERDGEBUNDENE BAUWEISE

Bevor wir uns weiter mit den frühen „klassischen" Pyramiden beschäftigen, muß auf ein Phänomen hingewiesen werden, das bei Architekturbetrachtungen im allgemeinen wenig beachtet wird: Alle frühen Kulturen kennen keine steinernen Bauten im heute üblichen Sinne, d. h. Gebäude, die nicht nur ein ansprechendes Äußeres haben, sondern deren eigentlicher Zweck es ist, nutzbare Innenräume zu bilden. Vielmehr steht am Anfang jeweils das Aufschichten von Erdmassen und Steinen, die lediglich außen zu geometrischen Formen gestaltet waren. Die Abbildung (oben) mit der teilweise rekonstruierten Pyramide in El Tajín zeigt den „Erd- und Steinhaufen" in der Mitte, der nur an den bereits rekonstruierten Außenseiten architektonisch eingefaßt ist.

Auch die blockhafte ägyptische Mastaba (siehe Abb. des Grundrisses auf S. 30) bildet noch keine Innenräume im eigentlichen Sinne, sondern enthält nur Kammern, die nichts mit dem Äußeren zu tun haben, sondern in gleicher Weise auch in den Berg oder in den Boden hätten getrieben werden können. Es dauerte unvorstellbar lange, bis im Steinbau freistehende, nutzbare Räume entstanden.

Denn noch die frühen, außen bereits mit hoher künstlerischer Qualität gestalteten „Festbauten" in der Grabanlage des Djoser (um 2620 – 2600) (siehe Abb. unten) täuschen auf den ersten Blick gewaltig: Sie sind im Innern massiv mit Erdmaterial angefüllt! Sie stellen lediglich für die Ewigkeit bestimmte steinerne Symbole der vergänglichen Herrscherbauten dar. Es dauerte in Ägypten über ein Jahrtausend, bis unter Thutmoses III. *(1490–1436 v. Chr.)* mit der Festhalle des Amuntempels in Karnak ein innen und außen gleichermaßen gestalteter, freistehender steinerner Bau entstand.

Alle Hochkulturen, nicht nur die Ägyptens und Mesoamerikas, beginnen mit erdgebundenen Bauten: Schon der Turmbau zu Babel wird ein solches Gebilde gewesen sein, später folgten die Tempel-Zikurate in Mesopotamien. Das Entstehen früher, massiv aufgefüllter Steinbauten markiert jeweils den Beginn einer Hochkultur. In Mesoamerika finden sich die ersten ausgereiften Formen massiver Sockelbauten vom ersten nachchristlichen Jahrhundert an. Und die letzten erdgebundenen Bauten, die Pyramidentempel in Kambodscha (siehe S. 85), entstehen gar erst ab dem 7. Jh. n. Chr.

41 Sakkara
Ägypten
GRABBEZIRK DES DJOSER
*Scheingebäude an der Westseite des
Heb-Sed-Hofes*

*42 Sayil
PALAST
Nördliche drei Terrassen
Ein Beispiel für eine erdgebundene
Bauweise: Die einzelnen Kammern
lehnen sich mit ihren Rückwänden
an die künstliche Anschüttung an*

Doch nicht alle Kulturen durchliefen dieses erdgebundene Stadium. Die Griechen, die Kontakte nach Ägypten hatten und dort die Säulenhallen kennenlernten, begannen gleich mit diesem zweiten Stadium. Es zeichnet sich durch die Erfindung freistehender, durch Mauern oder Stützen gebildeter Innenräume aus, die flach mit Hölzern abgedeckt wurden und denen man flache Dächer, in anderen, regenreicheren Gebieten auch steilere Dächer aufsetzte. Es bildeten sich Mauerwerks- und Skelettkonstruktionen; die Raumbreiten waren von der Tragfähigkeit der Deckenhölzer abhängig. In diesem zweiten Stadium wurden Innenräume erstmals architektonisch geformt, aber auch jetzt hatte immer noch die Gestaltung der Fassaden Vorrang.

Erst in einem dritten Stadium, das in Europa von den Römern eingeleitet wurde, erfand man steinerne Bögen und Gewölbe. Große Öffnungen konnten nun überspannt werden, und weite, überwölbte Räume waren möglich. Mit diesen Konstruktionen, die mit den Skelett- und Mauerwerksbauten des zweiten Stadiums kombiniert wurden, waren praktisch alle Bauaufgaben bis in die Gegenwart hinein zu lösen. Auch die Erfindung von Eisen-, Stahl- und Betonkonstruktionen im 19. und 20. Jh. änderte nichts Grundlegendes an dieser Konstruktionsweise, sie ließ nur größere Dimensionen zu.

Bemerkenswert ist nun, daß in Mesoamerika das erste Stadium, die erdgebundene Bauweise, noch bis in die „nachklassische" Zeit hinein bestimmend blieb. Nicht nur die Sockel der Tempelpyramiden, auch die Plattformen auf denen die Paläste ruhen, blieben massiv angefüllte Gebilde aus Stein, oft auch nur aus Erdreich. Selbst die Paläste, die sich aus den Kammern auf den Pyramidenstufen entwickelten, schmiegten sich zunächst mit ihrer Rückseite an das Erdreich. Besonders eindrucksvoll läßt sich das am Palast in Sayil studieren (siehe Abb. oben), wo im noch nicht rekonstruierten Nordteil die aufgefüllten Stein- und Erdmassen zu sehen sind, an die sich die Rückwände der Kammern anlehnen.

Erst in der „nachklassischen" Periode – also rund 1000 Jahre nach den ersten Pyramidenbauten – errichtete man zunächst in Tula und dann in größerem Ausmaße in Chichén Itzá größere Innenräume in Form von Säulenhallen, letztere wurden mit Scheingewölben überdeckt. Das genannte zweite und dritte Stadium wurde – wie wir sehen werden – in Mesoamerika nur zögernd und mit relativ einfachen Lösungen begonnen. Bis zuletzt wurden (z. B. von den Azteken in Technotitlán) alle großen Tempel und Paläste über einer erdgebundenen Konstruktion errichtet.

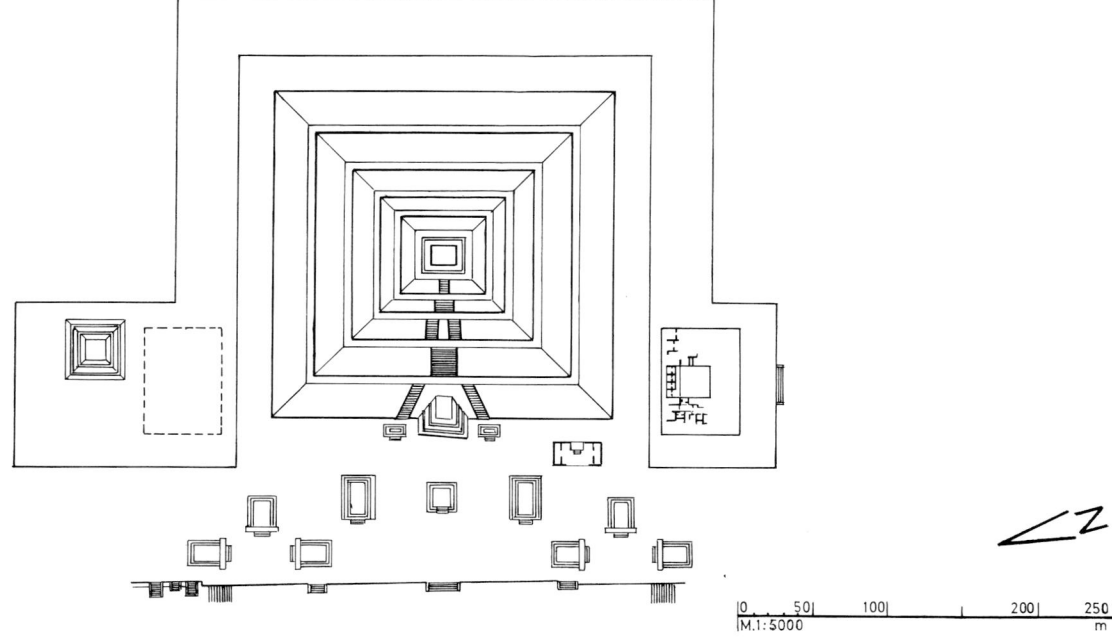

43 Teotihuacán
SONNENPYRAMIDE
Grundriß M. 1:5000

|0   50| 100| 200| 250|
|M.1:5000   m |

SONNEN- UND MONDPYRAMIDE

DIE SONNENPYRAMIDE

Der erste Durchbruch zu wirklich architektonischen Leistungen geschah ab 200 n. Chr. im zentralen Hochland von Mexiko, wo in Teotihuacán mit der Sonnen- und mit der Mondpyramide die ersten architektonisch gestalteten Pyramidenbauten entstanden.

Kommen wir auf die Geschichte der anfangs gezeigten frühen Pyramiden von Teotihuacán zurück. Zuvor baute ein Indiovolk, dessen Namen wir nicht kennen, in der Gegend um die heutige Hauptstadt Mexiko-Stadt, ähnlich wie die Olmeken, eine Reihe von Erdhügeln, die später mit Steinen verkleidet wurden. Der größte erhaltene, kreisförmige Hügel liegt in Cuicuilco (hier nicht dargestellt). Er war um 300 v. Chr. auf einen Durchmesser von 150 m angewachsen, wurde aber nicht weiter vergrößert, weil ein Vulkanausbruch die Gegend mit Lava überschwemmte. Fortan war Teotihuacán (60 km nordwestlich vom heutigen Mexiko-Stadt) führendes Zentrum dieser weiten, von erloschenen Vulkanen umgebenen Hochebene. Am Rande dieser Hochebene sind schon aus der Zeit um 500 v. Chr. erste Siedlungsspuren gefunden worden;

später verlagerte sich diese Siedlung hinunter in das ebene Schwemmland. Aus dieser ersten Phase, die um 200 v. Chr. zu Ende ging, stammt wahrscheinlich der aus Lehmziegeln erbaute Kern der Sonnenpyramide. Ihre heutige Gestalt erhielt die Pyramide zu Beginn der „klassischen" Periode, also ab etwa 150 n. Chr. Ihr Bau ist ein Wunderwerk ohnegleichen. Ohne Benutzung von Rad oder Wagen wurden etwa zweieinhalb Millionen Tonnen an Erde und Steinen allein durch menschliche Muskelkraft aufeinander getürmt. Die unteren Lagen bestehen aus gestampfter Erde; die darüber liegende, in Mörtel verlegte Steinschicht sollte das Eindringen von Wasser verhindern.

Diese Mammutleistung wurde nicht unter Zwang erreicht. Sie war ein von religiösen Impulsen getriebenes Gemeinschaftswerk, das man hauptsächlich in den vier Trockenmonaten vollbrachte, in denen die Feldarbeit ruhte. Dieses Vorgehen, während einer von der Natur erzwungenen Arbeitsunterbrechung gewaltige Gemeinschaftsleistungen zu vollbringen, erinnert sehr an Ägypten; auch dort war eine gut organisierte landwirtschaftliche Produktion entstanden. Während der Zeit der jährlichen Nilüberschwemmung ruhte auch dort die Arbeit, auch dort wurde diese Pause für den Bau der Pyramiden genutzt. Darüber hinaus bildete das ähnliche, warme Klima, das es ermöglichte, alle Arbeiten und vor allem auch die religiösen Handlungen im Freien zu verrichten, eine weitere Gemeinsamkeit der genannten zivilisatorischen Übereinstimmung, die zu den ähnlichen Formen im architektonischen Schaffen führte.

Für zeremonielle Feiern bedurfte es keiner Gebäude mit nutzbaren Innenräumen. Der Sinn früher Bauten – ob es sich nun um Grabbauten für die Pharaonen oder um Unterkonstruktionen der Tempel handelte – bestand nur darin, sie als weithin sichtbare Monumente wirken zu lassen. Das gelang am ehesten, wenn man Massen von Erde und Steinen aufschichte und kunstvoll gliederte. So entstanden in Äypten die Mastabas und Pyramiden und in Mesoamerika die Pyramidensockel. Mit der frühen Sonnenpyramide steht der gewaltigste Sockel eines Tempels vor uns, der jemals geschaffen wurde.

unten:
44 Gizeh
Ägypten
CHEOPSPYRAMIDE
Schnitt durch die
Grabkammer

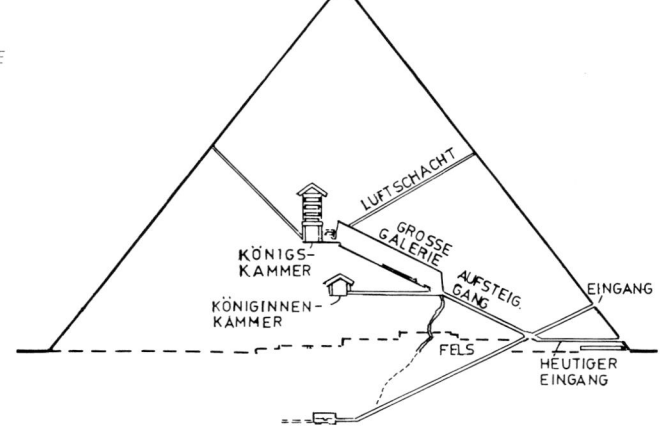

Doch bei allen äußeren Ähnlichkeiten, die wir in der EINFÜHRUNG (siehe S. 8 ff.) zwischen den ägyptischen und den frühen mesoamerikanischen Pyramiden feststellten, sei hier auf die sehr unterschiedliche Bedeutung hingewiesen: Die mesoamerikanische Pyramiden waren Sockelbauten für die Zeremonien, sie wurden intensiv genutzt. Die ägyptischen aber sind schweigende Monumente, unbesteigbar (und außen poliert), sie enthielten die sterbliche Hülle des Pharaos – aus Vorsicht in versteckten Grabkammern (siehe Schnitt links) –, sie waren Symbole, die die Stärke des Pharaos über seinen Tod hinaus bewahren sollten.

Die Sonnenpyramide übernimmt mit ihren vier hohen Stufen die einfachen Linien der Erdpyramiden aus „vorklassischer" Zeit, allerdings mit einer Nuance, die auf das Gestaltungsprinzip der horizontalen Schichtung hinweist, das erstmals hier auftaucht und das später die ganze Stadt beherrschen sollte: Am Fuße der großen vierten Stufe ist ein Streifen geringerer Höhe eingefügt, der zweigeteilt ist, oben die übliche Böschung aufweist, unten aber aus einer fast senkrecht stehenden Mauer besteht; dieser Streifen bildet einen markanten Kontrast zu den sonst geneigten Flächen. Dieser Streifen erfüllt keinen Zweck, er ist allein aus dem ästhetischen Bedürfnis entstanden, den einer Stufenpyramide ohnehin schon innewohnenden Eindruck einer horizontalen Lagerung noch zu verstärken.

In einem anderen Punkt täuscht uns allerdings das heutige Aussehen: Den stumpfen, waagrechten Abschluß dieser und aller anderen frühen Pyramiden gab es damals nicht, sondern auf der vierten Stufe stand einst auf einem niedrigen Podest der re-

lativ kleine, hölzerne Tempel, von dem heute nur noch Reste der Grundmauern zeugen.

Dessen Wirkung wurde zwar – was man allgemein aus gefundenen Tonmodellen schließen kann – durch zinnenartige Dachaufbauten vergrößert, aber es bestand ein für unser Empfinden unglückliches Verhältnis zwischen gewaltigem Unterbau und kleinem Tempel. War dies beabsichtigt? Sollte der Tempel den Menschen noch weiter entrückt erscheinen?

Die eigentliche Form und die gewaltige Größe der Sonnenpyramide ist erst aus weiterer Entfernung zu erfassen (siehe nochmals die von der Mondpyramide aus gesehene Abb. auf S. 8). Steht man am Fuße der Schauseite, ragt wie eine selbständige Plattform nur ein dreistufiger Vorbau heraus. Um diese Plattform herum führt die Treppenanlage etwas umständlich in zwei Läufen hinauf, die sich an der zweiten Stufe zu einer breiten, einläufigen Treppe vereinigen; an der dritten Stufe wird die Anlage wieder zweiläufig und schmaler und führt schließlich nochmals einläufig ganz zum Tempel hinauf. Diese Anordnung erscheint insgesamt etwas willkürlich; sie weist mit ihrer Größe aber schon auf die Bedeutung hin, die den Treppen bei der weiteren Gestaltung der Pyramidensockel zukommen wird.

Es sei hier nochmals darauf hingewiesen, daß von der Frühzeit an das Bauen von kosmischen Gesetzen bestimmt war: Die Achse der Schauseite der SONNENPYRAMIDE weicht um 17° von der Ostrichtung ab; in dieser Achse geht am 26. Mai und am 16. Juli die Sonne auf; an diesen Tagen steht hier die Sonne im Zenit. Dieser Achse maß man besondere Bedeutung zu.

45 Teotihuacán
SONNENPYRAMIDE
Frontalansicht von der
Totenstraße aus gesehen

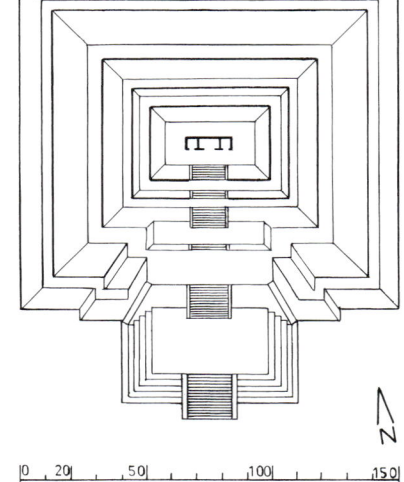

oben:
46   Teotihuacán
MONDPYRAMIDE
Frontalansicht von
der Totenstraße aus
Links Podeste, die
den Mondplatz säumen

47 (Zeichn. 5,0 x 7,0)
Teotihuacám
MONDPYRAMIDE
Grundriß M. 1:3000

0   20   50   100   150
M. 1:3000   m

DIE MONDPYRAMIDE

Schaut man dann zur Mondpyramide hinüber, so fällt zunächst das fünfstufige Podest auf, das der viel höheren, aber ebenfalls fünfstufigen Pyramide später vorgesetzt wurde. Man spürt auch die Kraft, die von der breiten, monumentalen Treppe ausströmt. Diese nimmt den gesamten Vorbau in einem Anlauf und springt nur oben von Stufe zu Stufe. Man sollte sich dieses Bild einprägen, um es später mit den steileren Treppen der Mayapyramiden zu vergleichen.

Während die Sonnenpyramide mit Abmessungen von 225 x 222 m noch eine nahezu quadratische Grundfläche besitzt, weichen bei der Mondpyramide die Maße von 150 x knapp 140 m doch erheblich von der Idealform ab. Die Abweichung beweist einmal mehr, daß die gleichseitige, streng geometrische Form, die die Ägypter bis auf den letzten Zentimeter genau herausarbeiteten, in Mesoamerika nie Ziel der architektonischen Gestaltung war. Viel

wichtiger als ein solch vergeistigtes Ziel scheint den Erbauern der Mondpyramide die Schauseite und die verbesserte Nutzbarkeit der Anlage gewesen zu sein. Die an der Schauseite erforderliche breite Treppe machte eine gewisse Verbreiterung dieser Seite unumgänglich, die man beim Umschreiten der Pyramide jedoch kaum wahrnimmt.

Hierin zeigt sich auch der Unterschied zu den ideellen Vorstellungen der Griechen. Diese schufen ihren Göttern Tempel, die sie in einer nie wieder erreichten, durchgeistigten Vollendung gestalteten, was sich gleichermaßen in der architektonischen Form und in der hohen handwerklichen Vollkommenheit ausdrückte. In Mesoamerika dagegen kam es nicht an auf eine Idee, die der Gestaltung zu Grunde liegt, hier wurde die Architektur allein um ihrer Wirkung willen geschaffen.

Die Pyramide, die als geometrische Form nach gleicher Behandlung ihrer Seiten verlangt, bekommt in Mesoamerika dennoch eine Schauseite. Und man verschwendet keine Zeit mit der Erfindung edler Oberflächen, sondern überzieht die nur grob zugerichteten Steine mit Stuck und bemalt diesen in grellen Farben. Der Einwand, auch die griechischen Tempel seien mit einer dünnen, farbigen Stuckschicht überzogen gewesen, ist nicht stichhaltig: der griechische Stuck war hauchdünn und die Oberfläche des Steins darunter bis ins Feinste bearbeitet. Die heute ohne den Verputz restaurierten Pyramiden Mesoamerikas lassen erkennen, daß es erforderlich war, die Unebenheiten der groben Bauweise mit einer mind. 2–3 cm starken Stuckschicht zu überdecken.

Schaut man von der Mondpyramide herab auf den davor liegenden quadratischen Platz, dann sollte man bedenken, daß die Podeste und Sockelbauten nicht von Anfang an vorhanden waren, sondern erst nach und nach hinzugefügt wurden. Dies sind Veränderungen, die die Architektur der ganzen Stadt erfassen. Kaum hatte man bei den beiden großen Pyramiden aus früheren, zunächst noch ungelenkig gefügten, nur annähernd einer Pyramide

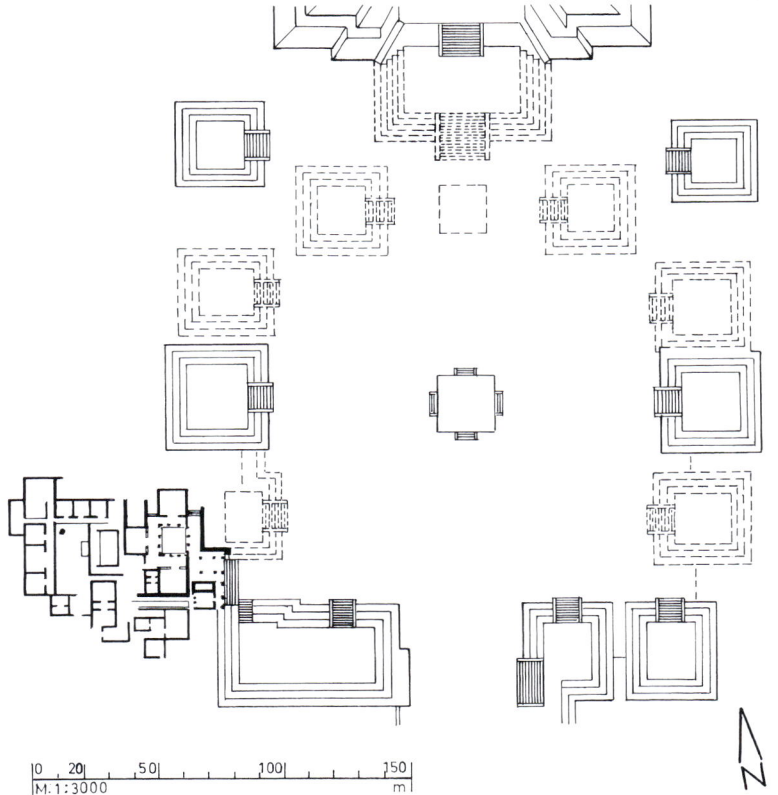

ähnlichen Unterbauten endlich die klare Form einer Stufenpyramide erreicht, begannen schon erste Gegenströmungen. Betrachtet man Sonnen- und Mondpyramide frontal, geht man gar auf diese Bauten zu, dann drängen sich immer mehr die jeweiligen Vorbauten ins Blickfeld, die geböschten Flächen der großen Pyramiden treten dahinter zurück. Diese später vorgesetzten, gestaffelten Plattformen haben eine ganz andere Haltung als die früheren Pyramiden, sie weisen nicht mehr nach oben, sondern sind horizontal gelagert. Die nach oben strebende Pyramidenform wird zu Beginn der „klassischen" Periode überdeckt von einem System horizontal geschichteter, vom rechten Winkel bestimmter blockhafter Formen.

Diese Haltung ist vergleichbar mit der ruhevollen Ausgewogenheit, die in der klassischen Antike Griechenlands angestrebt wurde und die man später in der Klassik der augusteischen Zeit zu wiederholen versuchte und die zu allerletzt im Klassizismus des 18. und 19. Jahrhunderts zum Ideal wurde. Wir haben es hier mit der ersten Architekturströmung Mesoamerikas zu tun, die bewußt eine Haltung – fast kann man sagen einen Stil – entwickelt. Wir werden sehen, daß auch die horizontale Lagerung nur eine gewisse Zeit erstrebenswert blieb und daß z. B. bei den Maya eine Gegenbewegung einsetzte, die die Horizontale ganz aufgab und die Vertikale in einer Weise steigerte, die nur mit der Gotik Europas zu vergleichen ist, und daß den Maya – will man die Aufzählung fortsetzen – in der „Spätklassik" noch eine andere Steigerung gelang: Sie erfanden barocke Formen, die sich in fast ähnlicher Weise im antiken Rom im Anschluß an die augusteische Klassik herausbildeten.

Bei der Betrachtung der heute steingrau restaurierten Podeste müssen wir uns jedoch immer wieder das ursprüngliche Aussehen vor Augen halten: Die Wände der Stufen glänzten in großer Farbigkeit und die Stufen selbst waren mit prächtig geschmückten Menschen angefüllt, die ihre Zeremonien vollführten. Sie stiegen treppauf und treppab,

sie tanzten und sangen, alles war in Bewegung, jede einzelne der vielen kleinen und großen Plattformen wirkte wie ein wogender Berg. Es waren keine ausgelassenen Feiern im heutigen Sinne, sondern von großem Ernst getragene Feste, bei denen das Leben der Götter nachgespielt und nachempfunden wurde. Die Podeste waren die Bühnen dieser Darstellungen. Was wir heute sehen sind lediglich die leeren, ihres Schmucks beraubten Theaterflächen: Stumme und dennoch wohlproportionierte, steinerne Baukörper.

oben: 48 Teotihuacán
PLATZ VOR DER
MONDPYRAMIDE
mit der anschließenden Totenstraße

Mitte: 49 Teotihuacán
PLATZ VOR DER
MONDPYRAMIDE
Lageplan M. 1:3000

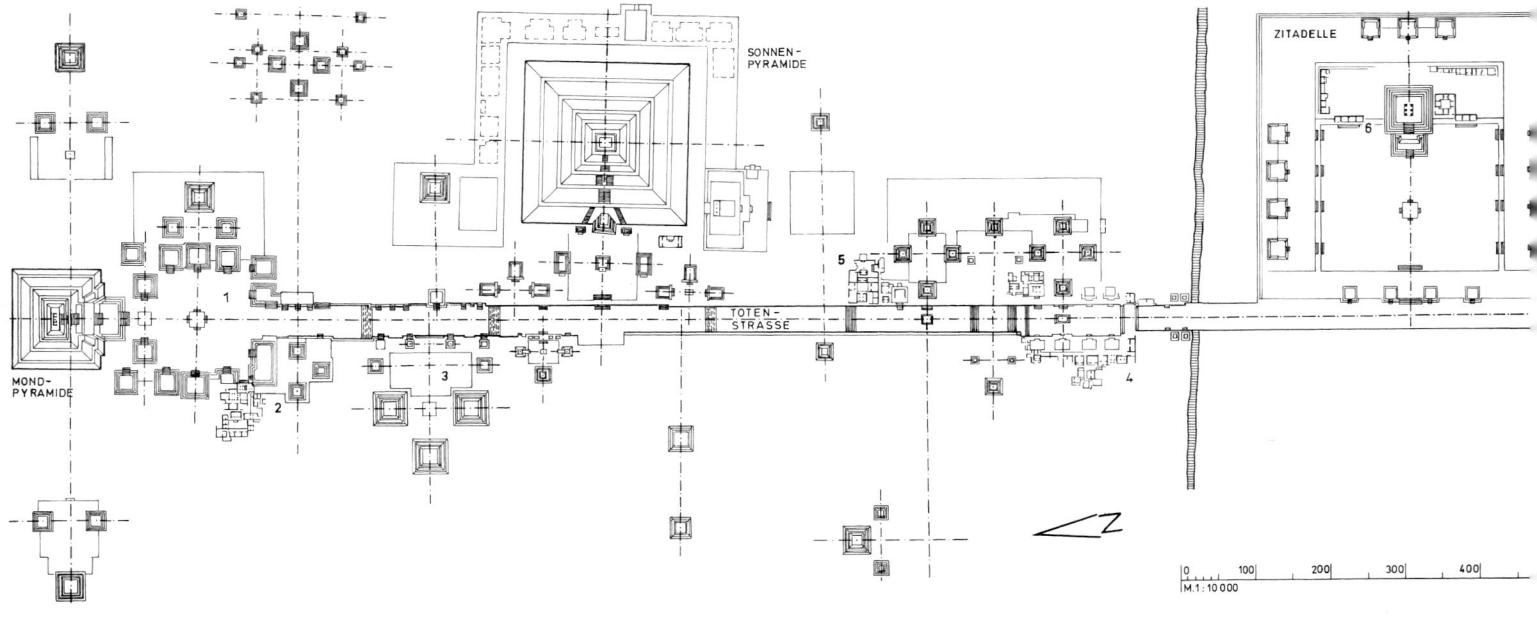

ACHSIALITÄT IM STADTGRUNDRISS

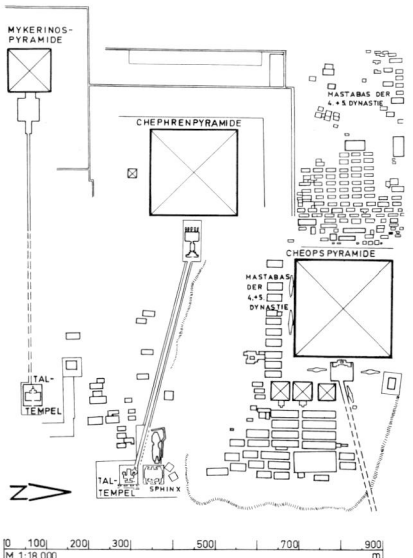

50 Teotihuacán
Lageplan M. 1:10000

1 Mondplatz
2 Palast des Quetzalpapalotl
3 Säulenplatz
4 Viking-Gruppe
5 Subterraneo-Gruppe
6 Quetzalcoatlpyramide

unten:
51 Gizeh
Ägypten
DAS PYRAMIDENFELD
Lageplan i.M. 1:18000
Von links nach rechts:
Mykerinospyramide
– Chephrenpyramide
– Cheopspyramide

DER RECHTE WINKEL

Die frühen Erdsockel und Pyramiden Teotihuacáns (und der frühen „klassischen Periode" überhaupt) folgen, wie bereits gesagt, dem Ordnungsgedanken des rechten Winkels. Das ist an und für sich nicht selbstverständlich. Der rechte Winkel kommt in der Natur nicht vor; Er wurde von den Menschen immer erst in einem relativ späten Stadium neu erfunden. Aber in dem Augenblick, als sich in Ägypten am Nil und in Mesoamerika im Schwemmland der Golfküste erste Kulturen gebildet hatten, fand man beim Neuvermessen der Felder nach den Überflutungen der Regenzeiten sehr schnell heraus, daß sich das Aufteilen großer Flächen in vorher festgelegte Parzellengrößen am ehesten mit dem rechten Winkel ausführen ließ.

Die Vorliebe der Menschen für den rechten Winkel wird letztlich von zwei Dingen bestimmt: Zunächst einmal lassen sich mit seiner Anwendung am einfachsten Flächen und Räume aneinander reihen, zum andern gibt der rechte Winkel ein Gefühl der Ordnung, besonders dann, wenn man Achsen bildet und an ihnen die Gebäude rechtwinklig aneinander reiht.

Die perfekte Anwendung des rechten Winkels setzt ausreichende mathematische Kenntnisse voraus; erstaunlich sind immer wieder die große Genauigkeit der ägyptischen Pyramiden und der griechischen Tempel.

DIE BILDUNG VON ACHSEN ist der zweite Schritt bei der Anwendung des rechten Winkels. In Ägypten bestechen beim Pyramidenfeld in Gizeh (siehe unten) zwar die quadratischen Grundrisse der Pyramiden und Mastabas und ihre rechtwinklige Ausrichtung. Darin liegt hier der Ordnungsgedanke.

Doch nirgendwo erscheinen achsiale Bezüge der Pyramiden untereinander. Erste, aber noch nicht rechtwinklig ausgerichtete Achsen gibt es bei der Cheops- und der Chephrenpyramide jeweils bei den langen Aufwegen zwischen Tal- und Verehrungstempeln. Lediglich bei der jüngsten, der Mykerinos-Pyramide (auf der linken Seite des Lageplans unten), ist erstmals die Achse zwischen Pyramide und Taltempel rechtwinklig angelegt. Bei ähnlichen Achsbildungen bleibt es auch beim Tempelbau, nirgendwo finden sich Achsensysteme in der ausgeprägten Art, wie wir sie in Teotihuacán (siehe Lageplan oben) sehen.

Blicken wir noch einmal zurück auf das Zeremonialzentrum von La Venta (siehe S. 31) und vergleichen wir es mit dem Gräberfeld von Gizeh (siehe Abb. links unten): Es fällt auf, daß man in Mesoamerika schon zu einer Zeit, als die Erd-Plattformen erste geometrische Gestalt annahmen, in Achsenbezügen gedacht hat; die pyramidenartigen Sockel und die Plätze sind alle an einer Hauptachse aufgereiht. Diese Hauptachse hätte beliebig in beide Richtungen verlängert werden können, falls eine weitere Entwicklung des Zentrums es erfordert hätte. Hier wird – ganz anders als in Gizeh – schon sehr früh im städtebaulichen Zusammenhang gestaltet, der rechte Winkel bildet dafür die Grundlage.

Schauen wir dann auf den Stadtgrundriß von Teotihuacán, dann wird deutlich, daß hier zum ersten Mal ein System von rechten Winkeln zusammen mit Achsenbezügen städtebaulich zur Vollendung gebracht wird. Die Gebäude und Plätze sind nicht nur an einer Hauptachse aufgereiht, sondern von dieser gehen Nebenachsen aus, die noch weitere Unterteilungen möglich machen. Dies ist, wie wir im Folgenden sehen werden, eine ganz neue städtebauliche Konzeption, die in dieser Konsequenz weder in Ägypten noch in Griechenland erreicht wurde; sie stellt für eine so junge Kultur eine beachtliche Leistung dar.

DAS ACHSENSYSTEM DER TOTENSTRASSE

Diese ganz neue, auf einem Achsensystem beruhende städtische Konzeption wurde in Teotihuacán kurz vor oder kurz nach Vollendung der Sonnenpyramide erfunden. Auf dem Lageplan (linke Seite oben) kann man feststellen, daß von der Sonnenpyramide bereits eine Achse ausgeht. Diese Achse durchschneidet den Vorbau der Pyramide, an ihr sind seitlich mehrere freistehende Plattformen aufgereiht. Das Neue war, daß man am Ende dieser relativ kurzen Achse, um 90° gedreht, eine weitere Achse in Form einer langen Prozessionsstraße anlegte. Diese breite Straße, erst in aztekischer Zeit „Totenstraße" genannt, ist genau 2000 m lang, sie bildete zusammen mit den von ihr rechtwinklig ausgehenden Nebenachsen fortan das Rückgrat der Stadt. Der große Vorteil des Achsensystems liegt darin, daß es nie unfertig wirkt. Man kann es sich in einer geringeren Ausdehnung, als es das Ruinenfeld aufweist, vorstellen, es hätte bei weiterer Bautätigkeit aber auch nach allen Seiten ins Umland hinauswachsen können. Ebenso wäre in locker bebauten Gebieten durch Anfügen weiterer kurzer Achsen eine immer größere Verdichtung möglich gewesen. Mit diesem System der Haupt-, Neben- und Unterachsen kann durch die variable Anordnung der einzelnen Achsen sehr abwechslungsreich gestaltet werden.

Das Achsensystem sollte nicht mit dem heute üblichen, seit hellenistischer Zeit bekanntem Rastersystem verwechselt werden, bei dem es zwar auch Haupt- und Nebenstraßen gibt, bei dem das Raster aber alle Freiflächen lückenlos überzieht, und bei dem bei stockender Bautätigkeit unschöne Baulücken entstehen (was sich am Straßensystem des 19. Jahrhunderts unschwer ablesen läßt).

Im Norden endet die Totenstraße mit der etwa zur gleichen Zeit errichteten Mondpyramide. Im Süden hat sie keinen Festpunkt, man hat hier bisher

weder einen Abschluß noch einen Anschluß gefunden, letzterer wäre vom System her möglich gewesen. Die Totenstraße ist auch keine Monumentalstraße mit durchgehender Pflasterung, sondern ihr leichtes Ansteigen von Süden nach Norden wird u. a. durch Treppen überwunden, die die lange Straße in hintereinander gereihte Plätze aufteilt. Man steigt hohe Treppen nicht nur hinauf, sondern auf der anderen Seite auch wieder hinunter. Die Straße ist in acht unterschiedlich große Raumfolgen geteilt. Über die Dynamik, die auf- und absteigende Treppen erzeugen können, wird noch zu sprechen sein; hier wird diese Dynamik für eine langgestreckte Platzfolge genutzt.

Aber mit der Anwendung des achsialen Systems allein ist es noch nicht getan: Das Spiel mit dem rechten Winkel und den quadratischen Grundrissen, im großen bei den Pyramiden begonnen, wird nun bis hin zu den letzten kleinen Altären weiter getrieben. Der lange Freiraum der Totenstraße wird an den Seiten durch eine ganz neue Art von Plattformen begrenzt, die in fast endlos erscheinender Reihe rechtwinklig zur Straße stehen. Sie sind unterschiedlich groß, stehen auch unterschiedlich weit von der Straße entfernt und sind oft in symmetrischen Dreiergruppen angeordnet. Vor der Mondpyramide erweitert sich die Gruppierung von Plattformen zu einem großzügigen Platzgebilde (siehe auch Anmerkung zum Mondplatz 2 Seiten zuvor). Alle Plattformen folgen einem gemeinsamen Planungsschema: Über einem quadratischen Grundriß (der nur ganz selten geringfügig zu einem länglichen Rechteck gedehnt wird) werden zwei, drei oder vier zurückspringende Stufen aufgesetzt, die mit einer breiten Treppe an der Schauseite verbunden werden. Die immerwährende Wiederholung des Grundschemas bei gleichzeitiger Variation der Anordnung bildet den einmaligen Reiz dieses großen Straßenraumes.

52 Teotihuacán
Die TOTENSTRASSE
(Westseite)
mit der langen Reihe
der Podeste

Die gesamte
TOTENSTRASSE
von der Mondpyramide
aus gesehen
siehe Abb. 48 auf S. 37

54 Teotihuacán
Drei TABLEROFORMEN
der frühen „klassischen" Zeit

DER TABLERO

DER TABLERO ALS ERSTE ARCHITEKTURFORM

ERFINDUNG ERSTER ARCHITEKTURFORMEN

Die architektonische Gestaltung begann in Mesoamerika mit geometrisch geformten Plattformen und Pyramiden aus Erde und Lehmziegeln, sie erreichte einen ersten Höhepunkt mit deren achsialer Ausrichtung. Den zweiten Höhepunkt, mit dem wir uns nun näher beschäftigen wollen, sahen wir bereits an der Totenstraße in Teotihuacán: Die Gestaltung der sockelartigen, steinernen Plattformen. Ihr Hauptmerkmal sind die immer wiederkehrenden, unzählig variierten senkrechten Verkleidungen aus Steinmaterial, die man im Spanischen mit „tablero" bezeichnet. Man könnte im Deutschen Tafel oder Paneel dazu sagen, was aber sehr ungenau erscheint, deshalb sei diese so markante Architekturform auch im Folgenden als **Tablero** bezeichnet.

Mit dieser senkrechten Fläche war der einfache Tablero entstanden. Die geböschte, schräge Fläche, aus der der Tablero hervorgegangen war, wird aber nicht ganz aufgegeben, sie bleibt in geringer Höhe erhalten und bildet die Verbindung zwischen Pyramidenstufe und dem überstehenden Tablero. Diese schräge Fläche, im Spanischen **Talud** genannt, bildet zusammen mit dem Tablero das sogenannte Talud-Tablero-System. Es sollte zum wesentlichen Gestaltungsmittel der „klassischen" Zeit werden.

Wir haben es hier mit einer frühen Form zu tun, die in ihrer Bedeutung vergleichbar ist mit der Säule und dem Gebälk der klassisch griechischen Antike. Diese sogenannte griechische Säulenordnung, bereits in römischer Zeit abgewandelt, durchzieht die gesamte europäische Architekturgeschichte, sie wird ständig variiert, wird barock übersteigert und findet immer wieder zu ihren Ursprüngen zurück, besonders im Klassizismus des ausgehenden 18. und beginnenden 19. Jahrhunderts.

Auch die Talud-Tablero-Form wird – wie wir sehen – immer wieder verändert werden. Dabei wird der schräge Talud oft zu einer schmalen Sockelzone, während der Tablero – oft zu einer Rahmenform verändert, die figürlichen Schmuck einfaßt – den eigentlichen Gegenstand der Gestaltung bildet. Deshalb wird im Folgenden zumeist verallgemeinernd vom „Tablero" gesprochen.

Die ersten Architekturformen Mesoamerikas sind also weder aufrecht stehende Säulen, auch keine Umformungen hölzerner Bauteile, es sind – und da stehen wir zum ersten Mal vor eine Entwicklung, für die es im Mittelmeerraum nichts Vergleichbares gibt – ganz einfache, steinerne Verkleidungen von horizontal geschichteten Erd- und Steinmassen. An diesen Verkleidungen wurden die ersten gestalterischen Ideen umgesetzt. Während Ägypter und Griechen dies zuerst an ihren Tempeln erprobten, kümmerten sich die Menschen in Mesoamerika weniger um die anfangs relativ kleinen hölzernen Tempel, sie bemühten sich mehr um die Sockel, die für diese kleinen Tempel aufgerichtet wurden.

Die Verkleidung mit Steinmaterial geschah zunächst wohl nur aus einer rein praktischen Notwendigkeit: Man wollte die geböschten Flächen der zurückspringenden Pyramidenstufen vor dem Ausspülen durch Regenwasser schützen. Solche Böschungen mit Steinmaterial zu schützen, ist auch heute ein gebräuchliches Mittel im Straßen- und Kanalbau. Niemand aber würde heute auf die Idee kommen, solchen mit Steinmaterial belegten Böschungen eine besondere architektonische Gestaltung zu geben. Doch in Mesoamerika ging es um den Unterbau von Tempeln; durch die steinernen Podeste wurde auf die Bedeutung der Tempel hingewiesen.

Und so ist es nicht verwunderlich, daß mit der Vervollkommnung der konstruktiven Ausbildung der Böschungen auch eine erste allgemein gebräuchliche Architekturform erfunden wurde, die sich als Grundform wiederverwenden ließ und darüber hinaus die Möglichkeit zu unzähligen Variationen bot.

Vorformen des Tableros sind einfache Steinbettungen, die im Winkel von 60–70° an die Erdböschung angelehnt wurden und oben in horizontalen Flächen weiter liefen. Dieser Winkel schaffte die beste Druckverteilung, die eine Hälfte des Druckes verlief in Richtung der Steinbettung schräg nach unten, die andere übertrug sich auf die Erd- und Steinschichten des Kerns. Die verwendeten Steine waren meist nur grob behauen, deshalb überzog man sie später mit einer bis zu 6 cm starken Schicht aus Kalkmörtel. Diese Schicht wurde bunt bemalt, meist weiß oder in roten Tönen (siehe Abb. 56 a).

So war eine Kante entstanden, die die Gestalt des Sockelbaus hervorhob; gleichzeitig war das Problem der Befestigung und der Ableitung des Regenwasser bestens gelöst. Was nun an Weiterentwicklung erfolgte, geschah allein in dem Bemühen, die ästhetische Wirkung des Stufenkörpers – besonders seine horizontale Lagerung – zu erhöhen. Als erstes fand man heraus, daß man den geböschten Teil, den sogenannten „Talud", oben mit einer horizontal liegenden Schicht größerer Steinplatten abdecken könne. Diese hervorstehende, horizontale Kante warf unter der mittags fast senkrecht einfallenden Sonne einen tiefen, gleichmäßigen Schatten, der die horizontale Lagerung unterstrich (Abb. 56 b). Folgten mehrere Stufen übereinander, so wurde über einem kleinen, senkrechten Sockel, die Böschung des Taluds wiederholt (Abb. 56 c).

Der nächste Schritt zum eigentlichen Tablero war nun, die untere Schicht auf der Abdeckplatte in Form eines Gesimses etwas herauskragen zu lassen und darauf – zur besseren Standfestigkeit etwas zurückspringend – eine senkrechte Mauer aufzubringen (Abb. 56 d). Dieser Abschluß war unbefriedigend, man wünschte sich eine zweite, noch stärkere horizontale Betonung: Zu diesem Zweck sprang man oben mit einem zweiten Gesims wieder in die Flucht des unteren und faßte unteres und oberes Gesims an den Seiten zusammen. Es entstand ein langgestreckter Rahmen (Abb. 56 e), der Rahmen-Tablero war erfunden! Die langgestreckten, leicht hervortretenden Rahmen sitzen mit großer Leichtigkeit auf der geneigten Talud-Fläche auf. Die horizontale Lagerung verliert ihre Schwere. Durch das Wechselspiel von Talud und Tablero entsteht das Spannungsverhältnis, das für die Gesamtwirkung so wichtig ist. Diese markante Form prägt in Teotihuacán die Vorbauten der Mondpyramide und nahezu alle Plattformen an der langen Totenstraße. Doch nochmals: Das Aussehen wurde letztlich bestimmt durch den Überzug mit der Stuckschicht und der kräftigen Bemalung, von denen man noch Reste auf der Abb. oben erkennen kann.

Nun muß man sich allerdings vergegenwärtigen, daß es sich bei dem Tablero, der nach außen hin sehr elegant wirken kann, bautechnisch gesehen um eine der primitivsten Konstruktionsarten handelt, die die Architekturgeschichte kennt. Heutigen Architekten läuft ein Schauer über den Rücken, wenn sie daran denken, daß sie eine Wand ohne ein Fundament nur auf angeschüttetem Material errichten müßten und daß sie diese Wand auch noch an dieses angeschüttete Material anzulehnen hätten. Merkwürdigerweise hat man ein solch primitives Konstruktionssystem bis in die „nachklassische" Zeit hinein beibehalten. Auch wenn später Paläste mit kunstvoll gestalteten Fassaden entstanden, dann wurden die Unterkonstruktionen und Terrassen dieser Paläste immer noch als massive, erdgebundene Anschüttungen errichtet.

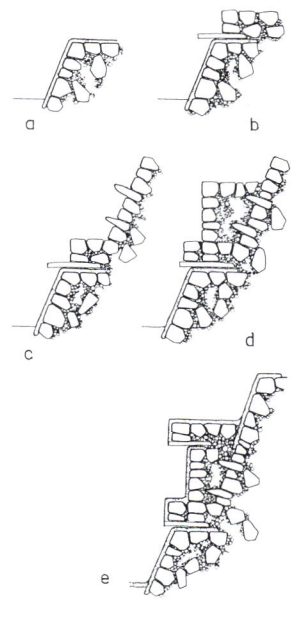

56 Entwicklung der
TABLEROFORMEN
a) Steinbettung mit Mörtelschicht
b) Zusätzlich eine Deckplatte und
eine horizontale Schicht
c) Zusätzlich eine zweite geböschte
Schicht
d) Zusätzlich eine senkrechte
Schicht (einfacher Tablero)
e) Zusätzlich darüber eine zweite
vorkragende Schicht (Tablero in
Rahmenform)

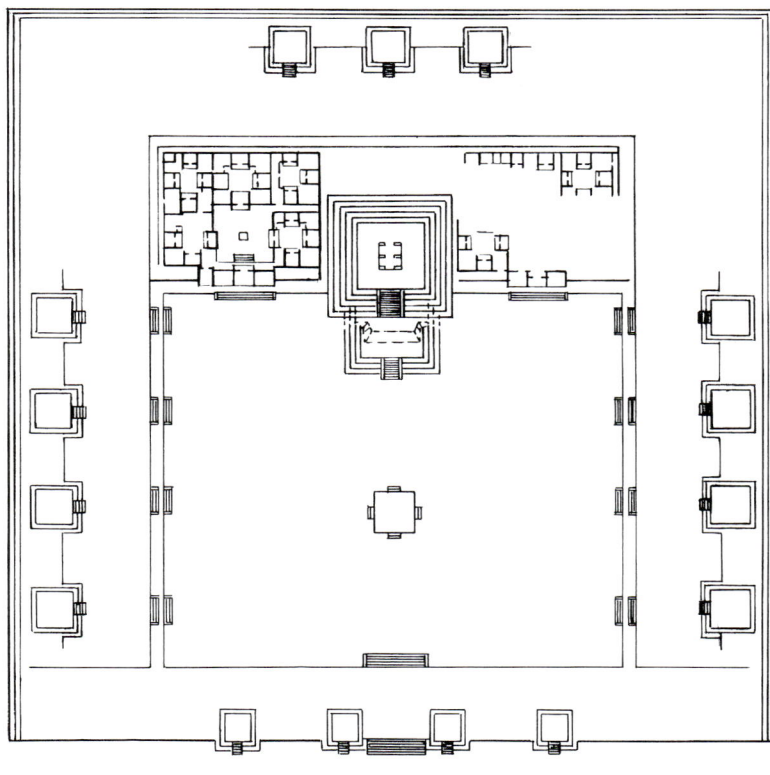

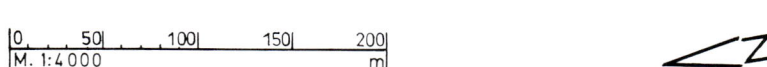

beiden großen Pyramiden (siehe Lageplan auf S. 38). Die Zitadelle liegt weiter südlich in gleicher Stellung zur Hauptachse wie die Sonnenpyramide.

Ihren Namen erhielt die Anlage etwas willkürlich nach den sie umgebenden großen Wällen, die jedoch nie als Verteidigungsanlagen gedacht waren. Von außen macht sie den Eindruck einer großen, quadratischen Plattform, die aber in der Mitte keine Aufbauten trägt, sondern sozusagen eine Negativform entwickelt: Man steigt von der äußeren Umwallung nicht auf die nächst höhere Stufe hinauf, sondern Treppen hinunter in einen riesigen, nahezu quadratischen Innenhof, auf dem sich die Quetzalcoatl-Pyramide erhebt, die eines der schönsten Beispiele früher Skulpturenkunst besitzt (siehe übernächste Seite).

Neben und hinter der Pyramide befindet sich eine enge Bebauung von einzelnen, flachen Gebäuden, die oft um einen Innenhof gruppiert sind (siehe Grundriß links). Ihre für damalige Zeit sehr stabile Ausführung und ihre Anordnung innerhalb eines Heiligtums läßt darauf schließen, daß hier die Verwaltung priesterlicher Aufgaben stattfand. Ich möchte aber auch nicht ausschließen, denkt man an die enge Verflechtung von religiösen Handlungen und weltlichem Regieren, daß hier der Sitz des Herrschers selbst gewesen ist, abgeschottet vom übrigen Heiligtum durch die große Wallanlage und überragt von der Pyramide des Quetzalcoatl, dem Gott, von dem viele Priesterfürsten ihre Abstammung herleiteten oder dem sie sich zumindest sehr verpflichtet fühlten. Wenn tatsächlich die Zeremonialstätten die Verbindung der irdischen mit der geistigen, göttlichen Welt darstellen sollten, kann man sich kein besseres Beispiel vorstellen.

DIE ZITADELLE

Das Spiel mit den von Tableros gefaßten Plattformen erreicht seinen Höhepunkt in der sogenannten Zitadelle in Teotihuacán. Sie birgt in ihrer Mitte nur eine relativ kleine Pyramide, die weit hinter den Ausmaßen der Sonnen- und Mondpyramide zurückbleibt, aber von ihrer Bedeutung und ihrer Ausdehnung her an dritter Stelle steht neben den

oben:
57 Teotihuacán, ZITADELLE
Gesamtansicht von Norden

58 Teotihuacán
ZITADELLE
Grundriß M. 1:4000

Dieser zweite Platz Teotihuacáns, der noch etwas größer ist als der vor der Mondpyramide, wirkt durch die ihn umgebende Umwallung noch einheitlicher. Die Umwallung selbst ist schmucklos, sie erhält aber architektonische Akzente durch kleine quadratische Plattformen, die den oben abgeflachten Wällen aufgesetzt sind. Die Reihung gleicher Formen, die man von der Totenstraße her noch in Erinnerung hat, schafft hier einen rhythmisch gegliederten Kranz. Diese Gliederung wird dadurch unterstützt, daß sie sich in der inneren Böschung der Umwallung wiederholt: jeder der oben stehenden kleinen Plattformen ist in der Böschung unten eine eigene Treppe zugeordnet.

War die Form der Pyramiden, des Mondplatzes und der Totenstraße in erster Linie von kultischen Erfordernissen geprägt, so werden hier die Formen der Architektur um ihrer selbst willen geschaffen; die kleinen Plattformen und Treppen, die mit großem Feingefühl plaziert sind und die die Grundform der Quetzalcoatl-Pyramide in der Mitte schier endlos wiederholen, dienen der Vollendung des architektonischen Gedankens, ihr eigentlicher kultischer Zweck war dieser Idee untergeordnet. Allerdings darf man auch die Wirkung der hier stattfindenden Zeremonien selbst nicht unterschätzen: Man stelle sich den riesigen Platz vor, angefüllt mit einer dichtgedrängten Menschenmenge; auf dem Höhepunkt der Feierlichkeiten wurde nicht nur auf der Quetzalcoatlpyramide und ihrem späteren Vorbau geopfert, sondern gleichzeitig auch auf allen 17 Podesten, die die Menschen auf dem Platz umgaben. Die Wirkung muß unbeschreiblich gewesen sein.

In der Zitadelle erreicht die horizontale Betonung ihren Höhepunkt, es wird ausschließlich mit breit gelagerten Formen komponiert. Bei der Betrachtung der Sonnenpyramide sahen wir bereits, daß das ursprüngliche Emporstreben der Pyramidenform durch die Betonung der Stufenkanten überspielt, ja sogar gebremst wurde. Bei den Plattformen wurde der vertikalen Tendenz noch dadurch entgegengewirkt, daß die Tableros im Verhältnis zu den Stufen der Pyramiden eine geringere Höhe haben, also langgestreckter wirken und daß sich durch die Tablerorahmen die horizontalen Linien insgesamt verdoppeln. Auf dem Höhepunkt dieser Bemühungen finden sich hier in der Zitadelle überhaupt keine vertikalen Tendenzen mehr; statt dessen erleben wir eine Festigkeit und Ruhe in einer Art, wie sie danach in der mesoamerikanischen Architektur nicht mehr anzutreffen ist. Überhaupt hat es in der ganzen Architekturgeschichte kein zweites Mal Formen gegeben, die so einseitig die horizontale Lagerung betonen. Dies alles war nur möglich geworden durch die Erfindung der Tablerorahmen.

59 Teotihuacán
ZITADELLE
Die Umwallung
an der Nordseite

60 Teotihuacán
Zitadelle
QUETZALCOATLPYRAMIDE
Schauseite mit der Treppe
und den seitlichen
Tablero-Rahmen

SKULPTUREN IM TABLERORAHMEN

DIE QUETZALCOATL-PYRAMIDE

In dem Augenblick, in dem sich erste Architekturformen bildeten, war auch schon – zunächst von
der Architektur unabhängig – eine bildnerische Gestaltung in Anfängen entstanden. Anfänglich wohl
in Form vergänglicher Zeichnungen, bald aber
auch in Form von Skulpturen (siehe Olmeken), die
allein die Zeiten überdauerten. Architektur und
Skulptur fanden schnell zusammen: Die Formen
früher Bauten, das beweisen die Pyramiden und
Sockel Mesoamerikas, entstanden nicht so sehr aus
Zweckvorstellungen, sie sollten vielmehr religiöse
Ideen ausdrücken. Im Ausdruck religiöser Ängste
und Wünsche ist die Skulptur der Architektur überlegen. Der Ausdruck einer Chac-Maske ist auf den
ersten Blick verständlich, aber der Sinn einer überdimensionierten Treppe kann erst im Zusammenhang mit Zeremonien, die sich darauf abspielen,
erfahren werden. Und so überrascht es nicht, daß
man in dem Augenblick, als sich der Tablero zu
einer Architekturform zu festigen begann, ihn auch
mit Skulpturen zu verbinden suchte.

Die zu Tage getretenen Pyramidenstufen rechts
und links der breiten Treppe bestehen aus Rahmen,
aus denen Skulpturen dreidimensional heraus-
treten. Es sind immer abwechselnd die Köpfe des
Federschlangengottes Quetzalcoatl, die Drachen-
köpfen mit bedrohlichen Zähnen ähneln, und die
des Regengottes Tlaloc, die zu einer geometrischen
Form stilisiert wurden. Die Schlange war ein heili-
ges Tier, sie spielte für die Ernährung der Menschen
indirekt eine sehr wichtige Rolle, da sie das Ungeziefer vertilgte, das die Maisfelder bedrohte. Und
ohne gesunde Maisfelder konnten die Menschen
nicht überleben. Auf die Bedeutung des Schlangen-
kultes und des Gottes Quetzalcoatl ist schon auf
S. 17 hingewiesen worden. Seine Verehrung erle-

ben wir an dieser Pyramide wohl in seiner schönsten Darstellung. Der Regengott Tlaloc ist – je nach
Launen des wechselnden Wetters – oft noch wichtiger. Von ihm gibt es die riesigen, einleitend schon gezeigten Masken, aber auch stark stilisierte, kleinere
Formen wie hier an der Pyramide.

Die als Rahmen geformten Tableros Teotihuacáns waren zunächst weiß und rot bemalt. Es
bot sich geradezu an, diese Rahmen auch mit
Hoch- und Flachreliefs zu füllen. Ein Beispiel,
noch dazu eines von hoher künstlerischer Qualität,
ist in den Tableros der Quetzalcoatl-Pyramide entdeckt worden. Ihre Schauseite hat sich in beträcht-
licher Höhe nur dadurch erhalten, daß sie später
mit einem sehr großen Vorbau ummantelt wurde,
den man jetzt teilweise abgetragen hat.

Auch die schräge Talud-Fläche ist gestaltet: In
ganzer Länge des Taluds windet sich eine gefiederte Schlange, ihr Leib bewegt sich im Rhythmus
der Götterköpfe auf und ab. Doch bei aller Bewegt-
heit, die die hervorstehenden Köpfe der Tablero-
flächen ausdrücken, wird die Darstellung der Gottheiten nie zum Selbstzweck; die Architekturformen
bleiben dominierend: Nie wird das System der
Tablero-Rahmen gesprengt. Die Skulpturen be-
decken nicht wahllos die ganzen Schauflächen,
sondern ordnen sich dem konstruktiven System unter. Die ordnenden Formen der Architektur begrenzen die bildnerische Darstellung und zwingen
diese, sich durch ständige Wiederholung dem Ordnungsgedanken zu unterwerfen.

Doch auch für die Art und Weise, wie ein aus
der Struktur der Bauform entwickelter Rahmen mit
Skulpturen gefüllt wird, gibt es eine Parallele in der
griechischen Antike und zwar im Tympanon, dem
Giebelfeld des griechischen Tempels. Auch dieses
Giebelfeld (es war zunächst auch nur eine „Verkleidung" des sich aus der Dachkonstruktion erge-

benden flachen Dreiecks) hatte sich schon zu einer markanten Form entwickelt, bevor man begann, Skulpturen hineinzustellen. Und auch bei den Griechen haben sich die Skulpturen dem tektonischen System unterzuordnen, auch dort dürfen sich die Götterbilder zwar ein wenig aus dem Rahmen heraus bewegen, nie aber diesen Rahmen verlassen oder ihn gar sprengen.

Genauso wie das griechische Tympanon zu einem der einprägsamsten Architektursymbole der europäischen Architektur wurde, so ist der mesoamerikanische Tablero gleichfalls eine der bedeutendsten Architekturformen Mesoamerikas.

Er tritt immer wieder – bis in die „nachklassische" Zeit hinein – als Pyramidenverkleidung auf, er dient aber auch als Gesimsverkleidung bei Palästen und Innenhöfen. Bei dieser Übereinstimmung spielt die Tatsache, daß der Tablero ein langgestrecktes Rechteck bildet, das griechische Tympanon aber ein langgestrecktes Dreieck, nur eine untergeordnete Rolle; der unterschiedliche Umriß läßt sich mit dem unterschiedlichen Entstehen beider Konstruktionen erklären.

Die Köpfe der Federschlange drücken Abschreckung und Bedrohung aus. Sie habe große Ähnlichkeit mit den Löwenköpfen (siehe Abb. links), die die Griechen als Wasserspeier über die Gesimse ihrer Tempel herausragen ließen, um abschreckend zu wirken auf sich nähernde, böse Geister.

oben:
61 Teotihuacán
Zitadelle
QUETZALCOATL-
PYRAMIDE
Zwei Tablerorahmen mit den Köpfen
der Götter Quetzalcoatl und Tlaloc

unten:
62 Olympia
Griechenland
SCHATZHAUS DER MEGARER
Giebel
(heute im Museum der
Grabungsstätte)

oben links:
63   Monte Albán
ZEREMONIALSTÄTTE
Gebäude IV
Tablero an der Westseite des Vorbaus

oben rechts:
64   Monte Albán
ZEREMONIALSTÄTTE
Gebäude IV
Tablero an der Vorderseite

Lageplan der
Zeremonialstätte
MONTE ALBAN
siehe Seite 52

VARIATIONEN DER TABLEROS

TABLEROS IN MONTE ALBAN

Die Tableros sind eine ganz eigene Erfindung der mesoamerikanischen Architektur, sie sind in der ägyptischen und griechischen Architektur unbekannt. Wenn wir bisher Parallelen ziehen konnten, bei den Tableros können wir es nicht. Die Tableros sagen etwas aus über das Wesen der Völker Mesoamerikas, über die Eigenschaften, die sie unterscheiden von den Völkern des Mittelmeerraumes und die sich aus ihren ganz eigenen Vorstellungen der Religionsausübung gebildet haben. Die Tableros als Verkleidung der unzähligen Podeste und Pyramidensockel spiegeln zwei wesentliche Elemente der mesoamerikanischen Kultur wieder: einmal das große Bedürfnis auf Wirkung nach außen, dann aber auch die immer wieder überraschende Tatsache, daß man sich nicht wie in Ägypten und Griechenland darum bemühte, die Tempel und Sockel durch eine besonders solide und standfeste Bauweise auf ewige Zeiten zu erhalten, sondern sich, vom Wissen um eine begrenzte Zeit ausgehend, nur auf die augenblickliche Wirkung der Sockelbauten beschränkte.

Da die religiösen Vorstellungen die Menschen dazu zwangen, Tempel und Podeste in regelmäßigen Zeitabständen zu überbauen, wurden alle geschaffenen Schönheiten den Blicken eines neu begonnenen Zeitabschnitts entzogen. Man trieb einen großen Aufwand bei der künstlerischen Gestaltung der Formen, nicht aber bei der Ausführung solider Konstruktionen. Ihre künstlerischen Formvorstellungen und ihr wissenschaftliches Denken hätten die Menschen durchaus auch auf konstruktivem Gebiet zu hohen Leistungen befähigt. So aber bleibt der Tablero bis in die Spätzeit hinein eine Konstruktion ohne solide Tragfähigkeit; er bildet nur eine äußere Haut für die aufgeschichteten Stein- und Erdmassen. Er bleibt eine frühe, erdgebundene Konstruktion! Und er ist – vielleicht der wichtigste Grund für seine ständige Verwendung – sehr einfach wieder zu überbauen. Man gewinnt den Eindruck, daß u.U. der Vorgang des Bauens selbst wichtiger gewesen ist als der Wunsch, dem Gebauten eine für alle Zeit beständige Form zu geben.

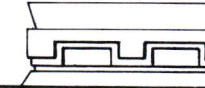

An der Totenstraße in Teotihuacán sahen wir, daß Tableros Elemente sind, die sich vorzüglich zur Wiederholung und Reihung eignen. Sie sind aber auch, wie die Abbildungen auf diesen beiden Seiten zeigen, Elemente die zur Variation herausfordern. Deshalb finden wir in jedem Zeremonialzentrum Mesoamerikas jeweils ganz eigene Tableroformen. In **Monte Albán** fällt auf, daß man beim Tablero die Rahmenform aufgegeben hat, daß man vielmehr eine Betonung der Oberkante des Tableros anstrebt, also ihn in eine Art von Gesims umformt. Auch möchte man gern die Ecken betonen und zieht zu diesem Zweck diese „Gesimsflächen" an den Ecken herunter, vermeidet aber, daß sie den Sockel berühren. Auch in der Mitte des Tableros wird die Eckform des Gesimses noch ein- oder auch zweimal wiederholt, um die allzu lange, bandartige Form rhythmisch zu gliedern. So entsteht insgesamt ein schwebender Charakter; die Leichtigkeit wird dadurch gesteigert, daß die Gesimslinien sich verdoppeln und die gebrochenen Kanten im grellen Sonnenlicht bizarre Schattenlinien werfen.

Auch werden die Tableros nicht in gleicher Weise von Stufe zu Stufe wiederholt, oft verzichtet man auf den schrägen Talud, oder aber es zeigt sich ein Wechsel von senkrechten, nur mit einem Sims versehenen Tableros mit dann besonders hohen, schrägen Taluds. Einige Podeste bestehen (wie oben abgebildet) sogar nur aus einem unteren Tablero (ohne Talud) und einer fast selbständigen, überdimensionierten, schrägen Taludfläche, auf der oben als bewußt kantige Form ein zweiter Tablero aufsitzt, der von der überstehenden Gesimsform beherrscht wird.

Betrachtet man aber zusammenfassend die Gesamtformen der Podeste und Pyramidentempel in Monte Albán (siehe auch Abb. der Gesamtanlage auf S. 52 f.), so fällt auf, daß sie nicht so scharfkantig und kubisch wirken, wie in Teotihuacán, sondern sich durch den Wechsel von breiten Treppen und ihnen angepaßten, großen Taludflächen mehr zum ursprünglichen Charakter der abgeschrägten Form des Pyramidenstumpfes zurückkehren.

65 Monte Albán
ZEREMONIALSTÄTTE
Gebäude mit Tableros
an der südlichen Platzfront

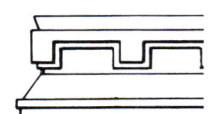

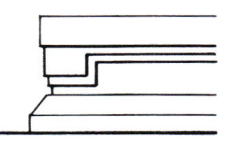

66 Monte Albán
ZEREMONIALSTÄTTE
Drei Tableroformen

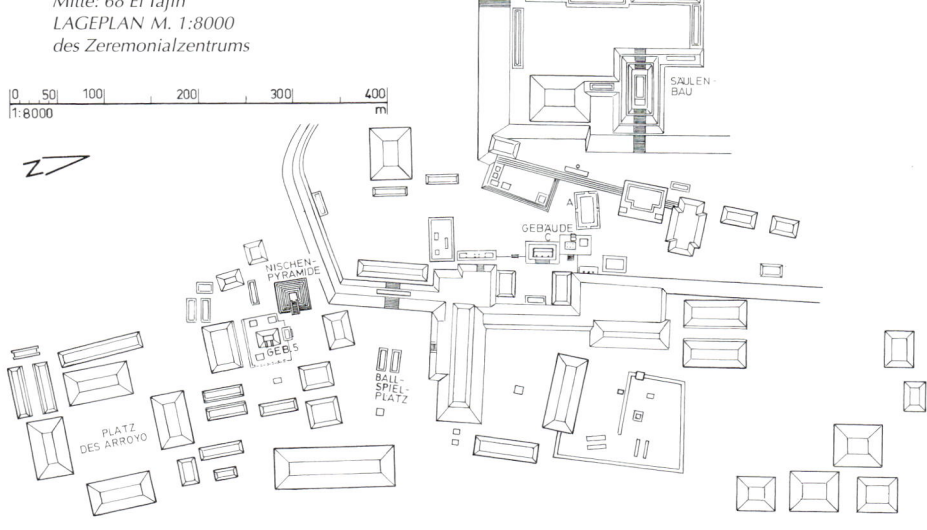

DER TABLERO ALS SCHAUFASSADE

67 El Tajín
NISCHENPYRAMIDE
Ansicht von Osten

Mitte: 68 El Tajín
LAGEPLAN M. 1:8000
des Zeremonialzentrums

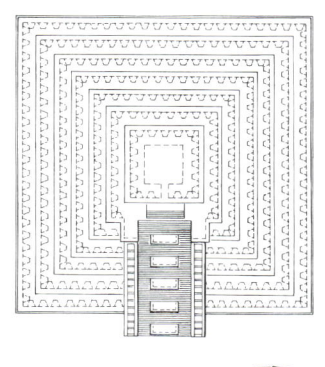

DIE NISCHENPYRAMIDE IN EL TAJIN

In später „klassischer" Zeit feierte die ursprüngliche Pyramidenform – nun in steilerer Stufenart – ihre Wiedergeburt. In der Stadt El Tajín, die „Tajín", dem Gott des Donners und Regens (schon bekannt als Tlaloc in Teotihuacán) geweiht war, entstand zwischen 600 und 900 n. Chr. ein ausgedehntes Zeremonialzentrum mit sehr großen Pyramidenbauten. In „frühklassischer" Zeit hatte auch hier Teotihuacán einen starken Einfluß ausgeübt. Aber als Teotihuacán um 450 n. Chr. zum ersten Mal zerstört wurde, ging viel von seiner Macht auf El Tajín über.

unten links: 69 El Tajín
NISCHENPYRAMIDE
Grundriß M. 1:800

Abbildung der
PYRAMIDE sogen. „Gebäude 5"
siehe S. 56

Die vielen heute noch hochragenden Pyramiden zeugen von der einstigen Macht. In der Stadtanlage El Tajíns vermissen wir allerdings die klare achsiale Ausrichtung; stattdessen ist die Stadt, wie auch die gleichzeitigen Anlagen im Mayaland, in lockeren Baugruppen (die sich dem Gelände anpassen und von Hügeln umgeben sind – siehe Abb. S. 23) um Höfe und Plätze gruppiert, die zwar in sich dem rechten Winkel unterworfen sind, im übrigen aber keinen übergeordneten Plan erkennen lassen (siehe Abb. seitlich).

Als wichtigstes Bauelement wurde aus Teotihuacán der Tablero übernommen; doch die Form, die daraus entstand, zeigt nichts mehr von der strengen Horizontalität Teotihuacáns. Denn inzwischen hatte sich die Zeit verändert, Härte und Ordnung, die die Religion in Teotihuacán beherrschten und die ihren Ausdruck im Achsialsystem und in der Strenge der Gliederung fanden, hatten sich aufgelöst. Die Menschen waren freier und aufgeschlossener geworden. Denn im Gegensatz zum kargen Hochland waren die Lebensverhältnisse in der üppigen Vegetation der Niederungen leichter; die Angst vor den Göttern schwand, die Lebenslust trat mehr in den Vordergrund. Die neuen Lebensformen veränderten den Ausdruck der Architektur: Die Tableros verloren ihre kubische Strenge und gerieten durch weit vorkragende Gesimse in eine ausladende Bewegung. Und die Pyramidenumrisse schließlich, in Teotihuacán künstlich in die Breite gezogen, ragten wieder in die Höhe, eine – wie wir sehen werden – dem Mayaland ähnliche Entwicklung.

Die oben gezeigte **Nischenpyramide** entwickelt vier großartige Schaufassaden, sie vermittelt uns den Eindruck eines „Gebäudes mit Fenstern". Doch bei genauerem Hinschauen erkennt man, daß diese Fenster nur aus tiefliegenden, zugemauerten Nischen bestehen, über deren Bedeutung wir nichts wissen und in denen weder bestattet noch irgendetwas bewahrt wurde.

Zwar bleibt auch in El Tajín der Tablero als konstruktives Bauglied zur Einfassung der Baumassen bestimmend. Aber sein bisheriges Gewand verändert sich ins Gegenteil: Der Tablero bildet keinen Rahmen mehr, sondern eine Wandfläche, die von dem weit auskragenden Gesims beherrscht wird, das uns klassisch-antik anmutet. Unser von der Fassadenarchitektur geschultes Auge erkennt in den Nischen sofort die gewohnte Reihung der Fensteröffnungen, die jeweils mit zurückspringenden Profilen umrahmt sind. Darunter zieht sich dann ein zierliches Brüstungsgesims entlang, die Brüstung selbst wird vom schrägen Talud gebildet. Spielte die Schattenwirkung schon beim Rahmen eine wesentliche Rolle, wird diese Wirkung durch das vierfach abgestufte Gesims weiter gesteigert.

Doch nochmals: Wir haben keine Fenster in unserem Sinne vor uns. Fenster wurden in der mesoamerikanischen Architektur nie erfunden, man begnügte sich bis in die „nachklassische" Zeit mit nicht verschließbaren Toren. Sicherlich werden die Nischen einen kultischen Zweck gehabt haben, sicherlich wurden sie ganz bewußt zu einem besonderen Architekturelement ausgeformt, aber ihre Bedeutung erschließt sich uns nicht, nichts ist uns über die Bedeutung der Nischen überliefert, Vermutungen führen zu keinem Ergebnis.

Um die Nischenpyramide zu verstehen, müssen wir uns auch hier daran erinnern, daß wir es lediglich mit einer „erdgebundenen" Bauweise zu tun haben. Die aneinander gereihten, rechteckigen (einem Quadrat genäherten) Öffnungen, dürften von der Art des Kultes dieser Pyramide vorgegeben sein.

Bei der Findung der Form kam es nun darauf an, diese gestapelten langen Reihen gleicher Öffnungen kraftvoll zusammenzufassen. Da genügte nicht mehr der einfache Rahmen des Tableros, da mußte

ein weit stärkeres Element gefunden werden. Ist es erstaunlich – oder ist es nur folgerichtig –, daß man dabei auf eine Gesimsform verfiel, die zwar nicht in Einzelheiten dem ausladenden Kranzgesims der Antike entspricht, aber mit den drei immer weiter ausladenden Schichten dessen Charakter ziemlich genau trifft. Erinnert man sich ferner daran, daß die Römer es liebten, eine geschlossene Wand durch Nischen aufzulösen, und schaut man sich schließlich noch die zurückspringende Umrahmung der einzelnen Nischen an, dann kann man nur staunen, wie weit sich diese „Fassade" der klassischen Antike nähert.

70 El Tajín
NISCHENPYRAMIDE
Detail der Ostfront mit
ausladendem Gesims

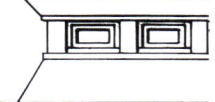

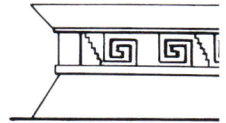

oben: 71 El Tajín
VIER TABLEROFORMEN

links: 72 El Tajín
GEBÄUDE C
Detail der Tableros
mit Mäanderformen

DAS GEBÄUDE C IN EL TAJÍN MIT MÄANDERFORMEN

Neben den Nischen sind die Mäander die zweite Form, die in El Tajín in immer neuen Wiederholungen an den von den Gesimsen gekrönten Tableros auftreten. Auch bei dieser Schmuckform denken wir natürlich sofort an die griechische Antike: an die Mäanderbänder, die die Friese der Tempel schmücken. Doch in El Tajín sind diese Mäander, die handwerklich sehr geschickt aus flachen, hervorstehenden Steinplatten geformt sind, keine fortlaufenden Bänder, sondern bestehen aus immer wiederkehrenden Einzelformen, die jeweils neu beginnen und dann jäh wieder abbrechen. Auch diesen Formen kam eine uns nicht mehr bekannte mythologische Bedeutung zu, die damals wohl jedem Betrachter geläufig war.

Oft ist der Mäander auch mit drei Stufen einer Treppe verbunden, dann könnte diese Treppe ein Symbol sein für die aufsteigende Sonne; der Haken zerstört dann die aufsteigende Kraft, die Sonne geht unter oder stürzt sogar ab.

Während bei den Griechen die Mäanderbänder (und ähnliche Zierbänder) reine Schmuckformen darstellen, die die Monotonie langgestreckter Flächen überwinden helfen und in erster Linie zur Vollkommenheit der Gestaltung beitragen sollten, wohnt allen Detailformen Mesoamerikas zunächst eine symbolhafte, mythologische Bedeutung inne.

73 Teotihuacán
QUETZALPAPALOTL-PALAST
Vorhalle mit Treppe und Gesims an
der Südwestecke des Mondplatzes

Grundriß des
QUETZALPAPALOTL-PALASTES
siehe S. 150 ff.

Seine Lage auf dem LAGEPLAN von
Teotihuacán siehe S. 38

DER TABLERO ALS AUSTAUSCHBARE FORM

DER TABLERO ALS GESIMS
AM QUETZALPAPALOTL-PALAST

In den Anfängen aller Kulturen gibt es ein Phänomen: Markante Bauglieder, die für einen bestimmten Zweck erfunden wurden, wurden aus ihrem funktionellen Zusammenhang herausgenommen und sinnentstellend dekorativ für ganz andere Zwecke verwendet. Die Griechen hatten z. B. die Säule für eine ganz bestimmte Funktion im Säulenkranz ihrer Tempel geschaffen, wo sie zunächst auch nur aufgestellt wurde; dort bildete sie mit den anderen Baugliedern zusammen einen festen Formenkanon. Aber schon am Ende der „klassischen" Zeit löste man sie aus diesem Tempelkanon heraus und verwandte sie für ganz profane Säulenhallen. Und diese Säulenhallen wiederum wurden in hellenistischer Zeit zum wichtigsten raumbildenden Element aller Plätze und Prachtstraßen. Die Römer beraubten die Säule sogar ihrer tragenden Funktion und blendeten sie als nichttragendes Element – freistehend oder gar nur als Halbsäule – ihren Fassaden vor. Damit war die Säule zu einem beliebig austauschbaren Dekorationselement geworden.

Ähnliches geschah auch mit dem Tablero in Mesoamerika. Schon bald nach seiner Erfindung wurde er seiner ursprünglichen Funktion als Stützmauerverkleidung enthoben und an einigen Palästen als eine Art Fassadenelement dem Gesims vorgeblendet. Dieses Phänomen läßt sich am besten am restaurierten „Palast des Quetzalpapalotl" (dem Schmetterlingspalast") studieren, der seinen Namen nach den herrlichen Flachreliefs an den Pfeilern des Innenhofes erhielt, auf denen Fabelwesen dargestellt sind, die sich aus dem Quetzalvogel und dem Schmetterling zusammensetzen. Dieser Palast (der auf S. 150 f. näher beschrieben ist) wurde erst in der Endphase der Stadt einem älteren Podest an der Südwestecke des Mondplatzes angebaut.

Seine dem Platz zugewandte, fünf Achsen breite Vorhalle (heute mit Dach und Gesims restauriert – siehe Abb. oben) sollte neben den beiden angrenzenden Podesten kein eigenständiges Leben führen, aber gleichzeitig doch angemessen repräsentativ wirken. Die breite, den Podesten angeglichene Treppe und die vier Pfeiler der Halle hatten zusammen bereits eine Höhe von drei Tableros, die darüber folgende Balkenlage lag in Höhe des „Talud" der vierten Stufe. Natürlich hätte man nun aus der Schichtung übereinander liegender Balken einen Architrav (Hauptbalken) entwickeln können, ähnlich dem der ägyptischen und griechischen Tempel. Stattdessen aber orientierte man sich an der Lage des angrenzenden vierten Tableros des Podestes am Mondplatz, mauerte auf die Balkenlage eine etwa einen Meter hohe Mauer, führte die Rahmenform des Tableros im Winkel herum und gewann so einen durchaus wirkungsvollen, aber konstruktiv unsinnigen Abschluß.

Diesen Vorgang muß man sich in seiner ganzen Konsequenz klar machen: Die Alternative wäre gewesen, von der Balkenlage ausgehend aus jeweils überstehenden Hölzern eine breit gelagerte, geschichtete Gesimsform zu entwickeln, man hätte diese Hölzer bemalen (oder vielleicht auch mit dünnem Putz überziehen) können. Stattdessen aber mauerte man, den erdgebundenen Tablero des Pyramidensockels vom Podest nebenan zum Vorbild nehmend, einen **steinernen** Tablero auf die

hölzerne Balkenlage, formte diesen Tablero allseitig mit einem steinernen Rahmen und verputzte und bemalte alles in gleicher Weise wie einen Tablero. Anstatt also eine dem Tragglied (dem Holzbalken) gemäße Form zu entwickeln, griff man auf das einzige, bislang entwickelte Architekturglied zurück, das nur als Stützmauer sinnvoll ist und von der Konstruktion her an dieser Stelle so ganz und gar nicht angebracht ist.

Konnte man bei der Gesimsausbildung an der Außenseite, wo der Tablero-Rahmen der Sockelpyramide seitlich anschließt, noch davon ausgehen, daß man lediglich um der Anpassung willen die dort vorhandene Form auch auf das Gesims übertrug, so ist man dann sehr überrascht; wenn man in den Innenhof kommt, zum Dach hinaufblickt und auch hier den aufgemauerten, steinernen Tablerorahmen als abschließende Form findet. Konstruktiv ist die steinerne Form auch hier völlig unangebracht: Die Abdeckung der Pfeiler besteht aus Holz, die Decke über den dahinterliegenden Räumen ist aus Holz, nichts wäre sinnvoller gewesen, als auch das Gesims in Holz auszubilden. Aber der Tablero hatte damals als Bauglied schon eine viel zu große Bedeutung erlangt, er wird wie die Nischen und Mäander bereits einen gewissen Symbolcharakter besessen haben. Einmal an der Außenwand als Gesims benutzt, kann er auch am Innenhof nicht durch eine neue Form ersetzt werden. Hier zeigt sich wieder der konservative Charakter der mesoamerikanischen Architektur: Eine einmal gefundene Grundform – wir werden es ähnlich noch beim Mayagewölbe sehen – wird nicht mehr in Frage gestellt, sie wird immer wieder benutzt, allenfalls geringfügig verändert.

Diese frühe Gesimsform, der langgestreckte Tablero-Rahmen, mit Stuck überzogen und bemalt, wird bis in die „nachklassische" Zeit grundsätzlich nicht verändert. Später wird auch der Tablero der Gesimse – wie wir es an den Tableros der Quetzalcoatl-Pyramide (siehe S. 44 f.) sahen – mit Skulpturen gefüllt. In dem Augenblick aber, als die Maya damit beginnen, ihre Paläste mit dem steinernen Gewölbe zu überdecken, erfährt diese Gesimsform eine ungeahnte Neuauflage: sie wird – jetzt in weit größerer Höhe – zur sogenannten „Gewölbezone".

Jetzt – wo der gemauerte Rahmen das ebenfalls gemauerte Gewölbe zur Außenseite begrenzt – hat auch die ehemalige Tableroform ihre konstruktive Begründung gefunden. Diese Gewölbezone – nun anstatt von relativ schwachen Tablerorahmen durch breite Gesimse oben und unten eingefaßt – überschreitet manchmal sogar die Höhe der darunterliegenden Wandzone. Darauf wird bei der Gestaltung der Mayapaläste zurückzukommen sein.

Im weiteren Verlauf wird der rahmenförmige Tablero zur Gestaltung ganzer Gebäudefassaden benutzt: In den Palästen in Mittla (siehe S. 146 ff.) kommt es an geschlossenen Wänden (sowohl an den Innenhofwänden als auch an den Außenfassaden) zu einem richtigen Übereinanderstapeln von Tablerorahmen. Und der einfache Tablero-Rahmen aus Teotihuacán erlebt in Chichén Itzá eine regelrechte Renaissance, wenn er dort von den Tolteken, die bewußt an die Bauweise Zentralmexikos erinnern wollten, zur Ausschmückung des Kriegertempels benutzt wird (siehe S. 94 f.).

Der Tablero ist damit endgültig – wie eingangs auch von den Säulen der griechischen Tempel berichtet – zu einem austauschbaren Architekturelement geworden, das ganz beliebig zur Gestaltung herangezogen werden kann. Bis in die Spätzeit hinein bleibt der Tablero-Rahmen praktisch das einzige Architekturelement, das in Mesoamerika zu einer gegliederten Teilung oder Rahmung der Außenwände zur Verfügung steht.

74 Teotihuacán
QUETZALPAPALOTL-
PALAST
Innenhof
mit dem Gesims
in Form von Tableros

Die herrlichen Pfeiler
des Palastes (siehe Abb. oben)
werden auf S. 152 f. näher
beschrieben

75 Monte Albán
ZEREMONIALZENTRUM
Plattformen an der Ostseite des
Platzes

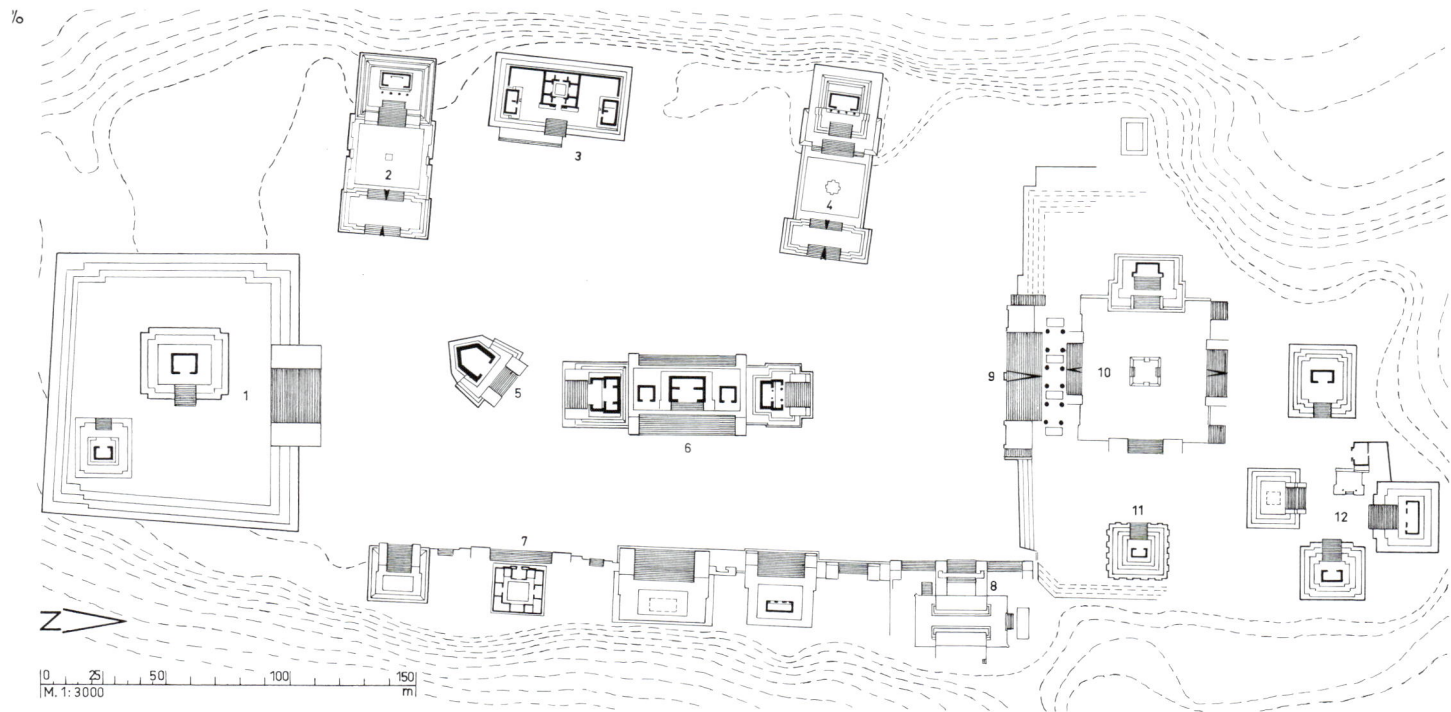

76 Monte Albán
ZEREMONIALZENTRUM
Lageplan 1:3000

1 Südplattform
2 Gruppe M
3 Gebäude III (Danzantes)
4 Gebäude IV
5 Observatorium
6 Zentrale Gruppe
7 Palast-Komplex
8 Ballspielplatz
9 Treppe zur Nordplattform
10 Nordplattform
11 Pyramide Gebäude A
12 Nordkomplex

TREPPENANLAGEN

TREPPEN UND PLATTFORMEN

Schon an der Totenstraße in Teotihuacán beeindruckten die vielen Treppen, die zu den einzelnen Podesten hinaufführen. Nirgendwo auf der Welt haben Treppenanlagen eine solch überragende Bedeutung erlangt, wie in Mesoamerika. Treppen wurden als erstes erfunden, schon lange vor den Tableros. Ohne Treppen wäre es nicht möglich gewesen, die aufgehäuften Massen der frühen Erdpyramiden würdevoll zu besteigen. Vielleicht war der Umgang mit steinernen Treppenstufen auch der Anlaß, es überhaupt mit Steinmaterial als Befestigung für die Böschungen zu versuchen. Die Treppen hatten, das wurde schon bei den frühen

Pyramiden deutlich, nicht nur einen praktischen, sondern auch einen kultischen Zweck:

Das feierliche Hinauf- und wieder Hinabschreiten der Priester und des Gefolges gehörte zum Mittelpunkt der zeremoniellen Handlungen; und hatte gleichzeitig wohl auch eine mythologische Bedeutung, es verkörperte z. B. das Auf- und Untergehen der Sonne. Bei der Betrachtung der Podeste vor der Sonnen- und der Mondpyramide wurde klar, daß man keine überdachten Andachtsräume erstrebte, sondern den nach oben offenen Raum brauchte, der die Verbindung zu den Göttern möglich machte. Dieser Verbindung dienten sowohl die

großen Abstufungen der Pyramiden, als auch die eigentlichen Treppenstufen, auf denen die Priester emporstiegen.

Beim zentralen Platz in MONTE ALBAN (siehe oben und Lageplan linke Seite) wurde – ähnlich wie beim Mondplatz in Teotihuacán, jedoch in größeren Dimensionen – der weite, künstlich auf einer Bergkuppe geschaffene Freiraum überwiegend mit Treppenanlagen gestaltet. Sie führen auf hohe Plattformen hinauf, die oben ebene Flächen bilden, auf denen noch Reste früher steinerner Tempel erhalten sind. Sind bei den Plattformen Teotihuacáns die Tableroformen bestimmend, die lediglich rhythmisch von Treppen unterbrochen sind, so bilden hier die Tableros nur noch Zutaten rechts und links der breiten Treppen.

Das, was wir heute in Monte Albán als etwas Einheitliches, Ganzes bewundern, ist durch ständiges Hinzufügen und Überbauen über einen Zeitraum von zwölf Jahrhunderten langsam gewachsen. Die erste Phase ab 600 v. Chr. und die zweite ab 300 v. Chr. standen noch unter dem Einfluss der Olmeken; die Erbauer der dritten Phase ab 200 n. Chr., die Zapoteken, gerieten unter den Einfluss Teotihuacáns. Aus dieser Phase, die erst zwischen 600 und 800 n. Chr. endete, stammt das Endstadium, das wir heute bewundern. Wenn wir in Monte Albán die strengen Achsbezüge Teotihuacáns vermissen, dann liegt es daran, daß mit der Anlage Monte Albáns wesentlich früher begonnen wurde und daß zu der Zeit, als sich in Teotihuacán das Achsensystem herausbildete, also nach Fertigstellung der Sonnenpyramide, in Monte Albán die Stellung der Heiligtümer grundsätzlich schon fest lag. Trotzdem sind alle Gebäude, die zum Platz hin jeweils mit Treppenanlagen beginnen, mit geringen Abweichungen rechtwinklig um den Platz gruppiert.

Die künstlich geschaffene Architektur wurde in Einklang gebracht mit dem Raumeindruck der umgebenden Natur. In einem großen, weiten Tal, dessen Bergketten bis zu 3000 m Höhe ansteigen, erhebt sich aus der Ebene in Nord-Süd-Richtung ein etwa 400 m hoher, langgestreckter Bergrücken, dessen Hänge an den Längsseiten steil abfallen. Dieses Bild, ein Tal mit dem Berg in der Mitte, wurde oben auf dem Bergrücken wiederholt: Der Rücken wurde von Menschenhand abgeflacht, am Rande der so entstandenen 750 x 250 m großen, ebenen Fläche gruppieren sich Treppen und Podeste als „Berghänge" und bilden in der Mitte einen etwa 250 m langen und 120 m breiten Platz (siehe Abb. oben), auf dem sich als „Berg im Tal", ein langgestreckter, pyramidenförmiger, dreiteiliger Tempelbau erhebt, dem sich ein älterer, unregelmäßiger Bau, das Observatorium, anschließt. Dabei erreichen die Treppenanlagen vor der Nordplattform mit fast 40 m Länge ihre größte Ausdehnung (siehe Abb. auf der nächsten Seite).

*77 Monte Albán
ZEREMONIALZENTRUM
vorn: Die Nordplattform*

*dahinter: Der zentrale Platz mit dem
Mittelbau und dem Observatorium*

*ganz hinten:
Die Südplattform*

*ganz links (im Schatten):
Die Plattformen an der Ostseite des
Platzes
(Diese im Schatten liegenden
Plattformen sind vergrößert auf
der Vorseite (oben) abgebildet)*

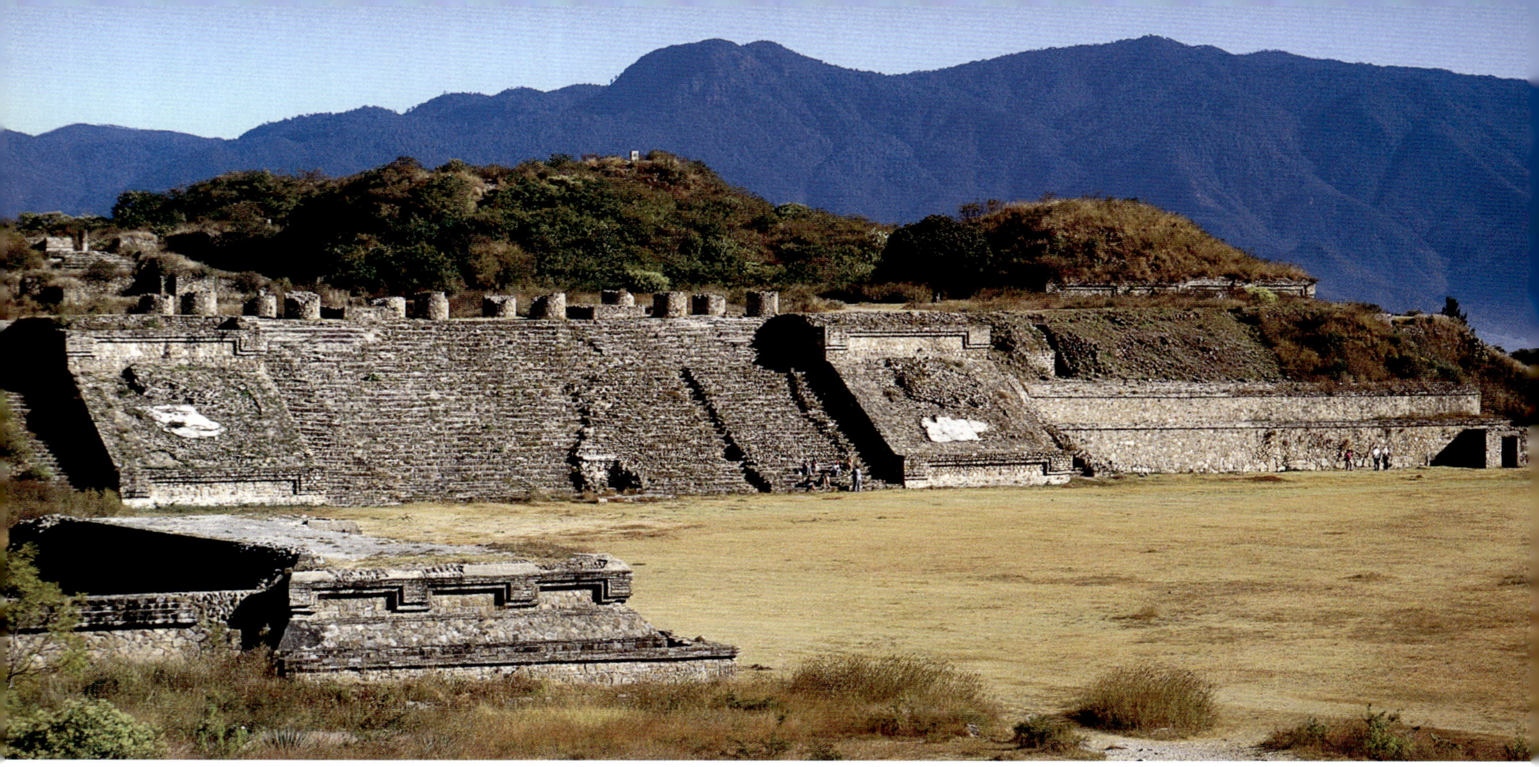

oben:
78 Monte Albán
ZEREMONIALZENTRUM
Stufenanlage mit seitlichen Tableros, die zum Nordkomplex führt

unten:
79 Olympia,
GRIECHENLAND
TREPPENANLAGE vor dem SCHATZHAUS VON SIKYON

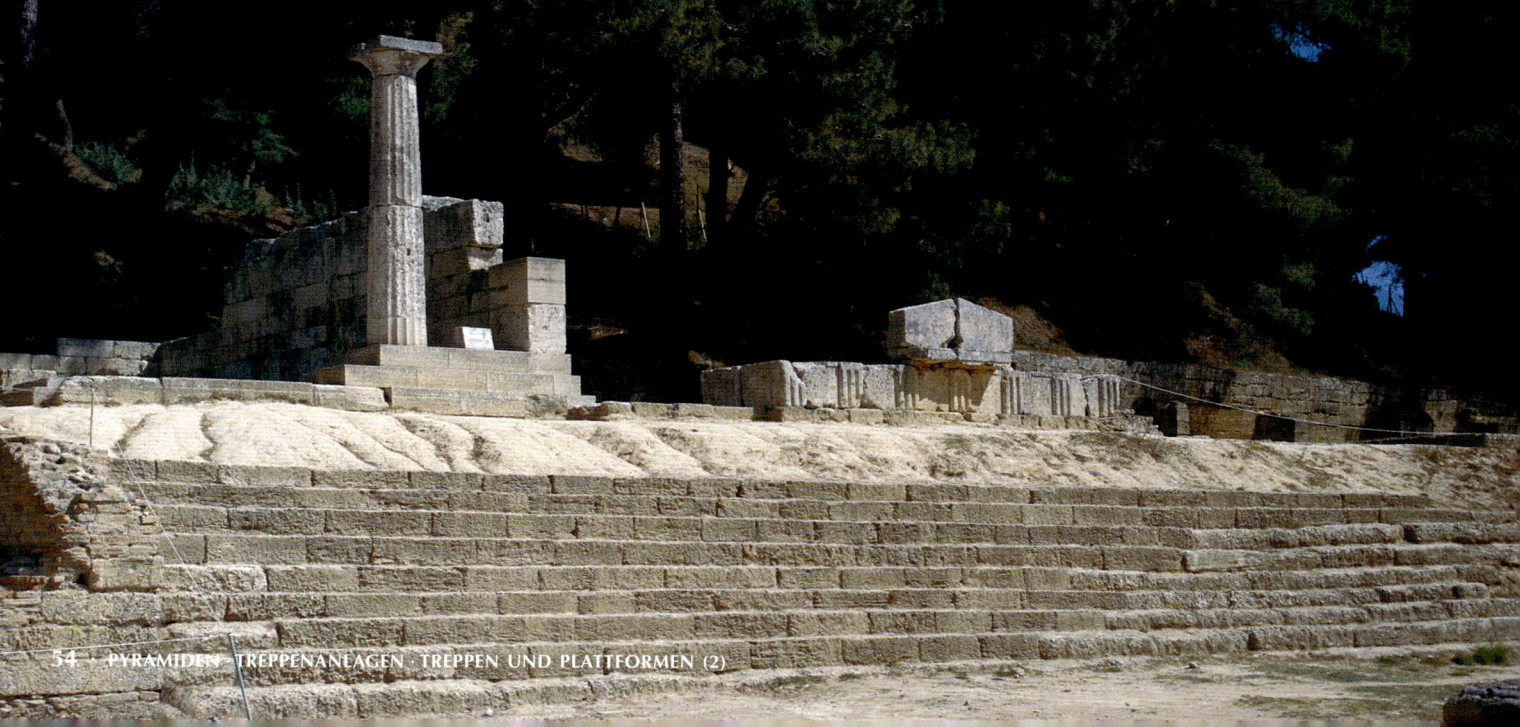

Breite Treppenanlagen, auf denen man auf der einen Seite hinauf- und auf der anderen wieder hinabschreitet, dienen aber auch dazu, langgestreckte Freiräume zu unterteilen (wir sahen es bereits bei der Unterteilung der Totenstraße in Teotihuacán auf S. 38). In Monte Albán ist der Hauptplatz von dem Nordkomplex durch eine solche zweiseitige Treppenanlage getrennt (die Abb. oben zeigt deren Südseite, die Gesamtaufnahme der Anlage auf der Vorseite deren Nordseite). Der Übergang oben war mit einem Dach überdeckt. Man hätte, da der Hof der Nordplattform höher liegt als der Hauptplatz, auch eine weniger hohe Treppe anordnen können. Aber man wählte, um den Hof des Nordkomplexes ebenfalls auf allen vier Seiten einzugrenzen, den Kunstgriff der weiteren Erhöhung der Treppen, die den Hof nun zur Mulde werden läßt.

Auf der nächsten Seite zeigt das Gebäude IV diese Tendenz in noch ausgeprägterer Form: Der eigentlichen Tempelpyramide ist ein großer quadratischer Hof vorgelagert (s. Lageplan auf S. 52). Seitlich ist er von hohen Mauern umgeben, zum Platz hin bildet diese Mauer eine Art Podest. Man steigt die breite Treppenanlage hinauf und auf der anderen Seite in gleicher Weise in den Hof hinunter. Beide Beispiele zeigen einmal mehr, daß die Stärke der mesoamerikanischen Architektur nicht so sehr in der Ausbildung freistehender, innen nutzbarer Gebäude liegt, sondern in der Ausformung von erdgebundenen Gebilden, also in einer Art plastischen Gestaltens von Baumassen. Bei der Nordplattform (oben) und beim Gebäude IV (rechte Seite oben) spielte man wie in der Zitadelle in Teotihuacán (siehe S. 42 f.) mit einer Negativform: Man füllte den Raum oberhalb der Treppen nicht weiter an – wie beim Pyramidenstumpf der gegenüber liegenden Südplattform (siehe Lageplan S. 52 und Gesamtansicht S. 53) –, sondern grub statt dessen die Form aus und führte Treppen auf ein tieferes Niveau hinunter.

Die Griechen bezogen Treppen nicht bewußt ein in die Gestaltung ihrer Heiligtümer; für sie dienten Treppen allenfalls dazu, vorhandene Niveauunterschiede auszugleichen, was z. B. die un-

ten abgebildete Treppenanlage vor den SCHATZ-HÄUSERN in Olympia/Griechenland zeigt.

Die Einmaligkeit der mesoamerikanischen Treppenanlagen läßt sich am besten durch Vergleiche herausstellen. In Ägypten kannte man fast überhaupt keine Treppen. Denn zur Fortbewegung nutzte man das Wasser, d. h. den Nil und das von ihm gespeiste Kanalsystem. Auf diesen Wasserstraßen wurden bei Prozessionen auch die Götterbilder auf Barken gefahren. Überall bewegte man sich in horizontaler Richtung; selbst die Barken wurden getragen, wenn man sie zu Lande bewegen mußte. Galt es, Höhenunterschiede zu überwinden, baute man flache Rampen, Treppen wären für die Art dieser Prozessionen hinderlich gewesen. Eine solche Rampe sahen wir bereits beim Tempel der Hatschepsut in Dêr el-Bahri/Ägypten (auf S. 12).

Auch die Griechen hatten keinerlei Interesse an der Dynamik der Treppen; sie hätte abgelenkt von den Tempeln, auf die allein sie sich bei ihrem Streben nach höchster Formvollendung konzentrierten.

In Treppen sahen sie (wie die Abb. der Vorseite zeigt), nur ein technisches Hilfsmittel. Ihre Tempel setzten sie allerdings auf ein kleines, meist nur dreistufiges Podest; diese Höhe empfanden sie als ausreichend, um die Ausgewogenheit des Baukörpers herzustellen (Unterbau und Tempel sahen sie immer als eine Einheit an).

Erst die Römer erkannten in gewissem Maße die Wirkung von Treppen: Sie setzten ihre Tempel auf Podeste, die – verglichen mit den drei griechischen Stufen – bereits sehr hoch sind, und führten an der Schauseite eine breite (und bequeme) Treppe empor (siehe Abb. unten). Auf öffentlichen Platzanlagen mußten die Römer die Treppenanlagen jedoch schon allein deshalb vermeiden, weil sie bereits die Fortbewegung mit dem Pferdewagen kannten. Nur vor Tempeln und besonders vor öffentlichen Bauten nutzten sie gern große Treppenanlagen zur Steigerung der architektonischen Wirkung. Das aber waren Gebäude, die man ohnehin zu Fuß betreten mußte.

80 Monte Albán
ZEREMONIALZENTRUM
Gebäude IV

81 Pompeji,
ITALIEN
APOLLONTEMPEL
Erhaltene Treppenanlage,
die zum Tempel hinaufführt

TREPPEN AN PYRAMIDEN

Noch beeindruckender als die breiten Treppenanlagen der Plattformen sind natürlich die langen Treppenläufe, die die Spitzen der Pyramiden erklimmen. Die Fassade einer mesoamerikanischen Pyramide lädt nicht ein zum Hineingehen. Ihr fehlen Öffnungen, wie sie z. B. ein ägyptischer Pylon, eine griechische Säulenhalle oder ein römisches Theater aufweisen. Dafür hat sie ein anderes Element, das im Grunde eine noch größere Anziehungskraft besitzt: die Treppe. Doch dieses Element weist nicht ins Innere, sondern zeigt empor zur Spitze; es fordert auf, den steinernen „Berg" zu ersteigen.

In Mesoamerika weisen die Bemühungen, die Treppen organisch in die Pyramiden einzubinden, eine ähnlich lange Entwicklung auf, wie die Gestaltung der Stufenpyramiden selbst. Die ersten Anfänge großer Treppen sahen wir bereits bei der SONNENPYRAMIDE in Teotihuacán (siehe Abb. oben); man erkennt unschwer, daß es bei diesen Treppen, deren Breite wechselt, vordergründig noch darum geht, die hohen, geböschten Flächen überhaupt zugänglich zu machen. Erste Andeutungen einer Gestaltung zeigen die breiten Wangen der Treppenläufe.

Waren die beiden großen Pyramiden in Teotihuacán durch die Betonung der Stufenkanten bewußt horizontal gelagert und schien man durch das Übereinanderschichten der Tableroformen diese Tendenz noch steigern zu wollen, so werden die Pyramiden in El Tajín nicht nur insgesamt steiler, sondern in den Frontalansichten wird die Vertikale durch Betonung der Treppen stärker herausgearbeitet. Eine an Ausgewogenheit nicht zu übertreffende Form findet sich in der PYRAMIDE mit der Bezeichnung „GEBÄUDE 5". Bei diesem Pyramidenstumpf wird auf die Abstufungen völlig verzichtet; inmitten der gleichmäßig geböschten Fläche führt eine breite Treppe mit noch breiter wirkenden Wangen zum Tempel hinauf.

Erst oben tritt als seitlicher Abschluß der Tempelplattform ein umlaufender Nischentablero hervor, dessen weit ausladendes Gesims einen sehr bewegten Abschluß bildet (wobei man sich natürlich zwischen den Nischentableros herausragend noch ein relativ kleines Tempelgebäude vorstellen muß). Bei dieser Pyramide verzichtet man auf das übliche Beiwerk der Stufentableros; dadurch wird die Treppe zum alles bestimmenden Element. Die Pyramidenform ist zur Nebensache geworden; es entsteht der Eindruck einer einzigen, großen Treppe, der lediglich beidseitig eine geneigte Anschüttung angefügt ist.

In „spätklassischer" Zeit strecken sich nicht nur die Pyramiden in die Höhe, auch die Treppen bekommen nach oben strebende Formen: sie werden länger in ihrem Lauf und vor allem steiler. Sind die Treppenläufe in Teotihuacán und Monte Albán in der Regel nicht steiler als 35°, haben also eine Neigung, die auch in unseren Tagen als die sicherste und kräftesparendste gilt, so steigt die Neigung bei der Wahrsagerpyramide in Uxmal auf fast 75° an. Eine solche Treppe läßt sich schon schwerer ersteigen und es wird daraus ersichtlich, daß Treppenneigungen in Mesoamerika nicht von der Bequemlichkeit oder gar der Sicherheit her gewählt wurden, sondern allein von ihrer architektonischen Wirkung.

Unsere heutigen Bauvorschriften halten uns aus Sicherheitsgründen dazu an, nach einer gewissen Zahl von Stufen ein Podest einzuschalten, um das Abstürzen in größere Tiefen zu verhindern. Solche Vorsicht war damals noch unbekannt, man führte die Treppen ohne Unterbrechung bis zur Tempelplattform hinauf. Allerdings gab es auch einen kultischen, heute sehr makaber wirkenden Grund für die steile Treppe: Bei den in der späteren Zeit immer häufiger werdenden Menschenopfern mußte das Opfer (meist ein Gefangener), der die aufgehende Sonne verkörperte, die Treppe emporsteigen und oben eine ihm aufgetragene Botschaft an die Götter verkünden. Dann wurde er – nachdem man ihm auf dem Opfertisch bei lebendigem Leibe das Herz herausgeschnitten hatte – als Abschluß der Zeremonie und symbolisch für die untergehende Sonne, die Treppe hinuntergestürzt. Das geschah um so wirkungsvoller, je steiler und länger die Treppe war.

Die Treppe an der Nordseite der WAHRSAGER-PYRAMIDE in Uxmal ist im heutigen Zustand das Ergebnis etlicher Überbauungen (nähere Beschreibung siehe S. 86). Der monumentale Treppenklotz und die steilen Böschungen der Pyramide, bei denen die komplizierten Formen des Tablero aufgegeben sind, bilden zwei selbständige Elemente, die nur durch ihre Masse verbunden wirken. Es ist schwindelerregend, sich an einem Seil haltend, die steile Treppe zu erklimmen. Oben spürt man das Ausgeliefertsein an das unabänderliche Schicksal, das die Götter verhängen.

Doch der Vertikalismus läßt sich noch weiter steigern: Am TEMPEL I in Tikal sind die Böschungen der Stufen noch steiler geworden, die Treppe paßt sich dem Nach-oben-Drängen an (sie ist nur noch unter großer Gefahr zu ersteigen – nähere Beschreibung siehe S. 83 ff). Beide Treppen oben – die der Wahrsagerpyramide und die der Tempelpyramide I – zeigen das freigelegte Endstadium. Beim Tempel I schaut aber auch eine frühere und schmalere Treppe hervor. Daran erkennt man, daß im letzten Stadium, also Ende des 8. Jhs., das Nach-oben-Strebende schon wieder unmodern geworden war; man versuchte der Steilheit der Treppen durch eine Verbreiterung entgegenzuwirken.

In der Zwischenzeit waren dann die Treppen unbesteigbar geworden: Am ZEREMONIAL-ZENTRUM IN XPUHIL, das von drei steilen, massiven Türmen umgeben ist (Beschreibung siehe S. 88 f. – Zeichnung eines der drei Pyramidentürme nebenstehend), sind die „angeklebten" Treppen zu reinen Attrappen degeneriert. So wurde auch das Motiv der Treppe – ähnlich dem Tablero – am Ende zu einem reinen Dekorationselement.

links oben: 84   Uxmal
WAHRSAGER-PYRAMIDE
Treppe auf der Westseite

rechts oben: 85   Tikal
TEMPELPYRAMIDE I
Treppenanlage

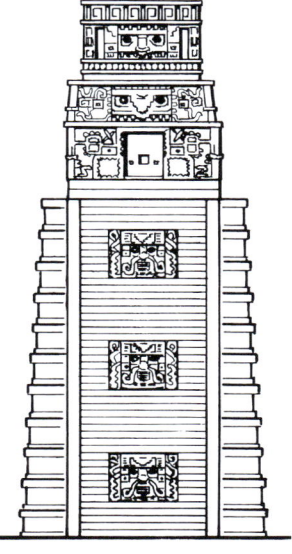

86   Xpuhil
ZEREMONIALZENTRUM
Einer der drei
Pyramidentürme
(Foto der Gesamtansicht siehe S. 89)

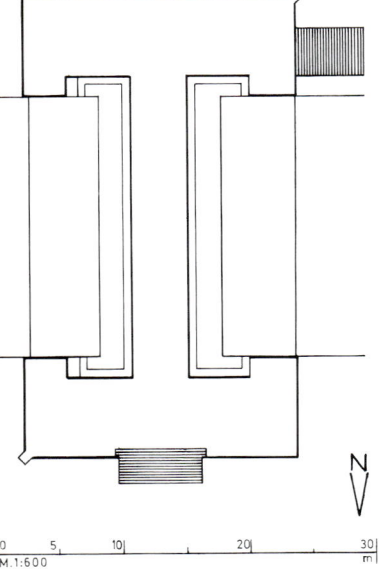

87 Monte Albán
BALLSPIELPLATZ
Ansicht von Norden

88 Monte Albán
BALLSPIELPLATZ
Grundriß M. 1:600

BALLSPIELPLÄTZE

Die Ballspielplätze, die zu jedem Zeremonialzentrum gehören, wie der oben abgebildete in Monte Albán, folgen dem gleichen konstruktiven Prinzip, wie die auf- und absteigenden Treppenanlagen, die wir bereits beim Hauptplatz sahen. Jedoch sind die rangartigen Böschungen beileibe keine Treppenstufen oder auch Sitzreihen, wie in den antiken Theatern, sondern lediglich geneigte Flächen, den geneigten Pyramidenverkleidungen ähnlich. Sitzplätze gab es für die Zuschauer nicht, man stand oben auf der Mauer. Denn das Ballspiel war keine sportliche Veranstaltung im heutigen Sinne, es gehörte vielmehr zu den vielen kultischen Handlungen, die im Umkreis der Pyramiden stattfanden.

Das früheste Beispiel eines Ballspielplatzes findet sich in La Venta aus der Zeit zwischen 1000 und 700 v. Chr. Er ist auf dem Lageplan (auf S. 31) zu erkennen. Die Olmeken hatten das Spiel erfunden, wohl weil sie den Kautschuk kannten, den sie in den tropischen Niederlungen der Golfküste aus dem Saft der Heveen gewannen und aus dem sie die relativ kleinen, massiven Bälle formten. Schon bei ihnen diente das Ballspielen nicht der erbaulichen Unterhaltung – Unterhaltungen in unserem Sinne hat es im Leben der Indios kaum gegeben –, sondern wurde allein als eine Kulthandlung verstanden.

Von den Olmeken übernahmen die Maya, wie so vieles andere, auch das Ballspiel samt der Form der Spielfläche; der früheste und interessanteste Platz findet sich in Copán (siehe Lageplan auf S. 60). Von dort gelangte die Kenntnis des Spiels u. a. zu den Zapoteken in Monte Albán. Der dort restaurierte Ballspielplatz (siehe Ansicht und Grundriß) mit einer Länge von 41 m und einer Breite von 26 m ist das Ergebnis mehrerer Überbauungen. Es ist eine vertiefte, von Mauern umgebene Anlage, die in der Mitte durch die abgeböschten Flächen verengt wird. So ergibt sich ein Spielfeld in Form eines doppelten T.

Obwohl die Grundform des Spielfeldes immer gleich blieb, trat in der „nachklassischen Zeit" doch eine Veränderung ein: Die Spielfelder wurden größer und die geböschten Flächen, die das Spielfeld seitlich begrenzten, wurden zu hohen, steilen Wänden. Das am besten erhaltene Beispiel dieser Art finden wir in Chichén Itzá (siehe Abb. oben). Hier zeigt sich der monumentale Charakter, der die späte, toltekische Zeit beherrscht, und der bei der Beschreibung von Tula (auf S. 92 f.) und Chichén Itzá (auf S. 94 ff.) erläutert wird.

Am Rande dieses Platzes stehen zwei Tempel direkt oben an der hohen Mauer, von denen aus das Spielgeschehen beobachtet werden konnte. An diesen steilen Wänden befindet sich, wie auch an anderen Spielplätzen, jeweils in der Mitte der Mauer ein steinerner Ring, durch den der Ball hindurchgetrieben werden mußte. Denn dieses Spiel hatte besondere Regeln. Der Ball war das Sinnbild der Sonne, sein Flug verkörperte den Lauf der Gestirne. Er durfte nicht einfach mit Händen oder Füßen bewegt werden, sondern ausschließlich mit dem Gesäß und den Hüften. Er durfte auch nicht den Boden berühren, denn dann wäre die Sonne abgestürzt. Passierte einer Mannschaft dennoch dieses Mißgeschick, dann mußte sie versuchen, den Ball wieder ins Spiel zu bringen und ihn durch den steinernen Ring zu treiben. Gelang das nicht, hatte diese Mannschaft verloren. Es ist bekannt, daß ab etwa 600 n. Chr. die unterlegene Mannschaft, durch die der Spielfluß und damit auch der Lauf der Sonne unterbrochen worden war, den Göttern geopfert wurde; ihr Blut sollte der Sonne die Kraft geben für einen erneuten Aufgang. Für die Spieler galt ihre Opferung als ein Ehrentod.

Über die Ballspiele sind wir deshalb so gut unterrichtet, weil sie immer wieder in Abbildungen festgehalten wurden, besonders anschaulich auf den Flachreliefs des Ballspielplatzes in El Tajín, wo dargestellt ist, wie einem Gefangenen bei lebendigem Leibe das Herz herausgeschnitten wird (bereits abgebildet auf S. 18). Auf dem nebenstehend abgebildeten Relief vom Ballspielplatz in Chichén Itzá ist zu sehen, wie ein siegreicher Spieler den abgeschlagenen Kopf eines Gegners vor sich her trägt.

Während man in Mesoamerika versuchte, mit Hilfe der Ballspiele der Angst vor der Unterbrechung der Zyklen des Lebens zu begegnen, standen in Griechenland die Spiele zwar auch unter der Obhut der Götter, schließlich wurden sie zu ihren Ehren abgehalten. Doch ging es in erster

Linie um die Freude am Spiel. Es galt, einen Sieg zu erringen, einen persönlichen oder den für die Stadt, für die man antrat. Waren sonst die Griechen hart im Kampf untereinander und immer willig den Feind zu vernichten, so ging es bei den Spielen ums Gegenteil: Im friedlichen Wettkampf wurde spielerisch die Idee von der Tüchtigkeit und der Vollkommenheit des Menschen vorgetragen.

oben:
89 Chichén Itzá
BALLSPIELPLATZ
rechts oben: Der Jaguar-Tempel
hinten: Tempel an der Stirnseite

Mitte links:
90 Chichén Itzá
BALLSPIELPLATZ
Flachrelief an der Südseite
Ein siegreicher Spieler trägt den
abgeschlagenen Kopf eines Gegners

Mitte rechts:
91 Chichén Itzá
BALLSPIELPLATZ
Steinerner Ring, durch den
der Ball gestoßen werden mußte

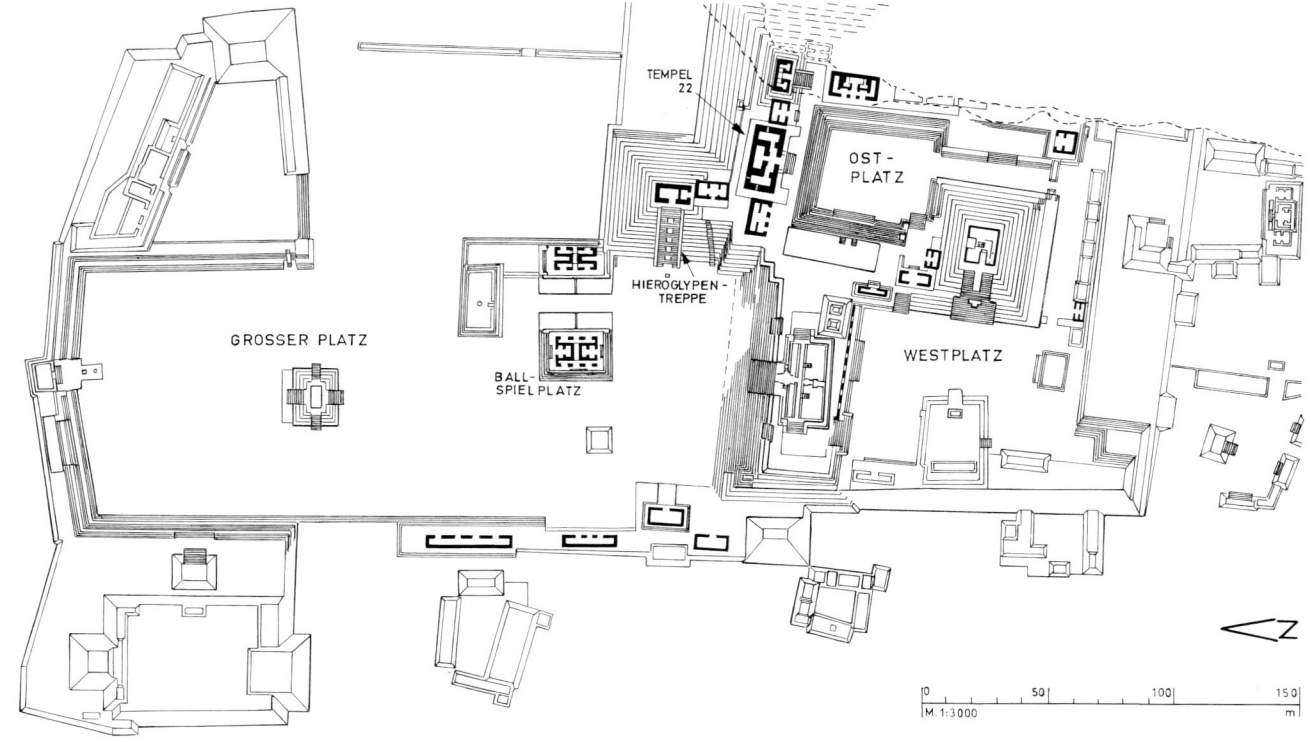

Labels in image: TEMPEL 22, OST-PLATZ, HIEROGLYPEN-TREPPE, GROSSER PLATZ, BALL-SPIEL PLATZ, WESTPLATZ, M.:1:3000, N

RAUMBILDUNG DURCH VERDICHTUNG

92 Copán
LAGEPLAN M. 1:3000

COPAN, schon in Honduras im Hügelland nahe der Grenze zu Guatemala gelegen, ist bekannt durch seine Pyramide mit der berühmten Hieroglyphentreppe (s. Lageplan oben), d. h. einer Treppe, bei der beide Wangen mit Hieroglyphen geschmückt sind. Aber Copán zeichnet sich auch dadurch aus, daß hier bei den Restaurierungsarbeiten mehr als in anderen Grabungsstätten die Urwaldvegetation erhalten wurde, daß also heute immer noch der Eindruck entsteht, man entdecke wie die ersten Forscher im 19. Jahrhundert, die Ruinen im Urwald ganz neu. Aber hohe Bäume, die die Pyramiden teilweise verdecken, verwischen natürlich auch den ursprünglichen, großartigen räumlichen Eindruck; der Besucher mag selbst entscheiden, welche Art der Restaurierung ihn mehr beeindruckt.

Dies sei vorangestellt, weil gerade in Copán etwas zu beobachten ist, was an anderen Orten weniger zutage tritt: Die fortschreitende Verdichtung der frühen Anlage einmal durch die ständigen Überbauungen (die jedesmal zur Vergrößerung des Bauvolumens führten) und zweitens durch die Notwendigkeit, den Rahmen für die Zeremonialfeiern durch Anfügen kleinerer Podeste und Treppenanlagen zu verbessern. So wurde der Abstand zwischen den Pyramiden und Podesten immer geringer. Dieser Umstand wurde nun sehr geschickt zur Bildung **ganz intimer, nach oben offener Räume** genutzt.

Langgestreckte Treppenanlagen als Einfassung eines großen Platzes sahen wir bereits in Monte Albán (siehe S. 52). Dort aber bildet der Platz eine weite Fläche, und die freistehenden Pyramidenstümpfe im Hintergrund sind weit von einander entfernte Einzelmonumente. In Copán aber stehen die Pyramiden von Anfang an nahe beieinander, sie sind ähnlich wie in Palenque an locker aneinander gereihten kleinen und großen Plätzen errichtet,

von denen sich immer neue Blickbezüge ergeben. Durch das An- und Überbauen vergrößerte sich der Umfang der einzelnen Heiligtümer derart, daß man schließlich gezwungen war, die Bauten zu verbinden und für weitere Zeremonien die Zwischenräume mit neuen Treppen und Podesten zu gestalten.

Dadurch, daß man Podeste bis zur halben Pyramidenhöhe anfügte und z. B. der Tempel 22 und die „Pyramide mit der Hieroglyphentreppe" regelrecht zusammenwuchsen, wurde die ursprüngliche Form der Pyramiden immer weiter verwischt. Dabei wurde nichts dem Zufall überlassen, vielmehr war man bei der Gestaltung der betroffenen Gebäude oder Plätze sehr darauf bedacht, jeweils besondere Raumwirkungen und ästhetische Reize zu gewinnen. Die vordere Platzbegrenzung durch die Treppenstufen geht meist ohne Unterbrechung über in die höheren Aufbauten. Beide Elemente, breite Treppen vorn und höhere Aufbauten dahinter, bilden nun die eigentliche räumliche Begrenzung.

Wie man im Lageplan (auf der Vorseite oben) gut erkennt, waren ursprünglich im Norden und Süden des sogenannten OSTPLATZES zwei hohe Pyramidenbauten vorhanden, die einen relativ großen Abstand voneinander hielten und nur annähernd im rechten Winkel ausgerichtet waren. An den Rand der nördlichen, der sogenannten „Pyramide mit der Hieroglyphentreppe", wurde später in halber Höhe der „TEMPEL 22" angebaut. Dieser steht auf einer abgestuften Plattform, erreicht aber nicht die Höhe der älteren Pyramide. Seine aufwendige Gestaltung beweist, daß er von großer Bedeutung war (seine Reste sind auf der Abb. oben im Hintergrund zu sehen). Sein Eingang öffnet sich nach Süden hin in den Freiraum zur zweiten Pyramide.

Es bot sich geradezu an, in diesem Freiraum einen Platz anzulegen, der sich zum Versammeln einer größeren Menschenmenge eignete. Es wurde daraus aber kein irgendwie eingefriedigtes Rechteck, sondern eine sehr überlegte Raumschöpfung. Ausgangspunkt war die Treppe vor dem Tempel 22, auf der sich die Zeremonien wohl bis in den Hof hinuntergezogen haben. Diese Treppe führte man in nahezu gleicher Höhe allseitig um den Platz herum, auf ihren Stufen konnten die Zuschauer Platz nehmen wie im Rang eines Theaters. Über der Treppenanlage hat an der Westseite, den geringen Resten nach zu urteilen, ein einfacher, etwas kleinerer, aber in den Proportionen angepaßter Bau gestanden. Ähnlich wird auch die Ostseite ausgesehen haben (diese Seite ist leider schon vor Beginn der Restaurierungsarbeiten vom nahen Fluß weggespült worden).

Den besonderen Reiz des Platzes macht die Südseite aus, sie wird von der alten, sehr hohen Pyramide beherrscht.

Sie steht keineswegs in der Platzachse, sondern ist nach Westen hin verschoben. So konnte man daneben einen repräsentativen Zugang schaffen, der – was beim Betreten kaum auffällt – nicht achsial auf den Tempel 22 zuläuft. Auch die von den älteren Bauten erzwungenen Abweichungen vom rechten Winkel sind eigentlich nur auf dem Lageplan zu erfassen. Das größte Kunststück aber gelang durch die unmittelbare Einbeziehung der schrägen Seitenfläche der alten Pyramide: Die neuen Treppenstufen unten gehen hier in gleicher Neigung über in die größeren Stufen der Pyramide, sie bilden eine gemeinsame schräge Fläche, die Pyramide scheint direkt zum Platz zu gehören.

Diese wunderschöne Raumschöpfung der Maya, ganz individuell der Situation zwischen den vorhandenen Pyramiden angepaßt, deutet aber auch darauf hin – vergleicht man sie mit dem Achsensystem der Totenstraße in Teotihuacán –, daß zur Zeit ihrer Erbauung auch in Copán das religiöse Leben seine Starrheit und Ausschließlichkeit verloren hat und daß die Zeremonien aufgelockerter und intimer geworden sind.

Die Griechen kannten keine offenen Versammlungsräume, die in baulichem Zusammenhang mit den Tempeln standen. Sie schufen eine ganz andere Art von Versammlungsstätte: das halbrunde Theater, dessen Ränge eingebettet sind in einen natürlichen Hang. Auf dem Kreis in der Mitte spielte ursprünglich der Chor anläßlich des Dyonysosfestes. Im Gegensatz zum individuell gestalteten Versammlungsplatz in Copán, wurde das griechische Theater schnell zu einem festen Bautyp, der in römischer Zeit seine ganz besondere Form erhielt durch seine freie Stellung und durch das mit Säulenordnungen reich geschmückte Bühnenhaus.

93 Copán
DER OSTPLATZ
von Südosten gesehen
mit Blick auf die Reste
des Tempels 22

TEMPEL

FRÜHE TEMPEL

Endlich kommen wir zur Beschreibung dessen, was der eigentliche Anlaß war für den Aufwand der bisher gezeigten Podestbauten: Zum TEMPEL selbst. Bei allen frühen Pyramiden hieß es, daß man sich oben einen „kleinen Tempel" vorstellen müsse, von dem aber nichts erhalten sei, weil er aus vergänglichem Material bestand und von dem sich allenfalls die äußeren Umrisse aus den Grundmauern rekonstruieren ließen. Man weiß also um die geringe Größe dieser frühen Tempel. Es ist in der Tat verwunderlich, wie merkwürdig im Anfang das Proportionsverhältnis zwischen Sockel und Tempel zu Gunsten des übermächtigen Sockels verschoben ist. Doch als man die Pyramidensockel erfand, stand die Zivilisation erst am Anfang, waren steinerne Gebäude völlig unbekannt.

Im warmen Klima waren die Bedürfnisse des täglichen Lebens schnell zu erfüllen: Kleine, hölzerne Hütten zum Schlafen und zur Vorratshaltung reichten aus, ansonsten fand das Leben im Freien statt, allenfalls unter Schutzdächern.

Die Tempel dienten anfangs wohl nur zur Aufbewahrung von Opfergaben und Kultgerät, erst nach und nach wurde es üblich, in den Tempeln direkten Kontakt zu den Göttern aufzunehmen. So war es naheliegend, daß man sich zunächst auf die kleine Hüttenform beschränkte und alle Gestaltungslust am Unterbau ausließ. Denn dieser allein unterschied einen Tempel von anderen Hütten. Den Ansporn, dem Tempel durch baulichen Aufwand einen Ewigkeitscharakter zu geben, kannte man nicht. Andererseits werden wir sehen, daß später die Maya mit ihren besonders hohen, noch durch einen Dachkamm geschmückten steinernen Tempeln durchaus die stärkere Ausstrahlung des Steines erkannten; es war im Grunde eine Frage der Zeit, bis man zu dieser Erkenntnis gelangte. Denn in Monte Albán, dessen erhaltene Reste aus der Zeit zwischen 200 und 800 n. Chr. stammen, finden sich Reste von Mauern und sogar von Säulen, die eine massive Tempelkonstruktion bis zum Beginn des Dachgebälks vermuten lassen.

Eine Nachbildung am Fries des Nordpalastes im Nonnenviertel von Uxmal (siehe Abb. oben) läßt einwandfrei erkennen, daß hier die hölzernen Wände der Indiohütte durch steinerne Wände ersetzt sind, daß die Dachdeckung aber nach wie vor aus Stroh und Blättern besteht, denen man Schmuckformen aus vergänglichem Material hinzugefügt hatte..

Während die Plattformen mit ihren Treppenanlagen eine ganz eigene Erfindung der mesoamerikanischen Architektur sind – sie entstanden im Umfeld **anderer religiöser** Gebräuche –, weisen die kleinen Tempel, die zunächst auf den hohen Pyramiden errichtet wurden, eine erstaunliche Ähnlichkeit auf mit den frühen griechischen Tempeln. Das läßt sich nur dadurch erklären, daß als Vorbilder für die Form früher Tempel nur die einfachen Wohnbauten der jeweiligen Kulturen zur Verfügung standen. Und diese kleinen Wohnhäuser waren wegen der vergleichbaren **zivilisatorischen** Voraussetzungen einander sehr ähnlich.

Zumeist besteht in Mesoamerika ein früher Tempel nur aus einer rechtwinkligen, längsgerichteten Kammer, die nur eine einzige Öffnung an der Längsseite besitzt und im übrigen geschlossene Wände hat; erst später kommt ein gleich breiter Vorraum hinzu; der hintere Raum ist dann nur über den vorderen zugänglich und wird auch nur über diesen belichtet. Diese Grundform zweier hintereinander liegender Kammern wurde grundsätzlich in klassischer und spätklassischer Zeit beibehalten.

Auch der frühe griechische Tempel besitzt eine ähnliche Grundform: Den Hauptraum, der nur durch die Türöffnung belichtet und belüftet ist, und einen offenen Vorraum, dessen Vorderseite allerdings keine Wand mit Türöffnung bildet, sondern durch zwei Säulen geöffnet ist, die im Anfang aus Holz bestanden.

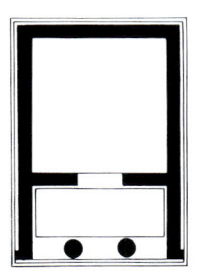

In Monte Albán sind vergleichbare Formen mit einer offenen Vorhalle erhalten. Sie hätten, wenn sie weiterentwickelt worden wären, u.U. den Tempelbau zu Formen geführt, die dem griechischen sehr nahe gekommen wären. Beim Tempel des „Gebäudes IV" (wir sahen es bereits bei den Treppenanlagen auf S. 55 in der Gesamtansicht und auf dem Lageplan S. 52 im Grundriß) hat die Kammer nicht nur eine auffällig breite Öffnung in der Längswand, sondern ihr ist eine Reihe von vier Säulen vorgestellt. Dieser Grundriß erinnert erstaunlich an eine griechische Tempelform, den sogenannten Prostylos mit ebenfalls vier Säulen in der Vorderfront (siehe Abb. unten), allerdings mit dem Unterschied, daß beim griechischen Tempel die Säulen vor der Schmal- und nicht vor der Längswand stehen. **Auf diesen sehr wichtigen Unterschied kommen wir noch zurück.**

Noch erstaunlicher ist der Grundriß des Tempels auf dem Mittelbau des zentralen Platzes in Monte Albán (siehe Grundriß unten rechts). Hier findet sich eine Form, die dem griechischen Antentempel ähnlich ist (siehe Abb. darunter): Dem Hauptraum ist eine Vorhalle vorangestellt, die von zwei Säulen getragen wird, allerdings auch hier noch mit einem Unterschied, daß die Anten (die seitlichen Wände) nicht bis in die Flucht der Säulen vorgezogen sind. Hier ist ein Ansatz vorhanden, von dem aus der Tempelbau wie in Griechenland zum allseitigen Säulenkranz hätte führen können. Doch die Idee offener Säulenfronten wurde zumindest beim Tempelbau nicht weiter verfolgt. Der Tempelbau in Mesoamerika sollte ganz andere Wege gehen.

95 Monte Albán
GEBÄUDE IV
Erhaltene Reste des
Tempels auf der oberen Plattform

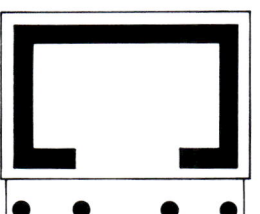

*96 **MESOAMERIKA***
Monte Albán
GEBÄUDE IV
Grundriß
(Foto siehe oben)

*98 **MESOAMERIKA***
Monte Albán
TEMPEL
auf dem Mittelbau
des zentralen Platzes
(siehe Lageplan S. 52)

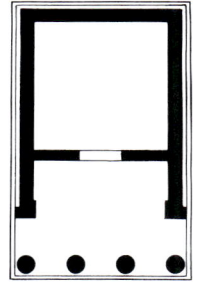

*97 **GRIECHENLAND***
GRIECHISCHER
PROSTYLOS
(Tempel mit vier
Säulen als Vorderfront)
Grundriß

*99 **GRIECHENLAND***
GRIECHISCHER
ANTENTEMPEL
Delphi
SCHATZHAUS DER
ATHENER
Grundriß
(Ansicht siehe S. 10)

MAYAHAUS ALS VORFORM

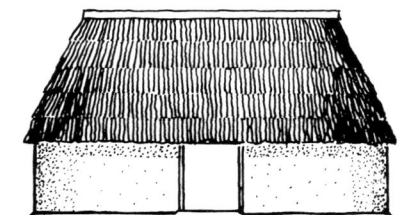

100 a+b MESOAMERIKA
Yucatán
MAYAHAUS
Wände aus Geflecht
a) Ansicht (links) und
b) Grundriß (rechts)

101 FRÜHER MAYATEMPEL
mit Steinsockel und Wänden aus
Geflecht (Rekonstruktion)

Anders als in Monte Albán, wo man nach vorn geöffnete Raumformen ausprobierte, verharrte man anderswo – besonders im Mayaland – bei dem frühen, nur aus einem oder zwei Räumen bestehenden Tempel. Links sehen wir eine zeichnerische Rekonstruktion eines frühen, nur aus einem Raum bestehenden Tempels. Um zu verstehen, wie es zu dieser Form kam, müssen wir uns vorweg mit seiner Vorform, den einfachen Mayahäusern beschäftigen. In Yucatán, dem nördlichen Siedlungsgebiet der Maya, wo es in der der „spätklassischen" Zeit zum Höhepunkt der Architektur kam, wohnen heute noch die Nachfahren in sehr einfachen „Hütten", deren Form und Bauweise sich seit damals nicht verändert haben. Sie ermöglichen uns Rückschlüsse auf die frühen Formen der Tempel.

Die zum links abgebildeten Tempel passende Hausform ist oben in Ansicht und Grundriß dargestellt, eine Fotografie eines solchen Mayahauses sehen wir auf der nächsten Seite oben. Dieses einfache Gebäude hat eine langgestreckte Form mit meist ovalem Grundriß, es ist 6 bis 7 m lang und etwa 3 m tief und wird innen von vier Holzstützen getragen, von denen je zwei durch einen Querriegel verbunden sind. Darüber ist ein relativ steiles Dach mit über 60° Neigung errichtet, auf dessen Form wir bei der Besprechung der Mayagewölbe (siehe S. 70 ff.) zurückkommen.

Die Wände bestehen aus einem Geflecht von dünnen Stämmen und dickeren Zweigen; je nach Nutzungsart bleiben sie unverputzt und dienen dann gleichzeitig zur Lüftung, oder sie sind mit Lehm verstrichen, wobei dann die Entlüftung durchs Dach erfolgt, das mit Stroh oder Palmblättern gedeckt ist. Es gibt nur eine Türöffnung und keinerlei Fenster. Es ist auch kein Kamin vorhanden. Wird ausnahmsweise einmal im Innern gekocht, zieht der Rauch des offenen Feuers durch das Dach ab. Die Dachdeckung aus Stroh oder Palmblättern wirkt einerseits als Isolierung gegen direkte Sonnenstrahlen, andererseits gewährt sie durch ihre Luftdurchlässigkeit auch den Abzug der sich unter dem Dach stauenden Warmluft. Zur relativen Kühle im Innern trägt also dieser hohe Dachraum bei, der deshalb auch nie durch einen Zwischenboden abgetrennt wird. Ein einfaches „Haus" in dieser Form und in diesen Abmessungen diente zunächst als Tempel. Als solcher erkenntlich war er nur durch den Erdsockel (siehe Abb. links). Erst in einer zweiten Phase wurde der Erdsockel befestigt und der Tempel mit Pflanzenwerk geschmückt.

Diese älteste Form menschlichen Bauens bildet einen Grundtypus, den wir in allen Kulturen finden. Ein griechisches Wohnhaus in Alt Smyrna (auf der Abb. unten) hat – obwohl aus Stein errichtet – den gleichen ovalen Grundriß, das gleiche strohgedeckte Dach und eine ähnliche Stützenkonstruktion wie das Mayahaus.

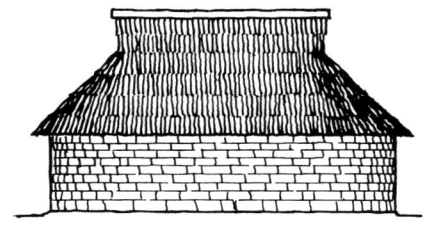

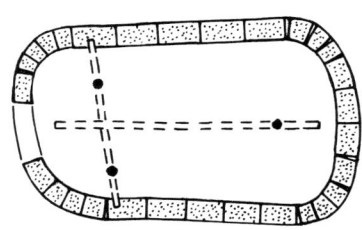

102 a+b GRIECHENLAND
Alt Smyrna
heute Barakli, Türkei
FRÜHGRIECHISCHES
WOHNHAUS
a) Ansicht (links) und
b) Grundriß (rechts)

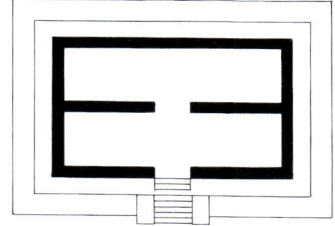

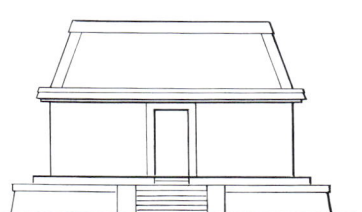

104 a + b TEMPELTYP IN
MESOAMERIKA
mit zwei hintereinander geschalteten
Kammern und Eingang an der
Längsseite
Grundriß und Ansicht

105 a + b TEMPELTYP IN
GRIECHENLAND
mit Hauptraum (Cella) und Vorhalle
mit Eingang an der Stirnseite
Grundriß und Ansicht

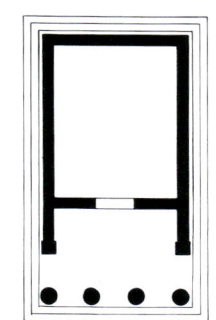

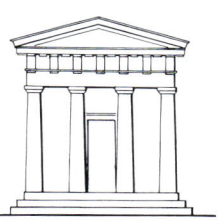

Allerdings gibt es einen sehr wesentlichen Unterschied, der **im Funktionellen** liegt, und der zu Beginn des Tempelbaus – von den Wohnhäusern ausgehend – die Weichen stellte für das Entstehen zweier ganz unterschiedlicher Raumvorstellungen:

Das **frühgriechische** Haus
hat seinen Eingang an der **Schmalseite**,
das **mesoamerikanische** an der **Längsseite**.

Man kann lange darüber streiten, ob der Zugang zu einem Raum günstiger an der Längs- oder an der Schmalseite liegt; beide Lösungen haben Vor- und Nachteile. Wichtig für unsere Betrachtung ist allein, daß beide – die Griechen und die Indios – über eine sehr lange Zeit ihrer frühen Geschichte an der einmal getroffenen Entscheidung festhielten.

Als die Griechen dazu übergingen, die runde, meist ovale Raumform (die wir auf der Zeichnung der Vorseite unten sahen) rechtwinklig auszubilden, konnte man, was zweifellos zweckmäßiger war, die Innenstützen in die Außenwand einbeziehen. Dadurch entstand ein von Wand zu Wand verlaufender First und an der Schmalseite mußte ein Giebel ausgebildet werden. Erweitert man dann noch den Innenraum um eine offene, von Stützen getragene Vorhalle, dann entsteht an der Stirnseite über den Stützen das **Giebeldreieck** (das Tympanon), das im Laufe der Geschichte zu einer der markantesten Architekturformen des Abendlandes wurde.

Der Eingang des mesoamerikanischen Tempels aber bleibt unverrückt in der **Längswand**, diese wird für alle Zeiten zur **Schauwand**. So verbleibt es im Innern bei den langgestreckten, nur wenig tiefen Räumen (die später lediglich hintereinander geschaltet werden) und außen bei Fassaden, die in die Länge gezogen und horizontal gegliedert sind.

In einem weiteren Schritt wurden in beiden Kulturen die hölzernen Leichtwände durch massive Steinwände ersetzt. In Griechenland entstand der sich an der Stirnseite öffnende, schmale, aber tiefe Tempel mit der säulengetragenen Vorhalle; seine Grundform setzt sich in der römischen Basilika und im christlichen Kirchenbau fort.

In Mesoamerika wird die im Steinbau nun endgültig geprägte Form von **zwei hintereinander** geschalteten Kammern, die jeweils nur über einen Eingang in der **Längsseite** erschlossen werden, bis zum Ende der Spätzeit beibehalten (wobei die hintere Kammer immer nur über die vordere zugänglich ist und keine weitere Öffnung erhält). Dieser noch im Vorstadium der Architektur rein zufällig entstandene Unterschied in der Erschließung der Wohnhütten läßt es in der Grundform der Tempel zu völlig verschiedenen Lösungen kommen.

Das dennoch Gemeinsame beider Tempelformen kann man erahnen, wenn man sich einen noch intakten griechischen Tempel vorstellt; Man würde über die von hellem Sonnenlicht erfüllte Vorhalle eintreten in die Cella, man würde sich gefangen fühlen von der Dunkelheit des Raumes; das in der Mitte stehende Götterbild und die Kultgeräte würden erst langsam durch das spärliche, nur von der Tür im Rücken einfallende Licht aus der Dunkelheit auftauchen. Genau so gefangen fühlt man sich, tritt man im Indio-Tempel von der ersten Kammer in die zweite, noch dunklere. Nur ein knapper Lichtschein fällt auf den Boden, er läßt nach und nach die Wände erkennen und erst später das überraschend hohe, spitz zulaufende Gewölbe. Diese mystische Stimmung umfängt uns in beiden Tempeln.

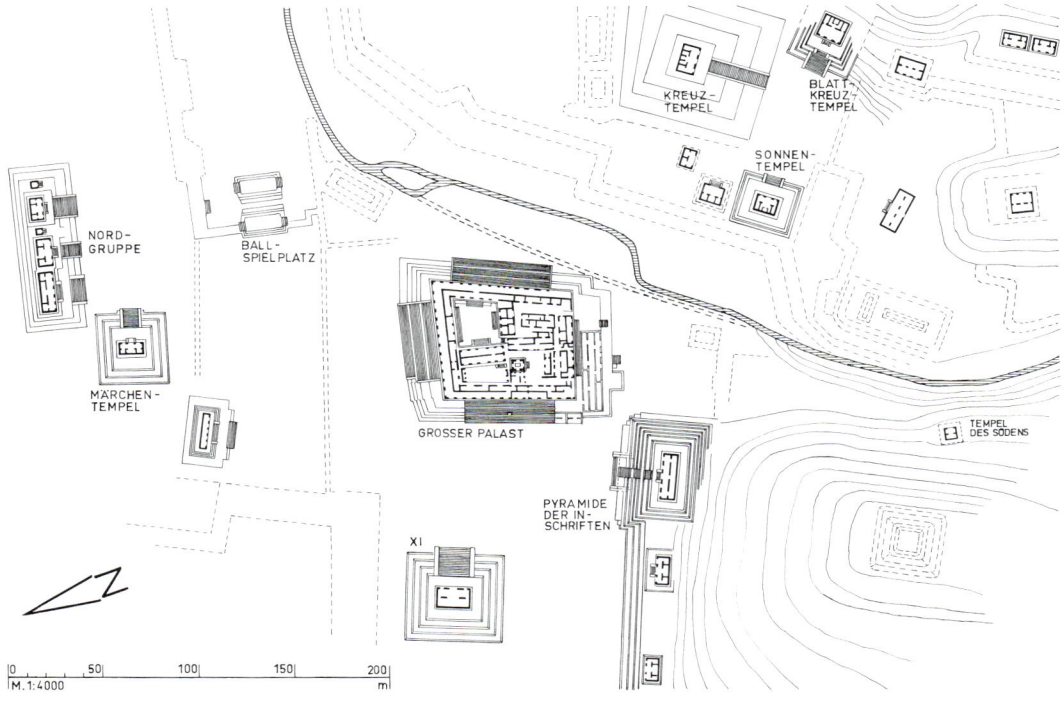

STEINERNE MAYATEMPEL

pel zu einer Einheit; von diesem Zeitpunkt an sollte man statt von Pyramiden besser von Pyramidentempeln sprechen.

PALENQUE ist die westlichste Stadt des Mayalandes und somit am nächsten gelegen zu La Venta, der wichtigsten Stadt der Olmeken, von der in der „vorklassischen" Zeit alle kulturellen Impulse ausgingen, und später dann auch zu Teotihuacán, das zwischen 200 und 400 den größten Einfluß hatte auf alle Indiovölker. In Palenque, etwas oberhalb der weiten Küstenebene am Rande des Karstgebirges des heutigen Chiapas gelegen, trafen sich wichtige Handelswege. Noch heute ist das Umfeld zu den Bergen hin mit dichtem Urwald bedeckt. In Palenque haben sich ganz eigene Architekturformen entwickelt, die sich im übrigen Mayaland nicht finden.

Das auf einer großen, fast ebenen Abstufung der Berge erbaute Zeremonialzentrum weist nicht die streng ausgerichteten Achsen auf, die den Grundriß Teotihuacáns bestimmen. Vielmehr sind die Pyramidentempel und der große Palast ähnlich wie in El Tajín locker um kleinere und größere Plätze gruppiert. Der von uns heute so bewunderte raumbildende Eindruck dieser Plätze, ist auch hier erst durch immer weiteres Hinzufügen entstanden. Selbst der rechte Winkel als Ordnungsprinzip ist nicht überall streng angewandt.

oben:
106 Palenque SONNENTEMPEL
Ostansicht
(Der linke Teil des Pyramidensockels ist heute ebenfalls rekonstruiert)

Mitte:
107 Palenque (links zum Rand)
ZEREMONIALZENTRUM
Lageplan M. 1:4000

Frühe Tempel, wie wir sie bereits in Monte Albán sahen, wiesen zwar schon Wände aus Stein auf, ihre Decken und Dächer waren aber noch ganz einfache Holzkonstruktionen, mit Stroh oder Palmenzweigen gedeckt. Erst die Maya begannen ab dem 5. Jh. in Tikal und Palenque damit, für die steinernen Wände auch ein steinernes Gewölbe zu erfinden.

Ebenso bedeutend aber war, daß sie es verstanden, ihre neu erfundene Tempelform erstmals von den Proportionen her mit dem Pyramidensockel in Einklang zu bringen. Sie formten Sockel und Tem-

Erst bei längerem Umhersehen spürt man die raumbildende Gestaltungskraft, mit der die Freiräume gestaltet wurden: z. B. der große Raum zwischen der Inschriftenpyramide und dem großen Palast und der kleinere vor der Dreiergruppe des SONNEN-, KREUZ- und BLATTKREUZTEMPELS (siehe Lageplan links). Dann bemerkt man auch die Umsicht, mit der alles eingebettet wurde in die natürlichen Geländebewegungen. Die erhaltenen Baureste stammen alle aus der Blütezeit der Stadt zwischen 600 und 800 n. Chr., aus einer Zeit also, in die auch der Höhepunkt der „spätklassischen" Maya-Architektur fiel.

Das Neue der Mayatempel läßt sich gut an den genannten Tempeln der Dreiergruppe studieren, von der der SONNENTEMPEL am besten erhalten ist (er wurde nach einer Hieroglyphendatierung 646 n. Chr. eingeweiht). (Die etwas ältere Inschiftenpyramide wird S. 80 ff. besprochen). Endlich sehen wir hier einen Tempel mit einem steinernen Dach vor uns. Schon zu Beginn des 5. Jahrhunderts n. Chr. hatten die Maya in Tikal und Palenque versucht, das steile Hüttendach, das inzwischen fest zum Typus aller Tempel gehörte, in Stein zu formen. Sie erfanden das sogenannte **Schüttgewölbe**, auf dessen Konstruktion im nächsten Abschnitt eingegangen wird. Dieses steile Gewölbe nimmt eine überragende Bedeutung ein in der Entwicklung der Maya-Architektur; kein anderes Volk Mesoamerikas erfand eine ähnliche steinerne Überdachung.

Nach außen läßt sich das Gewölbe in der „**Gewölbezone**" ablesen, die in Palenque als geneigte Dachfläche ausgebildet ist (an anderen Orten dann aber als vorstehende, senkrechte Wand erscheint) und kräftig über die Außenwand auskragt. Diese insgesamt sehr hohe Gewölbezone war, was sich nur noch an den wenigen Resten erkennen läßt, ehemals reich dekoriert; die geneigten Ansichtsflächen sind jeweils von einem Rahmen umgeben. Die Gewölbezone wurde neben dem Tablero, zur zweiten, ganz eigenen mesoamerikanischen Architekturform.

Die Krönung des Tempels aber ist der Dachkamm, die sogenannte **Cresterìa**, die heute nur noch als Mauerwerksskelett erhalten ist, ursprünglich aber mit meist aufrecht stehenden Figuren geschmückt war (von denen nur an der Rückfront noch ein kümmerlicher Rest zu sehen ist). Diese Cresterìa hat sich aus dem hölzernen Dachschmuck der frühen Tempel entwickelt, ihre nach oben himmelwärts strebende Gebärde ist ein Symbol für den Kontakt zur göttlichen Welt, den der Tempelbau insgesamt herstellen soll. Auch Gewölbezone und Cresteria werden jeweils in einem eigenen Abschnitt beschrieben.

Um bewußt einen Gegensatz zur Gewölbezone zu schaffen, ist die eigentliche **Außenwand** zurückhaltend nur mit Stuckreliefs überzogen, bei anderen Tempeln bleiben diese Flächen sogar schmucklos. Es fällt aber auf, daß sich die Außenwände nicht unmittelbar auf dem vierstufigen Pyramidensockel erheben, sondern ein weiterer **Sockel** dazwischen geschoben ist, der von seiner Ausführung her und wegen seiner schmaleren Treppe nicht zum herkömmlichen Pyramidensockel gehört, sondern eindeutig zum Tempel selbst, was an den dreistufigen Unterbau der griechischen Tempel erinnert.

Beim **Grundriß** aller Tempel der Dreiergruppe wird der ursprüngliche Tempeltyp, der nur eine mittlere Toröffnung kennt, durch zwei kleinere Nebenöffnungen erweitert (ihnen entsprechen im Innern zwei kleine Nebenkammern, deren Nutzung unbekannt ist). Mag die vordere Kammer dazu gedient haben, daß sich hier die Priester versammelten, die noch geheimnisvollere, ganz dunkle zweite Kammer war dem „Göttlichen" vorbehalten. Zum ersten Mal finden wir in der hinteren Kammer eine Art Gehäuse, einen Tempel in verkleinerter Form, der durch seinen teilweise erhaltenen Skulpturenschmuck Hinweise gibt auf die mögliche Bedeutung des Allerheiligsten (siehe S. 69).

108 Palenque SONNENTEMPEL Westansicht (Rückfront) mit dem kleinen Sockel, der geschlossenen Außenwand, der Gewölbezone und dem Dachkamm (der Cresterìa)

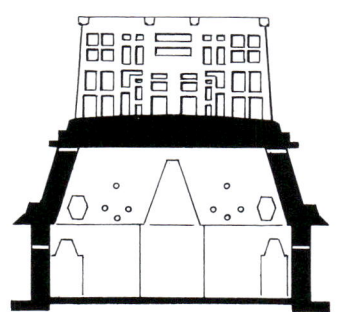

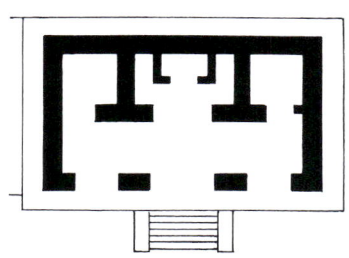

109 a+b Palenque SONNENTEMPEL a) oben: Längsschnitt b) unten: Grundriß beide M. 1:300

110 Palenque
KREUZTEMPEL
Südansicht
mit eingestürzter Vorderkammer

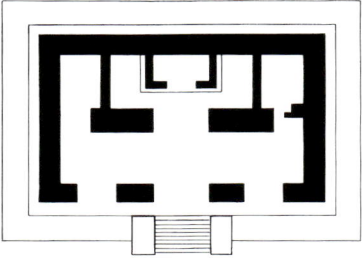

111 a+b Palenque
KREUZTEMPEL
a) Querschnitt
b) Grundriß beide M. 1:350

Beim KREUZTEMPEL, dessen Grundriß fast genau dem des Sonnentempels entspricht, ist leider die vordere Kammer größtenteils eingestürzt (nur im westlichen Teil ist ein geringer Rest der vorderen Kammer erhalten – siehe linke Seite der Abb. oben). Doch dieser Umstand gestattet uns heute, einen Einblick in das „Innere" dieses Tempels zu tun und seine Konstruktionsweise zu erfahren. Wir sehen die Mittelwand und darüber die mehr oder weniger in der Luft hängende hintere Hälfte des vorderen Gewölbes; erst bei genauerem Hinsehen erkennt man, daß diese Fläche keine Wand ist, sondern Teil eines sehr steilen Gewölbes. Man sieht weiter, daß die Gewölbe der vorderen und hinteren Kammer von einem Quergewölbe durchbrochen sind, darunter ist in der hinteren Kammer das schon genannte Gehäuse mit den Flachreliefs zu sehen (siehe auch Abb. oben rechts auf der nächsten Seite). Neu – und nur In Palenque so ausgeführt – ist auf der rechten Seite ein Durchbruch zwischen den beiden Gewölben. Er läßt wenige Lichtstrahlen von der früher schon relativ dunklen vorderen Kammer zum Gewölbe der nun völlig dunklen hinteren Kammer vordringen. Dieser schwache Lichteinfall im Gewölbebereich steigerte den mystischen Charakter der hinteren Kammer.

Noch interessanter ist jedoch, daß wir hier den Dachkamm, den wir schon auf den beiden Vorseiten als die beherrschende Schmuckform des Sonnentempels sahen, nun auch in seinem konstruktiven Ansatz auf der Mittelwand erkennen können. Dieser gewaltige, rein dekorative Aufbau ist mit dem Wort Dachkamm nur ungenau übersetzt, weshalb ich im Folgenden das spanische Wort **Cresteria** verwenden möchte.

Ursprung der Cresteria ist der meist pflanzliche Schmuck, der über den First der hölzernen Tempel hinausragte. Hier wurde er in Stein umgesetzt. Dabei nutzte man geschickt die Mittelwand aus, die so tragfähig ist, daß sie ohne weiteres die schwere Last der steinernen Cresteria aufnehmen kann (siehe Querschnitt links).

Die Cresteria selbst besteht aus zwei Wandscheiben, die sich aneinanderlehnen und oben berühren. Man kann in der Ansicht oben gut die Öffnungen studieren, die erforderlich sind, um den Winddruck hindurchzulassen. An dem heute nackten, aus Steinen in merkwürdigen Formen aufgemauerten Gerüst waren früher überlebensgroße Skulpturen, Fabeltiere und anderer Schmuck befestigt (einen winzigen Rest sieht man auf der Abb. des Sonnentempels auf der Vorseite (eine mit Schmuck und Skulpturen zum Teil rekonstruierte Cresteria aus Hochob auf S. 77 gibt als einzige eine Vorstellung vom früheren Aussehen). Im übrigen muß man bei allen Cresterien, die wegen ihrer zerbrechlichen Bauweise heute nur noch in dürftigen Resten erhalten sind, viel Phantasie mitbringen, um sich den urspünglichen Eindruck vorzustellen.

Der gewaltige Aufwand, der in allen Kulturen mit dem Bau von Tempeln getrieben wird, läuft im Grunde nur darauf hinaus, einen relaitv kleinen, meist in mytischem Dunkel gelegenen Raum zu gewinnen, in dem das Allerheiligste bewahrt wird. Beim griechischen Tempel kennen wir dieses Allerheiligste sehr genau: Inmitten der dunklen Cella stand (neben Kultgerät und Weihgeschenken) das große Standbild des Gottes. Bei den Tempeln Mesoamerikas gibt es jedoch wenig konkrete Hinweise darauf, wie das Allerheiligste ausgesehen

hat, und ob sich (neben den vielen Abbildungen von Götterbildern an den Außenwänden) im Innern überhaupt Götterstatuen befunden haben. Man weiß zwar, daß auch hier nur Priester Zugang zum Tempelinnern hatten. Aber in Griechenland war die Cella immer durch ein gewaltiges Tor geschlossen, das nur zu besonderen Anlässen geöffnet wurde. Die Tempel Mesoamerikas haben jedoch nie abschließbare Tore besessen; auch im Innern war die Öffnung von der vorderen zur hinteren Kammer nie verschließbar. Man kann nur annehmen, daß die vordere, noch halbwegs belichtete Kammer ganz allgemein den Priestern diente. Was aber in der hinteren, fast völlig dunklen (und kaum belüfteten) Kammer vorging, bleibt unklar, da fast allen Kammern ein Skulpturenschmuck fehlt.

Um so wertvoller ist für uns deshalb das Innere der Tempel der Dreiergruppe, denn nur hier sind in den hinteren Kammern jeweils steinerne Gehäuse erhalten. Es sind Tempel im kleinen, nur 1$^{1}/_{2}$ m hoch, allseitig geschlossen mit nur einer Öffnung in der Mitte. Auf der Abb. links blicken wir im SONNENTEMPEL von der vorderen Kammer direkt auf das tempelartige Gehäuse, das fast die ganze hintere Kammer einnimmt (siehe nochmals Grundriß auf S. 67). Rechts und links ist die starke Mittelwand zu erkennen und darüber das Quergewölbe, das die Gewölbe der vorderen und hinteren Kammer miteinander verbindet.

Die gleiche Anordnung findet sich im KREUZTEMPEL, nur daß hier die Flachreliefs am Gehäuse erhalten sind (zum besseren Erkennen des Schmucks ist diese Ansicht in einer Rekonstruktionszeichnung wiedergegeben). Die Flachreliefs am Gehäuse zeigen symbolisch die Opferszenen, die der Herrscher im Innern vornahm. Der gesamte Tempel – so deutet man – galt als heiliger Berg, er war ein Symbol der Unterwelt, in dem die Ahnen lebten. In diesen „Berg" begab sich der Herrscher – seiner weltlichen Attribute entledigt – und erlangte Zugang zu seinen Ahnen. Dazu war es erforderlich, daß er sich durch Opferriten (u. a. durch Blutentnahmen und Selbstkasteiungen) in einen Trancezustand versetzte. Erwachte er aus diesem Zustand, so trat er, von seinen Priestern begleitet, durch die mittlere Öffnung aus dem Tempel hervor und verkündete dem Volk, das unten auf dem Platz verharrte, die Botschaften der Ahnen und Götter.

Nach dieser Deutung *) wäre also denkbar, daß in allen Tempeln jeweils die hinteren Kammern zur Kontaktaufnahme mit den Göttern dienten, nur so bekäme ihre Bauweise einen Sinn. Denn alle hinteren Kammern sind dunkel und unbelüftet, also zum längeren Aufenthalt und zur Aufbewahrung wertvollen Kultgeräts nicht geeignet. Andererseits könnte die feuchte, dumpfe Luft dazu beigetragen haben, den Trancezustand herbeizuführen, der allein es ermöglichte, von der materiellen in die geistige Welt einzutauchen. Der Vorraum wäre dann das Bindeglied zwischen beiden Welten: Der Raum, in dem der Herrscher sich auf seine Wanderung vorbereiten konnte, wo die Priester auf ihn warteten, und wo der Herrscher sich nach seiner „Rückkehr" sammelte, um dann durchs mittlere Tor zu treten und von oben der riesigen Menschenmenge, der der Zugang zur anderen Welt versagt blieb, entgegenzublicken.

links oben:
112 Palenque
SONNENTEMPEL
Das Innere
Blick in den Durchgang zur hinteren Kammer (der mit einem Quergewölbe überdeckt ist und Blick auf das „Gehäuse" in der hinteren Kammer und das Gewölbe darüber

rechts oben:
113 Palenque
KREUZTEMPEL
Das Innere der hinteren Kammer
(Rekonstruktion von Tatiana Proskouriakoff)

*) nach Scheele und Freidel (siehe Literaturverzeichnis)

links oben: 114 Cichén Itzá
MAYAHAUS
Unterseite des Daches

rechts oben: 115 Palenque
PALAST
Steiles Scheingewölbe

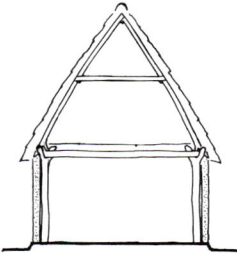

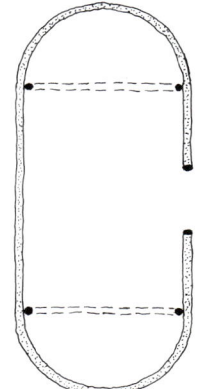

116 a+b MAYAHAUS
Schnitt und Grundriß

MAYAGEWÖLBE

DIE NACHAHMUNG DES HÜTTENDACHES

Bevor wir mit der Betrachtung der Pyramidentempel fortfahren, möchte ich auf einige Einzelheiten der steinernen Tempelform zu sprechen kommen. Im Mittelmeerraum hat man früh die dort noch immer gebräuchlichen Dachziegel für die Mönch-Nonnen-Deckung erfunden. Sie erlaubte eine relativ flache Dachneigung, die dann für die Tempeldächer der Griechen und Römer maßgebend wurde. Sie bestimmte gleichzeitig auch die Frontalansicht des Tempels, weil die Form des Giebeldreiecks (des Tympanons) sich von dieser Dachneigung her ableitet. Ganz anders war es in Mesoamerika; dort standen ursprünglich nur Palmenblätter und Stroh zur Verfügung; Dächer mit dieser Deckung sind nur dann regendicht, wenn man sie im Gegensatz zur Ziegeldeckung sehr steil anordnet. Und da man die strohgedeckten Dächer der Wohnhütten auch für Tempelzwecke verwendete, gehört das steile Dach von Anfang an zum Tempeltyp Mesoamerikas.

In dem Augenblick aber, als sich die Maya nicht mehr damit begnügten, allein die Tempelwände in Stein zu formen, sondern sich Gedanken machten über eine steinerne Überdeckung des Innenraums, ließ ihnen ihre konservative Haltung gar keinen Spielraum, nun evtl. eine neue Dachform zu probieren: So wurde auch in der steinernen Form das seit langem erprobte steile Dach nachgebildet. Das so entstandene „Gewölbe" ist nun keineswegs eine einmalige, geniale Erfindung, sondern es entstand durch langsames Vortasten. Wie bei der Crestería ging man von schräg stehenden Wänden aus, die sich oben aneinanderlehnten. Man ließ schräg behauene Steine etwas auskragen und verband sie durch Mörtel mit dahinterliegendem Stein- und Geröllmaterial. Erst wenn dieser Gußmörtel erhärtet war, konnte man die nächste Schicht wagen. Neigte man aber diese „Wand" der auskragenden Steine zu sehr, dann riß sie ab und stürzte herunter.

Man schränkte also die Neigung so weit ein, daß die Steine gerade noch am Gußmörtel klebten, andererseits aber noch die Neigung des hölzernen Hüttendaches aufwiesen. Das trieb man so lange, bis die Wandflächen sich oben berührten. Beide Wandflächen tragen sich allein (man kann es studieren am Kreuztempel – siehe S. 68 –, wo der rückwärtige Teil des eingestürzten „Gewölbes" nach wie vor am Mauerwerk „klebt"); es mußte nicht, wie beim echten Gewölbe oben ein Schlußstein eingefügt werden. Hinter der sorgfältig glatt behauenen „Gewölbefläche" befindet sich ein ziemlich willkürlich eingebrachtes Stein- und Geröllmaterial, das – mit Mörtel verbunden – dem römischen Gußmörtel ähnlich ist und das allein die Tragfähigkeit erzeugt. Dieses Material wurde dann zur anderen Seite, also an der Außenwand des Gewölbes, durch eine Wand mit nun wieder sorgfältig behauenen Steinen abgeschlossen. Zunächst erhielten diese Außenflächen (wie z. B. in Palenque) die gleiche Neigung wie die Gewölbe innen; später wurden auch die Mauern vor den Gewölben senkrecht gestellt. Das geschah, um eine größere optische Wirkung zu erreichen: Man hatte schnell herausgefunden, daß die außen angebrachten Skulpturen an senkrechten Flächen eine größere Beachtung finden, als an geneigten „Dachflächen".

Aus heutiger Sicht hat das Mayagewölbe natürlich den großen Nachteil, daß mit ihm nur Raumtiefen von etwa 3 m (im Maximalfall im Gouverneurspalast von Uxmal sind es 4,20 m) überdecken kann. Bei ihrer großen handwerklichen Geschicklichkeit hätten die Maya sehr wohl auch sinnvollere Überdeckungen erfinden können. Ihr Festhalten an der einmal gefundenen Form ist typisch für ihr konservatives Verhalten. Das Mayagewölbe in Verbindung mit den schmalen, langgestreckten Kammern war bereits ein unveränderliches Symbol des Tempelraumes geworden.

DIE KONSTRUKTION

a *b* *c*

*118 a+b+c GEWÖLBEFORMEN
a) Mayaschüttgewölbe
b) Römisches Schütt-
gewölbe aus dem echten
Gewölbe entwickelt
c) Kraggewölbe*

Am Beispiel oben, bei dem in zwei hintereinander geschalteten Kammern die Mittelwand abgesunken und zusammengestürzt ist und jeweils die beiden inneren Hälften der Gewölbe mitgerissen hat, kann man sehr gut die Konstruktionsmethode des Mayagewölbes studieren. Man sieht die grobe Gußmasse aus Steinen und Mörtel und erkennt auch hier, daß jede Schale eines Gewölbes für sich tragfähig ist: Die beiden äußeren Schalen kleben immer noch an dem Gußmörtel, der von den Außenwänden gehalten wird. Oben sind noch zwei der Steinplatten zu sehen, die die beiden Gewölbeschalen einmal überdeckt haben. Sie sind nicht mit abgestürzt, da sie keine Schlußsteine sind.

Schlußsteine, die den gegenseitigen Halt beider Gewölbeschalen erst herstellen, wären beim Einsturz einer Gewölbehälfte mit abgestürzt und hätten auch die gegenüberliegende Schale fallen lassen.

Dann erkennt man auf der Abb. aber auch, daß es vorteilhaft ist, bei den zwei hintereinander geschalteten Kammern auch die Gewölbe aneinanderzureihen. Denn über der Mittelwand heben sich die seitlich wirkenden Schubkräfte gegenseitig auf, lediglich an den Außenwänden können diese Schubkräfte nur durch besonders große Wandstärken aufgefangen werden.

Es ist nicht möglich, das **Mayagewölbe** (Abb. 118 a) von seiner Konstruktionsart her eindeutig abzugrenzen. Selbstverständlich ist es kein echtes Gewölbe, d. h. ein Gewölbe, das sich zwischen zwei Widerlagern verspannt, dessen Steinfugen sich auf den Mittelpunkt richten und das erst durch Einfügen des Schlußsteines seine Tragfähigkeit erhält. Diese Art des Gewölbes wurde von den Römern perfektioniert und in vielen Formen variiert; es ist aufwendig herzustellen, da man es auf einem Leergerüst errichten muß. Später vereinfachten die Römer die Herstellung, indem sie die behauenen Steine als Schalung benutzten und den Raum dahinter mit einer Gußmasse, einem mit Steinbrocken durchmischten Mörtel, verfüllten. Erst das steinerne Gewölbe und die betonartige Gußmasse zusammen ergaben die Tragfähigkeit, man nennt es das **römische Schüttgewölbe** (Abb. 118 b). Das Mayagewölbe ist aber auch kein wirkliches **Kraggewölbe**. Bei diesem tragen sich die Steinplatten selbst und zwar durch stetiges, aber geringes Vorkragen. Und es bedarf schließlich nur eines einzigen Steines, um die vorkragenden Quader oben zu überdecken (Abb. 118 c).

120 Uxmal
GEBÄUDE östlich vom Nonnenviertel

119 Xlapak
PALAST „Schnitt" durch ein Gewölbe

121 Mykene
GRIECHENLAND
SCHATZHAUS DES ATREUS
Kraggewölbe über dem Eingang

DAS SCHÜTTGEWÖLBE DER MAYA

Das Mayagewölbe erweckt von der Unterseite zwar den Eindruck eines Kraggewölbes, lediglich bei frühen Gewölben über sehr schmalen Kammern besteht es tatsächlich nur aus wenigen auskragenden Blöcken. Solche Kraggewölbe sind in allen Kulturen die Vorläufer des echten Gewölbes. Aus mykenischer Zeit ist ein bekanntes Beispiel über dem Eingang zum Schatzhaus des Atreus erhalten (siehe Abb. unten rechts). Hier kragt das Gewölbe tatsächlich Stein um Stein vor.

Bei breiteren Kammern benutzten die Maya zwar auskragende Platten, aber diese sind nicht mehr so geschichtet, daß sie sich selbst halten. Dieses „unechte Gewölbe" wird erst tragfähig durch Hinterfüllung mit der beschriebenen Gußmasse aus Steinen und Mörtel. Es gleicht in der Herstellung dem Kraggewölbe, ist aber von der Tragfähigkeit her eher dem römischen Schüttgewölbe verwandt. Wie der Kräfteverlauf tatsächlich verläuft, sieht man gut an dem links abgebildeten Palast in Uxmal. Die schiefe Lage der „Kragsteine" verrät, daß man sie nicht hat auskragen lassen, sondern mehr in Art einer schräg gestellten Wand aufgeschichtet hat.

In „spätklassischer" Zeit machten sich die Maya nicht mehr die Mühe, vorsichtig Schicht für Schicht vorzugehen, man legte stattdessen dünne Steine auf die Schalung und verließ sich allein auf die Tragfähigkeit, besser auf die „Klebkraft" des Gußmörtels, dessen Volumen man noch vergrößerte. Und nun haben wir wieder Baumethoden vor uns, die uns von den ersten Tableros an beschäftigten: Man konstruiert nicht technisch elegant, d. h. materialsparend und gleichzeitig formschön, sondern man geht unbeholfen vor und verfüllt mit schwerer Masse. Beim Schnitt durch ein Mayagewölbe (siehe Abb. oben) empfindet man ein großes Unbehagen vor den ungeheuren Massen, die hier unnötigerweise und plump aufgetürmt sind. Römische Architekten hätten in einem solchen Fall mit Entlastungsbögen und Konchen (kleinen Halbkuppeln) im Mauerwerk gearbeitet, also Konstruktionen, die die Masse des Mauerwerks verringern. Die Maya aber türmten hinter ihren Gewölben in der gleichen Weise Stein- und Mörtelmassen aufeinander, wie sie es bei ihren Pyramidensockeln taten. Das Zusammenspiel von Masse und Dekoration ist das wichtigste Ausdrucksmittel ihrer Architektur – eine nutzbringende Konstruktion wird zur Unterstützung der Aussagekraft nicht benötigt.

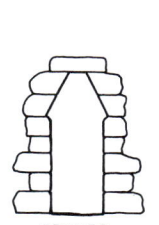

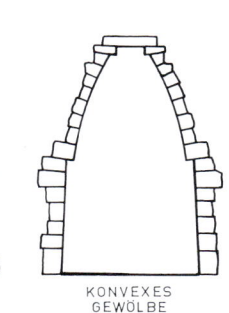

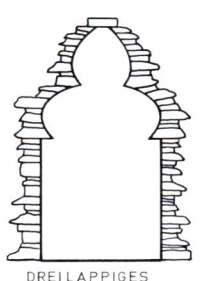

FRÜHES KRAGGEWÖLBE
TIKAL, GEBÄUDE I

KLASSISCHES GEWÖLBE AUS GROSSEN BLÖCKEN

KONVEXES GEWÖLBE
LABNA, BOGEN

KONKAVES GEWÖLBE
UXMAL, GOUVERNEUR PALAST

DREILAPPIGES BOGENGEWÖLBE
PALENQUE, PALAST

'FLASCHEN"-GEWÖLBE
UAXACTUN, GEBÄUDE A-5

SPÄTES KONVEXES GEWÖLBE
TULUM, TEMPEL DER FRESKEN

VERSCHIEDENE GEWÖLBEFORMEN

Zwar ist das Schüttgewölbe technisch gesehen eine sehr primitive Konstruktionsmethode, andererseits aber wurden die Gestaltungsmöglichkeiten, die es in sich birgt – und das ist wieder typisch für Mesoamerika –, bis zum letzten ausgeschöpft. Wie der Tablero so wird auch das Mayagewölbe immer wieder variiert, nicht in konstruktiver Weise, sondern ausschließlich in der Ausformung der von innen sichtbaren, geneigten Fläche; die sechs Zeichnungen oben geben eine Vorstellung davon. So kann es auch ein **Kraggewölbe** geben (wie wir es oben auf der 2. Zeichnung von links sehen). Es ist aber nicht bewußt als solches konstruiert, sondern es ergab sich von selbst bei der Aufschichtung von nur wenigen Steinen.

Das typische Schüttgewölbe nimmt dann viele Formen an. Ein wahrhaft **klassisches** Mayagewölbe mit geneigten, aber geraden Innenflächen, die geringfügig über die senkrechte Wandfläche darunter auskragen, sehen wir im Inschriftentempel (S. 83) und auch im Palast von Palenque (siehe Vorseite) Das spätere Gewölbe, wie es z. B. in Uxmal allgemein üblich ist (siehe nochmals Vorseite) wird noch steiler und sogar leicht **konkav** ausgebildet.

Es gibt aber auch **konvexe** Gewölbe, wie es der Bogen in Labná (siehe S. 144 f.) zeigt. Man muß sich aber hüten, in der konvexen Form, die sich mehr dem echten Bogen angleicht, eine größere Tragfähigkeit zu vermuten: Solange der Schlußstein fehlt, bringt diese Form statisch gesehen keinen Vorteil. Die Tragfähigkeit entsteht auch hier allein durch die gewaltige Masse des hinter dem Gewölbe in Mörtel gebundenen Steinmaterials. So dient auch diese Form nur dazu, dem Auge ein gefälligeres Bild zu geben.

Ähnlich steht es um die sehr bizarren Formen, wie dem **Flaschengewölbe** und dem **dreilappigen** Gewölbe (letztere sind auf den beiden Abbildungen ganz oben zu sehen). Sie erinnern an islamische Formen, haben aber nichts mit diesen zu tun. All diese Formen sind – konstruktiv gesehen – unsinnig; auch sie sind nur aus der Lust an gefälligen Formen entstanden. Alle Gewölbevarianten sind wundervolle Spielereien, die nur das zuvor Gesagte bestätigen: In der dekorativen Gestaltung liegt, neben der Zur-Schau-Stellung von Masse, die eigentliche Aussage der mesoamerikanischen, insbesondere aber der Maya-Architektur.

oben links: 122 Palenque
BLATTKREUZTEMPEL
Verschiedene Gewölbeformen

oben rechts: 123 Palenque
PALAST
Dreilappiges Gewölbe

Mitte: 124
7 GEWÖLBEFORMEN

125 Palenque
SONNENTEMPEL
Teilansicht mit der
Gewölbezone in der Mitte
(mit den Resten der Skulpturen)

DIE GEWÖLBEZONE

Anmerkung zum Begriff
„GEWÖLBEZONE"

Allgemein wird die breite Zone,
die außen die Gewölbe verkleidet,
mit **Fries** bezeichnet.
Ein Fries ist zwar der glatte oder
ornamentierte Streifen, der eine
Wandfläche am oberen Rande
abgrenzt; er wird aber
ausdrücklich als ein **schmaler**
Streifen definiert.
Die hier beschriebene Fläche ist
aber kein Streifen oberhalb einer
Wand, sondern ein völlig
selbständiger Bauteil, der sogar
höher sein kann, als die Wand
darunter. Deshalb führe ich hier
den Begriff GEWÖLBEZONE ein,
womit ich gleichzeitig darauf
hinweise, daß dieser Bauteil als
Verkleidung des Gewölbes
anzusehen ist.

Die beiden Kammern im Innern eines Maya-Tempels sind – von wenigen Beispielen abgesehen – grundsätzlich schmucklos. Die steinernen Wände und Gewölbe sind zwar von exaktem Steinschnitt, aber das einzige, was die Bedeutung dieser Räume wirklich hervorhebt, sind die wohlgeformten Gewölbe, zunächst noch in gerader, später, wie wir sahen, in leicht geschwungener Form. Zum Ausdruck aber kommt die Bedeutung, die man den Gewölben zumaß, erst in der äußeren Gestalt der Tempel. Diese **Gewölbezone** läßt sich außen sehr präzise ablesen: Dem Ansatz des Gewölbes im Innern entspricht außen genau die Unterkante des vorstehenden unteren Gesimses, und die Höhe des Schlußsteines des Gewölbes innen wird außen durch die Unterkante des oberen Gesimses markiert.

Diese durch zwei starke Gesimse markierte Wandzone entstand nur deshalb in so gewaltigen Ausmaßen, weil man die für die Tragfähigkeit der Scheingewölbe erforderlichen Massen des Gußmörtels vor dem Ausbrechen sichern mußte. Es ergab sich dann von selbst, daß man diese vorstehenden Flächen, die im Grunde die Bedeutung des eigentlichen Gewölbes nach außen hin verdeutlichen, besonders stark dekorierte. Man beachte, daß außen überwiegend nur in der Gewölbezone geschmückt wird, daß aber die Wand darunter meist schlicht bleibt, daß allenfalls durch Sockel oder Gewände gewisse Strukturen der Architektur

angedeutet werden (siehe Unterscheidung in Puuc- und Rio-Bec-Stil auf S. 124 f.).

Bei den ersten Gewölbebauten der klassischen Zeit (z.B. bei denen in Palenque – siehe Abbildung oben) entsprechen auch die äußeren Wandschalen der Neigung der Gewölbe-Innenseite. So sind die für Palenque so typischen Dachformen entstanden, die unseren Mansarddächern (d. h. geknickten Dächern mit sehr steiler Neigung im unteren Teil) sehr ähnlich sehen. Die Außenwände der Gewölbezone werden durchaus als „Dach" begriffen, man schmückte sie sehr reich, was man von der weichen Dachdeckung her gewohnt war. Und man schöpfte die Möglichkeit voll aus, jetzt auch im Dachbereich steinerne Skulpturen anbringen zu können.

Vergleicht man die Abbildungen von Palenque (oben) und von Uxmal (rechte Seite), dann wird klar, daß nur eine kurze Zeit vergehen konnte, bis man zur Erkenntnis gelangte, daß die Skulpturen, statt an geneigten Wandflächen, an aufrecht stehenden Wänden wesentlich besser zur Geltung kommen. Deshalb finden wir auch in nahezu allen Mayazentren des nördlichen Yucatáns die Gewölbe außen mit aufrecht stehenden Wänden umhüllt. Die Aufteilung in Wandfläche und fast gleich hohe Gewölbezone läßt zwar den Eindruck entstehen, daß man es mit zweigeschossigen Gebäuden zu tun hat. Aber keinesfalls wollte man bewußt eine „Zweigeschossigkeit" vortäuschen, eine solche war

126 Uxmal
NONNENVIERTEL
OSTPALAST
*Ansicht
der Gewölbezone mit
gerader Außenwand*

127 Uxmal
NONNENVIERTEL
OSTPALAST
*Schnitt
durch die Gewölbezone
und durch die
beiden Kammern*

in Mesoamerika völlig undenkbar. Die Betonung der Gewölbezone diente einzig und allein dazu, die optische Wirkung des Gebäudes zu steigern.

Sicher hätten die Maya mit ihren großen handwerklichen Fertigkeiten auch mehrgeschossige Bauten konstruieren können. Die Möglichkeit dazu werden wir noch am einzig vorhandenen Turmbau (im Palast von Palenque – siehe S. 123) sehen, wo man für diesen Zweck sogar geschickt die Gewölbekonstruktion einsetzte. Aber trotz aller Menschenfülle in den großen Zentren war man bis dahin nie gezwungen gewesen, mehrgeschossig – sprich übereinander – zu wohnen. Man liebte es, emporzusteigen; aber nur unter freiem Himmel. Andererseits konnte auch ein „erd"-geschossiges Gebäude nicht hoch genug sein, (die Erfindung der Cresteria beweist es eindeutig), aber es mußte eben erdnah bleiben.

Interessant ist im Zusammenhang mit der Erdgebundenheit auch die Konstruktion der Dächer, die wir im Schnitt oben studieren können.

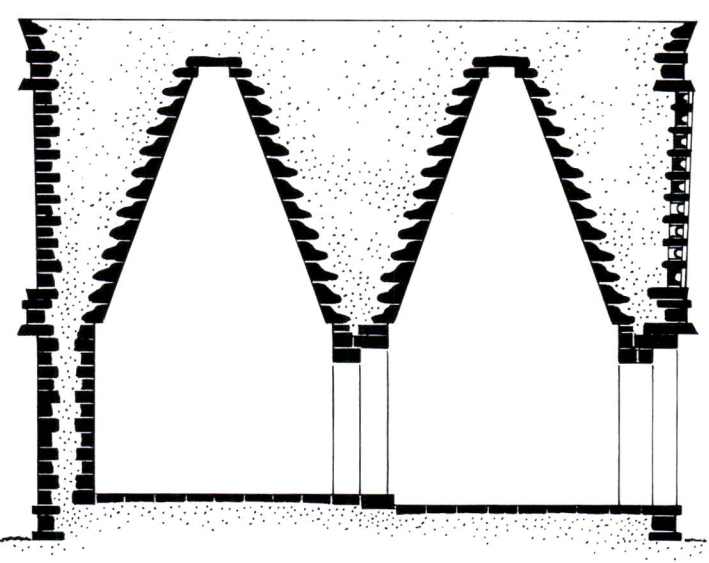

Den Maya war der Vorteil einer steilen, wasserableitenden Deckung von ihren Wohnhütten durchaus bekannt. Ihre Tempel und Paläste aber setzten sie, wie die erdgebundenen Pyramidensockel, ungeschützt der Witterung aus. Die Abdeckung der Gewölbezone des Ostpalastes (siehe Schnitt oben) besteht lediglich aus einer Mörtelschicht mit leichtem Gefälle. Das Wasser dringt mehr oder weniger tief in die Gußmasse ein, die Kammern darunter sind in der Regenzeit feucht. Man vertraute darauf, daß in der Trockenzeit Mauern und Gewölbe einigermaßen austrockneten. Hier die Erdgebundenheit der Konstruktion und dort die höchste Eleganz der Fassadendekoration, härter wie an diesem Beispiel können die Gegensätze im Schaffen der Maya nicht aufeinander treffen!

oben links:
128 Palenque
KREUZTEMPEL
Ansicht von Nordosten
mit der Cresteria

darunter:
129 Palenque
KREUZTEMPEL
Schnitt

oben rechts:
130 Tikal
TEMPELPYRAMIDE I
Teilansicht des Tempels
mit der Cresteria

darunter:
131 Tikal
TEMPEL 33
Schnitt

DIE CRESTERIA (DER DACHKAMM)

Die Bekrönung des Tempels mit dem Dachkamm ist die phantasievollste Schöpfung der Mayaarchitektur. Deshalb verwende ich auch den spanischen Namen **Cresteria**, dessen phantasievoller Klang etwas ausdrückt über dieses prächtige Gebilde, das wie ein Schild aus dem Tempeldach herauswächst und die Bedeutung des Tempels triumphierend verkündet. Zwar muß man, wie ebenfalls gesagt, viel Phantasie mitbringen, um sich die ursprüngliche Schönheit einer Cresteria vorstellen zu können, denn das was bis heute von den unzähligen Dachaufbauten übrig blieb, ist meist ein unansehnliches Gerippe aus halbverwitterten Steinen, das merkwürdig mit Öffnungen durchbrochen ist. Zum Glück haben uns die Archäologen wenigstens eine Cresteria einigermaßen rekonstruieren können.

Wenn wir also die beiden Gerippe auf dieser Seite betrachten, sollte gleich der Blick hinüberschweifen zur rechten Seite, zur Rekonstruktion des Tempels von Hochob, die heute im Freiraum vor dem Museo National de Antropología in Mexiko-Stadt steht. Und man sollte sich vorstellen, daß die Gerippe beider Tempel in Palenque und Tikal mit ähnlichen überlebensgroßen Figuren, mit Fabelwesen und kleineren Formen geschmückt gewesen sind. An der Cresteria von Hochob kann man auch die Öffnungen studieren, die notwendig waren, um zwischen den Figuren den Wind hindurchzulassen. Die Maya hatten früh erfahren, daß freistehende, geschlossene Wände von der Windkraft umgestoßen werden. Aus dem gleichen Grunde besteht die Cresteria auch immer – wie die beiden

132 Hochob
TEMPEL
Cresteria
Über der Gewölbezone
(Rekonstruktion im Museo
National de Antropología
in Mexiko-Stadt)
Abbildung der gesamten
Tempelfront siehe S. 124

Schnitte zeigen – aus zwei Wandschalen, die erst oben zusammenwachsen.

Wegen ihrer leichten Bauweise sind heute die Dekorationen aller Cresteríen nahezu völlig verschwunden, heute imponiert eine Cresteria nicht mehr durch ihre Schönheit, sondern allein durch ihre wuchtige Erscheinung. Einzig an diesem in den Außenanlagen des Museo National de Antropologia in Mexico-Stadt restaurierten Tempel ist auch ein Teil der restaurierten Cresteria zu sehen. Hier sind an den schmalen Rechteckformen jeweils aufrecht stehende Männerfiguren befestigt, die alle ganz individuelle Gesichtszüge tragen. Aber auch dieser Tempel gibt keinerlei konkrete Aufschlüsse über die Bedeutung der Cresteria.

Bei mehr horizontal ausgerichteten Tempeln besteht die Cresteria aus einem liegenden Rechteck, bei dem sehr stark nach oben strebenden Pyramidentempel I in Tikal (siehe Nebenseite und S. 83 f.) wird sie zu einem stehenden Rechteck, zu einem gewaltigen Turm aus dickem Mauerwerk, der so schwer ist, daß man sogar auf die Windöffnungen verzichten konnte. Er sitzt auch nicht mehr allein auf der Mittelwand auf, sondern man benutzt zum Abtragen der Lasten ebenfalls die eigens dafür verstärkte Rückwand. Die zum Himmel weisende Gebärde der Cresteria erinnert an den Bau der hohen Kirchtürme im christlichen Mittelalter.

Ein schmückender Dachkamm gehörte von Anfang an zum hölzernen Tempel. Schon bei den frühen Tempeln auf den Pyramiden in Teotihuacán hat es Schmuckformen gegeben, die dem First der mit Schilf gedeckten Dächer aufgesetzt waren. Später wurden diese Schmuckformen als Steinplatten ausgebildet (ähnlich den Formen am Quetzalpapalotl-Palast (siehe S. 51). An Aufbauten aus Holz und Palmenblättern erinnern auch die Nachbildungen von frühen Tempeln an der Gewölbezone des Nordpalastes im Nonnenviertel von Uxmal (siehe S. 62 +137). Aber erst die besonders dekorationsfreudigen Maya machten den Dachkamm zu einem selbständigen Architekturglied, so daß man von nun an von einer Dreiteilung der Fassade in Wandzone, Gewölbezone und Cresteria sprechen kann.

Die Ausschmückung mit Cresterien blieb nicht auf den Bau von Tempeln beschränkt, auch die Paläste schmückte man mit ihnen. Der noch zu besprechende Palast in Palenque zeigt auf der Abb. auf S. 121 f. die erhaltenen Ansätze der Cresteria; ursprünglich trugen alle Bauten dieses Palastes einen Dachkamm. Lediglich bei einigen Palästen in Uxmal (beim Gouverneurspalast und den Palästen des Nonnenviertels) verzichtete man zu Gunsten einer hier erstrebten horizontalen Ausrichtung auf die Cresterien, fügte aber der Gewölbezone an den Stellen, wo man Cresterien vermuten würde (z. B. über den Türöffnungen), großflächige Dekorationselemente ein, in deren Anordnung die Idee der Cresteria weitergeführt wird.

Doch keinersfalls verzichten alle Paläste in Uxmal auf eine Crestería; im Gegenteil: Ein Gebäude lebt sozusagen von einer Ansammlung von Cresterien, die einmalig ist für Mesoamerika: Das TAUBEN-HAUS in Uxmal. Hier wurde auf einer sehr langen Palastfront gleich siebenmal eine Crestería aufgesetzt (was die ersten Spanier dazu verführte, auf Grund der vielen kleinen Öffnungen in dem Palast ein riesiges Taubenhaus zu erblicken). Wenn wir vorweg schon einmal auf den Lageplan von Uxmal (S. 128) blicken, dann sehen wir, daß auf der anderen Seite des Platzes, auf dem das Taubenhaus steht, hinter einem niedrigeren Gebäude eine sehr hohe Pyramide emporragt. In dem Bemühen, diesem gewaltigen Gebäude ein von der Gewichtung her ebenbürtiges Bauwerk gegenüberzustellen, verfiel man auf die gute Idee, der langen Fassade gleich sieben der Cresterien aufzusetzen – es entstand ein einmaliges, sehr monumental wirkendes Gebäude der Maya-Architektur.

Dieses Vorgehen beweist nochmals meine Behauptung, daß für die Maya von ihrer Architekturauffassung her eine mehrgeschossige Bauweise überhaupt nicht vorstellbar war. Denn was wäre einfacher gewesen – um eine größere Höhe und Gewichtigkeit zu erreichen –, als hier einen solide konstruierten Palast (z. B. den Nordpalast im nahen Nonnenviertel – siehe S. 134 f.) einfach samt seiner Gewölbekonstruktion um ein Geschoß zu erhöhen? Das für normale Paläste voll entwickelte System der Wand- und Gewölbekonstruktion hätte konstruktiv durchaus auch eine Mehrgeschossigkeit zugelassen.

Doch wenn man, wie ich später noch weiter darlegen werde, auch im Bau dieser Paläste religiöse Anlässe vermuten muß, dann kann auch Folgendes ein Motiv gewesen sein: Jeder Raum, in dem man betet oder meditiert oder in dem man Kontakt sucht zur wirklichen, zur geistigen Welt (die man im Jenseits, also im Himmel und in der Unterwelt angesiedelt glaubt), muß eine direkte Verbindung besitzen einmal nach oben, zum Himmel gerichtet, (u.U. durch das für diesen Zweck so wohlgeformte Gewölbe hindurch), und dann auch nach unten ins Erdreich hinein, auf dem man sich niedergehockt hat. Man konnte durchaus befürchteten, daß dieses Meditieren und daß diese Kontaktaufnahme, wenn Gleiches eine Ebene darüber oder darunter ein weiteres Mal stattfände, gestört werden könnte, also in mehrgeschossigen Gebäuden gar nicht möglich sei. Das mag untergründig die Ursache gewesen sein, eine Mehrgeschossigkeit überhaupt nicht in Erwägung zu ziehen und stattdessen – falls höhere Gebäude wie hier aus städtebaulichen Gründen erwünscht sind – diese Baumasse durch Schaufassaden zu erreichen; ein Mittel, das auch die europäische Barockarchitektur mit ihren Kirchenfassaden weidlich ausgenutzt hat.

134 Edzná
GEBÄUDE DER
FÜNF STOCKWERKE
Die oberen „Geschosse" mit der
Cresteria

Das „GEBÄUDE DER FÜNF STOCKWERKE"
(näher beschrieben auf S. 108 ff. unter den „Palästen für Zeremonien") trägt ebenfalls eine hohe
Crestería. Das läßt stutzen. Ist dieses Bauwerk ein
Tempel? Ein fünfstöckiges „Gebäude" ist es jedenfalls nicht. Denn die insgesamt fünf Reihen von palastartigen Kammern sind nicht wie Stockwerke
miteinander verbunden, sondern sind als selbständige Baukörper jeweils auf die fünf Stufen aufgesetzt. Sind diese Stufen der Unterbau einer Pyramide? Bildet das ganze Bauwerk einen Übergang
von einer Stufenpyramide zu einem Palast?

Die Cresterá wächst steil aus der Baumasse des
großen Tempelgebäudes heraus, das frei auf der
obersten Stufe steht. Ihre Wirkung ist auf den
großen, weiten Platz in der Mitte des Heiligtums
bemessen, den das Gebäude auf seiner Westseite
schließt.

Diese Crestería bleibt trotz der gewaltigen Höhe
erdgebunden, sie steht zusammen mit ihrem Tempel auf den Anschüttungen der stufenförmigen „Pyramide", sie entspringt – im Zusammenhang mit
auf der auf der Vorseite geäußerten Vermutung, daß
in jedem Falle die Mehrgeschossigkeit vermieden
werden mußte – nicht einem fünfstöckigem „Gebäude". Also bietet auch hier der in Palenque
(s. S. 69) als „Berg" bezeichnete Unterbau eine direkte Verbindung zu den „nach unten gerichteten
Kräften". Und andererseits symbolisiert die besonders betont in den Himmel weisende Crestería die
zweite nach oben gerichtete Komponente. Wohl in
keinem anderen Gebäude Mesoamerikas sind Erdgebundenheit und aufragende Gebärde der Crestería so kraftvoll miteinander verbunden wie hier
in Edzná.

PYRAMIDENTEMPEL DER MAYA

DER KLASSISCHE PYRAMIDENTEMPEL

DIE INSCHRIFTENPYRAMIDE IN PALENQUE

Die Inschriftenpyramide in Palenque erhielt ihren Namen nach im Innern gefundenen Inschriftentafeln, die der Priesterfürst Pacal (er regierte von 615–684 n. Chr.) hat anbringen lassen und die ausführlich über die Legitimität der Herrscherfolge in Palenque berichten. Pacal hat auch sein eigenes Grab tief im Innern des Pyramidensockels anlegen lassen, in dem ihn dann sein Sohn Chan-Bahlum bestattete (letzterer hat später die erwähnte „Dreiergruppe" errichtet oder zumindest eingeweiht). Ob tatsächlich, wie die neuere Forschung*) annimmt, Pacal die gesamte Inschriftenpyramide in seinem letzten Lebensjahrzehnt hat bauen lassen, ob diese wenigen Jahre für den Bau der großen Pyramide ausreichten, ob es an dieser Stelle vielleicht doch eine ältere Pyramide gegeben hat, oder ob gar die Tafeln selbst nur an einem umgebauten Tempel angebracht wurden, bleibt letztlich unklar. Auch der zeitliche Zusammenhang zwischen den Überbauungen der Treppen (einschließlich der Überbauungen des Pyramidensockels) und der Anbringung der Inschriftentafeln bleibt offen.

Dessen ungeachtet, steht hier in seiner freigelegten Form (ohne die letzte Überbauung gemäß Ansichtszeichnung rechte Seite) ein **klassischer Pyramidentempel** vor uns – klassisch in der ursprünglichen Bedeutung des Wortes, d. h. mustergültig und ausgewogen (im Gegensatz zu den von der Mesoamerika-Forschung benutzten Begriffen „vorklassisch, klassisch und spätklassisch", nach

denen dieser Pyramidentempel des 7. Jhs. bereits als „spätklassisch" anzusehen ist). Denn erst die Inschriftenpyramide erfüllt das, was als Inbegriff einer klassischen Form gilt: sie muß so vollendet sein, daß sie nicht weiter zu verbessern ist. Das läßt sich von der Inschriftenpyramide behaupten: Mit dieser Pyramide wurde eine vollkommene Einheit von Pyramidensockel und Tempel geschaffen. Die nur im Ansatz zu sehenden Überbauungen (die die wohlausgewogenen Stufen überdeckten und die ich auf der Ansichtszeichnung rechts angedeutet habe), werden mit ihren großformatigen, schrägen Wandflächen den klassischen Eindruck zugunsten einer sehr monumentalen Haltung verwischt haben.

So aber, wie der Pyramidentempel restauriert ist, sind – ähnlich wie beim vorweg gezeigten Sonnentempel (siehe S. 66 f.) – Tempel und Sockel als eine Einheit betrachtet und geformt worden: Zunächst einmal wird die Gesimskante des Tempels als herumlaufendes Band an allen Stufen wiederholt. Weiterhin bilden die neun Stufen nicht die übliche Talud-Tablero-Form (also einen Wechsel von nur kleiner, schräger Fläche mit einer höheren, senkrechten), sondern die schräge, von den beiden Simsbändern gerahmte Fläche überwiegt bei weitem. Sie entspricht damit genau der Form des Tempeldaches, das eine nahezu gleiche Neigung und auch den oberen und unteren Sims aufweist. Allerdings erreicht das Dach im Vergleich zu den Stufen eine fast doppelt so große Höhe und gibt damit der einheitlichen Form von Pyramide und Tempel einen wuchtigen Abschluß.

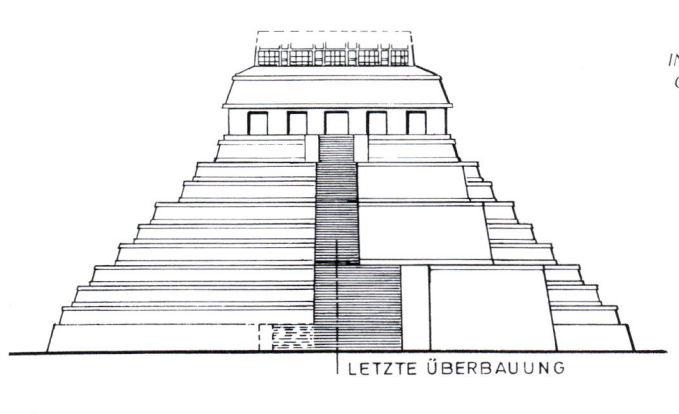

Die breit gelagerte Haltung, die in Teotihuacán zum alles beherrschenden Prinzip geworden war, tritt uns hier noch einmal entgegen, allerdings nun in sehr ausgewogener Form. Dazu gehört auch die Wirkung der Cresteria, deren frühere Größe man aus der Ansichtszeichnung (links) ablesen kann. Sie strebt nicht nach oben, sondern bildet einen breit gelagerten Rahmen und unterstreicht die ausgewogene Form des Pyramidentempels.

Diese breitgelagerte Haltung wird natürlich auch von der Form des Tempels bestimmt. Die beiden Kammern sind extrem in die Länge gezogen. Statt mit einem Tor sind vordere und hintere Kammer durch drei Öffnungen verbunden; die Außenfront erhält sogar fünf Tore, von denen das mittlere geringfügig verbreitert ist. Letzteres bringt nicht allein einen praktischen Vorteil für die Zeremonien (die mittlere war die Öffnung, aus der der Priesterfürst hervortrat), sondern wirkt sich besonders auf die Gestaltung der Außenansicht aus: Mit der breiteren Öffnung erhält der langgestreckte Baukörper (und damit der gesamte Pyramidentempel) eindeutig einen Mittelpunkt.

Und noch eine weitere gestalterische Feinheit bewirken die Öffnungen: Während die mittlere die breit gelagerte Tendenz von Tempel und Sockel aufnimmt, sind die vier anderen Türöffnungen als vertikale Elemente ausgebildet und widersetzen sich damit der horizontalen Ausrichtung, geben der Ansicht also eine gewisse Spannung. Das alles sind Entwurfsgedanken, die wir später an den Palastwänden weiterentwickelt wiederfinden und die insgesamt zur klassischen Ausgewogenheit führen.

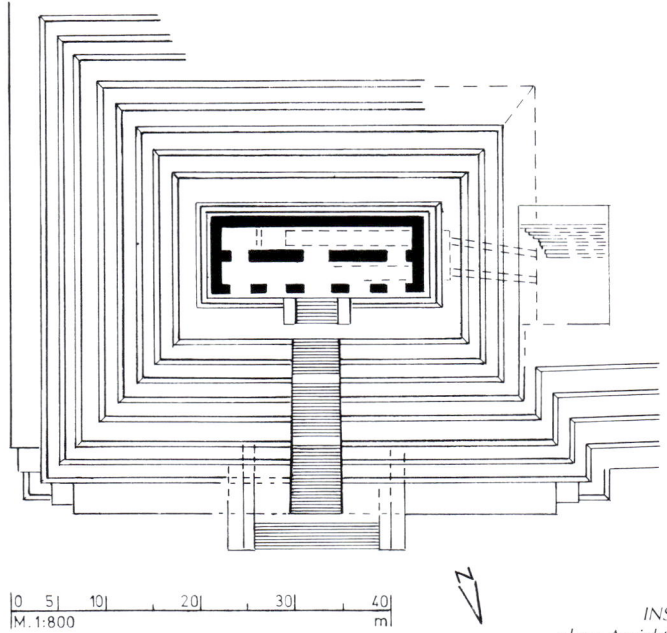

LETZTE ÜBERBAUUNG

136 Palenque
INSCHRIFTENPYRAMIDE
Gesamtansicht vom Turm
des Palastes

| 0 | 5 | 10 | | 20 | | 30 | | 40 | |
M. 1:800   m

137 a+b Palenque
INSCHRIFTENPYRAMIDE
oben: Ansicht unten: Grundriß beide
M. 1:800

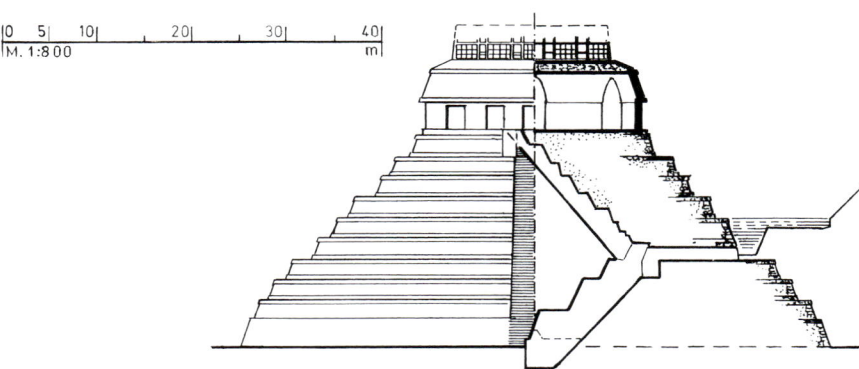

138 + 139 Palenque
INSCHRIFTEN-
PYRAMIDE
oben: Ansicht der
Ostseite vom
Sonnentempel aus
Mitte:
Schnitt M. 1:800
mit der Grabkammer
und der Treppe von
dort zum Tempel
hinauf

140 Palenque
INSCHRIFTEN-
PYRAMIDE
Die Vorkammer des
Tempels mit
drei der insgesamt
fünf Toröffnungen

Die Inschriftenpyramide mit ihrem in die Länge gezogenen Tempelgrundriß ist zwar eindeutig als ein Pyramidentempel gestaltet, wobei man allerdings – wie schon bei der Mondpyramide (S. 36 f) angedeutet – auf die Gleichseitigkeit der geometrischen Form keine Rücksicht nahm; denn die Seitenflächen (siehe Abb. oben links) sind bedeutend schmaler ausgeführt. Wichtig war allein die Schaufassade, die sich zum Platz öffnet (siehe Abb. S. 80). Die Seitenflächen (siehe Abb. links) sind wohlproportioniert, wirken aber nüchtern und geschlossen. Man kann hier noch einmal sehr gut erkennen, wie sorgfältig die Formen der neun Sockelstufen und die des Tempeldaches in Neigung und Gesims aufeinander abgestimmt sind.

Ist man über die lange Treppe bis zur Plattform hinaufgestiegen, gelangt man über die mittlere Öffnung in die Vorhalle (Abb. des Innern siehe oben) und von dort in die Hauptkammer. Schaut man nach oben, so stellt man fest, daß die Gewölbe der Vorhalle und die der hinteren Kammer völlig gleich ausgebildet sind. Das deutet m.E. darauf hin, daß für die Erbauer Vorraum und Hauptkammer eine gleich große sakrale Bedeutung hatten.

Berühmt wurde die Inschriftenpyramide allerdings nicht wegen ihrer klassischen Ausgewogenheit, sondern wegen eines spektakulären Fundes: Erst 1952 entdeckte man, daß die Inschriftenpyramide tief im Innern eine Grabkammer verbirgt, die in der Anlage und der Form den Grabkammern Ägyptens sehr ähnlich ist (vergleiche Schnitt der Cheopspyramide auf S. 34 mit dem der Inschriftenpyramide links). Also ist die Mayapyramide – genau wie die ägyptische – grundsätzlich auch eine Grabpyramide? Wohl kaum. Denn die Inschriftenpyramide ist die einzige, in der man bisher eine Bestattung entdeckt hat, die wohl gleich nach Fertigstellung der Pyramide vorgenommen wurde. Die Ähnlichkeit der beiden Grabanlagen ist vielmehr ein Beweis dafür, daß ähnliche Umstände oder Bedürfnisse (hier in beiden Fällen der Wunsch, dem Pharao bzw. dem Priesterfürsten am bedeutsamen Ort eine für die Nachwelt verborgene Grabkammer zu schaffen) auch zu einander ähnlichen Anlagen führen können.

Eine lange, schmale Treppe mit überkragendem Gewölbe (sie war mit Schutt gefüllt) führt zunächst hinunter in eine Vorhalle (die durch zwei Lüftungsgänge mit einem versenkten Hof verbunden ist). Eine zweite Treppe führt dann weiter in die Grabkammer. Sie ist 7 m lang, 7 m hoch und 3,75 m breit und ebenfalls überwölbt. Das eigentliche Wunder bildet der große Sarkophag mit einer sehr kunstvoll bearbeiteten Steinplatte (eine Nachbildung ist heute im Museo National de Antropología in Mexiko-Stadt zu sehen).

VERTIKALE STEIGERUNG

Tikal, im Zentrum des Mayalandes, im unendlichen Urwaldgebiet des Petén gelegen, gehörte, wie Teotihuacán, zu den überragenden Großstädten Mesoamerikas. Es umfaßte ein urbanes Einzugsgebiet von 16 qkm, wobei allerdings keine städtische Dichte im heutigen Sinne bestand. Bei ausführlichen Kartierungen fand man die Podeste von einfachen Holzhütten, die in Gruppen zusammenstehen; es sind insgesamt 3000 Bauten, die Pyramiden und Heiligtümer eingerechnet. Schon aus der vorklassischen Zeit gibt es Spuren von Besiedlungen; die eigentliche Bautätigkeit währte vom 3. bis zum 9. Jh. n. Chr.; das früheste Datum mit dem Jahre 292 findet sich auf einer Stele vor dem Pyramidentempel I; im 6. Jh. wurde die Stadt wie das gesamte Petén von politischen Erschütterungen heimgesucht; erst Ende des 7. Jh. kam es zu einer Erholung. Das, was an Tempeln und Plätzen erhalten ist, stammt von den letzten Überbauungen aus dem 8. Jahrhundert, also nun einwandfrei aus der „spätklassischen" Zeit. Noch heute überragen acht große Pyramidentempel die höchsten Spitzen des Urwalds, von denen der Tempel IV 70 m hoch ist; er ist im unteren Bereich noch völlig vom Urwald überwuchert.

Städtische Verdichtung erleben wir auf dem Großen Platz; dort stehen sich im Osten und Westen die beiden hier beschriebenen Pyramidentempel I und II gegenüber, während die beiden anderen Seiten von der Nordakropolis und im Süden von der Zentralen Akropolis begrenzt werden. Besonders in den Bauten der letzteren erfährt die Verdichtung gegenüber Copán weitere Steigerungen*), der Hügel ist nahezu völlig überbaut, es sind nur noch Plätze und schmale Durchgänge sozusagen als Negativformen ausgespart.

*) siehe Lageplanausschnitt auf S. 118

oben:
141 Tikal
TEMPEL I (Großer Jaguar)
Von Südwesten gesehen

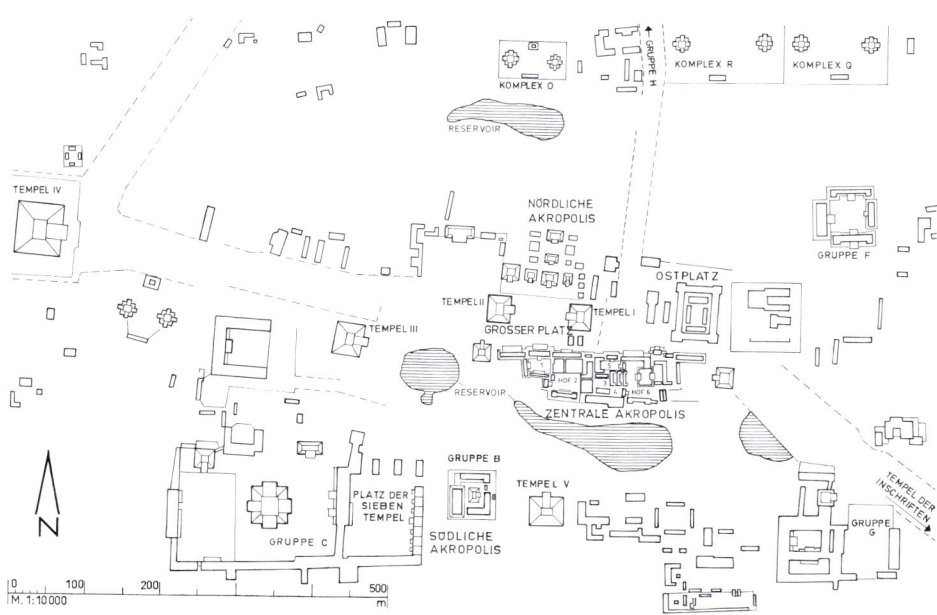

links:
142 Tikal
LAGEPLAN M. 1:10000

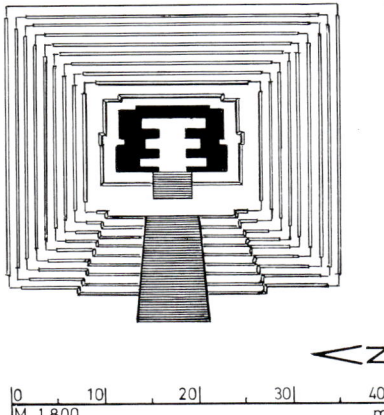

links: 143 Tikal
TEMPEL I „Großer Jaguar"
Frontalansicht von der
Plattform des Tempels II

144 a+b Tikal
TEMPEL I „Großer Jaguar"
oben: Ansicht
unten: Grundriß
beide M. 1:800

* Kurvatur: Kaum merkliche
Krümmung der Horizontalen
einzelner Bauteile

** Eckkontraktion: Verringerung des
Säulenabstands an den Ecken des
dorischen Tempels als optische
Korrektur

Die Betonung der Vertikale bei den Pyramidentempeln erreicht in Tikal ihren Höhepunkt. Der TEMPEL I, auch Tempel des Großen Jaguars genannt, hat im Innern zwei hintereinander liegende schmale Kammern von 5 m Länge und nur knapp 80 cm Tiefe. Dies sind die einzigen „Nutzflächen" der riesigen Tempelpyramide. Mit dem Dachkamm erreicht sie eine Höhe von 45 m, die Basis nimmt nur 35 x 30 m ein. Dieses Architekturmonument wirkt wie ein einheitlich gestaltetes turmartiges Gebäude. Es ist wie eine Plastik geformt. Es scheint, als hätten zwei große Hände Tonmassen an den Seiten hochgezogen und schließlich in einen schmalen Dachkamm auslaufen lassen.

Diese grobe Bewegung wurde dann im Umriß in sehr feiner Art gesteigert; die Verbindungslinien der äußeren Stufenkanten neigen sich um 72°; ihre Wände aber stehen fast senkrecht, sie neigen sich nur um 85°; vollkommen senkrecht ist ganz oben die Tempelwand, während Dach und Dachkamm mit Neigungen zwischen 85° und knapp 90° zwar nicht ganz aufrecht stehen, aber steiler sind, als die Stufenwände.

Was in den einzelnen Stufen noch an gelagerter Haltung sichtbar ist, wird durch den äußerst steilen, für uns heutige Menschen kaum noch ersteigbaren Treppenlauf in einem Sprung überwunden.

Zwar bildet der eigentliche Tempel, der in Wand- und Gewölbezone unterteilt ist, ein horizontales Ritardando; doch dieser Eindruck wird durch den hohen Dachkamm sogleich wieder aufgehoben.

Darüber hinaus ist die Gestaltung bis ins Letzte ausgefeilt. Die Maya zogen u. a. die Ecken der Stufen nach innen und steigerten durch die doppelten Linien die vertikale Haltung. Und ähnlich wie die Griechen auf dem Gipfel ihrer klassischen Gestaltung Feinheiten wie „Kurvatur"* und „Eckkontraktion"** erfanden, um Schwächen des menschlichen Auges auszugleichen, brachten auch die Maya beim Tempel I Korrekturen an, die den gleichen Zweck verfolgen: Sie verringerten nach oben hin die Breite des Treppenlaufs, wohl wissend, daß nach oben hin unserem Auge der Lauf breiter erscheinen würde, wenn sich nach oben hin seitlich die Breite der Pyramide von Stufe zu Stufe verringert. Beim Anblick der Fotografie (auf der Vorseite) erscheint uns der Lauf unten und oben fast gleich breit; daß er es nicht ist, kann man in der Ansichtszeichnung nachmessen, man kann es aber auch ohne weiteres im Grundriß darunter erkennen. In diesem Ausfeilen letzter Möglichkeiten der Gestaltung stehen Mayaarchitektur und griechische Architektur auf gleichem Niveau.

DER TEMPEL II IN TIKAL

An der Westseite des Großen Platzes, dem Tempel I gegenüber, steht der Tempel II. Er ist etwas gedrungener, doch in seinem Dachkamm erleben wir nochmals eine Steigerung: Er erreicht mit einer Höhe von 13 m fast die halbe Höhe von Tempel und Pyramide zusammen (beide zusammen sind 28 m hoch).

Vergleichen wir die (auf diesen Seiten gegenüber abgebildeten) Tempel I und Tempel II miteinander, so fällt sofort auf, daß der letztere beträchtlich höhere Stufen und auch eine merklich breitere Treppe besitzt. In seiner Stufenform und Treppenbreite gleicht er sehr dem Endstadium der Inschriftenpyramide (das auf der rechten Seite der Ansichtszeichnung – siehe S. 81 – eingetragen ist, das aber bei der Restaurierung – siehe Abb. dort – entfernt worden ist).

Hier wird klar, daß die jetzige Form des Tempel II aus den letzten Jahrzehnten des 8. Jahrhunderts stammt, daß aber die restaurierte Form des Tempel I mindestens ein halbes Jahrhundert älter sein muß, da dort unter der breiteren Treppe eine schmalere zum Vorschein kommt, die – auch das kann man nur mutmaßen – wohl zusammen mit den jetzt sichtbaren, weniger hohen Stufen erbaut worden ist. Doch wenn auch die zeitliche Zuordnung der Überbauungen offen bleibt, eines geht aus dem Vergleich klar hervor: Je weiter die Zeit fortschreitet, umso mehr neigt man zu höheren Stufen und breiteren Treppen, eine Entwicklung, die bis zur Erbauung der großen Pyramiden der Azteken im 15. und beginnenden 16. Jahrhundert anhält, wo die Formen immer mehr monumentale Züge annehmen.

Die Betrachtung des Tempels II in Tikal drängt – abweichend vom Thema des Vergleichs mit ägyptischen und griechischen Bauten – einen Vergleich auf mit Bauten einer ganz anderen Kultur: Zu den bereits kurz genannten Stufenpyramiden in Südostasien, genauer gesagt zu den Bauten der Khmer in Angkor (in der Nähe von Siem Reap im heutigen Kambodscha). Auch dort entstand – allerdings später als in Mesoamerika – vom 9. bis zum 14. Jahrhundert in einer heißen, künstlich bewässerten Landschaft eine Kultur, die sich aus frühen Anfängen heraus entwickelte und in der – wie in Ägypten und Mesoamerika – zunächst massive Monumente aufgeschichtet wurden, geordnet im rechten Winkel und umgeben von Wasserflächen, die als Reservoire dienten. Auch in dieser Kultur gibt es noch kein echtes Gewölbe und nur schmale, den Maya-Kammern ähnliche Innenräume, die hier als lange Gänge die Tempelanlagen umgeben oder in der Mitte durchdringen. Diese Tempelanlagen entwickeln sich entweder in einer horizontalen Ebene oder aber sie haben – besonders in der Anfangszeit – eine Stufenpyramide zum Mittelpunkt, zu der wie in Mesoamerika Treppenanlagen emporführen.

Beim abgebildete **Baksei Chamkrong in Angkor**, Kambodscha, der relativ früh in der Mitte des 10. Jahrhunderts erbaut wurde, ist bei allen Unterschieden in der dekorativen Behandlung der Außenflächen, die **Ähnlichkeit der Umrisse** zu den Tempeln I und II aufsehenerregend. Doch auch von Tikal aus wird eine solche Bauform nicht bis nach Angkor getragen worden sein, auch in Angkor kann man ihre Entstehung aus früheren Formen verfolgen, die wenig mit Mesoamerika gemeinsam haben. Auch in diesem Falle sind die beiden gezeigten Pyramidentempel nur Momentaufnahmen zweier verschiedener Entwicklungen, bei denen es nur in diesem einen Augenblick zur auffallenden Ähnlichkeit kam.

145 Tikal TEMPEL II
Von Tempel I aus
gesehen

146 Angkor,
KAMBODSCHA
BAKSEI
CHAMKRONG,
Frontalansicht

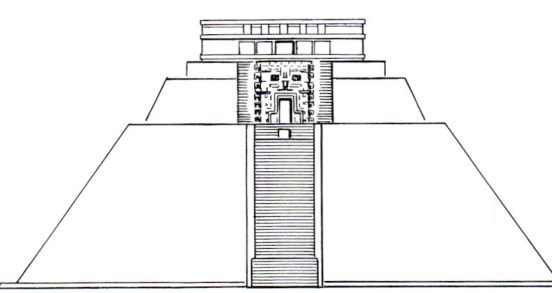

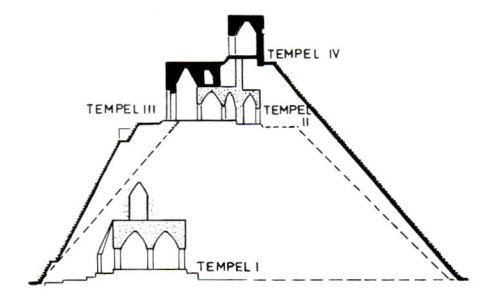

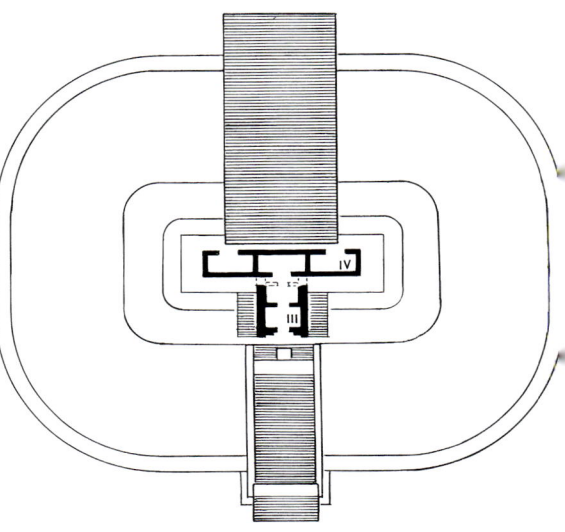

links: 147 Uxmal
WAHRSAGER-PYRAMIDE
Ansicht von Nordwesten

rechts: 148 a+b+c Uxmal,
WAHRSAGER-PYRAMIDE
a) oben: Ansicht
b) Mitte: Schnitt i.M. 1:1000
c) unten: Grundriß i.M. 1:1000

DEKORATIVE PYRAMIDEN

DIE WAHRSAGER-PYRAMIDE IN UXMAL

Während die Blüte der bisher gezeigten Maya-Städte zwischen 700 und 800 n. Chr. aufhörte, kam es lediglich im Norden, in Yucatán, zu weiteren Bauten, die im Reichtum der Dekoration das bisherige Schaffen noch übertrafen. Die größte und bedeutendste Stadt dieser Zeit ist Uxmal, im Nordwesten der Halbinsel Yucatán gelegen, nicht weit entfernt von den Städten Sayil, Labná, Kabah und anderen (Einen Lageplan von Uxmal siehe bei den Palästen auf S. 128).

Die Wahrsager-Pyramide (deren Name wie alle Bezeichnungen in Uxmal ein Phantasiename der ersten Spanier ist) überragt mit einer Höhe von 38 m alle anderen Gebäude und Pyramiden der Stadt. Der Bau wurde um 580 n. Chr. – also noch am Ende der „klassischen" Zeit – begonnen; die letzten Überbauungen fanden zu Beginn des 10. Jahrhunderts statt, also am Ende der „spätklassischen" Zeit. Sie besteht aus insgesamt fünf Baukörpern (siehe Schnitt). Es ist an Ort und Stelle schwer – besonders im Bereich der Treppen –, die einzelnen Überbauungen voneinander zu unterscheiden.

Die vor uns stehende Form ist einmalig und ungewohnt. Die stark abgerundeten Ecken (der Grundriß bildet fast schon ein Oval) sind eine Maya-Erfindung am Ende der „spätklassischen" Zeit; sie treten später auch an den Palästen von Chichén-Itzá auf. Diese abgerundeten Ecken sind wohl als Gegen-

strömung zur scharfkantigen Ausführung früherer Zeiten entstanden; sie sind im übrigen bekannt von den Mayahütten, deren Formen auch sonst Einfluß auf die Architektur hatten. Die heute als Oberfläche freigelegte Überbauung erreicht mit ihrer ersten Stufe fast zwei Drittel der Gesamthöhe, die zweite Stufe hat ein Drittel der Höhe der ersten, die letzte dann nur noch ein Drittel der Höhe der zweiten; solche Proportionsverhältnisse sind äußerst spannungsgeladen, sie waren bisher unbekannt. Diese Pyramidenform hat kaum noch etwas zu tun mit den Stufenpyramiden der „vorklassischen" und „klassischen" Zeit.

In den Überbauungen sind mehrere Tempel enthalten (siehe Schnitt linke Seite). Der Tempel I ist der älteste, er liegt auf dem Grunde der Pyramide auf einem kleinen Sockel und ist völlig überbaut. Auf der dem berühmten Nonnenviertel zugewandten Südseite führt eine breite Treppe in einem Lauf bis zur Oberkante der ersten Stufe direkt zum Eingang des Tempels III.

Beide Tempel zeigen in ihrer Freilegung ein Wechselspiel von zwei verschiedenen Stilen, dem Chenes- und dem Puuc-Stil (diese Stile werden zusammenhängend auf S. 124 f näher erläutert).

Der im Chenes-Stil gestaltete Tempel III, dessen Wände im Grunde aus einzelnen aneinandergereihten und sich wiederholenden Skulpturen bestehen, wirkt wie eine einzige große Plastik, ein Eindruck, der noch verstärkt wird durch den aufgesperrten Rachen der Chac-Maske (der gleichzeitig den Eingang bildet), durch die darüber hervorragende Nase und durch die Vertiefungen der beiden Augen. Dieser dekorative Aufwand verhüllt vollkommen die architektonische Struktur dieses Baus. Dem gegenüber bilden die darüber liegenden langgestreckten, maßvoll im Puuc-Stil dekorierten Flächen des Tempels IV einen würdevollen Gegensatz. Zum ersten Mal erleben wir eine Schaufassade mit fast barockem Charakter; solche Fassaden werden uns bei den Palästen eingehender beschäftigen.

Sie überdeckt eine Treppe, die zum Tempel II führte. Dieser Tempel war auf einer kleineren Pyramide errichtet (siehe Abb. linke Seite) und ist einschließlich seiner Cresteria ebenfalls völlig überbaut; lediglich sein Vorbau, als Tempel III bezeichnet, ist heute sichtbar und über die genannte Südtreppe zu erreichen.

oben:
149 Uxmal
WAHRSAGER-PYRAMIDE
von Westen
Links ist der Ostpalast des
Nonnenviertels zu sehen

Mitte:
150 Uxmal
WAHRSAGER-PYRAMIDE
Tempel III,
darüber Tempel IV

151 + 152 a+b
Xpuhil ZEREMONIALZENTRUM
oben: Rückseite des mittleren Turmes
Mitte: Rekonstruierte Ansicht
unten: Grundriß beide M. 1:400

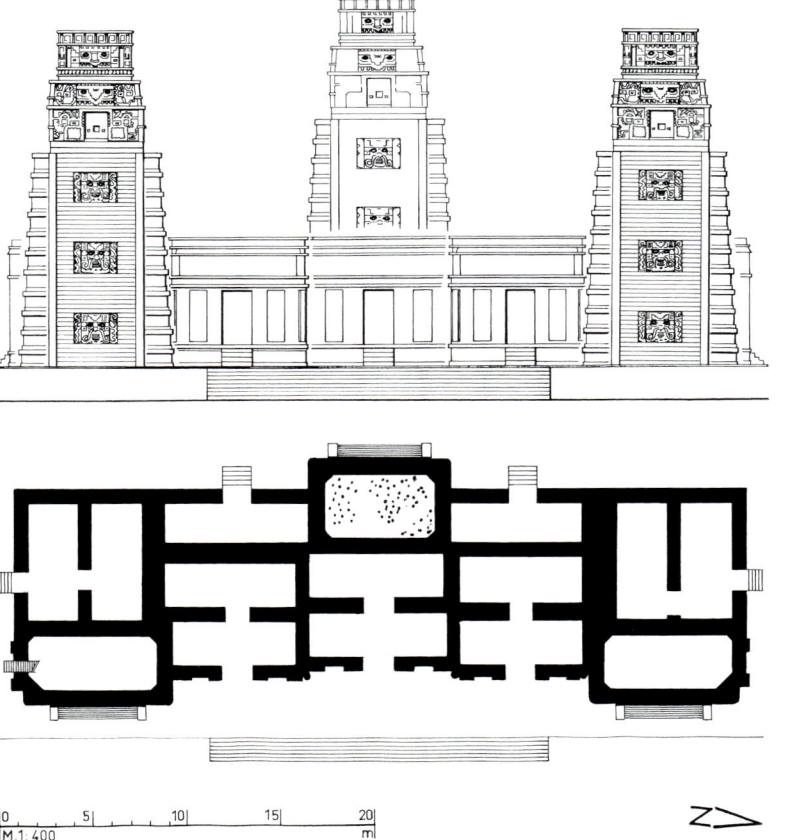

0   5   10   15   20
M.1:400   m

DAS ZEREMONIALZENTRUM IN XPUHIL

Konnte man den Tempel I in Tikal wegen seiner hochaufstrebenden Form und seiner einheitlichen Gestaltung als Höhepunkt in der vertikalen Entwicklung ansehen, so gibt es in Yucatán Beispiele, bei denen der turmartige Charakter sich noch weiter steigert, bei denen man aber im Grunde nicht mehr von Stufenpyramiden sprechen kann, obwohl diese Turmformen sich eindeutig von den Stufenpyramiden herleiten.

In Xpuhil baute man einen Palast, der von drei solchen „Pyramidentürmen" umgeben ist (im nahe gelegenen Becán gibt es eine ähnliche, zweitürmige Anlage). Die heute größtenteils verlorene Dekoration, die man sich insgesamt nur noch mit Hilfe der Rekonstruktionszeichnung (siehe Mitte links) vorstellen kann, war im Rio-Bec-Stil gehalten: Der Dekor überzieht nicht alle Flächen, die Struktur der Architektur bleibt erkennbar. Aber überall sind die Masken des Regengottes Chac hinzugefügt: auf den Türumrahmungen der „Scheintempel" (die innen massiv angefüllt sind) und selbst auf den Stufen der steilen Treppen.

Allerdings sind die abgestuften Türme, obwohl alle Elemente der hohen Tempelpyramiden aus Tikal übernommen sind, so steil geworden, daß sie nicht mehr benutzbar sind; hier sind Abstufung, Treppe und Tempel nur noch symbolisch vorgeblendet. Aus der europäischen Architektur sind wir gewohnt, daß Elemente wie Säulen, Bögen oder gar das Tempeltympanon symbolisch als Attrappen benutzt werden. Daß man aber eine Treppe so steil anlegt, daß sie zu einer fast ebenen Wandfläche wird (und nur noch Symbolwert besitzt), das gelang bisher nur den Maya in Yucatán.

Noch rätselhafter wird die Anlage, wenn man die zwölf, von Gewölben überdeckten Räume sieht, sie wirken fast schon wie eine Palastanlage. Waren die drei sakralen Türme nur eine Zutat, ein symbolischer Schmuck und hat im übrigen eine profane Nutzung stattgefunden? Sollte man diesen Bau deshalb lieber den Palästen zuordnen und dort beschreiben? Doch dann stellt sich die Frage, ob der gewaltige Aufwand der drei nicht nutzbaren Türme nur zur Verschönerung von Wohn- oder Palästräumen gedient hat, oder ob nicht der ganze „Palast" eher ein tempelartiger, sakraler Bau war (eine Frage, die zu Beginn der Ausführungen über die PALÄSTE (S. 104 ff.) nochmals generell gestellt wird). Zumindest die steilen Pyramiden werden

eine sakrale Bedeutung gehabt haben. Zwar konnten ihre Treppen von Priestern nicht mehr bestiegen werden, aber die massiven Türme weisen im Innern komplizierte Treppen auf, die u. a. an den großen Mäulern der Chac-Masken enden. Die Öffnungen der Masken konnten bei Zeremonialfeiern ähnlich wie die Tore der Tempel benutzt werden.

Im Grundriß aber sehen wir, daß alle Räume jeweils aus den zwei hintereinander geschalteten Kammern bestehen, also aus mehreren aneinandergereihten Tempelgrundrissen. Auch über die Nutzung und Bedeutung dieses Zeremonialzentrums mit seinen palastähnlichen Räumen und den drei umgebenden Pyramidentempeln werden wir wohl nie wirklich fundierte Erkenntnisse erlangen.

153 Xpuhil
ZEREMONIALZENTRUM
Gesamtansicht mit den drei Türmen

STRENGE FORM DER „NACHKLASSIK"
DIE STADT CHICHÉN ITZÁ

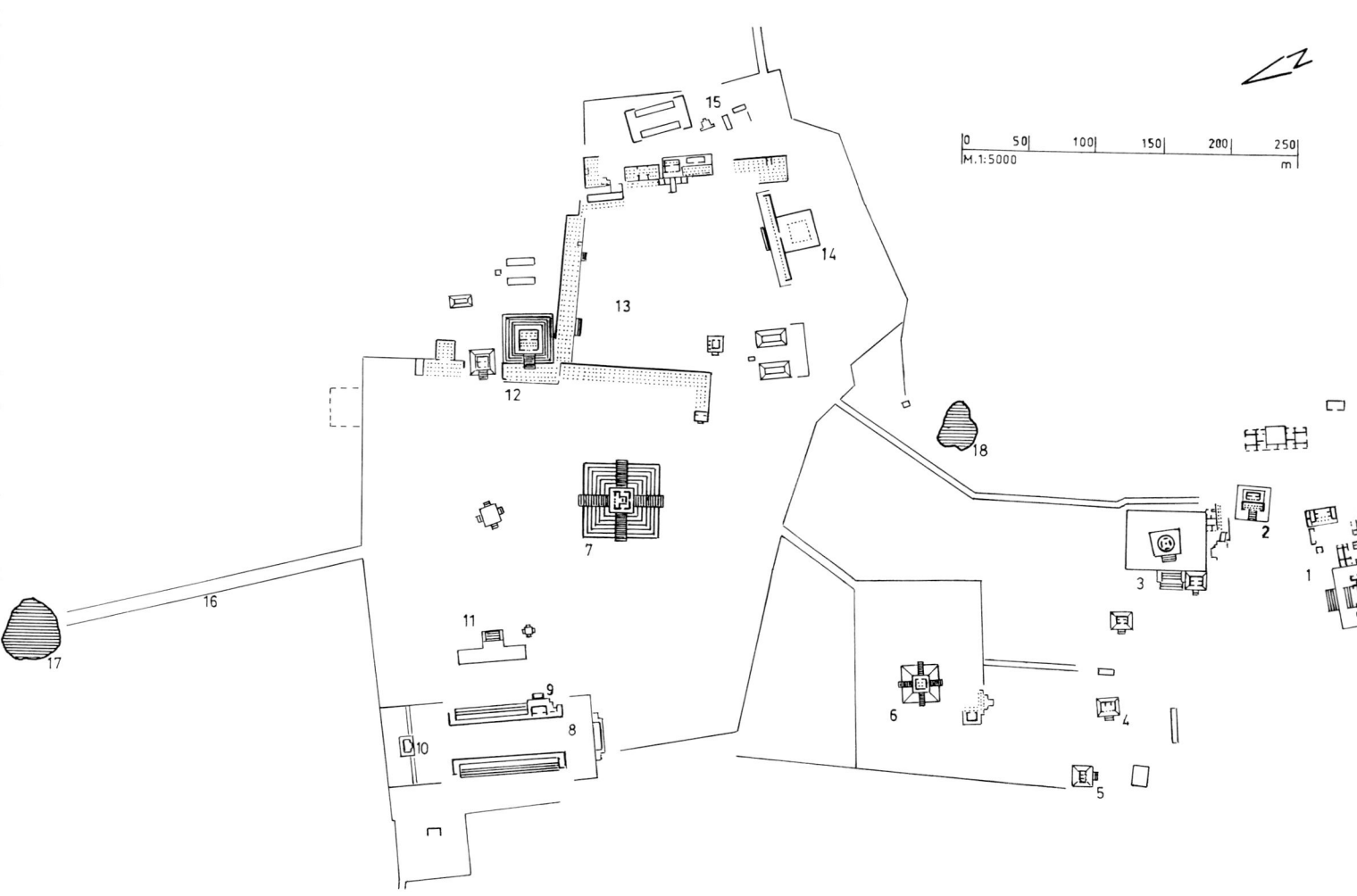

0   50   100   150   200   250
M.1:5000   m

DIE TOLTEKEN IN CHICHÉN ITZÁ

Mit der vorgenannten barocken Dekoration schien die schöpferische Kraft auch im Mayaland erloschen zu sein, darüber hinaus verfielen die meisten Mayastädte zu Beginn des 10. Jhs. Doch um 1000 n. Chr. trat ein geschichtliches Ereignis ein, daß der Architektur nochmals einen gewaltigen Anstoß gab und grundsätzlich neue Wege eröffnete: Der Einfall einer Gruppe der Tolteken ins Mayaland. In ihrer Stadt Tula (siehe S. 92 f.), auf dem Zentralen Hochland in der Nähe Teotihuacáns gelegen, hatten sie als geschickte Handwerker gegolten und mit dem Bau von Säulenhallen, die den Haupttempel umgeben, neue Wege beschritten. Diese Gruppe soll wegen

innerer Zwistigkeiten und wohl auch unter dem Druck der Nomadenstämme aus dem Norden kurz vor 1000 n. Chr. Tula verlassen haben und unter ihrem Häuptling Topiltzin an der Golfküste entlang bis nach Chichén Itzá vorgedrungen sein; sie eroberten die Stadt und ließen sich hier als neue Herren nieder.

Chichén Itzá war bis dahin eine Stadt, die in der Größenordnung und der Bedeutung nach etwa mit Labná gleichzusetzen war und allenfalls von Uxmal übertroffen wurde. Ihr Niedergang begann, wie in den benachbarten Städten, Anfang des 10. Jahrhunderts. In den bis dahin errichteten Gebäuden der Stadt vermischen sich Puuc- und Chenes-Stil:

155 Chichén Itzá
NONNENKLOSTER
Anbau im Chenes-Stil

Zu den Bauten, die **vor** der Ankunft der Tolteken in Chichén Itzá errichtet wurden, zählt u. a. ein Zeremonialzentrum mit dem berühmten Nonnenkloster (siehe Lageplan auf der Vorseite), dessen letzte Überbauung im Chenes- Stil dekoriert wurde (Einzelheiten zu den Maya-Stilen siehe S. 124 f.). Von dieser gewaltigen Anlage sahen wir bereits auf S. 19 einen Teil der freigelegten Überbauungen auf der Nordwestseite. Daneben steht ein Anbau, dessen Tor ebenfalls einen gewaltigen, von kleineren Chac-Masken umgebenen Rachen im Chenes-Stil zeigt (siehe Abb. oben). Mehrere Bauten in ähnlicher Gestaltung zeugen von der Bedeutung der damaligen Stadt. In diese von der Architektur her anspruchsvolle Umgebung, wo zudem noch seit Generationen Handwerker lebten, die Architekturformen perfekt herzustellen in der Lage waren, drang nun eine Oberschicht ein, die aus ihrer Heimat ganz andere Vorstellungen mitbrachte. Vor allem waren die Tolteken ein kriegerisch ausgerichtetes Volk; bei ihnen lag die Macht nicht in Händen von Priesterfürsten, sondern bei einer Kriegerkaste; das hatte eine Verschiebung der Wichtigkeit der Bauaufgaben zur Folge: Statt Zeremonialzentren unter freiem Himmel wurden jetzt überdeckte Hallen erforderlich, in denen sich die Kriegerkaste versammeln konnte.

Wie zu erwarten, kam es bald zu einer Verschmelzung der beiden Völker; die Tolteken nahmen die Sprache der Maya an, bestimmten aber die politische Entwicklung und damit auch die große Linie der Architektur. Das mußte nicht von vornherein zu guten Ergebnissen führen. Aber in Chichén Itzá geschah ein Wunder: Die Impulse der Tolteken, die die Bauaufgaben und ihre grundsätzliche Ausführung bestimmten, wurden ergänzt durch die lange Tradition der formalen und handwerklichen Gestaltung, die die Maya in bisher unübertroffener Weise über Jahrhunderte verfeinert hatten. So wurde die neue Linie der Architektur zwar härter und straffer, sie wurde aber gleichzeitig von einer solchen Sicherheit in den Proportionen und in der Detailgestaltung begleitet, daß das neu Entstandene nicht etwa eine Maya-Renaissance darstellt, wie man häufig sagt, sondern einen Stil bildet, der aus zwei Wurzeln etwas ganz Neues schafft.

Dieser Stil beschränkte sich zunächst nur auf die Stadt Chichén Itzá; allenfalls dekorative Formen gelangten in die Nachbarstädte, z. B. nach Uxmal. Erst später gab er seine Impulse bis ins Zentrale Hochland zurück, die sich besonders in Technotitlán auswirkten.

156 Tula
HAUPTTEMPEL
(Tlahuizcalpantecuhtli-Tempel)
Ansicht von Süden

Mitte: 157 Tula
LAGEPLAN M. 1:1250
1 Haupttempel
2 Säulenhallen
3 Hauptaltar
4 Gebäude C
5 Ballspielplätze

unten: 158 Tula – HAUPTTEMPEL
(Tlahuizcalpantecuhtli-Tempel)
Säulen und Atlanten, die das
Tempeldach trugen

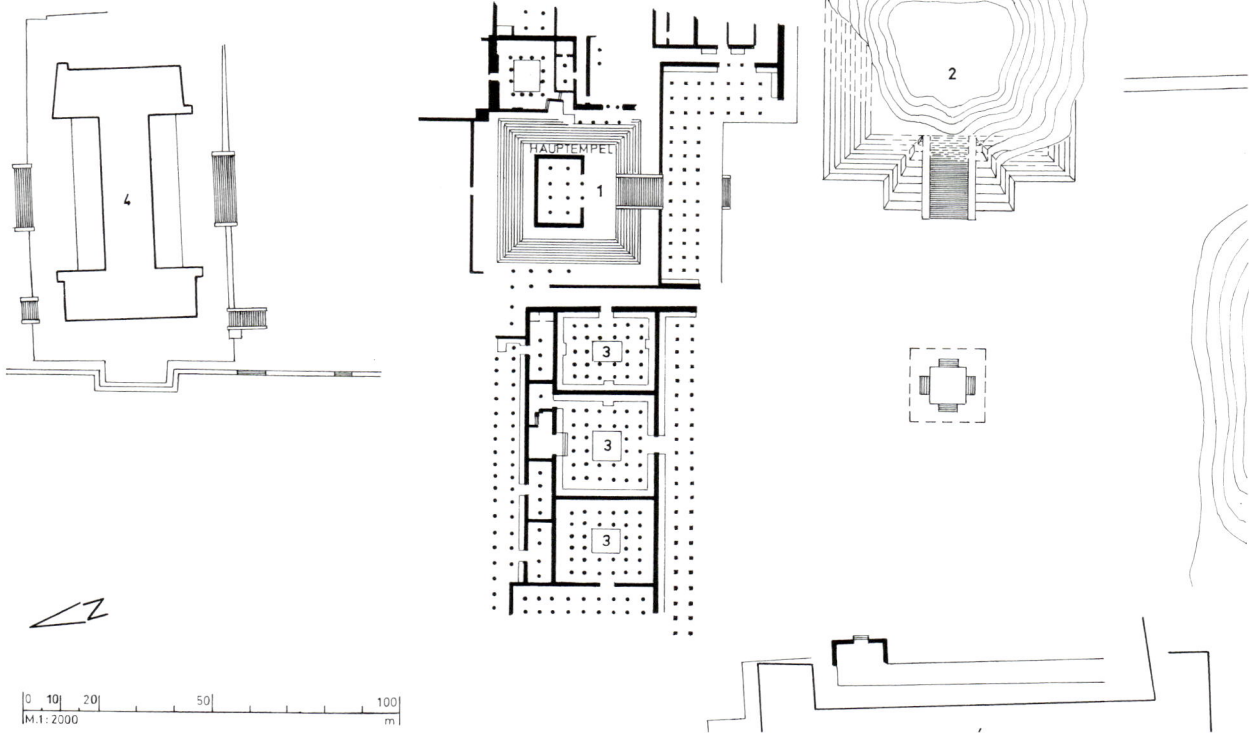

HAUPTTEMPEL

1

2

3

3

3

4

N

0 10 20 50 100
M.1:2000 m

BAUTEN DER TOLTEKEN IN TULA

Um diese Verschmelzung der dekorationsfreudigen Maya-Kultur mit der rationalen Strenge der Tolteken zu verstehen, müssen wir zeitlich zur Wende von der „spätklassischen" zur „nachklassischen" Periode zurückblicken und uns mit den Bauten beschäftigen, die die Tolteken im 10. Jh. in Zentralmexiko in ihrer Stadt Tula (nahe dem heutigen Tollán) errichtet hatten. Die Tolteken waren als Nomadenvolk von Norden her eingefallen, hatten u. a. Teotihuacán vernichtet und im 9. Jh. Tula gegründet. Gegenüber den bislang seßhaften Völkern überwog bei den Tolteken der kriegerische Geist. In ihren religiösen Vorstellungen spielte die Angst vor dem Verschwinden der Sonne eine große Rolle; um eine solche Katastrophe zu vermeiden, steigerten sie die Zahl der Menschenopfer. Mit den Tolteken beginnen die später von den Azteken zu einem Blutrausch gesteigerten Opferhandlungen. Meist wurden nur Kriege geführt aus dem Zwang, Gefangene zu machen für die notwendigen Opfer. Und um diese zu gewinnen, mußten genügend Krieger ausgebildet sein. So erklärt sich die wachsende Macht der Kriegerkaste, die jetzt anstelle der Priester das Volk beherrschte. Auf die Architektur bezogen bedeutete das, daß diese Kriegerkaste erstmals überdachte Hallen wünschte, um sich darin zu versammeln, religiöse Übungen abzuhalten und ihren Nachwuchs auszubilden.

Die erwähnte Strenge der neuen Architektur hatten die Tolteken aus Teotihuacán übernommen; so z. B. auch die Ausrichtung des quadratischen Hauptplatzes, dessen Hauptachse wie dort um etwa 17° von der Nord-Süd-Achse abweicht. An diesem Platz (siehe Lageplan Vorseite), der sich allerdings in seiner Größe kaum mit den Plätzen Teotihuacáns messen kann, liegt im Osten die nur schlecht erhaltene Hauptpyramide, im Westen ein noch nicht ausgegrabener großer Ballspielplatz und im Osten ein Hügel, bei dem noch unklar ist, was unter ihm verborgen ist.

Im Norden steht der für unsere Betrachtung wichtigste Bau: Der Tlahuizcalpantecuhtli-Tempel (auch Tempel des Morgensterns genannt), der am Fuße umgeben ist von säulengetragenen Versammlungshallen. Der fünfstufige, quadratische Pyramidensockel hat eine Seitenlänge von 38 m und eine Höhe von 10 m. Er wurde mehrfach überbaut, an seiner Ostseite konnten überbaute Reliefs unversehrt aufgefunden werden. Die im Vergleich zu Teotihuacán sehr flache Pyramide endet in einer großen Plattform, die fast ganz vom Tempel eingenommen wurde. Er hatte Randmauern, sein hölzernes Dach aber wurde von 4,60 m hohen Säulen und Pfeilern getragen. Dies war eine bisher völlig unbekannte Konstruktion; Säulen waren zwar bekannt, wurden aber bisher (siehe Monte Albán) nur für die Vergrößerung von Öffnungen oder zum Tragen von Vordächern benutzt. Diese Saulen waren sicher von großer Bedeutung, denn sie sind alle mit Reliefs verziert. Die vier in einer Reihe stehenden Säulen (siehe Abb. Vorseite) sind als Figuren – als Atlanten – ausgebildet, sie stellen Krieger dar. Die vier einfacheren Pfeiler stehen dahinter in einer zweiten Reihe.

Es ist auffallend, daß bei diesem Tempel zum ersten Mal das System von zwei gleich großen, hintereinander geschalteten Kammern aufgegeben wird. Es gibt nur einen großen, weiten Raum ohne Vorhalle.

Auch hier findet sich keinerlei Hinweis auf die Nutzung. Wurde dieser Raum evtl. gar nicht als Tempel im herkömmlichen Sinne genutzt? Stand der eigentliche Tempel auf der noch nicht restaurierten höheren Pyramide? War dies nur ein reiner Versammlungsraum hoher Würdenträger? Dann würde sich auch ein Sinn ergeben für die großen Hallen am Fuße der Pyramide, sie hätten von den unteren Ständen der Kriegerkasten genutzt werden können. Auch das sind leider ungelöste Fragen.

Auf jeden Fall stehen wir in Tula erstmals vor einem großräumigen, säulengetragenen Innenraum (sieht man ab von kleineren Vorräumen wie z. B. dem des Quetzalpapalotl-Palastes in Teotihuacán). Die Dachkonstruktion in Tula ist leider nicht überliefert, von der großartigen Gestaltung der Säulen her kann man aber annehmen, daß es ähnlich prächtig gewesen sein muß. Und dieses System der Raumbildung durch freistehende Stützen wird am Fuße des Tempels fortgesetzt, wo Hallen aus gemauerten Pfeilern entstanden, die die Fläche des Tempelinnern weit übertrafen. Es ist anzunehmen, daß die toltekischen Kriegerkasten sich in Tula nicht mehr im Freien versammelten, sondern unter schützenden Dächern berieten und meditierten. Die große Halle schmiegt sich L-förmig an die Tempeltreppe an, eine Reihe von Pfeilern, heute mit den übrigen gleich hoch, steht auf der 9. Treppenstufe, auch hier ist unklar, wie das Dach konstruiert war. An dieser Stelle wird deutlich, daß die Halle erst später auf die Treppenstufen gesetzt wurde (und daß das Dach gestalterisch sehr unbefriedigend den unteren Teil der Treppe verdeckt hat).

Westlich vom Haupttempel schließt sich ein interessanter und noch größerer Hallenkomplex an (siehe Lageplan auf der Vorseite). Er birgt drei Trakte, die alle von Mauern umgeben sind. In der Mitte eines jeden Traktes ist das Dach ausgespart, wodurch jeweils ein Atrium entsteht. Diese Hallen werden im Kapitel „Weltliche Paläste" (siehe S. 154 ff.) näher beschrieben.

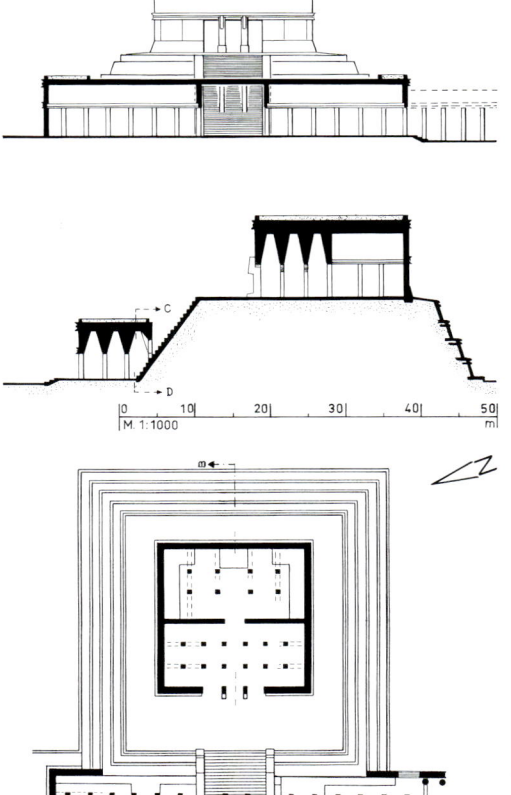

160 Chichén Itzá
KRIEGERTEMPEL
Ansicht vom Kastell aus
DER KRIEGERTEMPEL

0	10	20	30	40	50

M. 1:1000

MAYA UND TOLTEKEN

Was geschah nun in Chichén Itzá, als die Tolteken in die damals bereits bedeutende Stadt kamen? Nördlich des Caracol (siehe Lageplan S. 90) begannen sie einen ganz neuen Stadtteil und errichteten dort Kultbauten, die es in ähnlicher Form bereits in Tula gegeben hatte. Den Mittelpunkt bildet ein gewaltiger Platz, der sogenannte Opferplatz, auf dem sich in der Mitte, von allen Seiten zugänglich, ein hoher Pyramidentempel erhebt: das Kastell (oder besser „Tempel des Kukulcan" genannt nach dem Schlangengott der Tolteken). An der Ostseite dieses Platzes entstand ein Bau, der der Architektur Tulas am ähnlichsten ist: der Kriegertempel. Die Übereinstimmung mit dem Haupttempel in Tula (siehe Vorseite) erreicht ein Maß, das kaum zu glauben ist: Nicht nur die Proportionen der Stufenpyramide und des Tempels stimmen überein, auch die unten vorgesetzte Säulenhalle in ihrer L-Form ist vorhanden, selbst die Überdachung der Tempeltreppe ist wiederholt (sogar in ihrer gestalterisch nicht ganz perfekten Lösung).

Bis zu diesem Punkte haben die neuen Bauherren Grundriß und Aufriß genau vorgegeben – mit einer Ausnahme: Der Tempel selbst wird nicht wie in Tula als eine große Halle errichtet, sondern wie bei den Maya üblich, in zwei Hallen geteilt!

Erst bei der Konstruktion der Tempelbedachung kommt es zur wichtigsten, geradezu revolutionären Synthese: Die toltekischen Säulenreihen werden zwar noch durch hölzerne Balken überdeckt, erhalten dann aber kein hölzernes Dach mehr, sondern das steinerne Maya-Gewölbe, das die Höhe des Raumes erheblich vergrößert. Diese Kombination erlaubt nun nicht nur Räume wie diese beiden je 20 x 10 m großen Tempelsäle abzudecken, sondern auch Säle wie die Pfeilerhallen am Fuße mit einer Größe von 50 x 11 m.

Später wurde dieses System erweitert; in der sogenannten „Gruppe der Tausend Säulen" (siehe Lageplan S. 90) besteht der L-förmig nach Süden anschließende Saal aus quadratischen Pfeilern und erreicht eine Größe von 125 x 14 m. Das sind Dimensionen, die bisher in Mesoamerika üblicherweise nur als Außenräume vorstellbar waren, nie aber als Innenräume. Allerdings hat bei aller zu zollenden Bewunderung diese Konstruktion immer noch einen großen bautechnischen Nachteil: die Holzbalken, auf denen die Gewölbe ruhten, waren vergänglich. Zwar werden sie wohl die Toltekenherrschaft überdauert haben, aber irgendwann danach verrotteten sie, und die herrlichen Gewölbe stürzten ein. Sie konnten nicht restauriert werden. Etwas besser erging es dem Mauerwerk über den hölzernen Türstürzen, es brach zwar ebenfalls zusammen, konnte aber, da seitlich genügend Mauerreste vorhanden waren, meistens rekonstruiert werden.

links: 161 a+b+c   Chichén Itzá, KRIEGERTEMPEL
Ansicht (Rekonstruktion) mit Schnitt C–D (vorn) + Schnitt A–B + Grundriß alle M. 1:1000

Auch die weitere Ausführung der Detailformen weist eine Mischung von toltekischen und Maya-Formen auf. Die große Türöffnung wird von zwei mächtigen Pfeilern gerahmt, die in stilisierter Form das Schlangenmotiv aufnehmen: die Pfeilerschäfte bilden den Leib, unten schiebt sich der Rachen als eine große Konsole vor und oben knickt das Schwanzende nach vorn und trägt den Türsturz. Das ist eine monumentale toltekische Form, die noch an anderen Stellen wiederkehrt. Doch die Oberflächenbearbeitung weist schon typische Mayaformen auf. Auch die Außenwände sind in ihrer monumentalen Form und der Andeutung eines Taluds zunächst toltekisch, ihr Schmuck zeigt dann aber – wenn auch in sehr zurückhaltender Weise – die Chacmasken der Mayas, bei denen sich auch an den Ecken, wie aus Kabah und Labná bekannt, die langen Nasen aufrollen. Und erst recht die Gewölbezone aus Gesims, Fries und Kranzgesims entstammt der „spätklassischen" Mayaarchitektur. Allerdings fehlt oben der Dachkamm, die Cresteria. Wurde sie als zu festlich, vordergründig, nicht dem Ernst der Kriegerhierarchie entsprechend verworfen? Auch auf den späteren Tempeln in Technotitlán finden wir die Cresteria nicht mehr. Stattdessen schmückten (heute verschwunden, aber in der Rekonstruktionszeichnung erkennbar) die Dachzone wieder kleine dekorierte Steinplatten, wie wir sie einst auf dem Gesims des Quetzalpapalotlpalastes in Teotihuacán sahen.

Auch die Qualität der Ausführung hat sich gegenüber Tula verbessert: dort bestanden die Pfeiler der Hallen noch aus einfachem, mit Stuck überzogenem Mauerwerk, hier sind sie sämtlich von oben bis unten mit Reliefs bedeckt, ein Zeichen für die handwerkliche Tradition, die in der Stadt überdauert hatte.

Neuerdings meinen einige Forscher, daß in Chichén Itzá der Neubeginn der Architektur zu Anfang des 11. Jhs. gar nicht so sehr von den Tolteken herbeigeführt wurde, sondern daß die Maya selbst diesen Neuanfang geschaffen und dabei ganz allgemein auf Formen des zentralen Hochlandes zurückgegriffen hätten. Das mag aus Keramikfunden zu schließen sein. Aber die Form des Kriegertempels stimmt so genau mit dem Haupttempel in Tula überein, daß sie nur von toltekischen Baumeistern geschaffen sein kann. Ein Maya-Architekt hätte vielleicht Grundsätzliches (wie den neuen Tempel in Art eines Säulensaals oder die Talud-Tablero-Verkleidung der Stufen) übernommen; nie aber Einzelheiten (wozu ich besonders die Form Säulenhalle am Fuße und die Pfeiler auf der Treppe zähle). Wäre – wie vermutet – die Übernahme der Formen von Chichén Itzá nach Tula verlaufen, dann hätten sich zumindest einige der typischen Maya-Dekorationen in Tula finden müssen. Das aber ist nicht der Fall.

162 Chichén Itzá KRIEGERTEMPEL
Tempelhalle mit dem Chac Mol im Vordergrund

163 Chichén Itzá KRIEGERTEMPEL
Halle mit den Pfeilern der Überdachung über der Treppe

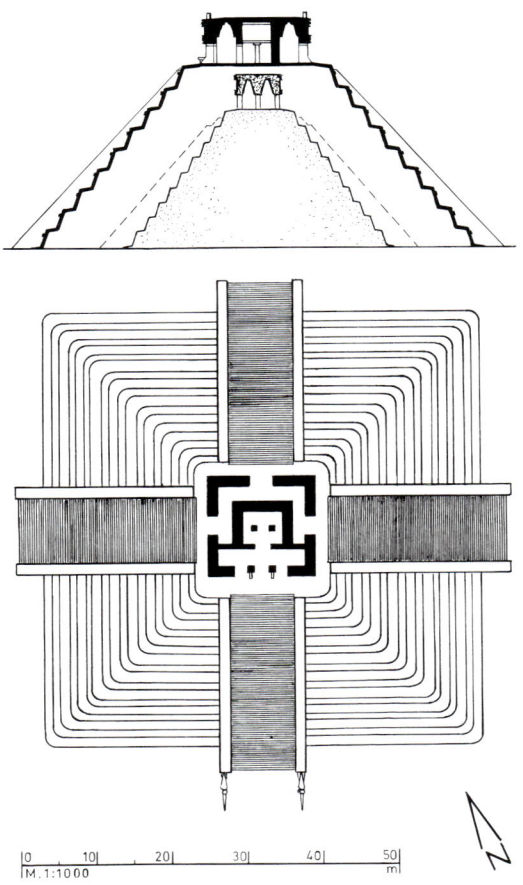

164 *Chichén Itzá, TEMPEL DES KUKULKAN*
Ansicht von Norden

0 10 20 30 40 50 m
M. 1:1000

unten: 165 a+b Chichén Itzá, TEMPEL DES KUKULKAN
a) Schnitt
b) Grundriß beide M. 1:1000

DER TEMPEL DES KUKULKAN (ODER DAS KASTELL) IN CHICHÉN ITZÁ

Von der Strenge und dem Ebenmaß der Gestaltung her bildet das Kastell (oder nach der Federschlange auch „Tempel des Kukulkan" genannt) den Höhepunkt der maya-toltekischen Synthese. Zunächst besticht die zweiachsige Symmetrie, die im Mayaland nie so konsequent ausgebildet wurde, sie ist ein Erbe Teotihuacáns. Der Grundriß des neunstufigen Unterbaus bildet wieder genau ein Quadrat (während bisher die Mayapyramiden z. B. in Palenque stark vom Quadrat abwichen, um die sehr langgestreckten Tempel auf der oberen Plattform unterbringen zu können).

Die Synthese aus dem flexiblen Denken der Maya und der absoluten Strenge der Tolteken besteht nun darin, daß mit den verfeinerten Gestaltungsmethoden der Maya das starre Schema der allseitig gleichen Ansicht kaum merkbar abgeändert wird. Man erreicht, daß einerseits von weitem der Pyramidentempel auf allen vier Seiten eine gleiche Ansicht zeigt, also die Idealform widerspiegelt. Andererseits wird kaum merkbar eine „Hauptansicht" herausgearbeitet, die für die Zeremonien unentbehrlich ist. Die Plattform oben auf der Stufenpyramide muß – von der strengen Achsensymmetrie bestimmt – auf jeden Fall ein Quadrat bilden.

Die Zeremonien verlangen aber, daß vor dem Haupteingang des Tempels eine etwas größere Freifläche zur Verfügung steht, als auf den anderen drei Seiten. So wird der Tempelgrundriß zu einem geringfügig in die Länge gezogenen Rechteck (auf dem nebenstehenden Grundriß erkennbar, nicht aber unten vom Platz her). Da man für gleiche Ansichten auch vier Öffnungen benötigt, wird um die mittlere Hauptkammer eine Nebenkammer herumgezogen (die in ihrer Funktion mit dem nicht erforderlichen rückwärtigen Raum des griechischen Tempels zu vergleichen ist) in die die (nutzlosen) drei Tore der Nebenseiten einmünden. Und damit von fern auch die vier Öffnungen an jeder Seite gleich groß erscheinen, wird die Hauptöffnung in der Art des Kriegertempels durch zwei Schlangensäulen verbreitert, wobei dann aber der Abstand zwischen den Säulen genau der Breite der Nebentore entspricht. Und am Ende fällt auch nicht auf, daß nur die Wangen der „Haupttreppe" mit zwei Schlangenleibern (dem typisch toltekischen Symbol) geschmückt sind, die sich unten in zwei riesigen Schlangenköpfen auf den Platz vorzurecken scheinen.

Die wichtigste „Korrektur" am rechtwinkligen Schema aber wird an den Ecken der Stufenpyramide vorgenommen (siehe Abb. oben rechts): Sie sind nicht wie einst in Teotihuacán oder Tula scharfkantig ausgebildet, sondern ihnen wird in Mayaart die Härte genommen, indem man sie – wie an der Wahrsagerpyramide in Uxmal und anderen Mayabauten in Chichén Itzá – abgerundet ausbildet. Am Tempel selbst (siehe Abb. oben links) sind die beiden Schlangensäulen toltekischen Ursprungs, während die Profilierungen der Gesimse der Formensprache der Mayapaläste entnommen ist.

Diese positive Synthese zweier unterschiedlicher Architekturströmungen gelang allerdings nicht im ersten Anlauf. Der Tempel des Kukulkan ist erst durch Überbauung einer älteren Tempelpyramide entstanden, die ganz von der jetzigen überdeckt ist. Der frühere Bau glich noch mehr den Mayabauten, der Tempelgrundriß war langgestreckt mit zwei schmalen Kammern hintereinander, und es führte nur eine Treppe an der Nordseite nach oben.

Die endgültige, uns in dieser Form erhaltene Überbauung des Tempels des Kukulkan geschah wohl erst Mitte des 12. Jhs. Zu dieser Zeit hatte Chichén Itzá einen Städtebund mit Uxmal und Mayapán geschlossen. Da in diesen beiden Städten zur gleichen Zeit keine große Bautätigkeit herrschte, scheint Chichén Itzá eine Vormachtstellung besessen zu haben, die aber durch unaufhörliche Kriege allmählich schwächer wurde.

Spätestens um 1200 hatte es die Macht verloren. Nun war es Mayapán, das seine Stellung übernahm und weitere zwei Jahrhunderte Yucatán beherrschte.

Schaut man die Tempelpyramide noch einmal von fern an (siehe Abb. auf der Vorseite), dann besticht die Ausgewogenheit der Formen: Die neun Stufen sind horizontal ausgerichtet, die Stufenwände weichen nur wenig vom Neigungswinkel der gesamten Pyramide ab, die einzelnen Stufen sind durch Simse unten und oben abgeschlossen, sie treten nur schwach hervor und ordnen sich der Gesamtform unter. Das Gegengewicht zu dieser breiten Lagerung stellen die vier Treppen *) dar, die mit den betont breiten Wangen und den jeweils durchlaufenden Treppenläufen eine stark vertikal ausgerichtete Komponente bilden. Auch der Tempel selbst ist sehr ausgewogen; es fehlt die bei den Mayapalästen oft übliche Kopflastigkeit (Wand und Gewölbezone haben etwa die gleiche Höhe). Die breiten Wandflächen werden unterbrochen durch die stehenden Türöffnungen. Überschwenglicher Schmuck wird vermieden; die beiden Schlangensäulen und die Schlangenköpfe unten sind die einzig hervortretenden Schmuckformen. Die Proportionen insgesamt sind so ausgereift, daß sie nicht mehr zu verbessern sind.

166 + 167 *Chichén Itzá*
KASTELL oder
Tempel des Kukulkan
links oben:
Eingang des Tempels
rechts oben:
Südostecke der
Stufenpyramide

*) Anmerkung:
Jede Treppe hat 91 Stufen, rechnet man das gemeinsame Podest oben als 1 Stufe hinzu, so erhält man die Zahl 365 = Zahl der Tage im Jahr.

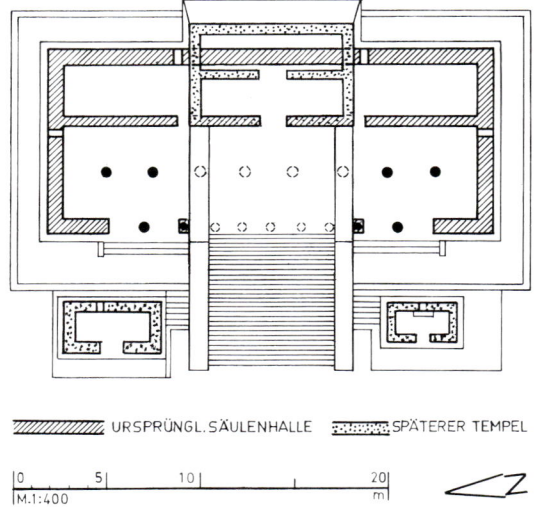

168 Tulum (5.207)
HAUPTTEMPEL oder
das Kastell von Südwesten

///// URSPRÜNGL. SÄULENHALLE ░░░ SPÄTERER TEMPEL

0   5   10   20
M.1:400   m

169 Tulum
HAUPTTEMPEL
Grundriß M. 1:400
mit den beiden Bauphasen

Lageplan von TULUM
und weitere Beschreibung
siehe S. 162 ff.

LETZTE PYRAMIDEN

MAYAPAN war bis zu seiner Übernahme der Vorherrschaft in Yucatán eine unbedeutende Stadt gewesen. In bezug auf die Architektur blieb es das auch. Man versuchte zwar, Bauten aus Chichén Itzá zu imitieren und auch andere kulturelle Leistungen wiederaufleben zu lassen, indem man z. B. den Brauch der Stelenaufstellung wieder aufgriff, insgesamt gesehen war das Land jedoch erschöpft. Weder bautechnisch noch künstlerisch konnte man an das Vergangene anknüpfen. Die errichteten Bauten waren von so minderer Qualität, daß sie heute kaum restaurierbar sind, zudem lassen die wenigen Reste darauf schließen, daß sich die Detailformen nicht weiter-, sondern eher zurückentwickelten.

Der Haupttempel (das Kastell oder wohl auch ein Tempel des Kukulkan) ist eine große Stufenpyramide, er weist in seinem neunstufigen Aufbau und mit seinen abgerundeten Ecken große Ähnlichkeit mit dem Kastell in Chichén Itzá auf, seine Formen lassen aber die dortige Strenge vermissen, seine Ausführung ist von minderer technischer Qualität, auf eine Abbildung ist hier verzichtet.

In TULUM an der Ostküste Yukatáns, wo es in der Spätzeit nur noch kleine, zum Teil aber erstmals stärker befestigte Städte gab, finden wir bescheidenere architektonische Lösungen. Es waren meist schon ältere Gründungen, die auch in der Spätzeit unbedeutend blieben. Einzig Tulum, das schon in „klassischer" Zeit besiedelt war, bekam als Handelsstadt größeren Einfluß. Es ist zwar von der Größe her – verglichen mit Uxmal oder Chichén Itzá – eher als unbedeutend anzusehen, es liegt aber strategisch günstig auf einer Felsklippe am Meer mit einem flachen Strand zum Anlegen der Boote. Es besitzt eine relativ gut erhaltene Stadtmauer und zahlreiche Baureste mit zum Teil erhaltenen Malereien.

Man kann an den windschiefen und leicht eingesunkenen Gebäuden Tulums aber auch die mangelhafte Bauausführung und den allgemeinen Niedergang der Handwerkskunst studieren; Kritiker sprechen gern von einer „Dekadenz" in „nachklassischer" Zeit. Natürlich liegt der jetzige, zerfallene Zustand zum Teil in der damals üblichen schnellen, oberflächlichen Ausführung. Aber man sollte auch mit einbeziehen, daß der Baugrund in Tulum besonders stark nachgegeben hat und nur ein weicher, inzwischen stark verwitterter Stein zur Verfügung stand. Zur Blütezeit sind alle Mauern mit Stuck überzogen gewesen und hatten auch hier einen lebhaften farbigen Anstrich.

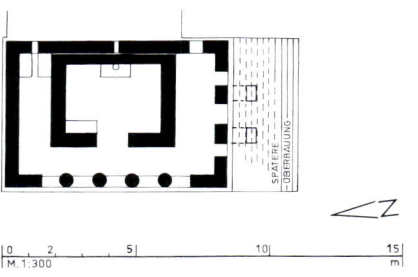

170 Tulum
FRESKENTEMPEL
Ansicht von Südwesten

171 Tulum
FRESKENTEMPEL
Grundriß M. 1:300

Der HAUPTTEMPEL, auch hier „KASTELL" genannt (siehe Abb. Nebenseite), unterscheidet sich in der Höhe kaum von den übrigen Bauten der Stadt. Zunächst war dieser Tempel sogar noch um ein Geschoß niedriger und stand nur auf einem einstufigen Podest, auf das eine sehr breite Treppe hinaufführte. Er hatte einen sehr langgestreckten Grundriß aus zwei hintereinanderliegenden Sälen. Der vordere Saal war zweischiffig; seine Mittelwand war durch eine Säulenreihe ersetzt und auch die vordere Öffnung wurde durch eine lange Reihe schwerer Säulen gebildet. Dieser sehr interessante Grundriß zeigt Ähnlichkeiten mit den Tempelgrundrissen der Tolteken. Später wurde diese weiträumige Halle überbaut. Sie diente fortan als Podest für den kleinen Tempel oben, der gut erhalten ist. Dieser Tempel aber – und hier schließt sich der Kreis – hat wieder den ursprünglichen Zweikammer-Grundriß: Eine vordere Kammer mit nur einer einzigen Öffnung und eine zweite, gleich große Kammer, die nur über die vordere zugänglich ist. Die Wirkung des vergrößerten Tempels beruht – typisch für die Spätzeit – auf der breiten Treppe, die auch hier ohne Absatz zum Tempel hinaufführt. Sie ist beidseitig durch schwere Wangen eingefaßt. Da der alte Tempel auf allen Seiten überbaut wurde, liegt der Fußboden des letzten Tempels nun ein ganzes Stück über dem Dachniveau des älteren Tempels. Die jüngere, von Wangen gesäumte Treppe tritt weit vor die älteren Teile, das alles erinnert in seiner Haltung an das Kastell in Chichén Itzá. Diese Gestaltung ist ein Hinweis auf den Einfluß, den Chichén Itzá im Mayaland (und später auch in Zentralmexiko) ausübte.

Der noch interessantere FRESKENTEMPEL (siehe Abb. oben und rechts), so benannt nach den in den unteren Hallen erhaltenen Malereien, ging ebenfalls aus mehreren Überbauungen hervor. Hier finden wir bereits ein Merkmal, das auch die

Wohnbauten Tulums auszeichnet: die Galerie mit den schweren Säulen. Der Tempel hat keinen stufenförmigen Sockel mehr, er steht wie ein normales Wohnhaus auf kleinem Podest; die gestalterische Trennung von Tempeln und Palästen ist nicht mehr auszumachen. Bemerkenswert ist, daß beim Freskentempel die Vorkammer auf drei Seiten um die dunkle Hauptkammer in der Mitte herumgezogen und gleichzeitig der Vorraum auf zwei Seiten durch Säulen bzw. durch Pfeiler geöffnet ist. Diese Anordnung ist neu. Betrachtet man sie nur als ersten Schritt in eine bestimmte Richtung, dann könnte der zweite Schritt sein, die Vorkammer allseitig um die innere Kammer herumzuziehen. Würde man dann diesen Umgang auch an den geschlossenen Seiten öffnen und in allen Öffnungen Säulen aufstellen, dann wäre man dem Säulenkranz, der die Cella des griechischen Tempels umschließt, sehr nahe gewesen.

Über die palastartigen Wohngebäude Tulums, über seine Stadtmauer und über den Stadtgrundriß insgesamt und vor allem über die Gemeinsamkeiten, die zwischen dem Plan Tulums und der Anlage früher römischer Städte bestehen, wird im Kapitel „Palastartige Wohngebäude" (siehe S. 162 ff.) näher berichtet.

SOCKELPYRAMIDEN IN MIXCO VIEJO

Typisch für die Spätzeit sind die befestigten Städte. Ist Tulum als eine befestigte Stadt am Meer gelegen, so liegt Mixco Viejo festungsartig auf einem als uneinnehmbar erscheinenden Felsplateau im Hochland des heutigen Guatemala. Es war die Zufluchts- und Kultstätte des ebenfalls noch zu den Maya gehörenden Stammes der Pocomam. Es soll erst sehr spät im 12. Jahrhundert gegründet worden sein. Die Spanier zerstörten die Stadt, nachdem sie sie nur mit einer List hatten erobern können.

Bei den restaurierten Sockelpyramiden fällt die straffe Gliederung auf, die für die Spätzeit typisch ist und die auch hier erst bei den Überbauungen entstanden ist. Im Gegensatz zu Uxmal und Chichén Itzá sind die Dimensionen, ähnlich wie in Tulum, sehr klein geworden. Besonders bei den hier gezeigten Zwillingspyramiden der sogenannten Gruppe B fallen die sehr steilen, aber auch sehr breiten Treppen auf, die dem früher allseitig abgestuften Bau als Letztes vorgeblendet wurden.

Die neue Vorliebe für größere Höhen der Abstufungen, die wir erstmals bei der letzten Überbauung der Inschriftenpyramide in Palenque (S. 81) sahen, setzt sich auch hier fort. Schließlich bleiben von den Abstufungen, wie es bereits bei der Wahrsagerpyramide in Uxmal (S. 86) anklang, nur noch durchgehende abgeschrägte Flächen. Diese schrägen, fast schon senkrechten Flächen werden an dem gezeigten Beispiel durch Treppen in gleicher Neigung unterbrochen; sie sind kaum noch besteigbar. Es besteht also ein Zusammenhang zwischen der Steilheit der Treppen und derjenigen der Wandflächen. Über das Aussehen der Tempel, die früher auf den Sockeln standen, ist nichts bekannt.

Begeben wir uns nun vom Mayaland zurück nach Zentralmexiko. Dort baute man auch um 1200 grundsätzlich noch im Stil Teotihuacáns mit Podesten und flach gedeckten Tempeln; weder war das Mayagewölbe übernommen worden, noch hatte es überschwengliche Dekorationen in der Art des Puuc- oder Chenes-Stils gegeben. Diese konservative Tendenz setzte sich in der Spätzeit fort.

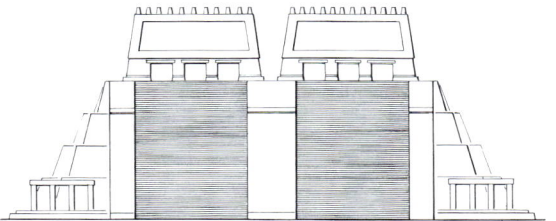

DIE SCHLANGENPYRAMIDE IN TENAYUCA

In Zentralmesoamerika hielt sich bis etwa 1168 das labile politische Gleichgewicht. Dann wurde von den Chichimeken Tula ein zweites Mal zerstört und nun endgültig. Die Chichimeken übernahmen die Kultur der Besiegten an und gründeten etwa 1224 ihre eigene Hauptstadt Tenayuca (unmittelbar nördlich des heutigen Mexiko-Stadt gelegen). Tenayuca ist aus dem Aztekischen zusammengesetzt aus „tenamitl" = Wall und „yancoc" = Platz; die Stadt war also, der sich verändernden Zeit entsprechend, ebenfalls befestigt. Der Haupttempel der Stadt, heute die „Schlangenpyramide" genannt (am Fuße der Pyramide zieht sich an drei Seiten eine steinerne Bank mit 138 steinernen Schlangen entlang), weist eine Neuheit auf, die später von den Azteken übernommen wurde: Sie trägt zwei Tempel für eine Doppelgottheit. Die Anlage wurde insgesamt sechsmal überbaut; die Überbauungen sind bei den Restaurierungen in Teilen sichtbar gelassen; an ihnen konnte zum ersten Mal mit einiger Sicherheit nachgewiesen werden, daß sie in einem Zyklus von 52 Jahren jeweils nach der Feier eines „Festes des Neuen Feuers" begonnen wurden.

Schon die erste Pyramide unterschied sich in der Form nicht wesentlich von den späteren Überbauungen, hatte allerdings einen langgestreckten Grundriß von 12 x 31 m.

Aber dadurch, daß bei den Überbauungen auf allen Seiten in fast gleicher Stärke angefüllt wurde, wuchs sie zu einem mehr dem Quadrat genäherten Grundriß von 50 x 62 m; wobei die Höhe von 8 auf 19 m stieg. Mit zunehmender Größe des Sockels wuchs auch die Höhe des Tempels proportional.

Der vierstufige Sockel war von Anfang an vorhanden, er wurde bei zwei Überbauungen zeitweilig auf drei Stufen reduziert. Da es zwei Tempel gab, führten auch zwei selbständige Treppenläufe zu ihnen hinauf. Über das Aussehen der Tempel geben heute nur Rekonstruktionszeichnungen Auskunft. Ihre Wände waren im gleichen Winkel wie die Stufenwände (an ägyptische Tempel erinnernd) leicht geneigt, und die Dachzone, die schon bei den Mayatempeln oft die Höhe der Wandzone überschritt, nahm an Höhe nochmals zu. Die lastende Schwere, die sich schon bei der Wahrsagerpyramide andeutete, wirkt hier noch bedrohender.

Die Schauseite des riesigen Sockelbaus besteht nun fast ausschließlich aus Treppenanlagen. Die Tendenz, die in den Stufenanlagen Monte Albáns begann und sich in der breiten Stufenanlage vor dem Gouverneurspalast in Uxmal fortsetzte, erfährt in der Spätzeit ihre letzte Steigerung. **Überdimensionierte Treppenanlagen** sind ein **Hauptmerkmal der Architektur Mesoamerikas**, das sie von allen anderen Kulturen der Welt unterscheidet.

*173 Tenayuca SCHLANGENPYRAMIDE
Ansicht mit den freigelegten Überbauungen*

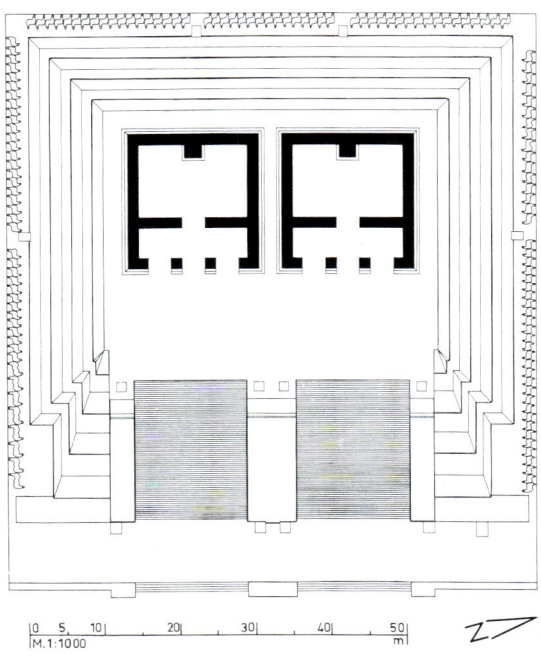

*174 a+b Tenayuca SCHLANGENPYRAMIDE
a) oben: Rekonstruierte Ansicht
b) unten: Grundriß, beide M. 1:1000*

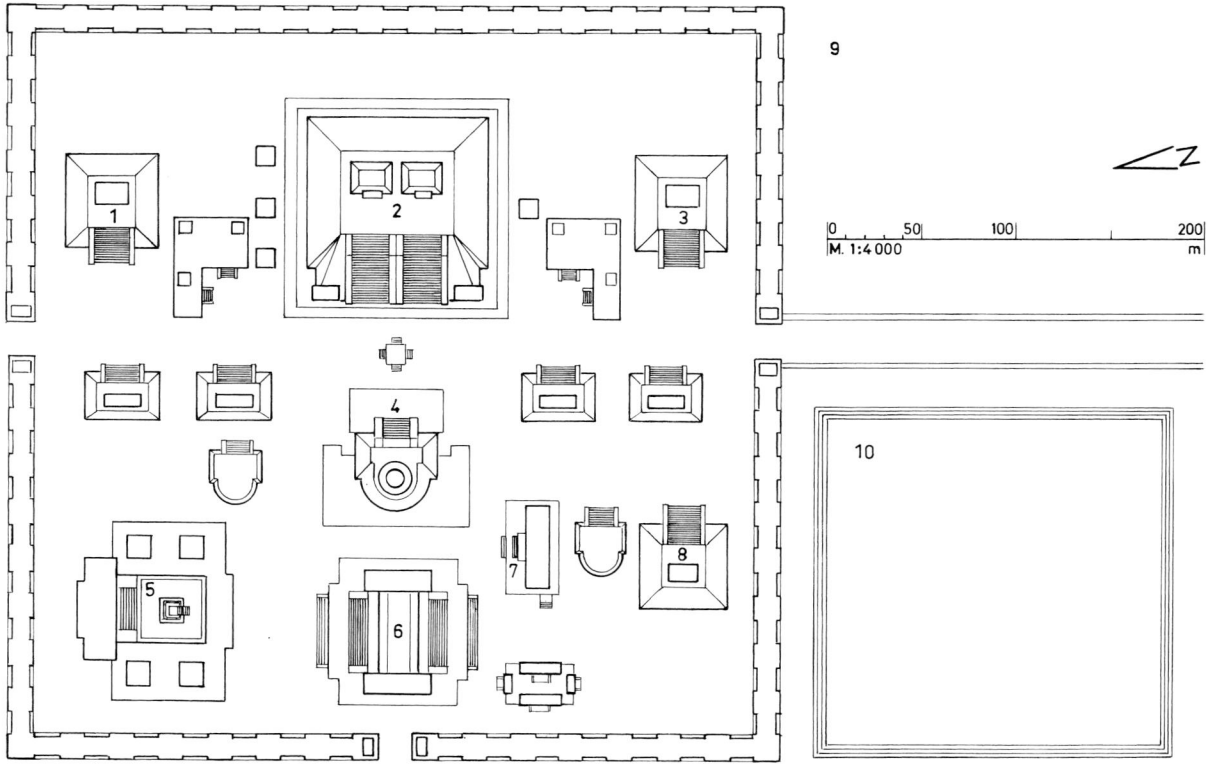

9

0   50   100   200
M. 1:4 000   m

DIE DOPPELTEMPEL DER AZTEKEN

Tenochtitlán, die mitten im Texcoco-See gelegene Hauptstadt der Azteken, war für das 15. und frühe 16. Jahrhundert eine große städtebauliche Leistung. Sie war in vier Bezirke geteilt, die die vier Himmelsrichtungen symbolisierten (siehe auch Rekonstruktionszeichnung auf S. 27). Drei Dämme führten zu den Vororten und zu den Nachbarstädten. Durch die Tributzahlungen der unterworfenen Völker flossen immer größere Warenmengen in die Stadt; an die 200 000 Einwohner sollen hier gelebt haben. So erklärt sich auch der große Reichtum, der die Spanier 1519 bei ihrem Eindringen in großes Erstaunen versetzte.

Tenochtitlán wurde 1521 von Cortéz erobert und völlig zerstört; auf seinen Trümmern ist dann „Ciudad de México" entstanden. Unter der heute dicht bebauten Innenstadt sind nur wenige, recht unbefriedigende Reste freigelegt geworden; ein Bild der alten Stadt geben nur Rekonstruktions-Zeichnungen und ein großes Modell im Museo Nacional de Antropologia in Mexiko Stadt (siehe Abb. Nebenseite oben).

Im Zentrum der riesigen Stadt lag das große Hauptheiligtum, in dem sich über 8000 Menschen versammeln konnten (siehe Zeichnung oben und Aufnahme des Modells auf der Nebenseite). Diese gewaltige, von einer breiten Mauer (einer Schlangenmauer) umgebene Anlage bildete eine kleine Stadt für sich.

Der auf der Modellaufnahme im Hintergrund aufragende, große Doppeltempel war dem Kriegergott der Azteken, Huitzilopochtli, und dem Regengott Tlaloc geweiht. Er hat eine erstaunliche Ähnlichkeit mit dem zuvor beschriebenen in Tenayuca: die gleichen vier Abstufungen und die gleiche breite Doppeltreppe an der Schauseite. Diese Ähnlichkeit ist nicht verwunderlich, da die letzte Überbauung der Schlangenpyramide in Tenayuca schon unter aztekischer Herrschaft stattfand. Von diesem gewaltigen Bauwerk sind nur der Sockel und die breite Treppe in halber Höhe erhalten (siehe Abb. auf der nächsten Seite), die heute stark verworfenen Stufen zeigen, wie ungleich sich wohl schon damals die großen Baulasten auf dem sumpfigen Untergrund gesenkt hatten.

Ihm gegenüber stand auf einem rechteckigen Unterbau der große Rundtempel von Quetzalcoatl-Ehedatl, in unmittelbarer Umgebung fanden sich weitere Tempel, Altäre und Plattformen. Alle Gebäude (außer dem vorgenannten Rundtempel) sind dem rechten Winkel unterworfen, oft sind Gebäudegruppen symmetrisch angeordnet.

Die Gestaltung selbst wirkt kraftlos, keine Richtung ist betont, weder die bewußte Horizontalität Teotihuacáns, noch das überbetonte In-die-Höhe-Strecken Tikals, noch die Strenge Chichén Itzás sind zu spüren. Man schöpft aus Traditionen, findet aber in der Architektur – im Gegensatz zur aufblühenden Steinmetzkunst – zu keinen neuen Leistungen mehr.

Während man den im Modell gezeigten Pyramidensockel auf Grund der gefundenen Treppenreste als authentisch ansehen kann, ist das Aussehen der beiden darauf stehenden, im Modell rekonstruierten Tempel sehr hypothetisch. Um sich eine Vorstellung von ihrem möglichen Aussehen zu verschaffen, kann man sich in Santa Cecilia (heute ein Vorort von Mexiko-Stadt, der früher zum nahegelegenen Tenayuca gehörte) den Tempel SANTA CECILIA ACATITLAN ansehen (siehe Abb. rechts), der allerdings ebenfalls „nur" restauriert und dann noch von bedeutend kleineren Abmessungen ist. Seine Außenwände sind, einer Mode der Spätzeit folgend, leicht geneigt und passen sich der etwas stärkeren Neigung des Dachaufbaus an. Dieser aber zeigt – im Gegensatz zum Kastell in Chichén Itzá – wieder die Kopflastigkeit, er ist von bedrückender Schwere. Seine Ansichtsfläche ist gerahmt, hier tritt in übertrieben schwerer Form noch einmal das Tablero-Motiv Teotihuacáns auf. Geschmückt ist die gerahmte Fläche mit hervorstehenden Steinen, die wahrscheinlich Totenköpfe symbolisieren.

Es ist davon auszugehen, daß auch die Doppeltempelanlage in Tenochtitlán im Grundriß das alte **Zweikammersystem** enthalten hat – in Tenayuca ist es jedenfalls vorhanden. Diese Raumfolge von nur einem durch eine Toröffnung belichteten Vorraum und hinterer, fast völlig im Dunklen liegenden Kammer hat sich mit erstaunlicher Zähigkeit von der frühen „Klassik" bis zum Ende der Spätzeit behauptet. Dieses Raumschema des Tempelbaus ist im Grunde **das Thema**, das sich durch die lange Zeit der mesoamerikanischen Architektur hindurchzieht.

Im nächsten Kapitel „Paläste" werden wir feststellen, daß – abgesehen von den Säulenhallen (die wir in Tula und Chichén Itzá schon in Verbindung mit den Tempeln streiften) – alle Paläste mit zeremonieller Nutzung ebenfalls auf diesem Zweikammersystem aufgebaut sind.

oben: 176 Tenochtitlán im Museo de Antropología
in Mexiko-Stadt
Im Hintergrund der große Doppeltempel,
in der Mitte der runde Tempel des Quetzalcoatl,
ganz vorn der Ballspielplatz

Mitte: 177 Santa Cecila
(nördlicher Vorort von Mexiko-Stadt)
TEMPEL
SANTA CECILIA ACATITLAN
Ansicht von Westen

TEIL B
PALÄSTE

PALÄSTE FÜR ZEREMONIEN

ALLGEMEIN

Um das Thema der mesoamerikanischen Architektur in zwei übersichtliche Abschnitte zu bringen, habe ich zunächst die Tempel behandelt, um nun zum zweiten Bautyp, den **PALÄSTEN** zu kommen.

Der Bautyp **TEMPEL** ist relativ einfach abzugrenzen, er besteht – von den Anfängen bis zum Ende der Aztekenzeit – fast immer aus einem dunklen Vorraum (mit nur einer Türöffnung) und einem zweiten, nahezu gleich großen Raum, der nur über den vorderen zugänglich ist und fast völlig im Dunklen liegt.

Der äußere Aufbau eines jeden Tempels ist dreigeteilt in die Umfassungswände, in die Gewölbezone und in die Crestería (den Dachkamm). Der Tempel steht immer auf einem pyramidenartigen Sockel (von kleinen Pyramidenstümpfen des Sinnentempels in Palenque bis zu steilen, fast turmartigen Stufenpyramiden in Tikal).

Unter Palästen verstehe ich zunächst die langgestreckten, reich geschmückten Gebäude im Mayaland. Diese Paläste habe ich hier als PALÄSTE FÜR ZEREMONIEN zusammengefaßt. Deshalb bewegen wir uns in diesem ersten Kapitel der Paläste ausschliefllich im Gebiet der Maya.

Die übrigen, aus meiner Sicht eher profanen Paläste, angefangen vom Quetzalpapalotl-Palast in Teotihuacán bis hin zu den späten, palastartigen Wohngebäuden in Tulum, die ich als WELTLICHE PALÄSTE bezeichne, werden anschließend in einem zweiten Kapitel gezeigt.

178 Uxmal
GOUVERNEURSPALAST
Gesamtansicht frontal

Wohl der bedeutendste der Maya-Paläste, der GOUVERNEURSPALAST in Uxmal, ist oben abgebildet. Paläste wie dieser stehen fast ausnahmslos auf Sockeln, in ihren langen Fassaden reihen sich etliche Toröffnungen aneinander, es gibt keine Fensteröffnungen, die Fassaden sind generell dreigeteilt in Wand, Gewölbezone und Crestería (bei letzterer gibt es Ausnahmen wie z.B. bei einigen Palästen in Uxmal s.o.). Im Innern bestehen diese Paläste aus dem vom Tempel her bekannten Zweikammersystem: Aus einem Vorraum und einem zweiten, gleich großen Raum, der nur über den ersteren zugänglich ist. Dieses Kammersystem wird bei den Palästen etliche Male nebeneinander gereiht, wodurch die sehr langgestreckten Palastfassaden entstehen.

Daß diese Paläste von großer öffentlicher Bedeutung wären, zeigt ihre reiche Dekoration. Völlig offen ist für uns jedoch die Frage, wie sie genutzt wurden. Die ersten Spanier, die die verlassenen Paläste entdeckten, waren von ihrer Pracht sehr beeindruckt.

Infolge ihrer Unkenntnis der Indio-Geschichte fanden sie – in naiver Weise aus ihrem frühkolonialen Sprachgebrauch entlehnt – für den größten Palast nur die Bezeichnung „Gouverneurspalast" (so hieß jeweils das bedeutendste Gebäude einer Kolonie) und das für sie unverständliche Kammersystem der vier Paläste, die in Uxmal einen großen Hof bilden, nannten sie noch naiver „Nonnenviertel". Allerdings ist man trotz aller Forschung in der Frage der Nutzung und Bedeutung bis heute noch keinen Schritt weitergekommen.

Es gibt viele Hypothesen. Z.B. könnten von der Größe und der reichen Ausschmückung her in den Palästen hohe Würdenträger „gewohnt" und regiert haben. Aber dann stellt sich sofort die Frage, warum für ein solches „Schloß" nicht auch im Innern der reiche Schmuck fortgesetzt wurde. Denn die Kammern sind bis auf wenige Ausmalungen kahl, es fehlen vor allem jegliche Architekturgliederungen und Skulpturen, die an den Außenwänden in überreichem Maße prangen.

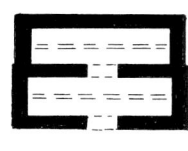

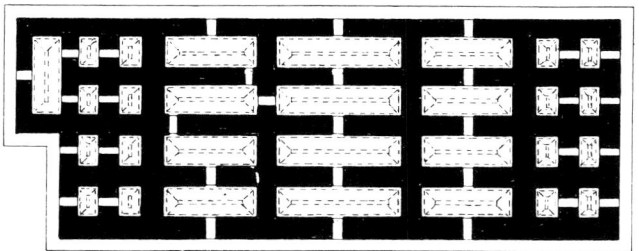

179 Tikal
PYRAMIDENTEMPEL der Nordakropolis
Grundriß M. 1:600

180 Tikal
GEBÄUDE 51
Grundriß

Dieser typische Tempelgrundriß, wie er auf der Vorseite definiert ist, besteht aus zwei nahezu gleich großen Kammern. Auffallend ist bei diesem Tempel, der zu Beginn der klassischen Zeit entstanden ist, die geringe Tiefe der beiden Kammern. Entsprechend steil sind die beiden Scheingewölbe. Wichtig ist, daß beide Kammern in der Raumtiefe und der Gewölbeform völlig übereinstimmen. Erst das Gewölbe gibt den schmalen Räumen einen sakralen Charakter.

Das sogenannte GEBÄUDE 51 birgt mit seiner Vielzahl von Kammern einen der kompliziertesten, erhaltenen Grundrisse. Geht man von der Vermutung aus, daß die Verbindungsgänge in Gebäudemitte bei einer späteren Nutzung hinzugefügt wurden, dann besteht dieses Gebäude fast ausschließlich aus zwei jeweils hintereinandergeschalteten Kammern, die immer wieder den nebenstehend genannten Prototyp eines Tempels wiederholen: Die beiden gleich großen Kammern sind jeweils mit einem Scheingewölbe überdeckt. Das Scheingewölbe findet sich auch in den sehr kleinen Kammern, die man einfacher mit normalen Steinbalken hätte ˌbedecken können. Besonders aus diesem Grunde scheinen mir die Gewölbe eine symbolhafte, religiöse Bedeutung gehabt zu haben.

IHRE MÖGLICHE NUTZUNG

Überhaupt erscheint mir ein Wohnen in den Kammern sehr unwahrscheinlich gewesen zu sein. Es fehlen völlig intime Bereiche (z.B. kleinere Schlafräume und Räume zur Körperpflege). Es gibt auch keine Feuerstellen oder Abflüsse. Aus meiner Erfahrung ist darüber hinaus ein ständiger Aufenthalt (zumindest in der Regenzeit, wenn das Wasser durch die Gewölbe nach innen dringt) unmöglich. Denn zum Schlafen hatten die Indios schon früh das geschilderte, leichte Haus erfunden, das durch die Wände und durch das Dach belüftet werden kann. Dagegen ist den Kammern mit steinernen Gewölben eine ausreichende Belüftung nicht gegeben. Man hätte mit wenig Aufwand Belüftungsöffnungen einbauen können. Das geschah aber nicht. Warum sollte ein hoher Würdenträger oder gar ein Fürst, der in jungen Jahren in einer luftigen Hütte aufgewachsen war, in dem Augenblick, wo er zum Herrschen erkoren wurde, sein Leben in dunklen, feuchten Räumen fortsetzen?

Es gibt andere Hypothesen, die sagen, daß ein Palast nur als Regierungssitz gedient hätte. Gewiß kann man z.B. im Gouverneurspalast in dem besonders langgestreckten Mittelraum einen Audienz- oder Beratungsraum vermuten und in den beiden danebenliegenden, noch etwas größeren Räumen die Amtszimmer des Herrschers und schließlich in den normalen Kammern die Arbeitsräume der übrigen Beamten.

Aber – wenn das so gewesen wäre – wozu waren alle Räume durch die Mittelwand in zwei gleich große Bereiche geteilt?

Warum hatten die hinteren Räume keine Öffnungen für Belichtung und Belüftung?

Und warum hatten als Regierungssitze genutzte Paläste für Besucher und Wartende keine offenen Vorhallen?

Einführend hatte ich gesagt, daß in meinen Ausführungen – entgegen bisher üblicher Betrachtungsweisen – das Bauen in Mesoamerika lediglich von der Aussage der Architektur her untersucht werden soll. Wenden wir diese Betrachtungsweise auch auf diese offene Frage an:

Was verraten uns die Kammern der Paläste von ihrem Grundriß und von ihrem Aufriß her?

Gehen wir aus vom „Bautyp Tempel" (den ich auf der Vorseite nochmals definierte): Er hat zwei völlig gleiche Räume. Grundsätzlich ist bekannt, daß – obwohl die Tempel keine Türen besaßen – sie doch nur von Priestern betreten werden durften. Wir wissen ferner z.B. durch die Darstellungen im Kreuztempel in Palenque (siehe S. 69) *), daß sich der Priesterfürst in ein Gehäuse im Innern der hinteren Kammer begab, das den „heiligen Berg" symbolisierte, und er sich dort durch Opferriten und Blutentnahmen in einen Trancezustand versetzte und mit den Göttern und Ahnen in Verbindung trat. Danach kann man generell davon ausgehen, daß die hintere Kammer nur ganz besonderen mystischen Zeremonien vorbehalten war und die vordere Kammer nur den Vorbereitungen und dem allgemeinen Dienst an den Göttern diente.

Dies würde auch die baulichen Merkmale der hinteren Kammern erklären: das fehlende Tageslicht und die fehlende Belüftung. Zur Trennung des Bereichs der allgemeinen Dienste, die bereits unter Ausschluß des Volkes geleistet werden mußten, und dem Bereich, der dem unmittelbaren Kontakt mit den Göttern und mit der jenseitigen, der geistigen Welt vorbehalten war, gab es die Mittelwand. Diese Wand trennte die beiden Welten; sie hatte eine breite Öffnung, die nie verschlossen war; sie ermöglichte es, dem im Halbdunkel in seinen Opferhandlung versunkenen Priester oder Herrscher nahe zu sein. Diese sehr früh entwickelte Grundform des Tempels scheint heilig gewesen zu sein; sie wurde bis in die Spätzeit nicht verändert.

*) nach Scheele und Freidel
(siehe Literaturverzeichnis)

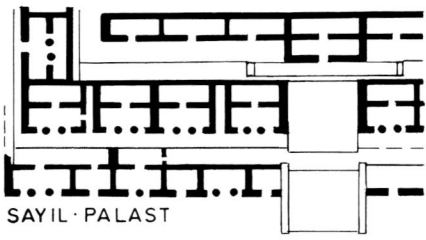

SAYIL · PALAST

KABAH · MASKENPALAST

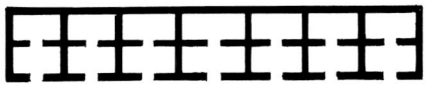

UXMAL · WESTPALAST IM NONNENVIERTEL

UXMAL · GOUVERNEURSPALAST

181 a–d VERSCHIEDENE MAYA-PALÄSTE

a) Sayil, PALAST
Ansicht siehe S. 112

b) Kabah, PALAST
Ansicht siehe S. 126

c) Uxmal
NONNENVIERTEL –
WESTPALAST
Ansicht siehe S. 107

d) Uxmal
GOUVERNEURSPALAST
Ansicht siehe S. 104

Kommen wir auf die Palastgrundrisse zurück: Welchen Grundriß man auch anschaut, jeder besteht fast ausnahmslos aus einer Vielzahl von nebeneinander gereihten Tempelsystemen (jeweils aus vorderer und hinterer Kammer). Noch interessanter wird es, wenn wir uns zu den Grundrissen auch die Raumformen vorstellen: Bezeichnend für die Tempel aus klassischer Zeit ist nicht nur die Umformung der hölzernen in sauber gearbeitete, steinerne Wände; viel bedeutsamer ist – jedenfalls für die Mayatempel –, daß die beiden Räume jeweils völlig gleiche, steinerne Gewölbe in Form des leicht geschwungenen, steilen Hüttendachs erhielten. Diese wohlgeformten Mayagewölbe geben den Räumen – ähnlich wie ein gotisches Gewölbe – einen sakralen Charakter. Beides zusammen – Tempelgrundriß und sakrales Gewölbe – zeichnet nun ebenfalls alle Räume der Paläste aus. Stellen wir uns noch einmal die hinteren Kammern vor, sie liegen in einem mystischen Dunkel, es umgibt uns eine schwüle, feuchte Luft – erst nach längerem Aufenthalt sind die wohlgeformten, steilen Gewölbe zu erkennen –, hier kann es m. E. keine alltägliche Nutzung gegeben haben. Die langen und schmalen Räume ergeben nur einen Sinn, wenn man sie sich als heilige Kammern vorstellt, in deren dumpfer Luft sich sehr leicht der genannte Trancezustand einstellte. Und um dem Anspruch der Priester zu genügen, den Göttern in einem gewissen Sinne gleichgestellt zu sein, formte man die ihnen zugewiesenen vorderen Räume in allen Einzelheiten nach dem Vorbild der hinteren Kammern: gleiche Breite und gleiche Tiefe und vor allem das gleiche steinerne Gewölbe!

Also sind die kostbaren Paläste ein Gehäuse für eine Vielzahl aneinandergereihter, kleiner Tempel? Die äußere Dekoration spricht dafür, ebenfalls das Emporheben auch der Palastgebäude auf pyramidenartige Podeste. Folgt man dieser Annahme, dann ist damit auch erklärt, warum man beim Palastbau auch noch in „spätklassischer" Zeit unbeirrt an dem uns sonst so unsinnig erscheinenden Kammersystem festhielt.

Doch um sich letztlich eine möglichst reale Vorstellung zu machen von dem, was in den Palästen vor sich ging, sollte man sich in die uns so fremd erscheinenden Verhältnisse dieser Gesellschaft hineinversetzen: Die Naturreligion beherrschte das ganze Leben, es gab keine private oder Öffentliche Handlung, bei der man nicht die andere, von Göttern und Geistern beherrschte Welt mit einbezog. Auch die Staatsführung war dermaßen von religiösen Vorstellungen durchdrungen, wie wir es uns in unserer aufgeklärten Welt nicht mehr vorstellen können. Alle Verwaltungs- und Verteilungsarbeit in dieser Gesellschaft, die nur tauschte und als Geld nur Kaffeebohnen kannte, wurde bis in die „spätklassische" Zeit von Priestern geleistet. Der Kontakt mit den Göttern, sei es um Unheil zu verhindern oder Gutes heraufzubeschwören, war so intensiv, das ständig eine große Menge von Priestern mit Meditationen und Opferhandlungen beschäftigt war. Das alles ist aus den wenigen Quellen wie Wandmalereien, Hieroglyphen und Handschriften bekannt. Wir wissen nur nicht, in welchen Räumen dies im einzelnen vonstatten ging.

Aber wäre es nicht möglich, daß die Paläste tatsächlich tempelähnliche Orte waren, in denen man Kontakte zur Götterwelt aufnehmen konnte? Wir wissen, daß die Naturreligion der Indios eine fast unvorstellbare Zahl von Göttern kannte. Jeder Gott mußte an einer heiligen Stätte angesprochen werden können. Ist es nicht naheliegend, in den Zeremonialzentren, wo ohnehin für die Hauptgötter separat stehende Pyramidentempel errichtet waren, die kleinen Verehrungsstätten zusammenzufassen, sie Tür an Tür zu legen? Diese Art der Verehrung würde auch mit einem anderen Brauch zusammentreffen: mit den Pilgerfahrten zu den Zeremonialzentren. Die Totenstraße in Teotihuacán muß man sich bei großen Zeremonien mit einem endlosen Pilgerstrom gefüllt vorstellen: Die Menge strömte an den kaum noch zu zählenden Podesten vorbei, deren Tempel und Altäre alle von Priestern und Gehilfen bedient wurden. Könnte man sich ein solches Vorbeipilgern nicht auch vor den aufgereihten Toröffnungen der langen Palastfassaden vorstellen?

182 Uxmal
NONNENVIERTEL
WESTPALAST
Ansicht von Westen

Bei dieser Annahme wäre es auch gar nicht so abwegig zu sagen, daß z.B. vom Gouverneurspalast aus auch regiert worden ist. Denn das Regieren geschah nicht durch einsame Beschlüsse der Herrscher, erst recht nicht durch demokratische Abstimmung auf Versammlungen, sondern durch Botschaften, die die Regierenden durch Zwiesprache mit den Göttern und den Ahnen erhielten. Dieses Zusammenwirken mit den Göttern konnte der oberste Priester oder der Herrscher entweder ganz allein vollziehen, aber auch zusammen mit seinen wichtigsten Würdenträgern, die aus der Priesterschaft und dem Adel stammten. Und wo könnte man sich diese Handlungen besser vorstellen, als im großen Mittelsaal des Gouverneurspalastes. Gewiß gab es dabei auch Beratungen, die aber werden in den Vorräumen stattgefunden haben die hinteren Kammern könnten dazu gedient haben, für die gefaßten Beschlüsse den Segen der Götter zu erbitten. Erst wenn dies alles abgeschlossen war, trat der Priesterfürst durch die große mittlere Türöffnung, seine Würdenträger folgten ihm durch die etwas kleineren Öffnungen an den Seiten. Und nun hörte das Volk, daß sich währenddessen draußen unterhalb der breiten Treppe versammelt hatte, „von oben", was die Götter zu verkünden hatten. Eines erscheint wohl ganz sicher: die großen Plätze unterhalb der Paläste waren Versammlungsflächen des Volkes, die Paläste auf den Podesten über den breiten Treppen dagegen Verkündigungsstätten der Herrschenden.

Zu den repräsentativen Pflichten des Regierens gehörte auch, Gesandtschaften anderer Völker würdevoll zu empfangen (Darstellungen auf Wandmalerein und Vasen zeigen es). Auch diese Empfänge könnten sich – zusätzlich zu dem oben Vermuteten – in den Palästen abgespielt haben: Emporschreiten zum Palast auf den breiten Treppen, Empfang auf der Freifläche vor dem Palast, Hineinführen in den vorderen Raum, wo der Priesterfürst auf einem kleinen Thron saß, Niederhocken auf der Erde davor usw.

Das Weitere könnte sich dann alles im vorderen Raum abgespielt haben; der Herrscher hatte die genannte Öffnung zum hinteren Raum im Rücken; von dort kamen die Kräfte des Jenseits, auf die sich seine Macht stützte. Schwierige Verhandlungen konnte der Herrscher jederzeit unterbrechen, um sich in den hinteren Raum zurückziehen und um dort (vielleicht auch zusammen mit einigen hohen Würdenträgern) Rat einzuholen.

Doch das „Regieren" war wohl nur die eine Seite des Öffentlichen Lebens, für das Volk gab es die großen Zeremonialfeiern. Sie fanden vor dem Hintergrund der herrlichen Paläste statt. Die breiten Treppen vor den Palästen, wie beim oben abgebildeten WESTPALAST im Nonnenviertel waren vorzüglich geeignet, als Bühne in die großen Zeremonialfeiern einbezogen zu werden. Zu diesen Feiern gehörte, daß Geschehnisse aus dem Leben der Götter nachgespielt wurden. Wo hätte das wirkungsvoller geschehen können, als hier in diesem großen Hof, wo auf allen vier Seiten lange Paläste den Platz umschließen? Und wie hätten die Priester, die sich die Gewänder der Götter angelegt hatten, besser das Spiel beginnen können, als durch würdevolles Hervortreten aus den vielen Toren des Palastes? Natürlich sind dies durch nichts bestätigte Vermutungen; sie sollen aber – um auf die Frage der Nutzung der Palastkammern zurückzukommen – nur als Grundlage dienen für folgende Feststellung: In den Palasträumen – insbesondere in den hinteren Kammern – kann von der baulichen Situation her (wie zuvor festgestellt) keine normale, alltägliche Nutzung (auch keine Verwaltungs- und Regierungsarbeit im heutigen Sinne) stattgefunden haben. Wenn von den durchgespielten Möglichkeiten alle anderen ausscheiden, dann können in den Palasträumen (besonders in den hinteren) nur mystische Handlungen stattgefunden haben, von denen die Öffentlichkeit abgesondert war.

DIE ERDGEBUNDENEN PALÄSTE

183 Edzná
GEBÄUDE DER
FÜNF STOCKWERKE
Frontalansicht von Westen

*Abb. der Cresterìa und
der oberen drei Stockwerke
siehe S. 79*

GEBÄUDE DER FÜNF STOCKWERKE IN EDZNÁ

Das Zeremonialzentrum von Edzná liegt im Nordwesten von Yucatán, etwa 60 km südöstlich der heutigen Hafenstadt Campeche. Die Kultbauten umgeben einen großen Platz von 170 x 100 m Länge, von dem eine breite Treppe zu einer künstlichen Plattform, der „Akropolis" emporführt. In ihrer Mitte steht ein gewaltiger Bau, der auf den ersten Blick aus fünf Stockwerken zu bestehen scheint, der aber gleichzeitig die Umrisse einer tempelgekrönten Stufenpyramide aufweist. Dieses sogenannte „Gebäude der fünf Stockwerke" (dessen Cresteria bereits auf S. 79 vorgestellt wurde) möchte ich den Palästen voranstellen, denn es veranschaulicht am besten den fließenden Übergang von den Pyramidentempeln hin zu den Palästen.

Nähert man sich dieser Pyramide im Gegenlicht des frühen Morgens, dann sind die Einzelheiten der Kammern nicht zu erkennen, die fünf „Stockwerke" wirken wie geschlossene Wände, es könnte sich um sehr große Tableros einer Stufenpyramide handeln. Wenn man dann noch weiß, daß der vor uns stehende Bau durch Überbauung einer älteren Stufenpyramide entstanden ist, dann neigt man wirklich dazu, dieses Bauwerk als einen klassischen Pyramidentempel anzusehen. Dazu kommt, daß man auf der obersten Plattform einen Tempel entdeckt, wie ihn auch die klassischen Mayapyramiden tragen; er ist in der Fassade dreigeteilt in Wand- und Gewölbezone und in eine hohe Cresteria als Krönung des Ganzen.

Doch „klassisch" (in der für Mesoamerika angewandten zeitbestimmenden Definition) ist der Bau nicht mehr.

Zwar ist auch hier die zeitliche Zuordnung mit Fragezeichen versehen; man nimmt aber an, daß die Überbauung bis ins 7. Jh. n. Chr. zurückreicht und daß die Kammern auf den Pyramidenstufen aus dem 8. Jh. n.Chr. stammen. Damit steht der Bau also am Beginn der „spätklassischen" Zeit. Merkwürdig ist nur, daß er ungefähr ein halbes Jahrhundert nach dem noch zu beschreibenden Palast in Palenque (siehe S. 119 ff.) entstand, der Palast in Palenque aber um diese Zeit bereits freistehend errichtet wurde, während wir in Edzná nur ein Kammersystem vor uns haben, das sich mit der Rückseite an die Stein- und Erdmassen einer Stufenpyramide anlehnt. Wir haben also auch hier – wie ganz am Anfang bei den Tableros beschrieben – noch eine erdgebundene Bauweise vor uns.

Während mit dem Palast in Palenque kaum Ähnlichkeiten auszumachen sind – die Entfernung dorthin war wohl zu groß – zeigt das Kammersystem Übereinstimmungen mit den nahegelegenen Palästen in Sayil und in Labná. An der Bauweise der Kammern und vor allem am Auftreten der ersten Säulen läßt sich eindeutig ablesen, daß die Kammern in Sayil und Labná eine Weiterentwicklung der von Edzná sind: Die Gewölbezone erreicht in Edzná wegen der geringen Raumtiefe und der sich daraus ergebenden geringen Gewölbehöhe nicht die Höhe wie in Sayil und Labná, und vor allem fehlt noch der reiche Schmuck, der dort die Gewölbezone auszeichnet. Sind also die Gebäude auf dem Pyramidentempel in Edzná der Beginn einer neuen Entwicklung, und sind die freistehenden Paläste in Yucatán auf dem Umweg über Kammerbauten auf einem Pyramidensockel entstanden?

Sollte diese Annahme stimmen, dann hätte sich auf dem fünfstufigen Pyramidensockel in Edzná zwischen dem 7. und 8. Jh. n. Chr. etwas sehr Wichtiges abgespielt: Nachdem man hier zunächst wohl auch steinerne Befestigungen zum Schutze der Stufen angelegt hatte, kam man irgendwann – ob bei der ersten Überbauung oder erst im Zuge späterer Verbesserungen bleibt gleich – auf die im Grunde einfache Idee, diesen Mauern Kammern vorzusetzen, oder – je nach Sicht der Dinge – den Raum hinter den Wänden auszuhöhlen und zu nutzen und damit als Ergänzung zum allein- und freistehenden Tempel oben eine ganz neue Gebäudeform zu erfinden. Diese Kammern konnten zusammen mit dem darüberstehenden Tempel für die Zeremonien genutzt werden.

Unklar ist allerdings, warum diese Zeremonialgebäude nicht auch sofort das von den Tempeln her bekannte System der zwei hintereinanderliegenden Kammern übernommen haben. Interessant ist in diesem Zusammenhang, daß sich auch im Palast in Palenque (und auch in vielen frühen Palästen in Tikal) keine Vorkammern finden. Meine auf S. 106 f. ausgesprochene Vermutung, daß in den Mayapalästen die beiden hintereinander liegenden Räume eine den Tempeln ähnliche sakrale Funktion gehabt haben, sagt nicht, daß eine zeremonielle Nutzung auszuschließen ist, wenn nur einfache Kammern vorhanden sind. Wir können hier nur festhalten, daß die Kammern in Edzná nur aus einem Raum bestehen, daß dann aber ein halbes Jahrhundert später in Sayil und Labná – und danach in nahezu allen Maya-Palästen – das dem Tempelgrundriß ähnliche doppelte Kammersystem auftritt.

Natürlich kann man sich für die Gebäude auf der Tempelpyramide auch eine profane Nutzung vorstellen. Doch dann stellt sich sofort die Frage, warum die Kammern eine so geringe Tiefe haben. So bleibt m. E. nur der Schluß, daß, ähnlich wie bereits auf den frühen Podesten in Teotihuacán, die Priester auch hier auf den Terrassen ihre Zeremonien abhielten und die Kammern dafür den Hintergrund bildeten. In den einzelnen Kammern werden auch keine mystischen Versammlungen stattgefunden haben; dafür ist ihre Zahl zu groß. Sie werden wohl nur Kultgerät und Opfergaben enthalten ha-

ben, das aber den Augen des Volkes, das unten auf dem Platz versammelt war, verborgen blieb. Die Toröffnungen hatten dabei die wichtige Aufgabe, das Geheimnisvolle zu verstärken. Dabei spielte die Tiefe der Kammern keine Rolle, sie war von unten ohnehin nicht wahrzunehmen.

Bisher konzentrierte sich die Gestaltung der Tempelpyramide allein auf den Eingang zum Tempel der oberen Plattform, also auf den Punkt, wo die Priester hineingingen und wieder hervortraten. Ein solcher Tempeleingang wird nun in Edzná auf den vier Stufen etliche Male wiederholt, die Möglichkeiten des feierlichen Hineingehens und Wieder-Hervortretens vermehren sich in der gleichen Weise. Es entsteht für die Zeremonien eine großartige Schaufassade, die wiederum nur den Abschluß bildet für den großen Hof davor, auf dem das Volk tanzte. Heute dürfen wir uns nicht allein beeindrucken lassen von der Wirkung dieses gewaltigen „Gebäudes", sondern wir müssen uns – wie bei den Podesten in Teotihuacán – vor dieser Schaufassade die sich auf den Stufen bewegende Menge der Priester und Gehilfen vorstellen, die, unterstützt von Feuer und Rauch, auf diesem „Tempelberg" sehr wirkungsvoll ihre heiligen Riten zelebrierten.

*184 Edzná
GEBÄUDE DER FÜNF
STOCKWERKE
Gesamtansicht von Südwesten*

185 Edzná
*GEBÄUDE DER
FÜNF STOCKWERKE*
Kammer mit Säule
auf der vierten Stufe

Wie wichtig die Eingänge zu den einzelnen Kammern waren, erkennt man auch daran, daß man sich in Edzná bemühte, die Türöffnungen zu verbreitern und zu betonen. Dabei treten hier zum ersten Mal monolithische Säulen auf. Sie wirken noch sehr gedrungen und tragen eine schwere, quadratische Kapitellplatte. Aber das leichte Anschwellen des Schaftes in der Mitte zeigt bereits ein Gefühl für statische Zusammenhänge: Es verkörpert den Druck, den das Gebälk auf die Säule ausübt. (Anmerkung: Die Säulen der Vorhallen am Fuße der Pyramide sind gemauert und erst bei einer späteren Überbauung entstanden, spielen also bei dieser Betrachtung keine Rolle.) Vergleicht man diese Säule mit denen in Sayil (siehe Nebenseite oben), dann sind die Säulen dort schon etwas eleganter, die Kapitellplatte ist etwas dünner.

An diesen Detailformen erkennt man einerseits, daß der Palast in Sayil später als der in Edzná entstanden ist. Andererseits läßt sich an der reicheren Dekoration der später folgenden, freistehenden Maya-Paläste ablesen, daß diese wiederum nach den Palästen von Sayil und Labná erbaut wurden. Aus alledem läßt sich schließen, daß sich die späteren Mayapaläste aus der frühen, erdgebundenen Bauweise entwickelt haben. Denn „erdgebunden" ist die Konstruktion der Tempelpyramide schon deshalb zu nennen, weil es sich eben nicht (wie der Name vortäuscht) um ein „mehrstöckiges Gebäude" handelt – keine der Kammern hat eine konstruktive Verbindung zu einer darüber- oder darunterliegenden –, sondern alle Kammern stehen auf den aufgeschichteten Stein- und Erdmassen der Stufenpyramide und lehnen sich nach hinten lediglich an die aufgefüllten Massen an.

unten:
186 Alt-Korinth,
GRIECHENLAND
APOLLON-TEMPEL
Monolithische Säulen

MONOLITHISCHE SÄULEN

Die ersten Säulen im Mayaland sind monolithisch, d. h. aus einem Stein gefertigt. In allen frühen Kulturen beginnt der Säulenbau mit monolithischen Säulen. Auch in Griechenland gelangte man in dem Augenblick, wo man die hölzernen Säulen durch steinerne ersetzte, zu schweren, archaischen Formen, wie sie z. B. am frühdorischen Apollon-Tempel in Korinth zu sehen sind (siehe Abb. links). Diese untersetzten (6 m hohen) Säulen zeugen vom erwachten Gefühl für das Lasten, was sich besonders im weit ausladenden Kapitell zeigt, dessen Echinus (Wulstplatte unter der quadratischen Eckplatte des Kapitells) unter der Last des schweren Gebälks geradezu auseinandergequetscht wird. Auch diese Säulen stehen, ähnlich wie die in Sayil und Etzná, unvermittelt ohne Basis auf dem Unterbau, aus dem sie herauszuwachsen scheinen.

Anders als in Griechenland begnügte man sich in Mesoamerika damit, die Säulen nur aus zwei geometrischen Grundformen zu fertigen: aus dem zylindrischen Schaft und der quadratischen Deckplatte. Man kam nie auf die Idee, eine unter der Last leidende Gebärde wie den griechischen Echinus einzuführen. Die Säule blieb eher eine Zweckform, sie wurde nie als eine zentrale Form der Gestaltung angesehen.

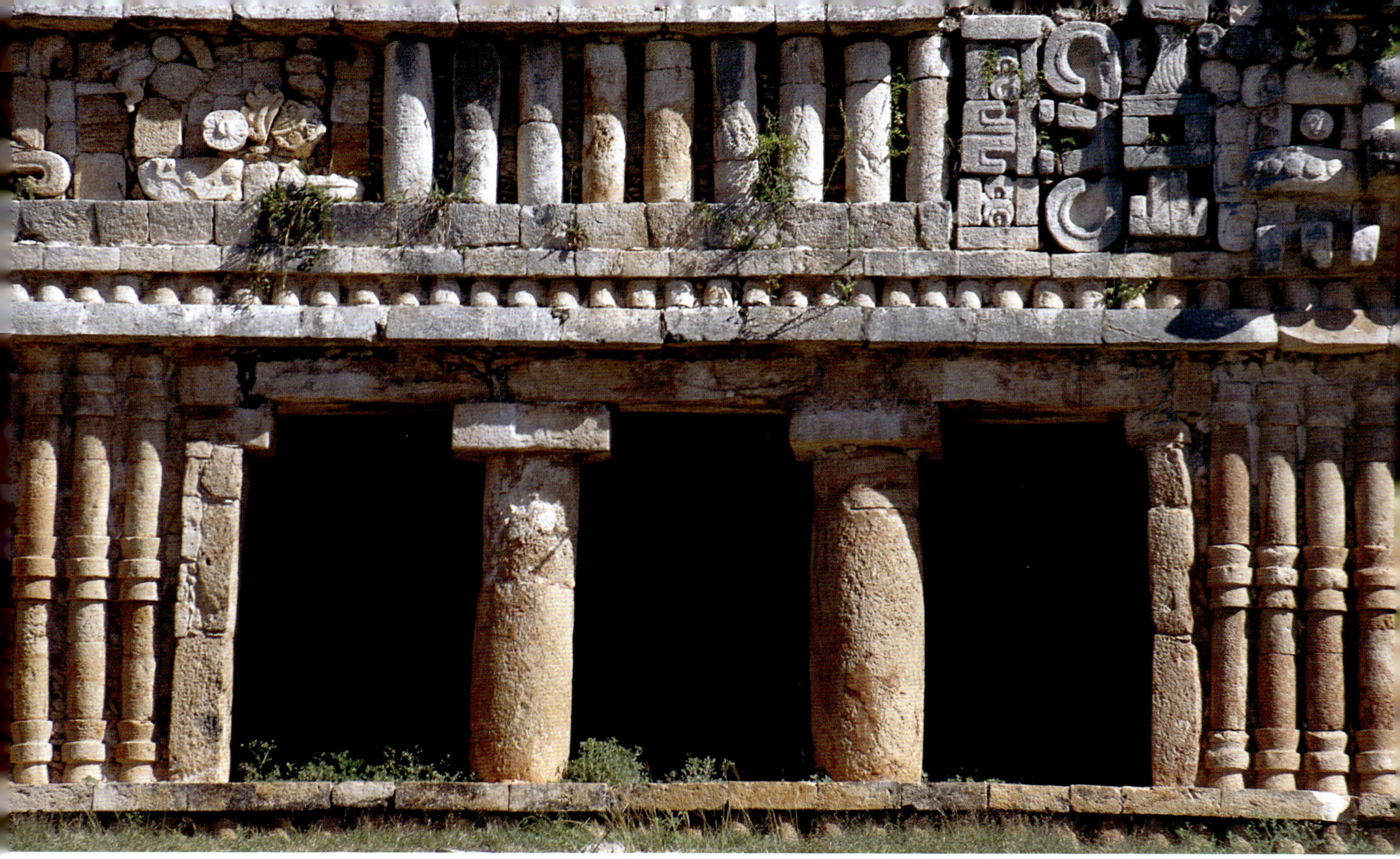

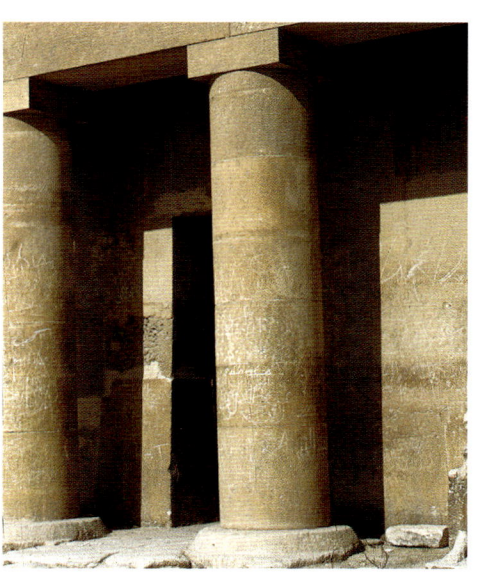

GEBÄUDE DER DREI STOCKWERKE IN SAYIL – SÄULEN ALLGEMEIN

187 Sayil
PALAST
(Gebäude der drei Stockwerke)
Ausschnitt der Fassade
des 2. Stockwerks

Säulen sind senkrechte Stützglieder. Während man im Holzbau zusammenfassend alle Pfosten, Stiele und Ständer als Säulen bezeichnet, hat im Steinbau eine Säule immer einen kreisförmigen Grundriß. Säulen dienen im statischen Sinne dazu, die Balken (Architrave) größerer Öffnungen zu unterstützen; sie besitzen aber darüber hinaus auch einen großen ästhetischen Wert. Sie vermitteln ein Gefühl für die Verteilung der Lasten des Gebäudes; man spürt, daß in den Säulen die Lasten des Gebälks gebündelt nach unten abgeleitet werden. Sie verleihen dem Bauwerk nicht nur Transparenz sondern auch Würde.

Die beiden letztgenannten Eigenschaften spielen allerdings im Bauen Mesoamerikas keine überragende Rolle, hier kommt es mehr auf eine massive, geschlossene Haltung an und statt Würde eher auf vordergründige Wirkung. So haben bis in die spätklassische Zeit hinein Tempel- und die Palastfassaden meist einen geschlossenen Charakter, Toröffnungen in normaler Breite sind ausreichend. Erst am Pyramidentempel in Edzná bemerkt man zum ersten Mal das Bemühen, die Öffnungen der Palastkammern zu vergrößern und in der Mitte die Lasten durch Stützen abzutragen. Diese gedrungene Säule, wie wir sie einzeln stehend am Palast in Edzná (siehe Vorseite oben) oder als Paar angeordnet am Palast in Sayil (siehe Abb. oben) sehen, muß man als eine wirklich neue Erfindung der Maya ansehen. Auch die schweren, quadratischen Steinplatten, die den Säulen als Kapitell aufgesetzt sind, haben kein Vorbild im Holzbau. Sie entstanden allein deshalb, weil man das konstruktive Problem erkannt hatte, daß hölzerne oder steinerne Balken auf einer runden Säulenfläche kein ausreichendes Auflager finden und man daher eine den Druck ausgleichende Platte einfügen müsse.

unten:
188 Gizeh
ÄGYPTEN,
MASTABA
der 5. Dynastie am
Fuße der Cheopspyramide
Säule am Eingang

UNTERTEILTE SÄULENSCHÄFTE

Die Ähnlichkeit der Säulen in Sayil (oben) und Gizeh (rechts) ist verblüffend, Säulenschaft und Kapitell sind gleich, die ägyptische Säule steht lediglich auf einer noch unbeholfen geformten Basis. Bei beiden Säulen ist man bereits dazu übergegangen, den monolithischen Säulenschaft durch einzelne Säulentrommeln zu ersetzen. Das vereinfacht nicht nur die Herstellung, sondern durch eine Unterteilung werden überhaupt erst die normalen Säulenhöhen ausführbar.

Während an ägyptischen und griechischen Tempeln sehr schnell längere Säulenreihen Üblich werden, entstehen diese in Mesoamerika erst sehr spät in „nachklassischer“ Zeit, z. B. in Uxmal in einem Säulenbau südlich vom Nonnenviertel (siehe S. 159). Bald danach nutzt man in Chichén Itzá Säulenreihen in größerer Zahl in Innenräumen, in diesen Hallen lösen sie die Pfeilerreihen ab, die davor bereits erprobt waren. An Fassaden treten Säulenreihen in größerem Maße erst in Tenochtitlán auf. Dort erlangten sie allerdings eine Bedeutung, die fast vergleichbar ist mit der, die sie zu hellenistischer Zeit im Mittelmeerraum besaßen.

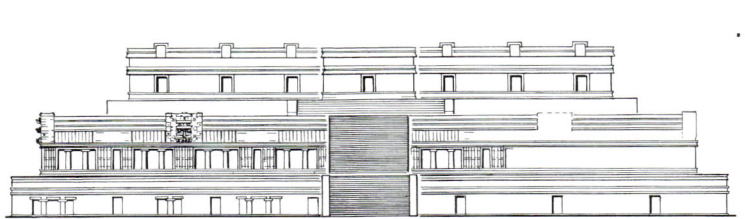

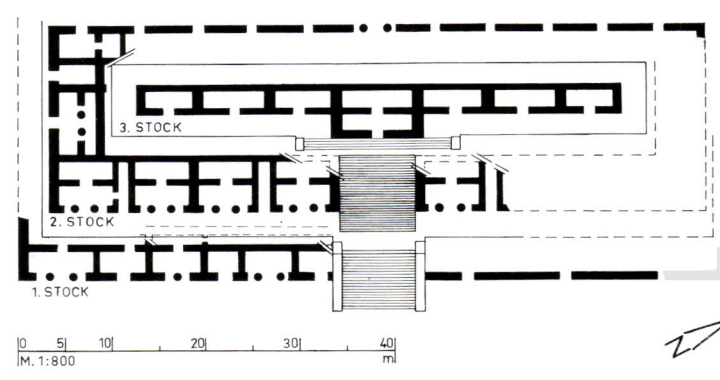

```
0   5|  10|      20|      30|      40|
M. 1:800                              m|
```

oben:
189 Sayil
PALAST (Gebäude
der drei Stockwerke)
Ansicht des nordwestlichen Teils

Mitte:
190 a+b Sayil
PALAST (Gebäude der drei
Stockwerke)
Mitte oben: Ansicht
Mitte unten: Grundriß
beide M. 1:800

Einen Ausschnitt der
GEWÖLBEZONE
des Palastes
siehe Vorseite oben

DER PALAST IN SAYIL
(DAS GEBÄUDE DER DREI STOCKWERKE)

Kann man in dem langgestreckten, nur „dreistöckigen" Gebäude von seiner Silhouette her schon eher einen „Palast" erkennen, so ist es im Grunde auch noch ein flacher Pyramidentempel. Das oberste Stockwerk hat als freistehendes Gebäude eindeutig Tempelcharakter. Und, was noch wichtiger ist, zu ihm führt, wie wir es von den Pyramidentempeln gewohnt sind, eine breite, alles beherrschende Treppe hinauf. Allerdings ist dieser „Tempel" durch den seitlichen Anbau von jeweils drei Kammern weit mehr als üblich in die Länge gezogen.

Auf jeden Fall aber scheint dieser im 8. und 9. Jh. erbaute Palast eine Weiterentwicklung des Kammersystems von Edzná zu sein. Kammern in der einfachen Form von Edzná finden sich noch auf der untersten Stufe und oben neben dem Haupttempel. Die Weiterentwicklung mit einer Vorkammer wird zunächst auf der untersten Stufe versucht, konsequent aber auf der mittleren Stufe durchgeführt. Die Säulen treten unten überwiegend als Einzelsäulen auf, werden dann aber auf der mittleren Stufe durchweg als Säulenpaare verwendet, die sich in ihrer eleganten Form an das reiche Dekor der Gewölbezone anpassen.

Doch bei aller Weiterentwicklung stellen wir fest, daß wir immer noch eine **erdgebundene Bauweise** vor uns haben; die Kammern der unteren und mittleren Stufe lehnen sich, wie sie es ähnlich in Edzná taten, mit ihrer Rückseite an den Pyramidensockel an.

Für die Nutzung des Palastes in Sayil gibt es mehrere Möglichkeiten: Entweder steht das „Gebäude der drei Stockwerke" am Beginn einer Entwicklung und ist ein repräsentativer Bau, der zum Verwalten und Regieren diente (wobei gleich bleibt, ob er nun ein mehr privater Wohnsitz eines einzelnen Priesterfürsten oder einer ganzen Reihe von Würdenträgern war, oder ob seine Räume allein dem repräsentativen Regieren und Verwalten dienten).

191 Sayil
PALAST
(Gebäude der drei Stockwerke)
Gesamtansicht

Oder der Palast in Sayil hat sich, wie ich vermute, aus dem Typ des Pyramidentempels in Edzná entwickelt. Er wäre dann die Weiterentwicklung einer Zeremonialstätte. Dazu müßten sich in dem halben Jahrhundert, das zwischen dem Bau beider Stätten verging, die religiösen Bräuche verändert haben. Die Zeremonien, bisher oben auf der Spitze der Pyramide gefeiert und den Blicken des Volkes weit entrückt, könnten nun den Zuschauenden räumlich näher gebracht worden sein; zunächst in Sayil noch auf drei Stufen (und bei allen späteren Palästen dann nur noch auf einem hohen Podest).

Mit der neuen Art der Zeremonien kann das Bemühen gewachsen sein, dem Volk die Götterwelt auch dreidimensional, d.h. in Form von Skulpturen eindringlicher vor Augen zu führen. Skulpturen wie oben am Tempel der Wahrsagerpyramide in Uxmal (siehe S. 86 f) sind in Einzelheiten von unten kaum zu erkennen, wohl aber die Darstellungen der Gewölbezone auf der zweiten Stufe hier in Sayil. Sich dann die Weiterentwicklung von der dreistufigen, noch erdgebundenen Zeremonialstätte zur einstufigen, freistehenden vorzustellen, fällt nicht schwer.

Die äußeren Umrisse des Palastes in Sayil fordern dazu heraus, eine Momentaufnahme aus Ägypten einzufügen. Dort baute man in der Anfangsphase im Alten Reich ähnlich erdgebunden wie in Mesoamerika: Nicht nur die Pyramiden bestehen aus aufgeschichteter Masse, auch andere

frühe Bauten (z.B. die auf S. 32 abgebildeten Bauten in Sakkara) sind in ihrem Innern mit Steinmaterial angefüllt; es sind massive, steinerne Symbole, die für den Totenkult die Gestalt vergänglicher, weltlicher Bauten bewahren sollten. Selbst als zu Beginn des Neuen Reiches Hatschepsut (ca. 1490–1468 v.Chr.) ihren Totentempel an der Felswand in Dír el-Bahri errichtete (siehe Abb. unten und S. 12), waren in der ägyptischen Architektur außer kleineren Tempeln noch keine größeren, freistehenden Gebäude erbaut, es gab in erster Linie nur Pyramiden, Mastabas und Grabanlagen. Die uns bekannten freistehenden und voll nutzbaren Gebäude, wie die Tempelanlagen von Tuthmosis III, Sethos I und Ramses II waren alle noch nicht errichtet. Interessant ist, daß Hatschepsut an den Wänden des Tempels die Legitimität ihrer Thronfolge darzustellen versuchte, genauso wie es der Mayafürst Pacal mit seinen Tafeln an der Inschriftenpyramide in Palenque tat.

Ist nun die Ähnlichkeit beider abgebildeter Anlagen erstaunlich? Wohl nicht; denn die Voraussetzungen waren ähnlich: In beiden Kulturen wurde noch überwiegend erdgebunden gebaut; es war gleich, ob man eine natürliche Terrasse vor einer Felswand benutzte, oder ob man den Unterbau künstlich errichtete. Allerdings benötigte man in Ägypten, weil es dort üblich war, bei Prozessionen die Götterbilder zu fahren. statt steiler Treppen sehr lange Rampen.

unten:
192 Der el-Bahri
ÄGYPTEN
TEMPEL DER HATSCHEPSUT
Ansicht über Eck

193 Sayil
PALAST
(Gebäude der
drei Stockwerke)
Ausschnitt der Fassade
des 2. Stockwerks

Was unterscheidet nun tatsächlich das GEBÄUDE IN SAYIL von dem früheren in Edzná? Zunächst wechselt man von der typischen Pyramidenform in Edzná (mit fünf Stufen) zu einer mehr horizontal ausgerichteten Podestform (mit nur drei Stufen) in Sayil. Darüber hinaus aber werden in Sayil (wie die Abbildung oben zeigt) sehr reiche Schmuckformen angebracht, die in Edzná noch nicht zu finden sind. Das mag daran liegen, daß Edzná zwischen dem Gebiet des Puuc-Stils im Norden und dem des Chenes-Stils im Süden liegt (siehe „Die dekorativen Stile der Maya" auf S. 124 f. und „Karte der beschriebenen Kultstätten" auf S. 186 f.) und im frühen 8. Jahrhundert noch nicht von diesen dekorativen Stilen berührt worden war. Sayil und auch Labná (siehe nächste Seite) gehören dagegen mit zu den Städten, in denen die Entwicklung des Puuc-Stils begann. Dieser Stil zeichnet sich dadurch aus, daß nur die Gewölbezone reich dekoriert wird, während darunter die Außenmauern zwischen den Türöffnungen ungeschmückt bleiben und aus glatten, besonders sorgfältig bearbeiteten Steinen bestehen, wie es später auch in Uxmal (S. 128 ff) geschieht. Letzteres wird allerdings in Sayil und Labná nicht an allen Wänden durchgehalten. In Sayil findet man über der mittleren Terrasse eine stark dekorierte Gewölbezone u.a. mit einer sehr schönen Darstellung des herabsteigenden Gottes (siehe oben). Die Wände darunter sind allerdings nicht in glatten Steinen ausgeführt, sondern (wie im Chenes-Stil) mit Nachbildungen von Rundhölzern dekoriert. Glatte Außenwände in sehr guter Ausführung finden sich auf der obersten Terrasse (siehe Abb. Vorseite).

NACHBILDUNG HÖLZERNER FORMEN AN DEN PALÄSTEN IN SAYIL UND LABNÁ

Sowohl an den Fassaden von Sayil (siehe oben) als auch an denen von Labná (siehe nächste Seite) sind Rundhölzer nachgebildet, die – wie im Holzbau allgemein üblich – jeweils unten, oben und in der Mitte zusammengebunden erscheinen.

Aber stellen diese aneinandergereihten Rundhölzer wirklich nur unmittelbare Nachbildungen von Holzkonstruktionen dar? Bei näherem Hinschauen kommen Bedenken auf: Holzwände sehen anders aus. Die Stämme hier sind so ringartig aneinander gebunden. Es fehlen verstärkte Ecksäulen und Lösungen, die zeigen, wie die Stämme an den Torgewänden und Ecksäulen befestigt waren. In steinernen Gräbern Griechenlands gibt es Nachbildungen, bei denen die hölzernen Konstruktionen bis ins Detail in Stein wiedergeben sind. Aber von Details der Holzwände ist hier nichts zu sehen; steinerne Torgewände stehen hier neben der hölzernen Wand in einer Weise, als hätte sie nichts miteinander zu tun. Schaut man auf die Gewölbezone, so stehen hier einzelne Holzstämme neben mythologischen Symbolen in einer Art, als seien sie selbst auch nur Symbolformen.

Denkt man dann noch an die vielen Nachbildungen von Mayatempeln mit hölzernen Dächern, die überall an den Gewölbezonen zu sehen sind (siehe S. 62), dann stellt sich die Frage, ob die Holzstämme etwa auch nur Symbole darstellen? Verkörpern die vielen Holzstämme (besonders die verkürzten, die völlig unsinnig die Gesimse und Sockelleisten füllen) evtl. nur eine Idee, die in irgendeinem Zusammenhang steht mit dem Tempelbau?

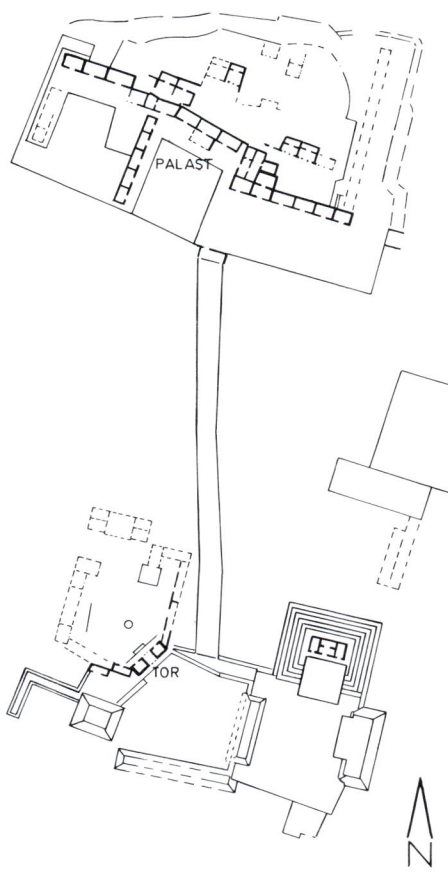

DER PALAST IN LABNÁ

Das Kultzentrum von Labná, nur wenige km östlich von Sayil gelegen, teilt sich in zwei Teile, die durch eine Zeremonialstraße verbunden sind (siehe Lageplan oben rechts). Im Süden steht neben einer hohen, kaum freigelegten Pyramide (deren Tempel den Rest einer hohen Crestería trägt) der berühmte Bogen (der auf S. 144 f. beschrieben wird); im Norden erstreckt sich auf einem langgezogenen Podest der PALAST (siehe Abb. oben). Im Gegensatz zu Sayil ist er nicht völlig symmetrisch angelegt, sondern wahrscheinlich aus einzelnen Gebäuden erst später zusammengewachsen. Er beeindruckt vor allem durch die Fülle seiner Dekorationen.

Auch in Labná ist der Puuc-Stil nicht stetig durchgehalten; An den Wänden erscheinen neben glatten Flächen auch hier ähnliche Rundhölzer. Sie sind allerdings gedrungener als die in Labná, tragen aber ebenfalls selbständige Ringe, die nicht erkennen lassen, wie sie untereinander verbunden sind. Die steinerne Eckausbildung mit den jeweils gleichen Rundhölzern entspricht nicht der normalen Holzkonstruktion; es fehlen verstärkte Ecksäulen (wie sie auf den Abbildungen der nächsten Seite zu sehen sind).

An beiden Palästen sind die Gewände der Tore als eine besondere stilistische Feinheit leicht geneigt ausgebildet.

oben links: 194 Labná
PALAST
Ausschnitt der Fassade
mit der Nachahmung
hölzerner Außenwände

oben rechts:
195 Labná
LAGEPLAN i.M. 1:2500

darunter: 196 Labná – PALAST
Ansicht von Süden
von links die Zeremonialstraße

oben links:
197 Labná
PALAST
Eckausbildung
mit verdoppelter Säule

oben rechts:
198 Xlapak
HAUPTGEBÄUDE
Eckausbildung
mit einfacher Säule

Im PALAST VON LABNÁ findet sich ein ganzer Katalog von Nachbildungen hölzerner Bauformen. Außer den auf der Vorseite gezeigten Wandformen finden sich sogar Stellen, an denen die Rundformen wie im Blockbau waagrecht übereinandergeschichtet sind. Und immer wieder finden sich die schon genannten Eckausbildungen (siehe Abb. oben links).

Eine andere Eckausbildung an einem ganz anderen kleinen PALAST im nahegelegenen XLAPAK (Abb. oben rechts) zeigt dann aber ganz klar, wie die Maya die Ecken der Lehmwände ihrer Häuser durch Rundhölzer schützten (siehe Abb. oben rechts). Diese Konstruktion ist schon deshalb einleuchtender, weil sie auch bei den Ägyptern üblich war. Im Festhof des Djoser (S. 32) sind Nachbildungen von Lehmwänden zu sehen, die man an den Enden durch Rundhölzer aussteifte (siehe Abb. unter links).

Die Dreiviertelsäule in Xlapak ist noch aus einem anderen Grunde bemerkenswert: Zum ersten Mal in Mesoamerika sehen wir hier eine Säule, die nicht nur eine Deckplatte trägt, sondern auch eine Basis.

Aus allem ist zu erkennen, daß in frühen Kulturen die Säule zwar zunächst im Holzbau entstanden ist, daß sie aber in den Anfängen nicht nur ein freistehendes Stützglied war, sondern man sie auch in Wände eingebunden hat. Sie war besonders bei den Lehmziegelwänden an den Stellen erforderlich, wo die schwachen Ziegel vor seitlichen Stößen zu schützen waren.

Eine noch elegantere Form früher Halbsäulen findet sich an einer anderen Wand im Festhof des Djoser. Auch in ihnen kann man hölzerne Aussteifungen erkennen, die die Lehmwände befestigten. Diese Halbsäulen waren oben mit Stroh- oder Schilfbündeln geschmückt.

rechts:
199+ 200 Sakkara
ÄGYPTEN
DJOSER BEZIRK

links: Festhof – Eckausbildung

rechts: Hof des Nordpalastes
Papyrushalbsäulen

TORGEWÄNDE

Nicht nur Wand- und Dachzonen werden durch Simse hervorgehoben, ähnliches geschieht auch mit den Toröffnungen. Aber während in Griechenland die steinernen Gewände die im Holzbau üblichen Verleistungen der Türöffnung nachahmen, gab es dergleichen hölzerne Verleistungen, die als Vorbilder hätten dienen können, in Mesoamerika offenbar nicht. Wollte man Öffnungen durch dekorative Mittel betonen, erfand man zu diesem Zweck einfache, ungegliederte Simse. Beim Palast in Labná und am Nonnenbau in Chichén Itzá (siehe Abb. oben und unten) zog man ein solches Sims sehr einfach halb oder auch ganz um die Öffnung herum. Uns muten diese Simse in ihrer schmucklosen, unprofilierten Form merkwürdig schwer an. Doch ist gut möglich, daß man diese schweren Formen, die durchaus zu den ungegliederten Wandflächen passen, als notwendigen Gegensatz zur üppigen Dekoration der Gewölbezonen angesehen hat.

Es können aber auch technische Schwierigkeiten gewesen sein, die verhinderten, daß die Gewände nicht weiter profiliert wurden. Man ist zwar erstaunt über die filigranartigen Steinmetzarbeiten, die zeigen, daß die Steinmetzkunst in hoher Blüte stand. Doch wenn man genauer hinschaut, dann sind alle großen Skulpturen aus relativ kleinen Steinblöcken hergestellt und erst später an der Wand wie ein Mosaik zusammengefügt. Die dabei entstehenden breiten Fugen stören eine bewegte Darstellung, wie sie z.B. in der Gewölbezone üblich ist, nicht allzu sehr. Ganz anders verhält es sich mit durchgehenden, d.h. in einer langen Reihe von mehreren Steinen sich fortsetzenden Profilierungen. Hier stört jede Fuge. Wenn man Arbeiten wie diese hier mit dem griechischen Schaffen vergleicht, sollte man daran denken, daß den Indiovölkern nicht der edle Marmor Griechenlands (und Italiens) zur Verfügung stand, sondern daß man in Mesoamerika in erster Linie mit einem weichen, zerbrechlichen Kalkstein arbeiten mußte, der über mehrere Steine durchgehende Profilierungen in keinem Fall zuließ.

Das stark geneigte Tor in Labná (siehe Abb. oben) erhält durch sein breites Gewände eine gewisse Schwere, während bei der sorgfältiger gearbeiteten Öffnung in Chichén Itzá (siehe Abb. unten), wo sich das Gewände verdoppelt, eine gewisse Eleganz erzeugt wird.

Beide Gewände zeigen eine leichte Neigung. Da Mayahütten heute gerade Türöffnungen haben, werden die zeitgenössischen es auch gehabt haben.

Ist diese Neigung eine Erfindung lediglich für größere Tore in Zeremonialstätten? Davon kann man ausgehen, da auch die Ägypter und Griechen es liebten, bei ihren Tempeln und Torbauten die Gewände leicht geneigt zu formen. Es muß jedoch festgehalten werden, daß bei allen Palästen in Uxmal, wo die Wandzonen sehr streng gestaltet sind, auch die ohnehin nur schwach angedeuteten Torgewände ausschließlich senkrechte Öffnungen aufweisen.

FREISTEHENDE PALÄSTE

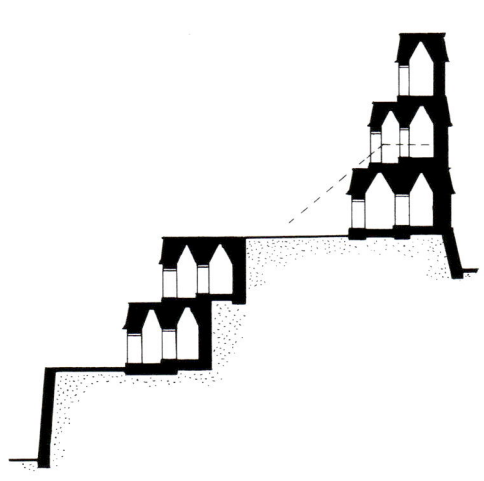

oben: 203 + 204
Tikal – *ZENTRALE AKROPOLIS*
GEBÄUDE DER FÜNF
STOCKWERKE
oben links: Schnitt
oben rechts: Seitenansicht von
Osten

205 Tikal
ZENTRALE AKROPOLIS
Lageplan

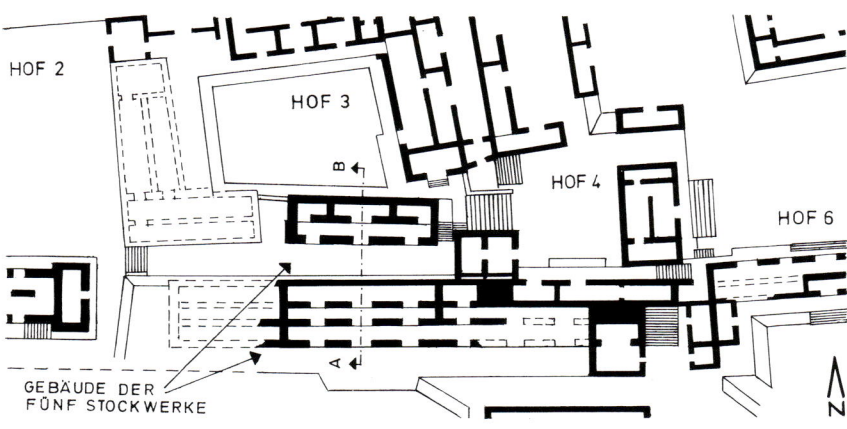

HOF 2

HOF 3

HOF 4

HOF 6

GEBÄUDE DER
FÜNF STOCKWERKE

GEBÄUDE DER FÜNF STOCKWERKE IN TIKAL

In Tikal (siehe Lageplan auf S. 83) erhebt sich südlich des „Großen Platzes" (mit den genannten Pyramidentempel I und II) die „Zentrale Akropolis" (siehe Lageplan links). Um sechs Höfe gruppiert sich auf unterschiedlichem Niveau ein großes Areal von Palästen mit langgestreckten Kammern, die alle mit wunderschönen Mayagewölben überdeckt sind. Die Gebäude sind erstaunlich dicht aneinandergerückt; diese Verdichtung ist das Ergebnis des mehrfachen An- und Überbauens. Es hat den Anschein, als seien dort auch „mehrgeschossige" Bauten entstanden.

Diese Tatsache drängt nochmals die Frage auf, ob es doch „mehrgeschossige" Gebäude gegeben hat. Sie muß auch hier verneint werden, denn auch die „fünf Ebenen" dieses Gebäudes bilden keine wirklichen „Stockwerke". Normalerweise schob man bei einer Überbauung die nächst höhere Ebene so weit zurück, daß sie auf einer Anschüttung errichtet werden konnte. Aber auf der mehrfach überbauten Akropolis herrschte Platzmangel. Hier fehlte der Platz zum Zurückschieben und so setzte man die Gebäude zum Teil übereinander.

Dieses sogenannte „Gebäude der fünf Stockwerke" wurde ab 650 n.Chr. am Kultplatz der Akropolis als Palastbau mit den üblichen zwei hintereinander geschalteten Kammern begonnen. Bereits damals war die bauliche Situation hier sehr beengt.

Schon der erste Bau (die heutige mittlere Ebene – siehe Schnitt oben), der sich nach Süden hin zum Kultplatz öffnet, wurde mit einer geschlossenen Rückwand auf die Grenze zum Hof 3 gesetzt, der zu einem ganz anderen Heiligtum gehörte. An dieser Rückwand ist heute noch vom Hof 3 aus der Fries zu erkennen, der an allen vier Seiten herumläuft. Als man diesen Bau mit einer zweiten Ebene überbauen wollte, fehlte nach hinten der Platz für die übliche Anschüttung. Man verfiel auf eine Notlösung und baute die Kammern der zweiten Ebene schmaler und gewann so nach vorn die Freifläche, die aus kultischen Gründen vor den Kammern unbedingt erforderlich war. Eine dritte Ebene wurde dann nur möglich, indem man dort auf eine der beiden Kammern verzichtete und so diesen Freiplatz gewann.

Bei diesen abgetreppten Überbauungen hatte man durchaus noch das Bild der Staffelung einer Stufenpyramide vor Augen. – Die beiden unteren Ebenen sind konstruktiv gar nicht mit dem „Gebäude" verbunden, sie sind an die schon vorhandenen Stützmauern der Akropolis angelehnt, stellen also noch erdgebundene Bauten dar.

Wichtig für unsere Betrachtung ist, daß hier in Tikal – zumindest beim Bauteil der drei übereinandergeschossenen Ebenen – (und auch beim nachstehend gezeigten Palast in Palenque) zum ersten Mal wirklich freistehende Gebäude entstanden sind, die nicht mehr erdgebunden sind. Nach der bisher geschilderten Entwicklung kann die Überwindung der erdgebundenen Bauweise gar nicht hoch genug bewertet werden.

DER PALAST IN PALENQUE

Der heute in sehenswerten Resten erhaltene Palast in Palenque (siehe Plan von Palenque auf S. 66) wurde im 7. Jh. vom Priesterfürsten Pacal (er regierte von 615 bis 683) über einem Sockel begonnen, in dem wesentlich ältere Reste überbaut sind. Sein Sohn Chan Bahlum (der nur 18 Jahre regierte) vollendete ihn. Dessen Sohn Kan-Xuo II. ließ ihn nochmals erweitern und fügte den Turm hinzu. Dieser Bau ist einer der ersten nun wirklich freistehend errichteten Paläste und nicht mehr im Anklang an die Schauseiten der Stufenpyramiden nur einseitig ausgerichtet, er bildet allseitig Fassaden aus. Zunächst erinnert auch hier noch alles an die hochaufgeschichteten Pyramidensockel: Der gewaltige, 11 m hohe Sockel mit einer Ausdehnung von 80 x 100 m ist mit 6 Stufen abgetreppt, und die restaurierte, monumentale Freitreppe, die an der Westseite hinaufführt, hat die Dimensionen der großen Treppenanlagen Monte Albáns. Fast könnte man meinen, man bestiege eine Pyramide, um zu einem Tempel zu gelangen.

Aber das, was auf diesem Sockel errichtet wurde, hat keine Ähnlichkeit mit den Gebäuden in Edzná und Sayil, die erst wesentlich später erbaut wurden. Hier entstand – wohl ohne Vorbilder – zum ersten Mal eine freistehende Palastanlage, die nicht nur allseitig zugängliche Räume aufweist, sondern darüber hinaus auch noch mehrere Höfe bildet. Genau so merkwürdig wie die Tatsache, daß keine Vorgängerbauten bekannt sind, ist die andere Tatsache, daß dieser Palasttyp keine Nachfolger gefunden hat. Ist das Wissen um diesen fortschrittlichen Bau nach der Zerstörung im 8. Jahrhundert einfach untergegangen oder lag es an der abgesonderten Lage im äußersten Westen des Mayalandes?

Der Palast in Palenque weicht mit seinen Galerien und seinen Innenhöfen vom üblichen Schema der zeremoniellen Palastgrundrisse ab; auch kennt er keine dunklen, nur über einen Vorraum zugänglichen Kammern. Dafür gibt es kleine Öffnungen in den Wänden und größere Durchbrüche von einem zum anderen Gewölbe, deren Sinn es sein könnte, auch die Gewölbe über den unten offenen Galerien besser zu belüften. Dies deutet darauf hin, daß der Palast tatsächlich als Regierungssitz des Herrschers Pacal gedient hat. Kleinere, abgeschlossene Räume im Südosten des Palastes könnten u.U. sogar der Wohnbereich gewesen sein. Hat sich unter Pacal die Regierungsform in Palenque von der anderer Mayastaaten unterschieden?

Andererseits fällt auf, daß Teile des Palastes große Ähnlichkeit haben mit den Formen der Inschriftenpyramide, die bei Pacals Tod 683 fertiggestellt sein soll, zu einem Zeitpunkt also, als der Palast noch nicht vollendet war. Die Form und die Neigung des Mansarddaches mit den langgestreckten Cresteríen, die in Pfeilerreihen aufgelöste Wand, die Gesimsausbildung und die Rahmung der geneigten Gewölbezone, all diese Formen sind nahezu übereinstimmend mit denen der Inschriftenpyramide. Hat der Palast u.U. doch einen sakralen Charakter oder zumindest eine in Teilen sakrale Nutzung? Waren bei Pacal und seinen beiden Nachfolgern Priester- und Herrscheramt völlig ineinander verschmolzen? Hatten insbesondere die Opferriten ein derartiges Ausmaß angenommen, daß der Herrscher sogar in einem Tempel wohnte?

207 Palenque
PALAST
östliche Galerie

208 Palenque
PALAST
Grundriß M. 1: 1000

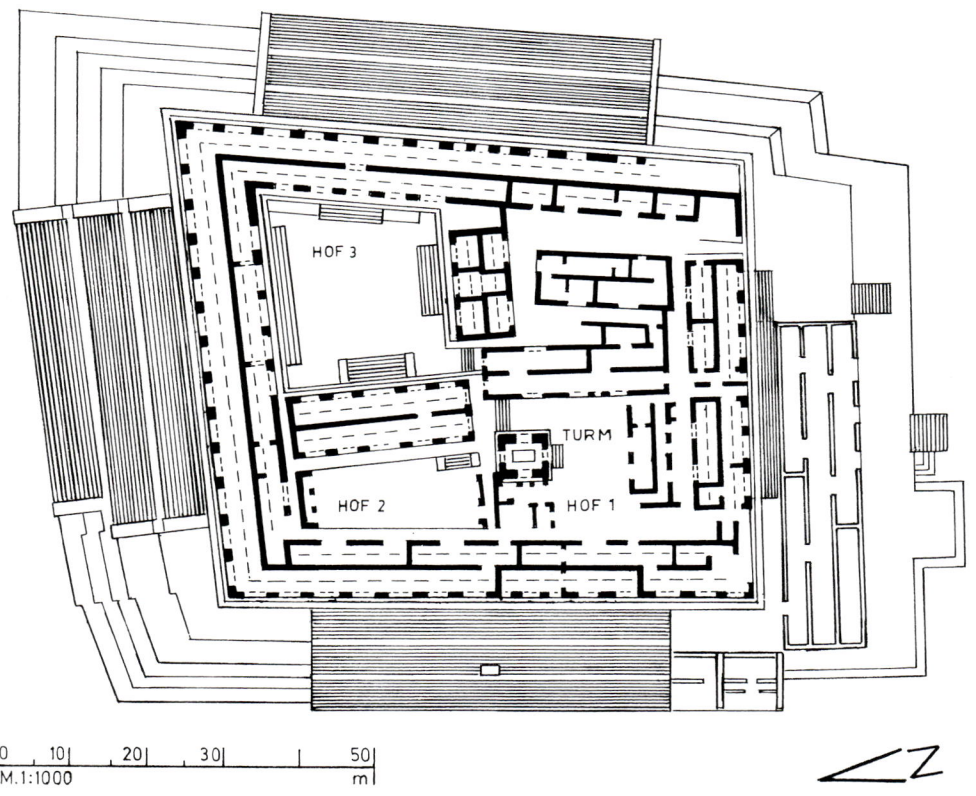

HOF 3

TURM

HOF 2   HOF 1

0   10   20   30   50
M.1:1000   m

Die Gewölbe wirken feierlich, aber gleichzeitig auch sehr leicht. Sie sind lichtdurchflutet durch die großen Öffnungen zwischen den Pfeilern. Durchschreitet man die Mittelwand durch eine der wenigen Toröffnungen, kommt man auf der anderen Seite in eine ähnliche, lange Galerie und tritt von dort je nach Wahl in einen der drei Innenhöfe. Von ihnen besitzt der Hof 3 die größte Qualität. Man kann an drei Seiten in die tieferliegende Hoffläche hinuntergehen, um dann nur von dieser aus zu einem freistehenden, dreitorigen Gebäude emporzusteigen, das von der Anordnung her eine zentrale Funktion besitzt, aber nur über den Hof 3 zugänglich ist (Abb. dieser Fassade siehe S. 175). Residierte hier der Priesterfürst? War dies der Palast im Palast? Im übrigen gibt es keine klaren Linienführungen von Raum zu Raum; die Gebäude und Höfe sind wie zufällig miteinander verwoben, erklärlich wohl dadurch, daß der ganze Palast erst durch Überbauung und Veränderung älterer Teile langsam gewachsen ist.

Wozu dienten die langen, offenen Galerien? Auffallend ist, daß sie den Palast einmal auf der äußeren Seite umgeben und – getrennt durch die Mittelwand (mit nur wenigen Öffnungen) – in gleicher Weise auf der inneren Seite. Eine solche Anlage könnte u.U. auf Prozessionen hindeuten, denen man durch die offenen Pfeilerreihen gleichermaßen von innen und von außen hätte zuschauen können.

Das Neue und Bemerkenswerte am Palastgrundriß sind die langen Galerien mit den im Gegensatz zu anderen Palästen überwiegend geschlossenen Mittelwänden. Man kann von außen überall in die durchgehende äußere Galerie eintreten.

Für alle Teile des Palastes wurde die bereits beim Tempelbau entwickelte, dem Mansarddach ähnliche Dachform übernommen. Sie schmiegt sich mit ihren geneigten Außenflächen der inneren Form des Gewölbes an, die Belastung durch die Gußmasse ist hier also wesentlich geringer als bei den später verwendeten senkrechten Wandflächen. Das ermöglichte von der Konstruktion her eine große Leichtigkeit aller Gebäude. Unseren Augen erscheint der Palastkomplex – gerade wenn man sich ihn als Ganzes vorstellt – durch die ständige Wiederkehr der gleich hohen und gleich geneigten Mansardflächen sehr ausgewogen. Doch sind dies Vorstellungen, die den Maya unbekannt waren. Ihnen ging es nicht um Leichtigkeit und Ausgewogenheit, sondern auch in Palenque um die Wirkung nach außen. Bei der Betrachtung der heutigen „Dachlandschaft" sollte man daran denken, daß sich damals durchgehend über allen Mansarddächern Cresteríen erhoben haben, von denen geringfügige Reste noch auf einigen Dächern (siehe Abb. oben und auf der nächsten Seite) zu erkennen sind; es gab neben Wand- und Gewölbezone praktisch eine dritte Zone, die ausschließlich dem Schmuckbedürfnis diente. Darüber hinaus zeigt auch die gewaltige Freitreppe (die allerdings erst von der letzten Überbauung stammt), den Hang zur Monumentalität.

Auch bei den übrigen Flächen des Palastes stoßen wir auf die große Dekorationsfreude zu Beginn der „spätklassischen" Zeit; doch gab es noch keine bewußte Beschränkung der Dekoration auf genau festgelegte Flächen. So sind an den Innenwänden und an den Auflenpfeilern der West- und Ostseite ehemals farbige Stuck-Reliefs erhalten (siehe Abb. oben rechts), auf denen in sehr bewegten Gebärden Herrscher bei religiösen Handlungen dargestellt sind.

oben: 209
Palenque – PALAST
Ansicht von Westen
mit der großen Treppe

links: 210
Palenque
PALAST
Flachrelief aus Stuck
am Pfeiler der
Westfront

211 Palenque – PALAST
Hof 3 von Osten mit der Galerie,
die Hof 3 und 2 voneinander trennt

212 Palenque – PALAST
Skulpturen-Platte mit Flachrelief im
Hof 3
Huldigungsszene eines besiegten
Fürsten

Der Palast in Palenque ist eines der interessantesten Gebäude, das die Maya geschaffen haben. Doch über seine Nutzung kann man ebenfalls nur rätseln. Bei Betrachtung des Galeriegebäudes, das die Höfe 2 und 3 voneinander trennt (siehe Abb. oben), möchte ich nochmals auf die Übereinstimmung zwischen dieser Fassade und der des Tempels auf der Inschriftenpyramide (siehe Abb. auf S. 80) hinweisen: Die gleiche langgestreckte Gebäudeform, die gleiche Anzahl der Toröffnungen (wobei auch hier die mittlere etwas verbreitert ist) und die gleiche Form des Mansarddaches (mit allen Einzelheiten der Gesimsbildung und den Ansätzen der Crestería)! Und das Wichtigste: Im Innern völlig gleiche Gewölbe! Das einzige, was diesen Galeriebau vom Tempel unterscheidet, ist die Tatsache, daß wir beim Durchschreiten der Tore in der Mittelwand nicht in eine dunkle Kammer kommen, sondern in eine zweite, ebenso lichte Galerie. Das läßt aufhorchen! Sollte meine auf S. 69 aufgestellte Vermutung stimmen, daß im Tempel die Mittelwand die Trennung bildet zwischen der materiellen und der geistigen Welt, dann könnte es ebenso sein, daß man von der äußeren Galerie nach Durchschreiten der Mittelwand ebenfalls in die andere, die ideelle Welt kommt, daß also jeder der Höfe den Raum einer geistigen, jenseitigen Welt darstellt und der Herrscher sich ständig in dieser höheren Welt aufhält. Die ganze äußere Galerie ist der Vorraum eines Tempels, sein Inneres ist nicht dunkel und dumpf, sondern licht wie der Himmel, hier muß der Gott nicht erst herbei beschworen werden, hier ist er ständig zugegen. Es ist der Herrscher selbst! Zu dieser Vorstellung würden auch der Stuckdekor passen (an einigen Stellen als Inthronisationsszenen gedeutet) und auch die Huldigungsszenen unterworfener Herrscher auf Reliefplatten, die im Hof 3 aufgestellt sind (siehe Abb. links und oben).

DER VIERGESCHOSSIGE TURM

Der Palast birgt noch eine andere bautechnisch bedeutsame Neuheit, deren Nutzung ebenfalls geheimnisumwittert ist, die aber nicht weiter entwickelt wurde und somit ein Einzelfall blieb: Der mächtige, viergeschossige Turm, der im kleinsten der drei Innenhöfe (dem Hof 1) steht (siehe Abb. nächste Seite oben) und der, von außen gesehen, die eingeschossigen Palastbauten überragt, ähnlich einem Kirchturm in einer barocken Klosteranlage. Der Turm bildet eine vertikale Komponente zu den sonst horizontal gelagerten Palasträumen. Dieses Bauwerk ist – ganz anders als der Palast der fünf Stockwerke in Tikal – von Anfang an als vertikales Gebilde erdacht.

Was tatsächlich auf dem Turm geschah, entzieht sich unserer Kenntnis. Die am häufigsten geäußerte Vermutung lautet, daß der Turm den so wichtigen astronomischen Beobachtungen diente. Wozu setzte man ihm dann aber das schwere, die Sicht nach oben versperrende Dach auf? Eine andere Vermutung ist, daß der Turm für Prozessionen erbaut wurde. Aber dafür hat die innere Treppe, die zwar genial eingefügt ist, dann doch eine so geringe Breite, daß auf ihr kaum ein würdevolles Nach-oben-Schreiten möglich gewesen ist. Oder war es gar – wie ich vermute – der göttliche Herrscher selbst, der sich hier seinem Volk zeigte?

Wenn auch all diese Fragen offen bleiben, so schmälern sie doch nicht die bautechnische Bedeutung dieses ersten, freistehenden Turmes.

Denn die Innentreppe weist darauf hin, das dieses turmartige Gebilde nun wirklich mehrgeschossig geplant worden ist. In Anbetracht der bisher nur in geringem Umfang weiterentwickelten Konstruktionsmethoden ist dies eine besondere Erfindung; hier wurden Erfahrungen verarbeitet, die man im Tempel- und Palastbau gewonnen hatte.

links: 213 Palenque
DER TURM IM PALAST
vom Innenhof 3 aus

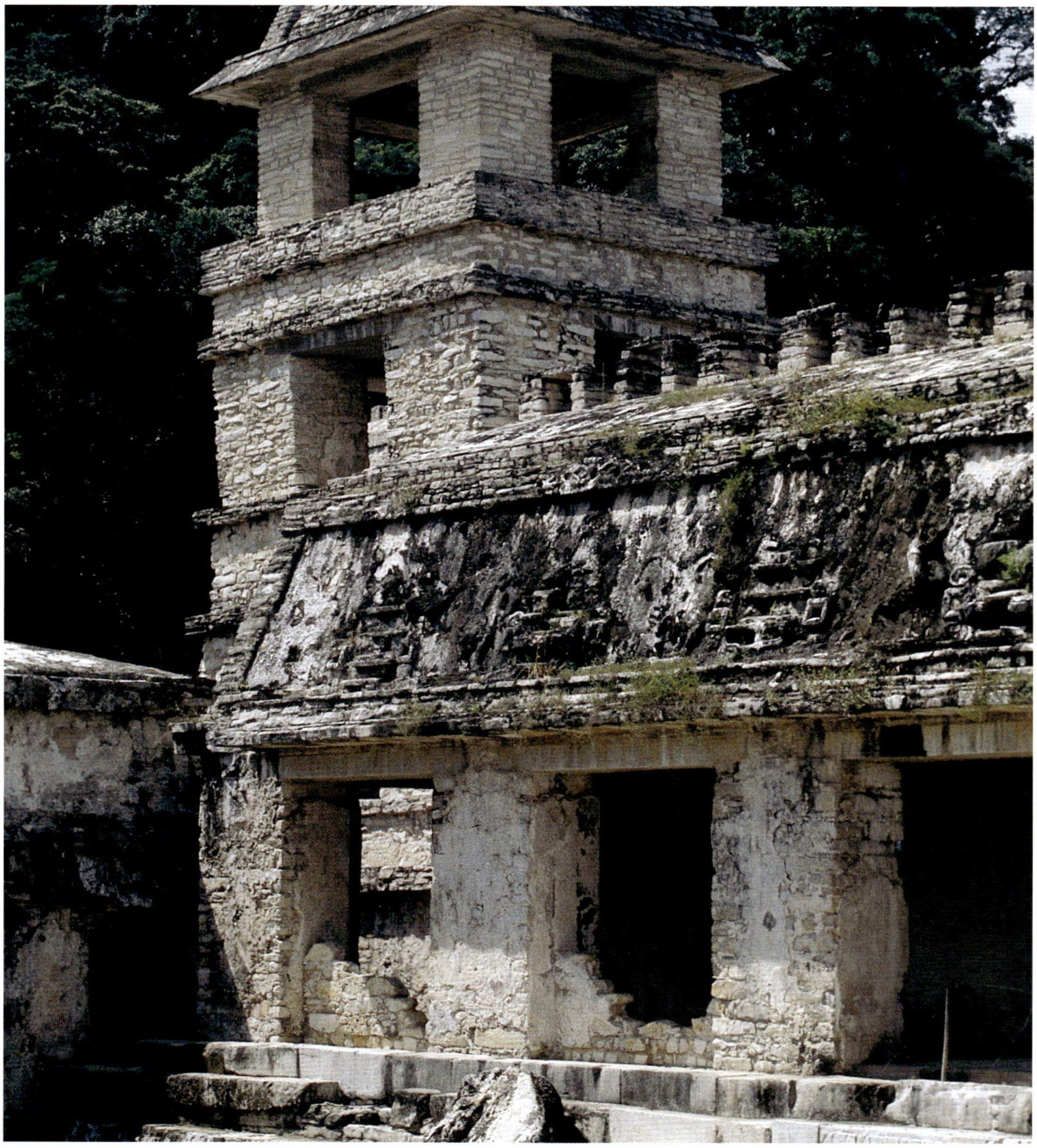

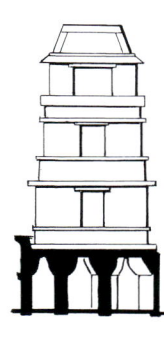

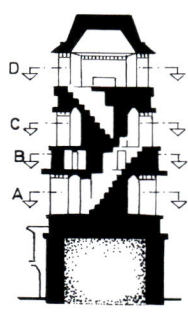

214 a+b Palenque
DER TURM IM PALAST
a) oben links: Ansicht
b) oben rechts: Schnitt
beide i.M. 1:500

Die Außenwände, man könnte auch stark verbreiterte Eckpfeiler sagen, tragen die Hauptlast. Zur inneren Überdeckung der Treppenläufe und vor allem des Hauptraumes im obersten Geschoß dienen die erprobten Scheingewölbe. Ein mansardförmiges Dach bildet eine Haube über dem quadratischen Grundriß, sie ist den Dachformen des Palastes angepaßt. Ebenfalls erzeugt in jedem Geschoß ein breites Gurtgesims bewußt eine horizontale Teilung. Es ist ein gedrungener und gleichzeitig sich öffnender Turm entstanden, der einerseits in Dachform und Detailgliederung die Horizontalität der Palastanlage unterstreicht, dieser dann doch allein durch seine aufragende Masse spannungsfördernd entgegenwirkt.

Hier stellt sich die Frage, warum dieser hoffnungsvolle Beginn einer konstruktiv so genial gelösten mehrgeschossigen Bauweise in keiner Weise fortgesetzt wurde. Denn das, was an Palästen danach gebaut wurde, entstand – konstruktiv gesehen – im altbekannten Muster des Übereinanderschichtens, nirgendwo sonst in Mesoamerika wurde wieder so konstruktiv gedacht wie bei diesem Turm.

Hier zeigt sich in einem Ansatz die schon erwähnte, von den Römern zur Perfektion gebrachte Idee der Verbindung von tragenden Wänden und aussteifenden Gewölben.

Der mesoamerikanische Palastbau hätte die mehrgeschossigen Formen des europäischen Schloßbaus erreichen können, wenn man auch konsequent die Gewölbe zur Aussteifung in der Querrichtung herangezogen hätte. Doch gilt auch in diesem Punkte das bisher Festgestellte: Die Baumeister der mesoamerikanischen Architektur legten bis zum Ende ihrer Zeit keinen besonderen Wert auf stützenfreie Innenräume; alles Gebaute sollte in erster Linie nach außen seine Wirkung zeigen. Selbst für hohe, turmartige Gebilde, erschien ihnen eine massiv angefüllte Scheinpyramide wie in Xpuhil eindrucksvoller, als diese uns heute so überzeugende, ingenieurmäßige Konstruktion in Palenque.

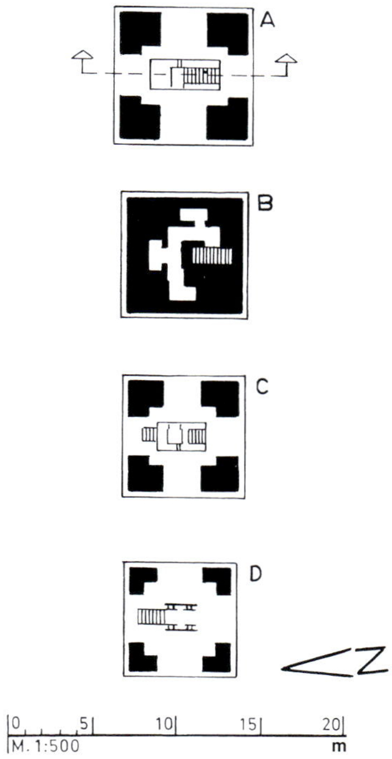

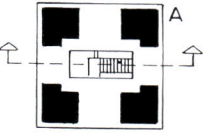

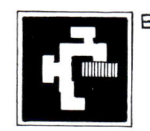

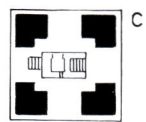

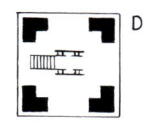

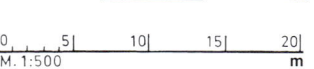

215 a b+c+d Palenque
DER TURM IM PALAST
Grundrisse A, B, C + D
alle M. 1:500

216 CHENES-STIL
Hochob
TEMPEL – Gesamtfront
Rekonstruktion im Museo National
de Antropologia in Mexiko-Stadt

DIE DEKORATIONSSTILE DER MAYA IN YUCATÍN

Während die Blüte der bisher genannten Mayastädte zwischen 700 und 800 n.Chr. erlosch, kam
es lediglich im Norden, in Yucatán, besonders in
der Stadt Uxmal, im 9. Jh. zu weiteren Bauten, die
im Reichtum ihrer Dekoration das bisherige Schaffen noch übertrafen. Vor allem wurde die Verkleidung des Mauerwerks mit Stuck (eine Technik, die
in Palenque zu hoher Blüte gelangt war) aufgegeben. Stattdessen benutzte man ausschließlich eine
Verblendung aus Steinen, die entweder als eine Art
Steinmosaik ausgeführt oder die in Form von
Skulpturen – meist als Masken –, dem Mauerwerk
vorgesetzt wurde.

Die Vielfalt der Dekorationen dieser Zeit ist so
groß, daß man sie in drei Dekorationsstile unterteilt: in den **Rio-Bec-Stil,** den **Chenes-Stil** und den
Puuc-Stil.

217 RIO-BEC STIL
Xpuhil
ZEREMONIALZENTRUM
Ein Pyramidenturm mit Chacmasken

Der **RIO-BEC-STIL** (als Beispiel siehe Zeichnung
links) entwickelte sich in dem ans Petén (Guatemala) angrenzenden Gebiet, wodurch sich – zumindest was die steilen Pyramidentürme angeht –
die Ähnlichkeiten mit Tikal erklären lassen. Diese
Türme mit sehr steilen, nicht mehr begehbaren
Treppen sind nur noch Symboldarstellungen der
hohen Pyramidenformen. Daneben fallen besonders die Steinverkleidungen des Mauerwerks auf.
Sie sind meist in ausgesparte Felder des Außen-
mauerwerks eingelassen und von großer Phantasie
in den Einzelformen. Besonders die Masken des
Regengottes, die Chac-Masken (die auch im Chenes-Stil eine große Rolle spielen – siehe Text rechts
und Abb. oben) kehren unzählige Male wieder; als
bestes Beispiel sind die drei Türme des Zeremonialzentrums in Xpuhil erhalten (siehe Abb. links und
S. 88 ff.), die heute noch mit Resten mehrerer solcher Masken geschmückt sind.

Der zweite, der **Chenes-Stil** (siehe Abb. oben
mit dem Tempel in Hochob) zeigt Anklänge an den
Río-Bec-Stil, nur überzieht beim Chenes-Stil das
Dekor die gesamten Flächen der Außenwände. Dieser Stil nahm im zentralen Yucatán in Hochob seinen Anfang und strahlte aus bis Uxmal (wo allerdings überwiegend der Puuc-Stil angewandt wurde)
und schließlich bis nach Chichén Itzá. Das Dekor
ist sehr üppig, fast barockartig; immer wieder treten
die Chac-Masken auf, einzeln oder über- und ne-
beneinandergereiht. Berühmt ist auch der Palast in
Kaba (siehe S. 126). Ein anderes Beispiel sahen wir
bereits an der Wahrsagerpyramide in Uxmal (siehe
Abb. auf S. 87), bei dem der Tempel III völlig mit
Dekor in der Art des Chenes-Stils überzogen ist (der
Rachen der Chac-Maske bildet auch hier den Eingang), während der darüber liegende Tempel IV
zum Teil die glatten Wände des Puuc-Stils zeigt, der
oft mit dem Chenes-Stil zusammen auftritt.

Der dritte, der **Puuc-Stil** (Abb. oben), entwickelte sich hauptsächlich in den nahe beieinanderliegenden Städten Uxmal, Sayil und Labná. In der nicht weit entfernten Stadt Kabah kam es zu einer Mischung von Puuc- und Chenes-Stil. Der Puuc-Stil bildet einen Gegensatz zum überladenen Chenes-Stil: Er läßt die Mauern glatt und beschränkt das Dekor auf besondere, herausgehobene und gerahmte Flächen. Besonders bei den Palastfassaden werden die Wände zwischen den Eingängen aus glatten, sauber gearbeiteten Steinen hergestellt und nur die breite Fläche darüber, also die ganze Gewölbezone, wird üppig verziert. Der Puuc-Stil neigt zur Vereinfachung der Formen und zu ihrer Geometrisierung, meist wechseln Skulpturen mit geometrischen Mustern.

Die bewußte Beschränkung des Schmucks auf genau festgelegte Flächen läßt sich besonders gut am Gouverneurspalast (siehe oben) feststellen: Die Wände zwischen den Türen sind ungeteilt, sie werden nur von den Fugen der Steinquader belebt. Ein Torgewände wird nur innerhalb dieser Fläche durch einen Wechsel der Fugenrichtung angedeutet. Selbst das Gesims darüber, das in klassischer Weise dreigeteilt ist, bleibt frei vom Schmuck (während das obere Gesims zumindest eine schwache Schmuckleiste – ein Schlangenmotiv – aufweist). Dann aber bricht zwischen den beiden Gesimsen der Gewölbezone die Dekorationslust voll durch: über der mittleren Türöffnung ist auf trapezförmigem, gestreiftem Hintergrund ein Emblem zu sehen (mit einer beschädigten Figur), das – könnten wir es lesen –

uns womöglich Aufschluß für die Bedeutung des Palastes gäbe.

Daneben sehen wir in ansteigender Weise große Motive des Stufenmäanders, die weiter rechts (und links) von Chacmasken abgelöst werden, auch wieder in aufsteigender Weise angeordnet. Das alles ist hinterlegt mit einer Art Flechtwerk, das ein ruhig wirkendes, geometrisches Muster bildet.

Während die früheren Stuck-Dekorationen (z.B. am Palast in Palenque) alle an Ort und Stelle sehr zeitaufwendig hergestellt wurden, bestehen die Verzierungen im Puuc-Stil (aber auch im Chenes- und Rio-Bec-Stil) alle aus vorgefertigten Einzelelementen. Während der Rohbau ausgeführt wurde, muß bereits ein ganzes Heer von Steinmetzen damit beschäftigt gewesen sein, tausende dieser Einzelformen vorzufertigen, die dann erst am Ende von den Maurern in relativ kurzer Zeit dem Gußmörtel der Gewölbe vorgeblendet wurden.

Ich habe oft geäußert, daß man in Mesoamerika keinen Wert darauf legte, neue Konstruktionsmethoden zu erfinden oder zumindest alte zu verbessern. Nur bei der Vorfertigung der Steinmosaiken wurde eine bemerkenswerte Technik und Organisationsmethode entwickelt, die – hätte man sie auch an anderer Stelle eingesetzt – zu bautechnischen Leistungen hätte führen können, die denen der Ägypter und Griechen in allen Bereichen ebenbürtig gewesen wären.

Im übrigen wird zum Puuc-Stil auf die Abbildungen der Paläste in Uxmal (siehe S. 128 bis 142) verwiesen.

oben: Puuc-Stil
218 Uxmal
GOUVERNEURSPALAST
Ausschnitt der Fassade mit den geschlossenen Wandflächen im unteren Teil und der eingefaßten, reich dekorierten Gewölbezone darüber

Beschreibung des
GOUVERNEURSPALASTES
siehe S. 128 ff.

oben: 219 Kabah
PALAST DER MASKEN
Gesamtansicht
von Westen

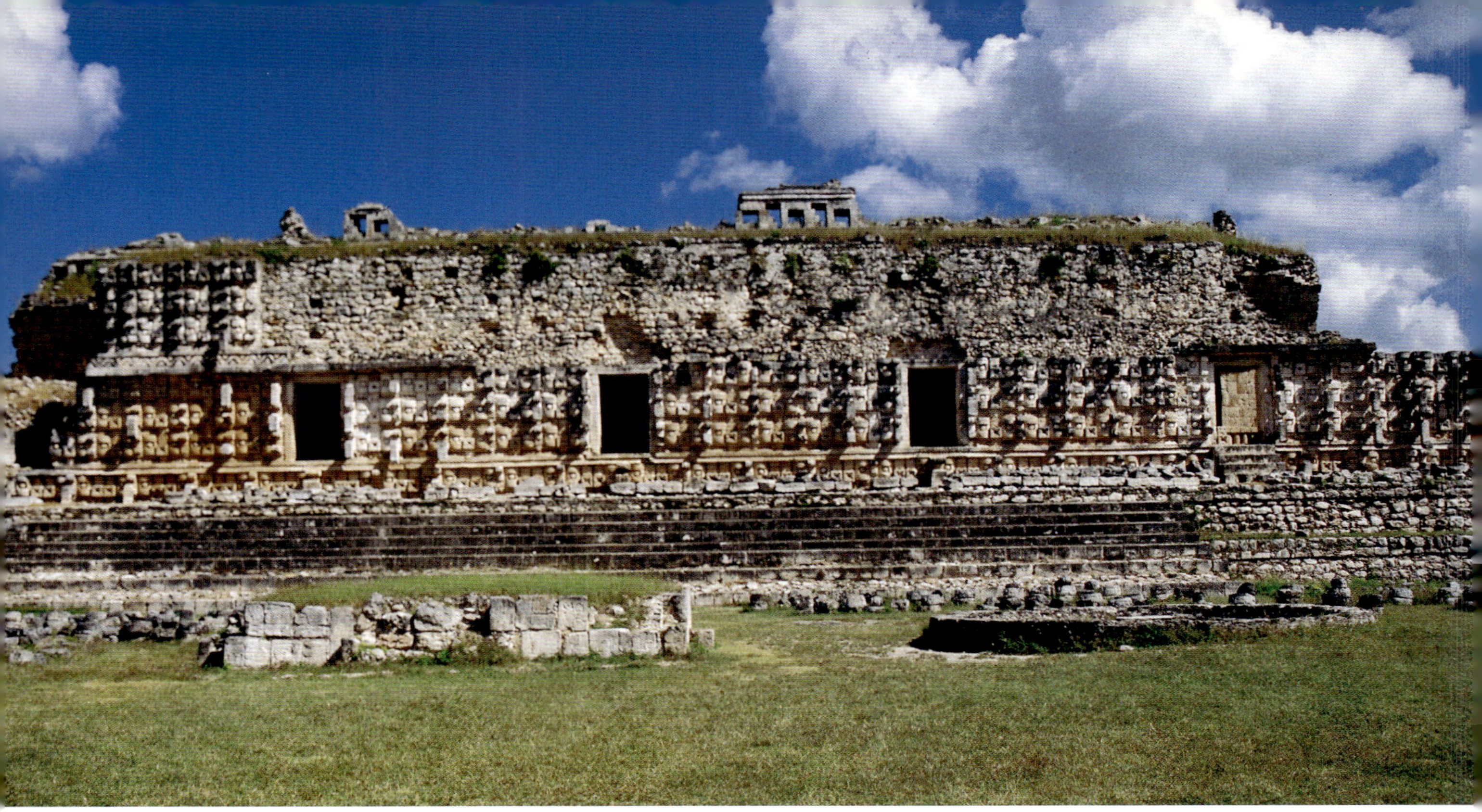

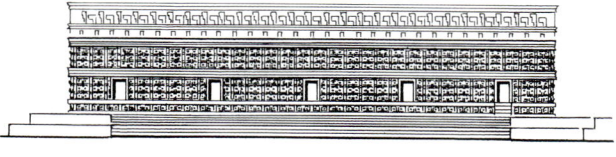

DER PALAST DER MASKEN (AUCH CODZ-POOP) IN KABAH

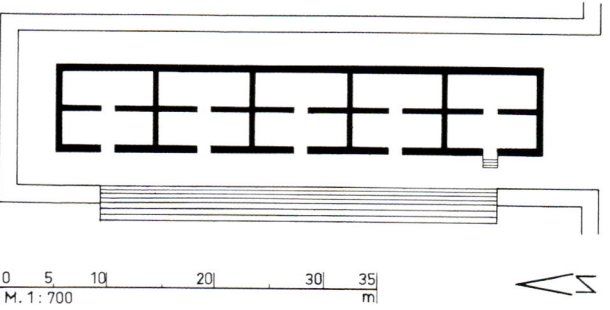

rechts: 220 a+b
Kabah
PALAST DER MASKEN
a) links: Ansicht
b) rechts: Grundriß
beide i.M. 1:700

Parallel zum Puuc-Stil, den wir soeben beispielhaft am Gouverneurspalast in Uxmal sahen, und bei dem sich die Dekoration auf genau festgelegte Flächen beschränkte, entwickelte sich der Chenes-Stil zunächst regional getrennt davon.

Das schönste Beispiel für den Chenes-Stil ist der Palast der Masken in Kabah, auch Codz-Poop genannt. Sein langgestreckter Grundriß folgt dem üblichen Schema von Vor- und Hinterkammer, die fünf Doppelkammern sind gleich groß, selbst der mittlere Raum ist unbetont. Ebenso ist die Fassade gleichförmig mit fünf Öffnungen ausgestattet (ohne Verbreiterung der mittleren). Fast scheint es so, als wäre diese Gleichförmigkeit gewollt, um dann an den eintönigen Fassadenflächen das Wunder der Gestaltung zu vollbringen: Sowohl in vertikaler, als auch in horizontaler Richtung werden in nur durch die Tore unterbrochener Folge die Masken des Regengottes Chac wiederholt.

Dieser Stil zeigt keine ungegliederten Flächen, an denen sich das Auge ausruhen kann, um es vorzubereiten auf die unmittelbar darüber stattfindende Steigerung der Formenvielfalt; bei ihm ist an jedem Punkt Formenreichtum in nicht mehr zu überbietender Weise vorhanden.

Konstruktiv wird diese Reihung dadurch möglich, daß die Fassade aus lauter vorgefertigten Einzelblöcken zusammengesetzt ist. Diese Einzelformen wiederholen sich pausenlos. Man könnte von der Beschreibung her eine große Monotonie erwarten; aber die Abbildungen beweisen das Gegenteil. Es gibt wohl kein Beispiel in der Architekturgeschichte, bei der Reihungen von winzigen Einzelelementen in kaum zu überschauender Vielzahl dermaßen spannungsvoll gegliedert sind. In der Art, wie schmale und breite Blöcke zueinander geordnet sind, wie die Fugen nicht streng eingehalten werden, sondern zu verspringen scheinen, zeigt sich das sichere Gefühl für gute Proportionen.

Darüber hinaus geraten die Nasen- und Augensteine auch in der dritten Dimension in Bewegung, alles springt vor und wieder zurück. Auch heute, wo die wichtigsten Elemente, die zu jeder Maske gehörenden Hakennasen, größtenteils verloren sind, erscheint die Oberfläche immer noch als eine sehr bewegte, gleichzeitig aber auch streng geordnete Wellenbewegung. Der Eindruck der Bewegung entsteht in erster Linie durch die interessanten Licht- und Schattenwirkungen; drohend wirken die Reihen der eingeschnittenen Zähne, und stechend blicken die Augen, deren Pupillen aus dem tiefen, dunklen Hintergrund hervorquellen. Von den aufgerollten Nasen, die zu allen Chacmasken gehörten, ist eine noch erhaltene oben rechts im Bild zu sehen.

Gegenüber der Vitalität der Fassadenelemente wirken in diesem Fall die horizontalen Gesimsbänder kraftlos. Sie sind zudem mit einem feinen Muster überzogen und gehen unter in der übrigen Formenvielfalt. Doch aus der Ferne betrachtet, benötigt diese Fassade gar keine Umrahmung, hier braucht die Dekoration nicht durch einen Rahmen am Ausbrechen gehindert zu werden, in der Dekoration selbst findet sich ein Ordnungsschema, daß alle Bewegungen kontrolliert.

Die Gewölbezone wird durch eine Crestería überragt; ihr durchbrochenes Band aus Stufenmäandern läßt sich auf der Rekonstruktionszeichnung erkennen (siehe linke Seite). Da die Crestería zurückliegt, endet der Baukörper aus der Nähe betrachtet mit der Gewölbezone.

221 + 222 Kabah
PALAST DER MASKEN
links:
Fassadenausschnitt mit
erhaltener Nase einer Chacmaske

rechts:
Fassadendetail
(Foto seitlich und mit Chacmasken
unten an den Rand)

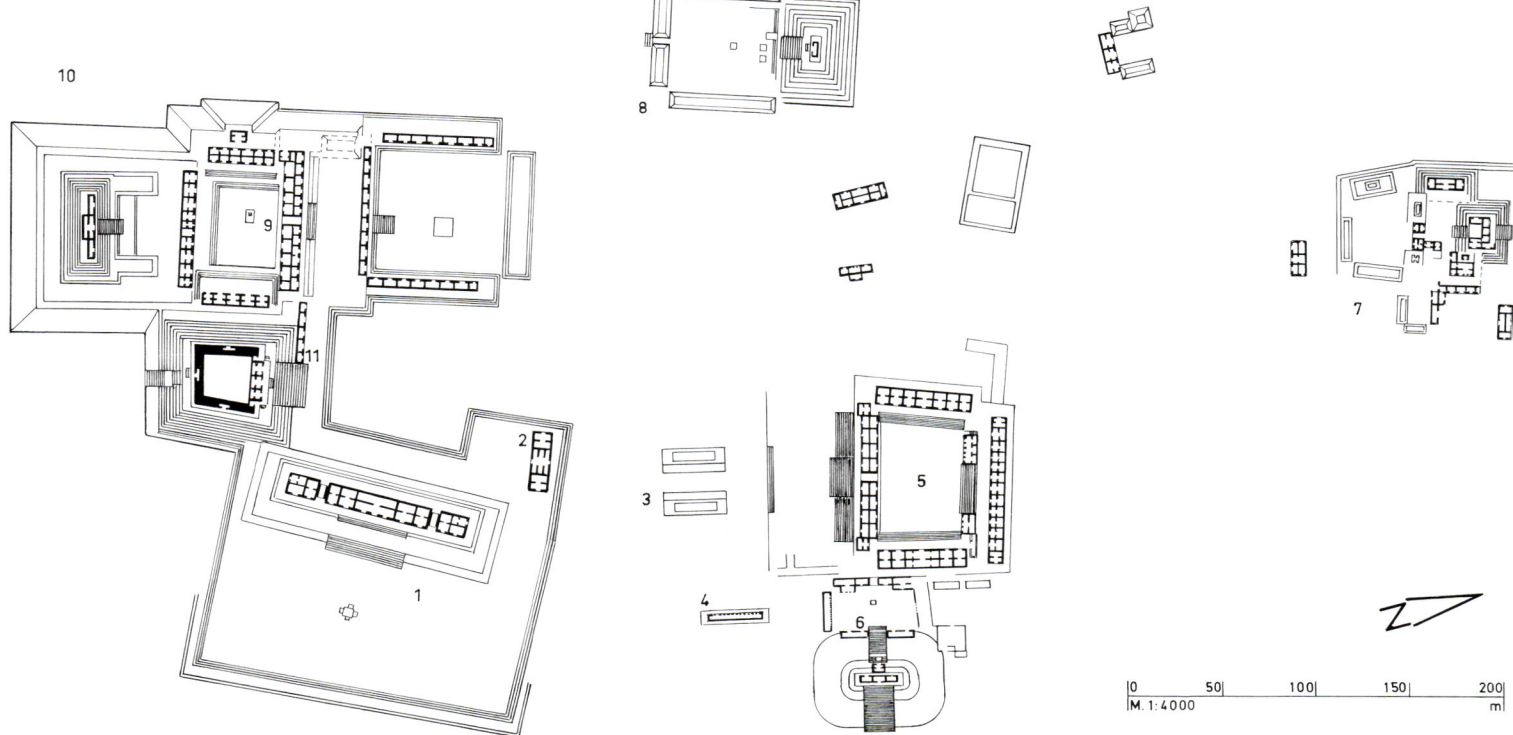

223 UXMAL
Blick vom Podest
des Gouverneurspalastes

rechts: Die Wahrsager-
pyramide

links Das Nonnenviertel mit seinen
vier Palästen

vorn: Der Ballspielplatz

224 Uxmal
LAGEPLAN M. 1:4000
1 *Gouverneurspalast*
2 *Schildkrötenhaus*
3 *Ballspielplatz*
4 *Säulenhalle*
5 *Nonnenviertel*
6 *Wahrsagerpyramide*
7 *Nordgruppe*
8 *Friedhofsgruppe*
9 *Taubenhaus*
10 *Südwestgruppe*
11 *Große Pyramide*

DIE STADT UXMAL

Während bis spätestens 800 die Blüte der großen Mayastädte Tikal, Copán und Palenque erloschen war, kam es lediglich im nördlichen Yucatán von 800 bis 1000 zu einer neuen wirtschaftlichen und kulturellen Blüte. Die größte und mächtigste Stadt dieser Zeit war Uxmal. Die zweite, sehr bedeutende Stadt in dieser Region, Chichén Itzá, erreichte ihre Macht erst unter toltekischem Einfluß ab dem 11. Jahrhundert.

In dieser Zeit verlagerten sich die Bauaufgaben. Zwar wurden in Uxmal vorhandene Pyramidentempel mehrfach überbaut, es scheinen aber keine neuen errichtet zu sein. Stattdessen wurden Paläste in bisher nicht gekanntem Ausmaß erbaut. In diesem Zusammenhang entwickelte sich von Uxmal aus der Puuc-Stil (siehe S. 125), der die ganze Umgebung erfaßte.

Eine Vermutung ist, daß die umliegenden kleinen Städte wie Sayil, Labná, Kabah und Xlapak alle von Uxmal abhängig waren; das würde nicht nur die Anwendung eines gemeinsamen Baustils erklären, sondern auch einen Sinn geben für die Prozessionsstraße, die von Kabáh nach Uxmal führt.

Die politischen Strukturen scheinen sich verändert zu haben. Während es über die vorausgehenden Mayaherrschaften bedeutende Erkenntnisse gibt, weil in früherer Zeit die Herrscher auf Stelen und an Gebäuden geschichtliche Daten in Hieroglyphenschrift festhielten, enden diese Überlieferungen ab Mitte des 9. Jahrhunderts. So gibt es In Uxmal auch nur wenige naturalistische Darstellungen von Menschen (meist sind es nur Köpfe – vermutlich Herrscher darstellend) und im späteren Chichén Itzá finden finden wir Menschen nur noch als Krieger, Priester oder Ballspieler dargestellt.

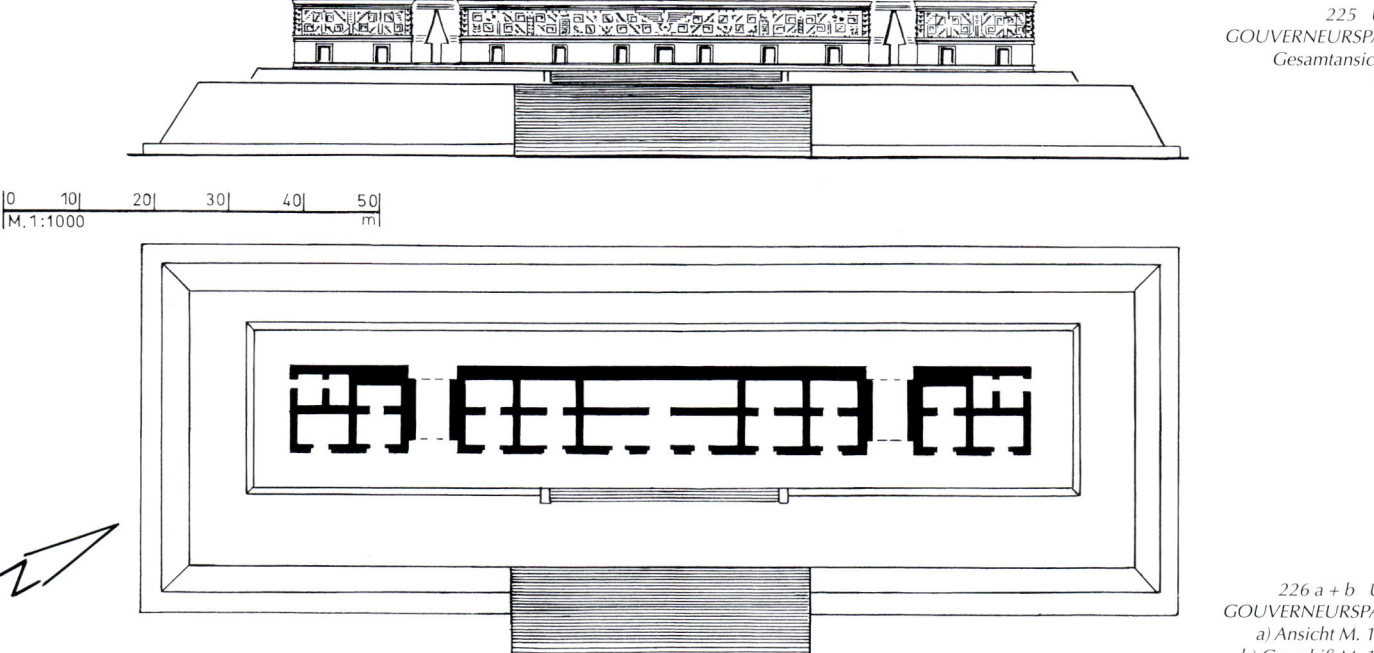

225 Uxmal
GOUVERNEURSPALAST
Gesamtansicht von
Osten

226 a + b Uxmal
GOUVERNEURSPALAST
a) Ansicht M. 1:1000
b) Grundriß M. 1:1000

Im weitläufigen Zeremonialbezirk sind die markantesten Punkte die gewaltige Wahrsagerpyramide (auf S. 86 f. beschrieben), westlich daneben das Nonnenviertel (das auf den Seiten 132 ff. folgt), dann der auf hohem Podest liegende Gouverneurspalast, an den im Westen die Große Pyramide und die Südwestgruppe mit dem Taubenhaus anschließen (siehe S. 78).

DER GOUVERNEURSPALAST

Wie in der klassischen griechischen Architektur der Parthenontempel in Athen als der eigentliche Höhepunkt bezeichnet wird – in ihm sind noch einmal alle subtilen Gestaltungsmethoden, die die Griechen erfunden haben, bis ins letzte durchdacht vereinigt –, so kann man als einen vergleichbaren Höhepunkt der mesoamerikanischen Architektur den Gouverneurspalast in Uxmal ansehen. Auch bei ihm finden wir die wesentlichen Gestaltungsprinzipien, die damals bekannt waren, in einem

Bauwerk verewigt. Der Ursprung des Pyramidentempels ist noch spürbar in der gewaltigen 122 m langen und 7 m hohen Plattform mit ihrer 40 m langen Freitreppe.

Erst darüber wird das Neue spürbar: Der Baukörper ist durch einem Sockel deutlich von der urtümlichen Plattform getrennt. Im Innern ist das bekannte Kammersystem mit jeweils zwei hintereinander liegenden, längsgerichteten Räumen beibehalten, aber in den Einzelabmessungen abgewandelt.

Neben relativ kleinen Räumen entstanden in der Mitte zwei hintereinander liegende „Säle" von 20 m Länge und 4 m Tiefe, wobei – darin hat sich allerdings nichts geändert – der hintere Raum nur über den vorderen Raum zugänglich ist.

Alle Räume werden vom gleichen Mayagewölbe überdeckt, es erreicht eine Scheitelhöhe von 8 m, die Gewölbeflächen sind hier, einer eleganteren Form zuliebe, erstmals leicht nach innen geneigt. Diese Neigung ist außen an den beiden Gelenkteilen zwischen dem Mitteltrakt und den jeweiligen Seitentrakten abzulesen, da die Gewölbe der Gelenkteile hier quergestellt sind (siehe Abb. oben). Im Innern entstehen wunderschön geformte Räume, in denen sich weder Stuck noch in Stein angedeutete Architekturglieder finden. Einzig die Gewölbefläche ist um wenige cm nach innen abgesetzt.

Die für uns so naheliegende Möglichkeit, das frei auf dem hohen Podest stehende Gebäude zweiseitig zu erschließen oder zumindest beidseitig zu belichten, wurde nicht genutzt.

Das Atemberaubende aber ist die Gestaltung der hohen Gewölbezone, die bereits bei der Definition des Puuc-Stile als Beispiel beschrieben wurde (siehe S. 125).

Zunächst beeindrucken beim Gouverneurs-Palast nicht nur die wuchtige Erscheinung auf dem hohen Podest, sondern mehr noch die gewaltigen Ausmaße des Baukörpers und die Art, wie die Baumassen angeordnet sind. Der mit fast 100 Metern sehr lange, im übrigen 12 m tiefe und 8,60 m hohe Baukörper wird ähnlich den Palästen des nachfolgend gezeigten Nonnenviertels in Wand- und Gewölbezone unterteilt, wobei hier die Gewölbezone im Verhältnis noch etwas höher ist als bei den Bauten des Nonnenviertels. Diese sogenannte Kopflastigkeit verleiht dem Palast eine Schwere, die als drohende Gebärde Beschwörung und Macht ausdrückt. Die für unser Empfinden allzu große Länge des Baukörpers wird dadurch gemildert, daß man ihn in drei Abschnitte unterteilt: Von den drei Gebäudeteilen ist der mittlere aber immer noch fast doppelt so lang, wie die beiden Seitenflügel zusammen. In den beiden Einschnitten, die die Unterteilung markieren, springt der Baukörper zurück, darüber wechselt die Gewölberichtung, und es ergibt sich eine der wenigen Situationen (ähnlich nur noch am Torbau im Südpalast – S. 143 – und am Bogen in Labná – S. 144 f.), bei denen die Form des inneren Gewölbes an der Außenwand sichtbar wird.

Doch so großartig auch die Gebäudeform ist, sie wird erst vollendet durch die einzigartige Dekoration im Puuc-Stil, der hier zur höchsten Vollkommenheit ausgereift ist. Während auf S. 125 die Gebäudemitte (mit drei Toren) beschrieben ist, wird oben der kürzere nördliche Gebäudeteil abgebildet. Während im sehr langen Mittelteil die Mitte durch Vergrößerung der Öffnung betont ist, wird in den kürzeren Seitenteilen (mit jeweils nur zwei Toren) bewußt auf die Herausstellung der Mitte verzichtet. Auch in der Gewölbezone wird beim seitlichen Baukörper die Mitte nicht weiter hervorgehoben (während im mittleren Baukörper ein großes Emblem auch dort die Mitte markiert).

227 + 228 Uxmal
GOUVERNEURSPALAST

oben: Ansicht (von Osten) des
nördlichen Seitentrakts

Mitte: Ostfassade und Gelenkteil
mit Scheingewölbe

Der **PUUC-STIL** stellt bewußt einen krassen Gegensatz heraus zwischen dem ungegliederten Mauerwerk und der überreich dekorierten Gewölbezone. Das gilt auch für die Rückfront (siehe Abb. oben rechts): Hier werden die Wandflächen überhaupt nicht von Öffnungen belebt, sie wirken sehr abweisend. Doch blickt man am Gouverneurspalast nach oben, dann erlebt man in der Gewölbezone die gleiche Fülle von Chacmasken und Mäanderformen, wie an der Vorderfront. Das bedeutet, daß die Rückseite, die von unten von weit her zu sehen ist, keinesfalls als zweitrangig aufgefaßt wurde. Die Gewölbezone selbst wird von den leicht geneigten unteren und oberen Gesimsen eingefaßt. Dazwischen sind die aus vielen Einzelsteinen zusammengesetzten Schmuckelemente kunstvoll miteinander verwoben.

Auch die Griechen liebten es, den Gegensatz zwischen glatten Tempelwänden und reichem Schmuck am Fries und am Tympanon herauszustellen. Sie haben aber nie diesen krassen Gegensatz gesucht, der hier im Puuc-Stil vorherrscht, vor allem haben sie es nicht zugelassen, daß der Schmuck zum bestimmenden Element der Gestaltung wird.

Doch entwickelt sich in Uxmal die Gestaltung folgerichtig aus der Konstruktion: Die Räume sind mit 4,20 m tiefer als bei den üblichen Palästen; das führt nicht nur zu höheren und steileren Gewölben im Innern, sondern außen auch zu einer größeren Höhe der Gewölbezone. Die wiederum bewirkt die Kopflastigkeit, die hier ebenfalls stärker ist, als bei anderen Palästen. Dazu kommt noch, daß die Gewölbezone, stärker noch als anderswo, über die Wandzone hinauskragt; und durch den Schatten, den sie auf die untere Wand wirft, wirkt diese noch kleiner, als sie tatsächlich ist. Von weitem betrachtet erscheinen Wand- und Gewölbezone wie zwei selbständige Formen, wobei der „schwerere" Block der Gewölbezone den darunter liegenden Wandblock geradezu zu erdrücken scheint. Das alles ist beabsichtigt Wir stoßen hier auf das Wesen der mesoamerikanischen Architektur. Monumentale Schwere und Kopflastigkeit grenzen sie ab von der klassischen Haltung der griechischen Architektur, in der die harmonische Ausgewogenheit die größere Rolle spielt.

229 + 230 Uxmal
GOUVERNEURSPALAST
Westseite (Rückfront)

links: Ausschnitt
der Gewölbezone
mit fünf Chacmasken

rechts: Die völlig
geschlossene Rückwand

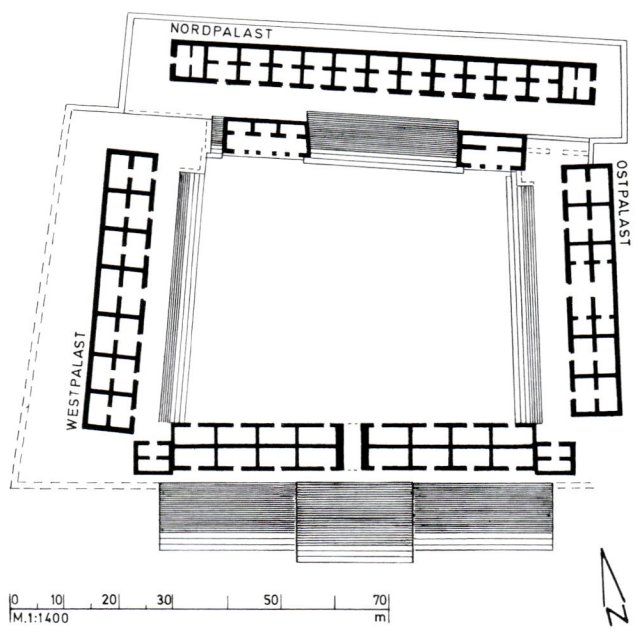

PALÄSTE UND PLATZGESTALTUNG

NORDPALAST

WESTPALAST

OSTPALAST

```
|0   10|  20|  30|      50|        70|
M.1:1400                             m
```

231 + 232 Uxmal
DAS NONNENVIERTEL

oben:
GESAMTANSICHT
von Südwesten von der
Wahrsagerpyramide aus

Mitte:
GESAMTPLAN M. 1:1400
mit den Grundrissen der Paläste

DAS NONNENVIERTEL IN UXMAL

In den Zeremonialstätten soll symbolhaft die heilige Landschaft nachgebildet worden sein, die die Götter in der Schöpfung formten. Darüber hinaus wird vermutet, daß in den Zeremonialstätten an besonderen Feiertagen Teile der Schöpfungsgeschichte und andere Mythen nachgespielt wurden. Kein Platz wäre dafür besser geeignet gewesen, als das Nonnenviertel, das dreiseitig von Treppenanlagen umgeben ist und das an vier Seiten von prächtigen Fassaden geschmückt wird. Doch ist dieser so geschlossen wirkende Platz keineswegs aus einem

Guß entstanden, er ist in seiner jetzigen Form in mehreren Phasen langsam gewachsen. Dennoch weisen diese langgestreckten Bauten erstaunliche Ähnlichkeiten in den Grundrissen und in der Konstruktion auf. Sahen wir in Palenque sehr langgestreckte, fast galerieartige Räume, so finden wir hier das schon bekannte Zweikammersystem. Die Rückseiten dreier dieser Paläste sind völlig geschlossen (siehe Abb. oben), fast so, als lehnten sie sich noch ans Erdreich. Lediglich der 70 m lange Südpalast mit einem großen Bogen als Zugang zum Platz (siehe Abb. 143), hat nach außen eine zweite Schauseite. Im Innern trennt ihn eine geschlossene Mittelwand, was interessanterweise an die Galerien in Palenque erinnert. Seine Einzelräume öffnen sich teils zum Platz hin und teils nach außen.

Dieser große geschlossene Raum, der sich nach oben zum Himmel öffnet, ist ebenso wie der beträchtlich kleinere Platz in Copán (siehe S. 60 f.) erst nach und nach gewachsen. Wäre er nach einheitlichem Plan entstanden, hätte man auf jeden Fall die geringfügige Schiefwinkligkeit, die unterschiedlichen Längen der Paläste und die kleinen Unstimmigkeiten der Eckausbildungen vermieden (siehe Lageplan links).

Der am höchsten gelegene NORDPALAST wird mit seiner breiten Treppe als erster entstanden sein, dann folgten – mit weniger hohen Treppenanlagen davor – der WESTPALAST und der OSTPALAST, beide nicht ganz rechtwinklig angeschlossen, sondern sich ein wenig zur Achse öffnend, die wohl schon damals über den Ballspielplatz zum Gouverneurspalast hin führte (siehe Lageplan auf S. 128). Auf den Gedanken, den Platz auch im Süden zu schließen, war man noch nicht gekommen, denn dann hätte man, eines besseren Anschlusses wegen, die ungleiche Länge dieser beiden Paläste vermieden.

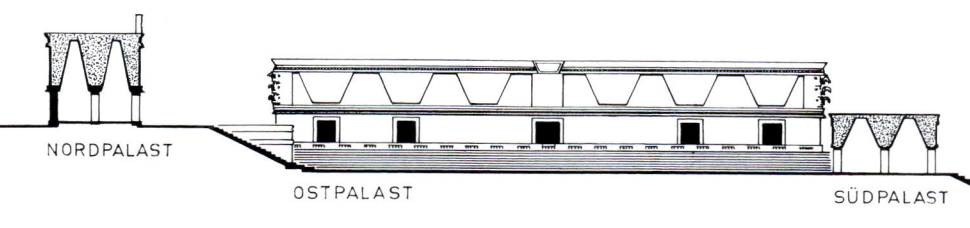

```
NORDPALAST          OSTPALAST                                    SÜDPALAST
```

Beim Betreten des großen Platzes wähnt man sich zunächst von zweigeschossigen Fassaden umgeben. Doch auch hier sieht man sich durch die reich dekorierten Gewölbezonen getäuscht. Wie ich schon bei der Erwähnung des Taubenhauses (auf S. 78) äußerte, gab es keine Veranlassung, das System der aneinandergereihten Kammern in einer zweiten Ebene zu wiederholen. Wichtig waren allein möglichst hohe Fassaden mit einer möglichst großartigen Wirkung.

Als die Idee auftauchte, den bis dahin an der Südseite immer noch offenen Platz mit einem Gebäude zu schließen, stand man vor einer Reihe von Gestaltungsproblemen. Zunächst mußte der vorhandene Blickbezug von der Terrasse des Nordpalastes hinüber zum Gouverneurspalast erhalten bleiben. Man löste dieses, indem man den SÜDPALAST wesentlich niedriger anlegte als die beiden angrenzenden Paläste. Zweitens mußte der zuvor schon in der Achse zum Gouverneurspalast liegende Zugang zum Platz im rechten Winkel zur Achse ausgerichtet sein; man erkennt im Lageplan, wie man bei der Planung den Südpalast immer wieder hin- und hergeschoben hat, bis man gefühlsmäßig die beste Lösung gefunden hatte. Und schließlich war eine gestalterische Lösung zu finden für das repräsentative Tor, das in der Mitte des Südpalastes den Zugang bilden sollte (dazu siehe die Beschreibung des Südpalastes auf S. 142).

Auf den Gedanken, den Platz auch an den Ecken zu schließen, kam man nicht. Hier liegt der eigentliche Unterschied zu europäischen Platzgestaltungen, wo man schon in hellenistischer Zeit die platzbegrenzenden Gebäude auch an den Ecken zusammenfügte. In Mesoamerika konnte man diesen Schritt nicht tun, weil jeder der Paläste ein religiöses Eigenleben hatte.

So wie man später bei den Doppelpyramiden, die zwei Göttern geweiht waren, die eigentlichen Tempel als zwei selbständige Gebäude voneinander trennte, durfte auch hier keiner der Paläste einen anderen berühren. Er mußte seine individuelle Gestalt behalten wie das kleine Gebäude am Hof 3 im Palast von Palenque (siehe Abb. auf S. 175). Man beschränkte sich darauf, die langgestreckten Baukörper so zu stellen, daß die Öffnungen an den Ecken nicht allzu sehr auffielen. Wo die Lücken dennoch störten, wie an den beiden Seiten des Südpalastes, fügte man kleine, sehr niedrige Nebengebäude hinzu, die aber wiederum weder den Westpalast, noch den Ostpalast unmittelbar berührten.

Einen besonderen Reiz erhält der nur annähernd quadratische Platz dadurch, daß im Osten die Wahrsagerpyramide über den dort stehenden Ostpalast hinausragt, wodurch man trotz der ruhevollen Abgeschlossenheit des Platzes dennoch eine optische Verbindung zum übrigen Heiligtum erhält. Ich bezweifle aber, daß die Erbauer diesen Reiz erkannt haben. Unser Empfinden ist allein von der Ästhetik bestimmt. Die Maya jedoch hatten vielmehr ein Interesse am Blickbezug zum Gouverneurspalast, dem wird aber eine religiöse Beziehung zwischen beiden Heiligtümern zu Grunde gelegen haben.

233 + 233a Uxmal
DAS NONNENVIERTEL

oben:
Blick von der Terrasse
des Nordpalastes auf den
OSTPALAST mit der
Wahrsagerpyramide im Hintergrund,
rechts (im Schatten) der Südpalast

links: Schnitt durch die
PLATZMITTE
links oben der Nordpalast,
rechts unten der Südpalast

234 Uxmal, Nonnenviertel
NORDPALAST
Gesamtansicht von Süden
mit den beiden seitlichen Hallen
neben der Podesttreppe
Von der Terrasse des Ostpalastes
gesehen

*) Weitere Abb. der
PFEILERHALLEN
siehe S. 145 + S. 160

Der höher gelegene NORDPALAST wird als erster Bau an dieser Stelle schon vor der Anlage des Nonnenviertels entstanden sein, auch die hohe, breite Treppe wird man schon damals errichtet haben, denn sie ähnelt in Form und Größe der Treppe des Gouverneurspalastes. Erst nach Fertigstellung von West- und Ostpalast, als man die jetzige, dreiseitige Treppenanlage plante, erhob sich die Frage, was mit den Böschungen rechts und links der Treppe geschehen könnte (siehe solche Abböschungen auf der Ansichtszeichnung vom Gouverneurspalast S.129). Man kam auf die wirklich geniale Idee, diesen offenen Raum durch zwei kleine PFEILERHALLEN auszufüllen (siehe Abb. auf beiden Seiten jeweils oben *) und Grundriß auf S. 132). Sie schließen nicht nur diese Lücke, sondern kaschieren auch den Niveauunterschied zwischen der Terrasse des Nordpalastes und den Terrassen von West- und Ostpalast und (was genau so wichtig ist) sie fassen optisch die monumentale Treppe ein und geben ihrem Aussehen größere Festigkeit. Andererseits erscheinen beim Betreten durchs Südtor der Nordpalast und die Hallen mit der Treppe als Einheit und lassen so den Nordpalast wesentlich höher erscheinen als er tatsächlich ist.

Die kleinen Hallen selbst öffnen sich mit nahezu quadratischen Pfeilern zum Platz hin; im Innern gelangt man nach der offenen Vorhalle durch die Mittelwand wieder in die üblichen dunklen Kammern. Mit der Rückwand lehnen sich die kleinen Hallen an die Anschüttung der großen Terrasse, wir haben also nochmals erdgebundene Bauten vor uns.

Es sind Kleinode der Architektur: Sie sind wohlproportioniert im klassischen Sinne: Ihre Gewölbezone ist nicht kopflastig (sie ist niedriger als die Wandzone) und ihre Dekorationen sind zurückhaltend.

Neu sind die profilierten Pfeiler, ihre Formen geben den beiden Fassaden den einmaligen Ausdruck. Die mittlere Öffnung wird wie bei den Palästen verbreitert, der Mittelpunkt der Fassaden wird dadurch betont. Vom Volumen her ordnen sich die Hallen den Palästen unter; ihre Schönheit aber läßt den Betrachter beim Betreten des Platzes seine Blicke sofort auch auf sie lenken.

Der Nordpalast selbst, hoch oben auf seinem Podest stehend, imponiert durch seine Größe. Er ist 80 m lang, das Gesims ist 8m hoch (die darüber hinausragenden Aufbauten messen sogar 11 m an Höhe). 11 Tore öffnen sich zu den Doppelkammern; das mittlere Tor (und auch die Kammer dahinter) sind geringfügig breiter. Zusätzlich sind zwei Doppelkammern an den Stirnseiten zugänglich; das ist unüblich, deutet aber ebenfalls auf die ursprünglich freistehende Stellung des Palastes hin.

Der Palast ist, wie fast alle Bauten in Uxmal, im Puuc-Stil dekoriert. Die glatten Wände zwischen den Türen erinnern mit ihren nur schwach angedeuteten Türgewänden an die Ausbildung dieser Teile im Gouverneurspalast. Die Ausbildung der Gewölbezone aber zeigt, daß seine Ausführungszeit zwischen der Entstehung des Taubenhauses (das noch sieben Cresterien als Schmuck aufweist) und den übrigen Palästen liegen muß, die alle keine Crestería mehr besitzen. Die Cresterien verschwinden auf dem Höhepunkt der Maya-Architektur; auch in nachklassischer Zeit treten sie nicht mehr auf. Stattdessen wird jetzt die Kopflastigkeit zum eigentlichen Merkmal aller Tempel und Paläste. Die himmelstürmende Gebärde der Cresteríen wird ersetzt durch erdrückende Schwere.

Die Gewölbezone des Nordpalastes (die leider nur zum Teil restauriert werden konnte) enthält statt der Cresterien sieben Aufbauten, die ähnlich wie die Cresteríen eine nach oben strebende Bewegung zeigen und deshalb m.E. als ein Nachfolgeelement anzusehen sind. Warum man plötzlich die Cresterien, die meist mit überlebensgroßen menschlichen Figuren geschmückt waren, verwirft, ist nicht bekannt. Vielleicht waren es die angebrachten Figuren, die nicht mehr ins Bild paßten.

Vielleicht war es auch wichtiger, nur Chacmasken anzubringen (denn diese Aufbauten enthalten jeweils in der Mitte fünf übereinander gesetzte Masken – siehe Abb. rechts unten). U.U. waren auch die Cresteríen von Anfang an nur Modeformen, deren Zeit jetzt abgelaufen war.

Gestalterisch gesehen ergeben diese sieben Aufbauten noch einen anderen Sinn: Sie unterbrechen nicht nur die gewaltige Länge des Palastes insgesamt und setzen vertikale Spannungen in die Überbetonung des Horizontalen, sie mildern gleichzeitig die Kopflastikeit, die auch dem Nordpalast anhaftet. Doch kommt eine Kopflastigkeit erst dann so richtig zur Wirkung, wenn die hohe, von Dekorationen angeschwollene Gewölbezone (wie beim Gouverneurspalast) oben durch ein schweres Gesims zusammengepreßt wird. Zwar besitzt auch der Nordpalast ein solch gewaltiges Abschlußgesims, aber auf der Abbildung oben ist zu erkennen, daß diesem Gesims dadurch, daß die Aufbauten es mehrfach durchbrechen, ein Teil der Schwere genommen wird.

Neben diesen Aufbauten, die schon von Weitem durch ihre leicht barocke Anordnung der Masken auffallen, erkennt man erst von Nahem die Einzelheiten des präzise gearbeiteten Steinmosaiks zwischen diesen Aufbauten: Vor dem Hintergrund des bekannten Flechtwerks bauen sich Stufenmäander, naturalistisch dargestellte, frühe Mayatempel und andere Symbole auf. Den genannten fünf Chacmasken in den Aufbauten ist darüber noch eine weitere Maske aufgesetzt, die den verwandten teotihuacanekischen Gott Tlaloc darstellt. Diese Darstellung zeigt, daß auch im 9. Jahrhundert intensive Beziehungen zum zentralen Hochland bestanden.

235 + 236 Uxmal, Nonnenviertel
NORDPALAST
Oben: Westlicher Teil der Fassade mit der westlichen Pfeilerhalle

Mitte: Aufbau mit Chacmasken vor der Gewölbezone

DER WESTPALAST

Auch der WESTPALAST wurde zusammen mit seiner Treppenanlage erbaut. Das läßt sich daran erkennen, daß man später einen Teil seiner Stufen mit dem Südpalast überbaute. Also auch hier eine bewußte Erhöhung des Gebäudes, um seine Wirkung zu vergrößern. Betrachtet man den Palast aus einiger Entfernung, dann fällt auch hier die Kopflastigkeit auf. Die Gewölbezone ist nicht nur beträchtlich höher als die Wandzone, sie ist darüber hinaus dicht gedrängt mit Dekorationselementen überzogen. Obwohl die Dekoration auf den ersten Blick große Ähnlichkeit zeigt mit der des Gouverneurspalastes, so hat sie doch nicht die systematische Strenge der dort in auf- und absteigender Reihung angeordneten Symbole. Beim Westpalast ist die Dekoration zwar auch geordnet, aber zusätzlich gibt es eine Menge von Einzelformen, die aus kultischen Gründen unbedingt erforderlich waren.

Den Hintergrund des Schmucks bildet auch hier; wie bei allen Palästen des Nonnenviertels, das Flechtwerk, das wir schon beim Gouverneurspalast sahen. Davor windet sich auf fast ganzer Gebäudelänge – an den übrigen Symbolformen vorbei – eine gefiederte Schlange mit einem Menschenkopf im Rachen. Auch hier sind wieder Nachbildungen früher Mayatempel aufgestellt mit hölzernen Dächern und einer Chacmaske darüber. In der Mitte sehen wir einen Thron mit einem Baldachin darüber; ferner hängen vor Mäandermustern Vollplastiken menschlicher Figuren, die als Wächter gedeutet werden (siehe nebenstehende Abb.). Es fehlen im Gegensatz zum Nordpalast vertikale Elemente und das barocke Gedränge dort, die Dekoration bleibt ohne Höhepunkte und ordnet sich gefügig ein zwischen die beiden Gesimse oben und unten.

237 + 239 Uxmal, Nonnenviertel
WESTPALAST

oben:
Ansicht von der Treppe des
Nordpalastes

Mitte:
Detail der Gewölbezone

DIE RAHMUNG DER GEWÖLBEZONE

Schaut man die Fassade des Westpalastes ganz unvoreingenommen an, dann nimmt man – wie beabsichtigt – vordergründig die Gewölbezone wahr. Die Wandfläche, auf der sie ruht, ist niedriger und ungestaltet und tritt optisch zurück. Sie dient allein dazu, – überspitzt formuliert und nur auf die Gestaltung bezogen – durch den krassen Gegensatz von nackter Wandfläche und reicher Gewölbezone die letztere umso mehr zur Geltung kommen zu lassen.

Die GEWÖLBEZONE selbst besteht aus zwei Elementen: Einmal aus der Rahmung mit kräftig ausgebildeten Gesimsen unten und oben und dann aus der von dieser Rahmung eingeschlossenen Fläche, die nun ganz unterschiedlich dekoriert werden kann. Je nach Stand der Skulpturenkunst und des Proportionsgefühls – und auch des handwerklichen Könnens – treten unterschiedliche Lösungen auf: Der Rahmen kann mit Skulpturen einfach nur ausgefüllt werden (wie es in Sayil – geschah – S. 112 ff.), er kann wie hier am Westpalast phantasievoll, aus Einzelteilen bestehend, zusammengestellt werden, es lassen sich aber auch die Einzelsymbole zusammenfassen und in fast barocker Art in große auf- und absteigende Bewegungen bringen (wie beim Gouverneurspalast – S. 125 + 130), oder (wie wir es anschließend beim Ostpalast erleben – S. 138 f) man kann das vorgegebene Symbolwerk geometrisch ordnen und es in eine Komposition einbringen, die zugleich spannungsvoll und ausgewogen ist.

Doch eines ist immer gleich: Diese Komposition wird zusammengehalten von einer kräftigen Rahmung, wobei es einerlei ist, ob die Gesimsform auch in der Senkrechten fortgeführt wird, wie es bei den Gewölbezonen in Palenque (S. 122 f.) üblich war, oder ob sie an der Ecke mit einer Reihe übereinander gestellter Chakmasken geschlossen wird (wie hier am Westpalast oder auf S. 139 am Ostpalast). Grundsätzlich ist die Gewölbezone immer allseitig gerahmt, wobei an den Gebäudeecken das herumlaufende Sims auch durch eine Reihung von Symbolformen ersetzt werden kann.

Spätestens jetzt erinnert man sich an den Ursprung dieser Form. Die erste Architekturform Mesoamerikas war der gerahmte Tablero mit dem unbetonten, abgeschrägten Talud darunter. Als der Tablero, ursprünglich als Verkleidung der Stufenpyramiden erfunden, beim Quetzalcoatlpalast in Teotihuacán zur Verkleidung des Gesimses herangezogen wurde (und man seine gerahmte Innenfläche wie an den Podesten bemalte) war praktisch die Verkleidung der Gewölbezone geboren. Und der Feststellung auf S. 51, daß der gerahmte Tablero bis in die Spätzeit hinein das einzige Architekturelement bleiben werde, das zu einer gegliederten Teilung oder Rahmung der Außenwände zur Verfügung steht, bleibt an dieser Stelle nichts hinzuzufügen. Der langgestreckte Rahmen fördert einerseits die horizontale Ausgewogenheit, verhindert gleichzeitig aber auch Bemühungen, neue Formen z.B. aus der Gebäudestruktur zu entwickeln.

239 Uxmal, Nonnenviertel
WESTPALAST
Detail der
Gewölbezone

240 Uxmal, Nonnenviertel
OSTPALAST
Gesamtansicht
mit der Wahrsagerpyramide
im Hintergrund

DER OSTPALAST

Die vier Paläste gleichen einander sehr in der äußeren Form: Sie zeigen alle den undekorierten Wandbereich mit einer Reihe von einzelnen Öffnungen und darüber die höhere, mit Dekoration überladene Gewölbezone, Dies verschafft dem Platz den einheitlichen, geschlossenen Eindruck. Aber erst die Unterschiede in der Gestaltung schaffen den gewünschten Reiz, der unsere Augen nicht ermüden läßt. Waren schon zwischen Nord- und Westpalast Unterschiede festzustellen, so zeigt der OSTPALAST in der Gestaltung ganz neue Überlegungen. Ich vermute deshalb, daß er erst nach dem Westpalast gebaut wurde.

Betrachten wir zunächst den Wandbereich. Schon beim Gouverneurspalast hatten wir gesehen, daß sich das Proportionsgefühl verändert hatte und daß man deshalb versuchte, die bis dahin gleichen Abstände der Öffnungen rhythmisch zu verändern und die allzu lange Fassade in drei Baukörper zu gliedern. Beim Ostpalast waren Länge und Form des Baukörpers vorgegeben. Es gab nur eine Möglichkeit, die Länge erträglich zu machen: Man mußte einen Schwerpunkt schaffen, auf den sich das Auge konzentrieren konnte. Zunächst setzte man das altbekannte Mittel ein und verbreiterte die mittlere Öffnung. Das reichte aber nicht aus. Und nun geschah etwas im Grunde Unzulässiges: Man veränderte im Innern das herkömmliche Kammersystem um so in der Außenwand zwei Öffnungen einzusparen. Das sollte man sich zunächst auf dem Grundriß (S. 132) anschauen: Auf der Grundfläche von vier Doppelkammern entstanden wieder vier Kammern, aber um 90° gedreht. Allerdings werden die vier Vorkammern zu zwei größeren zusammengefaßt und – das ist das Ungeheuerliche – hintereinander geschaltet (wodurch die hintere „Vorkammer" zum ersten Mal zu einem unbelichteten, nicht direkt zugänglichen Raum wird, gleichzeitig aber die Zahl der vier dunklen, dem „Mystischen" vorbehaltenen Kammern beibehalten wird).

Einer solchen Abweichung vom hundertfach bewährten Schema zuzustimmen, wird den zuständigen Priestern sicher schwergefallen sein (woraus ich vermute, daß die Planung in ganz hohen Händen gelegen hat, vielleicht beim Priesterfürsten selbst).

Wie sieht das Ergebnis aus? Dort wo die drei Öffnungen hätten erscheinen müssen, dehnt sich jetzt eine sehr lange Wandfläche aus mit nur einer Öffnung in der Mitte. Der Mittelpunkt des Gebäudes umfaßt diese eine Öffnung und die beiden zu ihr gehörenden langen Wandflächen. Optisch ist der Bau in drei Teile geteilt: in diesen Mittelteil und in zwei relativ kurze Seitenteile (jeweils aus zwei Öffnungen und zwei sehr viel kleineren Wandflächen bestehend).

Die mit den unterschiedlichen Wandflächen erzeugte Spannung wird geschickt auf die Gewölbezone übertragen: Zunächst sehen wir Trapezformen, die sich nach unten verjüngen und die in der Mitte Embleme tragen (mit Köpfen, die wohl Herrscher darstellen). Diese Formen wechseln ab mit dem bekannten Flechtwerk, das sich nun nach oben verjüngt. So bildet sich ein sehr gleichmäßiger Rhythmus, der übernommen wird von den Abständen der Toröffnungen darunter. Nur über dem Mitteleingang wird dieser Rhythmus unterbrochen, statt der Trapezform erscheint hier ein Feld mit drei Chacmasken übereinander. Dieses Symbolfeld war wohl immer noch so wichtig, daß es nicht übergangen werden konnte, es wird sehr dezent auf diese eine Stelle reduziert (und auf die vier Gebäudeecken, wo das gleiche Feld praktisch um die Ecke herumgezogen wird – siehe nächste Seite unten) und es ragt auch keineswegs (wie noch beim Nordpalast) über das Gesims hinaus. Leider bricht mit der Gewölbezone hier und der des Gouverneurspalastes die weitere Entwicklung ab. Ließ sich dieser Höhepunkt nicht mehr überschreiten?

Neben der sehr präzisen handwerklichen Ausführung des Steinmosaiks, die für alle Bauten Uxmals schon als eine Selbstverständlichkeit erscheint, ist das barock Überschwengliche des Gouverneurspalastes hier am OSTPALAST zu Gunsten einer bis ins Letzte überlegten und ausgewogenen Gestaltung zurückgetreten, ohne daß die Spannungskraft im einzelnen nachgelassen hat. Man beachte, daß z.B. die Trapezform nicht einfach auf das untere Gesims aufgesetzt ist, sondern an das obere wie „angehängt" erscheint, daß die einzelnen Streifen des Trapezes seitlich in Schlangenköpfen enden und daß das obere Gesims durch Steine belebt wird, die in gleichen Abständen herauskragen.

Ganz allgemein versuchte man, die überschwenglichen Formen des Gouverneurspalastes in straffere Bahnen zu lenken.

Die hier dominierende Trapezform selbst sahen wir zum ersten Mal am Gouverneurspalast (siehe Abb. S. 125), wo sie als Mittelpunkt des Schmucks der Gewölbezone auftritt. Hier hat sich dieses Trapez schon zu einer Symbolform weiterentwickelt. Aus alledem möchte ich schließen (da andere Beweise fehlen), daß der Ostpalast erst nach dem Gouverneurspalast errichtet wurde, dieser aber zeitlich nach dem Westpalast anzusetzen ist.

Alle Maya-Paläste – nicht nur die in Uxmal – zeichnen sich dadurch aus, daß an ihren vier Ecken das Motiv der übereinander gestellten Chacmasken auftritt. Das wird an diesen Stellen weder eine generelle Verehrung des Regengottes bedeuten, erst recht nicht auf die Bestimmung des betreffenden Gebäudes hinweisen. Hier stoßen wir auf eine bei allen Völkern gern angewandte Methode, Tempel, Paläste und auch Wohnhäuser vor bösen Mächten zu schützen; die Chac-Masken üben hier also in erster Linie eine Schutzfunktion aus. Deshalb bewegen sich die Hakennasen auch immer diagonal vom Gebäude weg den vermeintlichen feindlichen Mächten entgegen. Und so kann es durchaus sein, daß die verlorene Ansammlung der übereinandergereihten Chacmasken, die etwas verloren ausgerechnet den Haupteingang schmückt, die gleiche Bedeutung hat. Viel wichtiger für die Deutung des Ostpalastes wäre wohl, etwas über die Trapezformen zu erfahren, die beim Gouverneurspalast noch als Einzelform auftritt, hier aber schon verstärkt in sechsmaliger Reihung erscheint.

Das Gegenüberstellen von hervortretenden Dekorationsflächen und ruhigen Flächen des Flechtwerks als Hintergrund, das Auswägen dieser gegensätzlichen Möglichkeiten, die Betonung des Strukturellen, ja sogar die Unterordnung der Grundrißlösung unter diese subtile Fassadenteilung erinnern sehr an ähnliche Bemühungen, die auf dem Höhepunkt der klassischen griechischen Architektur festzustellen sind.

241 + 242 Uxmal, Nonnenviertel
OSTPALAST

oben:
Fassadenausschnitt

Mitte:
Die Eckausbildung
im Südwesten mit den Chacmasken an der Gewölbezone

EINZELFORMEN DER PALASTGESTALTUNG

GESIMSE UND SOCKEL

In dem Augenblick, wo man bei den Palästen im nördlichen Yucatán auf ein geneigtes Dach verzichtet hatte und stattdessen der Gewölbezone eine senkrechte Wand vorblendete, traten auch zwei Gesimse auf: das eine an der Stelle des Traufgesimses (wie in Palenque) und ein zweites als oberer Abschluß der dekorierten Gewölbezone. Diese Gesimse sind wohlproportioniert; zur Steigerung ihrer Wirkung wird über zwei auskragenden Plattenreihen die oberste Steinlage geringfügig nach außen geneigt, also dem Betrachter entgegen. Die Konstruktion aus vorstehenden Platten ändert sich dabei nicht. Zweck ist nicht mehr die Ableitung des Regenwassers, sondern ein ästhetischer: Die optische, rahmenartige Zusammenfassung der vorkragenden Gewölbezone, die gleichzeitig starke Schlagschatten wirft auf die darunterliegende, nicht dekorierte Wandfläche. Besonders elegant gelöst sind die Gesimse am Ostpalast des Nonnenviertels in Uxmal (siehe Abb. oben). Die Fassade lebt geradezu von der Plastizität der vielen horizontalen Gliederungen. Das Gesims über der Wandfläche bewegt sich in der unteren Steinlage nach vorn, das eigentliche Abschlußgesims wiederholt diese Bewegung mit entgegengesetzter Neigung.

Zu den beiden Gesimsen kommt als weiteres horizontales Element noch der Sockel hinzu (siehe Abb. der Wandzone oben links). Schon früh wurde in der griechischen Architektur das Gesetz der Dreiteiligkeit entwickelt, wonach man (analog zur Säule mit Basis, Schaft und Kapitell) auch die Wandfläche in drei Zonen gliederte: in Sockel, geschlossene Wandfläche und abschließendes Gesims. Diese Dreiteilung wird in Mesoamerika erst spät erfunden (siehe Ecksäule in Xlapak auf S. 116), dann aber sehr konsequent durchgeführt.

Zwar gibt es in Mesoamerika bei frühen Fassaden bereits ein breites Dachgesims (z.B. in Edzna auf S. 108 ff.), aber von einer Trennung von Grundfläche und Wand durch einen Sockel fehlt zunächst jede Spur. Erst auf dem Höhepunkt der „spätklassischen" Zeit werden bei allen Gebäuden auch Sockel angeordnet (siehe Abb. unten). Man geht in der Ausformung dieser Details sehr schnell mit gleicher Sicherheit vor, wie in der griechischen Architektur: Man verwendet Elemente des Dachgesimses (hier das Motiv der senkrecht gestellten, kurzen „Rundhölzer", die schon am Palast in Labná so beliebt waren) und fügt aus ihnen gleichfalls die Sockel, achtet aber streng darauf, daß die Dimensionen der Sockel immer hinter denen der Gesimse zurückbleiben. Und in Bezug auf die Dreiteiligkeit läßt sich feststellen: Selbst der Sockel ist in sich nochmals dreigeteilt.

243 + 244   Uxmal, Nonnenviertel
OSTPALAST
oben: Aufrecht stehende Gewölbezone der Südseite mit den zwei Gesimsen
unten: Wandzone der Westseite mit Sockel und Gesims

DIE PFEILERHALLEN VOR DEM NORDPALAST IM NONNENVIERTEL

Auf dem Höhepunkt der Mayaarchitektur, bei den Palastbauten in Uxmal, wird auf Säulen völlig verzichtet. Grundsätzlich findet man keine Stützglieder an diesen Palästen (die in Uxmal zu sehenden Säulenbauten südlich vom Nonnenviertel (siehe S. 159) und am Hof vor der Wahrsagerpyramide stammen alle erst aus wesentlich späterer Zeit). Die Versuche von Sayil und Labná, die Toröffnungen des Kammersystems durch den Einbau von Säulen zu verbreitern, wurden nicht fortgesetzt, alle Paläste haben nur Öffnungen, die gerade noch mit Holzbalken zu überdecken sind. Umso mehr fallen deshalb die beiden Hallen auf, die im Nonnenviertel die breite Treppenanlage vor dem Nordpalast auf beiden Seiten flankieren. Sie unterscheiden sich grundlegend von den Palästen, die oberhalb der Treppenanlagen stehen, denn an ihrer Vorderseite hat man tatsächlich versucht, die Wand durch Stützen aufzulösen. Allerdings nicht mit Säulen, sondern mit Pfeilern, die sich mit ihren Ansichtsflächen eher der Wandstruktur der Paläste anpassen.

Bisher wurde festgestellt, daß alle Architekturteile – also auch die Pfeiler – Schmuckformen tragen, die fast ausschließlich Symbolformen sind für die Unzahl von Göttern, Geistern und anderen Wesen aus der Mythologie. Im Gegensatz zu den Pfeilern des Quetzalpapalotl-Palastes (siehe S. 152), deren Außenseiten in diesem Sinne vollflächig verziert sind, treten hier im Nonnenviertel zum ersten Mal Pfeiler auf, die nun nicht mehr mit Symbolen geschmückt sind, sondern die Teilungen aufweisen, die allein aus der Struktur dieses Baugliedes entwickelt sind (siehe auch S. 158).

Betritt man das Nonnenviertel durch den Bogen des Südpalastes, dann schaut man zu allererst auf die hohe, langgestreckte Fassade des Nordpa-

lastes. Seine überladene Gewölbezone und die nur durch die 11 Toröffnungen unterbrochene Wandzone zeigt bewußt eine große Geschlossenheit. Die unheimliche Länge des Ganzen wird unterstrichen durch die sehr breite Treppenanlage. Aber von dieser breiten Treppe schweift das Auge nun nach rechts und links und entdeckt etwas, was den langgestreckten, geschlossenen Charakter unterbricht: die beiden Pfeilerhallen, die die Treppe flankieren. Zwischen den hellen, auffallend profilierten Pfeilern schaut man ins geheimnisvolle Dunkel im Innern dieser kleinen Hallen; die Wirkung der durchbrochenen Wandflächen wird erhöht durch ihr paarweises Auftreten (obwohl man nach genauerem Hinschauen feststellt, daß die beiden Hallen von der Größe her ein unterschiedliches Paar ergeben). Diese beiden „geöffneten Fassaden" bilden den spannungschaffenden Gegensatz zu den übrigen geschlossenen Palastfronten. Ohne diese beiden Hallen würde der von vier ähnlich geformten Wänden umgebene Platz eintönig erscheinen, und die breite, aber dennoch sehr hohe Treppe würde störend wirken. Jetzt aber täuscht die zusammengefaßte Form von Hallen und Treppe an der Nordseite eine „Zweigeschossigkeit" vor, die dem Platz erst seinen besonderen, einmaligen Charakter gibt.

Doch beim Anblick der ausgereiften Gestaltung sollte man daran denken, welcher konstruktiver Mittel man sich bediente. Daß der Nordpalast auf einem künstlich aufgefüllten Podest steht und die breite Treppe auf angeschüttetem Boden errichtet ist, mag man noch hinnehmen. Doch die herrlichen, kleinen Hallen selbst sind keine freistehenden Gebäude, sie lehnen sich mit ihrer Rückseite an das aufgeschüttete Podest des Palastes. Wir haben es nach wie vor mit der erdgebundenen Bauweise zu tun, die uns von den frühen Pyramiden bis hier zum Höhepunkt der architektonischen Schöpfungen begleitet hat.

245 Uxmal, Nonnenviertel
NORDPALAST
Westliche Pfeilerhalle
neben der Treppe

246 *Uxmal, Nonnenviertel*
SÜDPALAST
Gesamtansicht

DER SÜDPALAST

Die neue und geniale Idee, die hufeisenförmig gruppierte Dreiergruppe in einen geschlossenen Platz zu verwandeln, kam merkwürdigerweise erst zu einer Zeit, in der man nur noch wenig Wert legte auf eine durchdachte, alle künstlerischen Möglichkeiten ausschöpfende Gestaltung. Denn der Gewölbezone des Südpalastes (der den Platz schließt) sieht man an, daß sie schnell und lieblos lediglich aus bekannten Symbolformen zusammengesetzt wurde in einer schon leicht degenerierten Formensprache (und darüber hinaus erstmals in einer nicht mehr vollkommenen handwerklichen Ausführung). Allein in der Gebäudeform wurde der Südpalast genau den anderen Palästen angeglichen, nur wurde er, um die genannte Blickbeziehung vom Nordpalast hinüber zum Gouverneurspalast nicht zu stören, sehr viel tiefer (und ohne Sockel) angelegt. Die Folge war, daß man auf eine Treppenanlage zum Platz hin verzichten mußte.

Doch der Grundriß läßt aufmerken (man blättere ein weiteres Mal zum Grundriß S. 132 zurück): Im Südpalast wird wie im Palast in Palenque auf das Zweikammersystem verzichtet! Zwar wird das übliche Grundrißschema aller Paläste eingehalten, d.h. es sind Kammern in gleicher Größe, Form und Anzahl vorhanden, aber: alle Kammern werden durch eine völlig geschlossene Mittelwand getrennt! Aus den Doppelkammern entstehen Einzelkammern, die nördliche Reihe ist vom Platz aus zugänglich, die südliche (äußere) hat Öffnungen zum vorgelagerten großen Podest. Also endlich ein beidseitig erschlossener Palast! Die dunklen Kammern aufzugeben wäre wahrlich ein großer Fortschritt, wenn man in den hinteren, dunklen nicht doch einen religiösen Zweck vermuten müßte.

Aber ist der Südbau überhaupt ein Palast, vergleichbar mit den drei anderen? Ist er nicht in erster Linie ein Torbau, dem nach außen durch eine Treppenanlage, die breiter und höher ist als alle bisherigen, eine überragende Bedeutung zugemessen wird (siehe Abb. auf der Nebenseite oben). Geht man davon aus, daß das ganze Nonnenviertel weltlichen Zwecken diente, daß in den Kammern rings um den Hof regiert, verwaltet oder gar gehandelt wurde, dann könnte man sich in den äußeren Kammern des Südpalastes Läden zum Verkaufen vorstellen. Aber die gewaltige Treppe dürfte kaum zu einem Ladenbau geführt haben, sie gleicht eher der Eingangssituation eines bedeutenden Heiligtums. Denn der große Innenhof wird wohl ein einziger großer "Theaterraum" für die Zeremonialspiele gewesen sein. Und seine Hauptbühne bildete der Nordpalast mit seiner Treppe davor, der m.E. durchaus ein Tempel gewesen sein kann. Denn von der Funktion her gleicht er grundsätzlich der etwa 100 Jahre älteren Inschriftenpyramide in Palenque: Die große Treppe ist vorhanden, jetzt allerdings der neuen Zeit entsprechend breiter angelegt (wodurch 11 Tore möglich werden – in Palenque sind es nur fünf). Diese Tore führen alle in „tempelähnliche" Doppelkammern. War der große Platz mit seinen vier Fassaden – wie ich es auch beim Innenhof des Palastes in Palenque vermute (siehe S. 119 ff.) – die bauliche Umsetzung der wahren, geistigen, der jenseitigen Welt? Hatte das Volk nur bei besonderen Festlichkeiten Zugang zu dieser anderen Welt? Wäre das so, dann gäbe es auch eine Erklärung für die lange durchgehende Mittelwand des Südpalastes: Sie würde hier (ähnlich wie im Palast von Palenque die durchgehende Wand die äußeren und inneren Galerien scheidet) symbolisch die Trennung bedeuten zwischen den beiden Welten. Und ihre einzige Öffnung, der große Bogen (siehe nächste Seite) wäre der festliche Zugang dorthin.

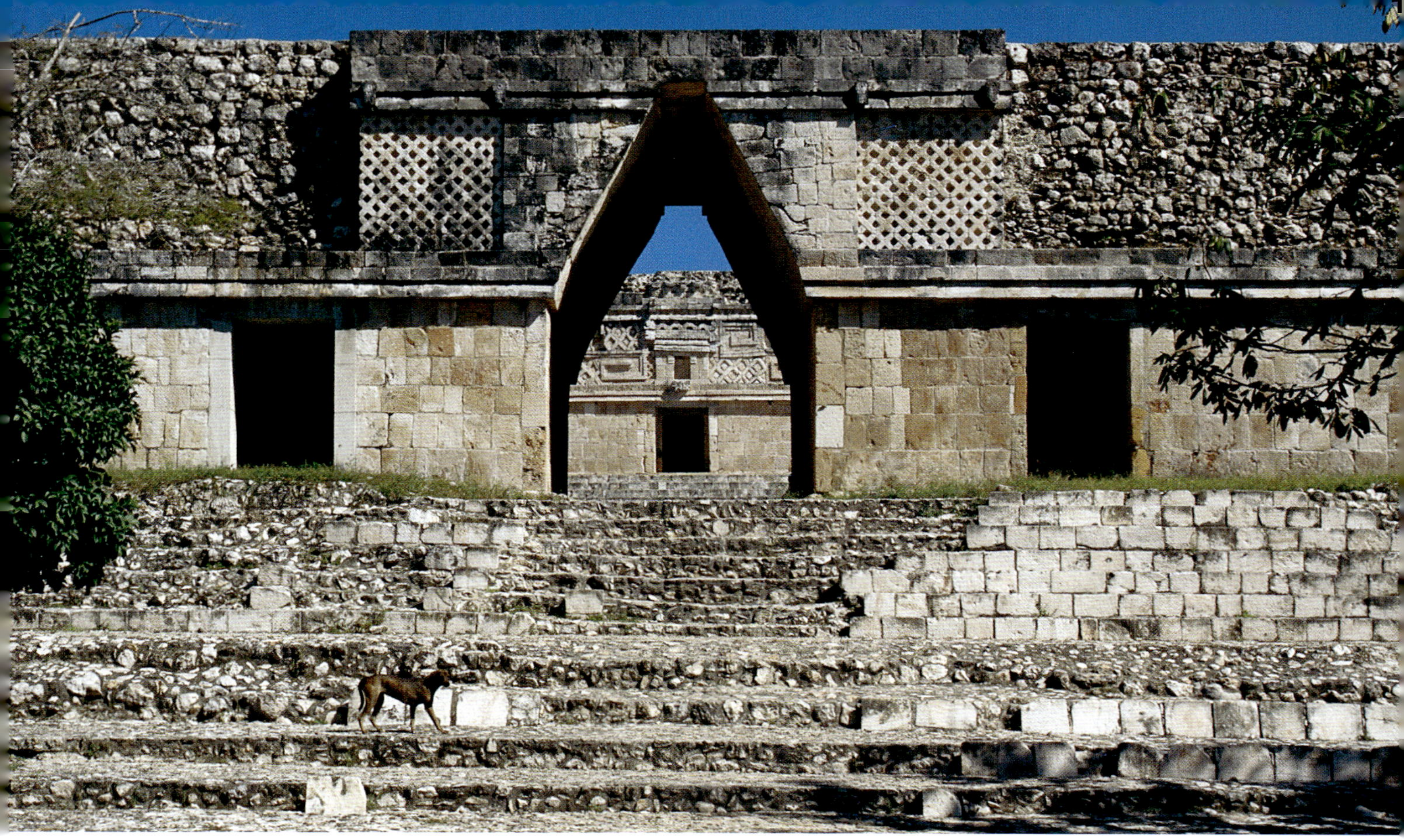

MONUMENTALE TORE UND BÖGEN

DER BOGEN IM SÜDPALAST

Ganz gleich, ob die vorgenannte Vermutung richtig ist oder nicht, auch bei jeder anderen Nutzung mußte nach den Anschauungen am Ende der „spätklassischen" Zeit für die gewaltige Platzanlage ein repräsentativer Zugang gefunden werden. Vorbilder für einen solchen Torbau gab es nicht. Ob der nachstehend gezeigte Bogen im nahen Labná in gewissem Maße Pate gestanden hat, ist ungewiß; von der Dekoration her, die dort feiner und sorgfältiger gearbeitet ist, könnte er zeitlich früher entstanden sein. Nur ist der Bogen in Labná ein freistehendes Monument, während der Bogen in Uxmal lediglich einen Durchbruch bildet durch ein langgestrecktes Gebäude. Wenn dieser Durchbruch wirkungsvoll sein sollte, mußte man seinen Scheitel höher anlegen, als die Stürze der Toröffnungen. Wollte man gleichzeitig die Gewölbehöhe der danebenliegenden Kammern einhalten, war es erforderlich, das Gewölbe über dem Durchbruch querstellen.

Diese Querstellung war bisher nicht erprobt, allenfalls an den ebenfalls nach außen offen liegenden Gewölben in den Gelenkbauten des Gouverneurspalastes. Man stand vor dem gestalterischen Problem, den Gewölbeschnitt außen in der Gewölbezone als Bogen zu formen. Die Baumeister des Ostpalastes hätten sicher eine brauchbare Lösung gefunden, jetzt aber unterbrach man ohne viel Überlegung an dieser Stelle die Dekoration der Gewölbezone mit einer glatten, ungegliederten Wand und ließ darin den Einschnitt des Gewölbes sichtbar werden, ohne ein Gewände oder irgendein Nachziehen der Bogenform zu versuchen. Auch greift die Schlußplatte, die das Gewölbe nach oben abschließt, derart unbeholfen in das obere Gesims ein, daß selbst ein ungeübtes Auge erkennt, daß hier der Zufall am Werk war.

oben:
247 Uxmal, Nonnenviertel
SÜDPALAST
mit dem großen Bogen von Süden

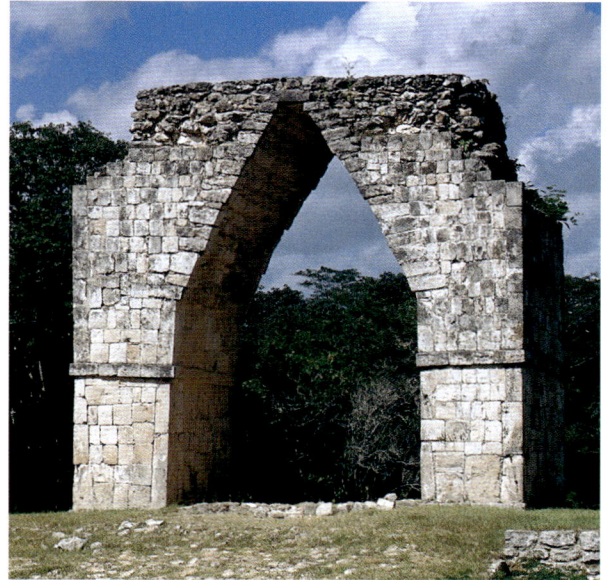

DER BOGEN IN KABAH

An und für sich ist die Bezeichnung „Bogen" für das nebenstehende Bauwerk falsch. Denn dieses zwischen 670 und 770 errichtete Tor, das heute als Torso und ohne Dekoration am Ende der Prozessionsstraße steht, die einmal von Uxmal nach Kabah führte, zeigt uns ganz „offen" seine Konstruktion: Es ist kein Bogen, sondern ein Maya-Schüttgewölbe, das von der großen Schüttmasse insgesamt zusammengehalten wird. Die Steine der Gewölbewände hängen alle etwas schief herunter, man merkt die Schwierigkeiten, die man beim schichtweisen Aufsetzen und gleichzeitigem Hinterfüllen überwinden mußte. Man konnte diesen monumentalen „Bögen" nie größere Spannweiten geben, als die, die man auch mit den Gewölben über den Kammergrundrissen erreichte. Das wie ein gewaltiger „Klotz" wirkende Tor trägt keinerlei Dekoration; das ist verwunderlich, wenn man an den reich geschmückten „Palast der Masken" (siehe S. 126 f.) denkt, der ebenfalls in Kabah steht.

Mitte:
248 Kabah
BOGEN
am Ende der Zeremonialstraße von Uxmal nach Kabah

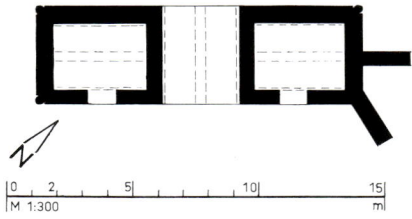

249 Labná
BOGEN (TOR)
Ansicht von Südosten

250 a+b Labná
BOGEN (TOR)
a) oben: Ansicht von Südosten
b) unten: Grundriß beide M. 1:300

DER „BOGEN" IN LABNÁ

Daß man zu einer gestalterischen Einbindung der Gewölbeöffnung durchaus fähig war, zeigt der berühmte Bogen von Labná. Zwar wagte man nicht, wie in der Stadt gerade an dem nicht weit entfernten Palast an einem rechtwinkligen Tor geschehen, die Öffnung lisenenartig zu umrahmen, aber man bildete sehr sauber ein stehendes Rechteck aus, in das das Gewölbe eingeschnitten ist.

Die Schlußplatte liegt noch innerhalb dieses Rechtecks und erst darüber folgt ein Gesims, das den Block der Bogenöffnung abschließt. Im Durchgang selbst kragen die ersten Steine des Gewölbeansatzes (wie bei den Gewölben der Palastkammern üblich) geringfügig über die darunterstehende Wand aus; eine klare Trennung von Wand und Gewölbe ist erreicht.

Zusätzlich zum großen Gewölbe des Durchgangs überdecken zwei nicht so hohe, aber in der Form ähnliche Gewölbe die flankierenden Seitenbauten; diese Gewölbe verlaufen parallel zur Längswand (siehe nebenstehenden Grundriß). Die unterschiedliche Scheitelhöhe der Gewölbe wirkt sich auch in der Ansicht aus.

Während beim großen Gewölbe in der Mitte der Gewölbeansatz und die Gewölbehöhe sehr hoch liegen und von außen abzulesen sind, beginnen die Gewölbeansätze in den Seitenbauten schon wesentlich tiefer: Außen markiert sich der Gewölbeansatz in der Unterkante des unteren Gesimses; die Höhe des Gewölbescheitels findet sich außen etwa eine Steinbreite unter dem oberen Gesims. Die in der Höhe versetzten Gesimshöhen wirken sich in der Gestaltung sehr reizvoll aus.

Bei den Seitenbauten bot es sich an, die Außenwand wie bei den Tempeln und Palästen in zwei Zonen zu teilen. Wie im Puuc-Stil üblich, wurde die Wandzone ungestaltet belassen; darüber entwickelt sich an der Südostseite (siehe Abb. oben) ein interessantes Muster von Steinmosaiken mit großem Mäandermotiv, eingefaßt von unterem und oberem Sims. An der Nordwestfassade (siehe Abb. nächste Seite) ist die Dekoration besonders reich ausgefallen: die Gewölbezone wurde (ähnlich wie in Uxmal) mit der Nachbildung eines frühen Mayatempels gestaltet und beidseitig mit einem geometrischen Flechtwerk eingerahmt (das in dieser Art aus Uxmal bekannt ist).

Über die Bedeutung dieses Tores ist man sich im Unklaren: War es ein Triumphtor (oder Ehrentor) im römischen Sinne? Oder ein Stadttor wie in Kabah? Oder das Tor zu einem Zeremonialzentrum? Die Cresteríen und Gewölbe (und auch die seitlich anschließenden dekorierten Mauern) deuten auf das Letztere hin.

Die Namensgebung „Triumphtor" ist verständlich, weil in der Tat besonders die Nordwestseite (sieht man von der typisch mesoamerikanischen Zutat der Cresteríen ab) eine erstaunliche Ähnlichkeit mit römischen Triumphtoren aufweist. Vergleichen wir deshalb das Mayator mit dem gut erhaltenen TRAJANSBOGEN der römischen Stadt Timgad (in Nordafrika im heutigen Algerien gelegen).

Zunächst ähneln sich in beiden Fassaden die Proportionen insgesamt; die Anzahl der Öffnungen ist gleich, auch deren Einzelproportionen sind sehr ähnlich. Beide Tore haben eine Symmetrieachse und sind in drei Teile gegliedert: In den Mittelteil mit der eigentlichen Toröffnung und in zwei Seitenteile (wobei allerdings in Labná die Seitentore nur an der Nordwestseite angeordnet sind und die Südostseite geschlossen bleibt). Über den Seitentoren sehen wir beim Trajansbogen gerahmte Fensteröffnungen (es sind Blendfenster, die nur als Schmuckform dienen); während die Maja, die keine Fenster kannten, an gleicher Stelle als Schmuckformen die Tore ihrer Mayatempel anordneten. Ein Unterschied zeigt sich nur in der Höhengliederung: Die Fassade des römischen Bogens wird oben insgesamt durch ein kräftiges Gesims zusammengefaßt, während am Bogen in Labná der Mittelteil erhöht wird und die Gesimse eine unterschiedliche Höhe erhalten.

Bei diesen Toren ging es beiden Völker darum, den Zugang zu entwerfen für eine Stadt (oder bei den Maya für ihr Zeremonialzentrum). Dabei hatten beide nur den einen Wunsch, eine besonders festliche Form zu finden, Vorgaben aus weltanschaulicher oder religiöser Sicht gab es in diesem Falle nicht. So führte das Bemühen um eine festliche Gestaltung (trotz der unterschiedlichen Architekturglieder, die zur Verfügung standen) zu einander sehr ähnlichen Ergebnissen.

251 (oben) + 252 (Mitte) Labná
BOGEN (TOR)
Zwei Ansichten von Nordwesten

Ansichtszeichnung und die Beschreibung der Dreiteilung des Tores in LABNÁ und die des TRAJANSBOGENS siehe S. 171

Anmerkung: Die Dreiteilung des TORES in Labná und die des TRAJANSBOGENS werden auf S.173 beschrieben.

unten: 253 Timgad, heute Algerien
*TRAJANSBOGEN (**römisch**)*

oben: 254 Mitla
SÄULENPALAST
Eingangsportal

Mitte: 255 Mitla
LAGEPLAN der Gesamtanlage
M. 1:6000

PFARREI-
GRUPPE

SÄULEN-
PALAST

ADOBES-
GRUPPE

SÄULENGRUPPE

BACH-
GRUPPE

SÜD-
GRUPPE

N

0   50   100   200   300
M. 1:6000   m

„NACHKLASSISCHE" PALÄSTE

DER SÄULENPALAST IN MITLA

Von Uxmal aus gehen wir zeitlich gesehen mit dem SÄULENPALAST IN MITLA einen gewaltigen Schritt weiter in die „nachklassische" Periode. In Chichén Itzá benötigten im 11. Jahrhundert die Maya-Tolteken bereits keine Paläste mehr mit feingliederigem Kammersystem, sie bauten weiträumige Versammlungshallen, die im Innern von langen Säulenreihen getragen werden. Diese Paläste werden im nächsten Kapitel beschrieben. Im Hochtal des heutigen Oaxaca allerdings wurden die Traditionen der klassischen und spätklassischen Zeit zum Teil weitergeführt. Hier hatten die Mixteken, aus den umliegenden Bergen kommend, Monte Albán erobert, es teilweise zerstört, seine Ruinen aber als Begräbnisstätte weiterhin genutzt. Die Mixteken beherrschten auch die anderen Zapothekenstädte.

In Mitla errichteten sie um 1100 (nach anderen Untersuchungen auch erst im 14. Jh.) eine sakrale Stadt, in der sehr viele Bestattungen vorgenommen wurden. In deren zentraler, um einen Hof gelegenen Gruppe (siehe nebenstehenden Lageplan) ist das Hauptgebäude, der heute so genannte „Säulenpalast", gut erhalten. Da dieser Palast ebenfalls die von den Mayapalästen bekannten schmalen, dunklen Kammern enthält, stelle ich ihn als das einzige Beispiel für die „nachklassische" Zeit ans Ende der „Paläste für den zeremoniellen Gebrauch".

Dieser Palast erhebt sich freistehend wie die Paläste in Uxmal auf einer Plattform, die hier allerdings nur wenige Meter hoch ist. Der Sockel aller Wände ist in der Talud-Tablero-Form unten abgeschrägt. Es ist eine Wandform, die wir noch am Tempel der Tafeln in Chichén Itzá (siehe S. 159) sehen werden. Darüber sind in drei Reihen Tablero-Motive angebracht. Diese Motive überziehen nicht nur die Wände des inneren Bereichs, sie ziehen sich auch an den Außenwänden um den ganzen Palast herum.

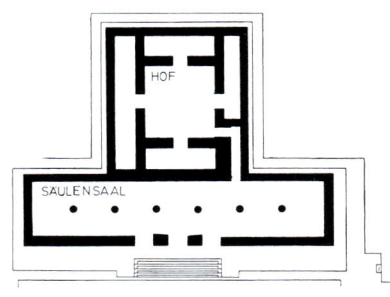

Man betritt als erstes einen langgestreckten Saal, der knapp 40 m lang und 7 m breit ist. In der Mitte steht eine Reihe von sechs schweren, monolithischen Säulen, die ehemals das flache Dach trugen (siehe Abb. oben). Nach diesen Säulen wurde der Palast benannt. Sie ragen dreieinhalb Meter auf, sind aber noch gut einen Meter im Erdreich eingegraben, besitzen also kein Auflager oder Fundament. Es sind nicht einfach zylindrische Schäfte, wie die meisten bisher besprochenen Säulen, sondern sie verjüngen sich ein wenig nach oben. Sie trugen kein Kapitell, sondern auf den letzten 30 cm unter den früher vorhandenen Holzbalken verjüngen sie sich nochmals, nun wesentlich mehr, als im übrigen Schaft.

Dieser große Vorraum, ein Versammlungsraum in der Art, wie die Tolteken ihn benutzten, war im Gegensatz zu den übrigen Sälen nur verputzt. Dieser Saal erhält, wie wir es von den älteren Palästen gewohnt sind, sein Licht nur über die drei Tore. Der dann anschließende Gebäudeteil hat von der Struktur her wenig mit dem Saal zu tun. Obwohl in der Mitte ein geräumiger, quadratischer Hof liegt, führt von der Mittelachse kein Zugang dorthin. Der schmale, abgewinkelte Gang, über den man den Hof schließlich erreicht, wird aus kultischen Gründen so gewählt worden sein. Die Kammern, die den Hof umgeben, haben nur geringe Raumtiefen und liegen wie in den bisher gezeigten Palästen im Dunkeln.

Der Säulensaal könnte als nicht weiter geschmückter Vorraum den weltlichen Bereich verkörpern; über den schmalen, abgewinkelten Zugang tritt man (wie durch die Mittelwand zum Hof in Palenque) in die nur vom Himmel überwölbte – jenseitige Welt. Die vier schmalen, langen und dunklen Kammern könnten zum Meditieren gedient haben. Das sind auch hier nur meine Vermutungen, die nicht belegt werden können, die aber der sehr merkwürdigen Grundrißanordnung einen Sinn geben würden.

Allerdings erscheint es mir etwas merkwürdig, daß die Spätzeit noch derart gewaltige Säulen hervorgebracht hat. Es fällt der krasse Gegensatz auf zwischen der archaischen Säulenform und der hochentwickelten Steinmetzkunst, die die übrigen Räume des Palastes ziert. Die Vermutung liegt nahe, daß die Säulen (die in großer Zahl auch die anderen Paläste in Mitla schmückten) von sehr viel älteren Bauten stammen könnten. Monte Albán liegt in der Nähe. Die Mixteken waren von den Resten der Bauten dort beeindruckt. Sie kannten die vorhandenen Tableroformen dort und verwandelten sie für ihre Bedürfnisse in eigene, neue Formen. Könnten sie nicht von den alten Säulen dort (oder aus der Nähe Monte Albáns) so sehr beeindruckt gewesen sein, daß sie sie einfach mitgenommen haben?

Kommen wir zum Säulensaal zurück. Der große, längliche, nur durch eine Tür in der Längswand belichtete Raum bildet sozusagen den Prototyp eines frühen von Säulen getragenen Versammlungsraumes. Auch die Griechen kannten solche Säle; im Südteil der Propyläen der Athener Akropolis (siehe Abb. rechts) waren links und rechts des Durchgangs zwei Räume geplant (die allerdings nicht ausgeführt wurden) (siehe Abb. rechts). Dieser griechische Saal ähnelt dem in Mitla sehr, wenngleich seine Raumform gedrungener und nicht so langgestreckt ist. Auch er sollte sein Licht ausschließlich durch Türöffnungen erhalten.

oben:
256 Mitla SÄULENPALAST
Säulensaal

Mitte
257 Mitla SÄULENPALAST
Grundriß M. 1:1000

unten:
258 Athen
GRIECHENLAND
AKROPOLIS, PROPYLÄEN
Säulensaal im Nordflügel, Grundriß
M. 1:1000

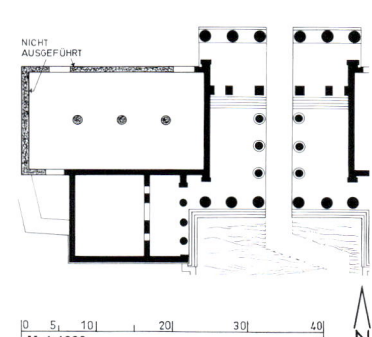

259 + 260 Mitla SÄULENPALAST, Großer Innenhof

oben: Die Nordwand

Mitte: Nordost-Ecke im großen Hof

Vom langgestreckten Saal mit den sechs großen Säulen geht man durch eine kleine Türöffnung (die auf der Abb. auf der Vorseite in der gegenüberliegenden Wand zu erkennen ist) in den sehr engen und abgewinkelten Gang und findet sich am Ende überraschend in einem hellen, wunderschönen Hof, der auf allen vier Seiten kunstvoll mit Steinmosaiken verkleidet ist; man wähnt sich in einer anderen Welt.

Neben dieser Zugangsöffnung, die in einer Ecke liegt, finden sich jeweils in Wandmitte vier weitere Öffnungen, die alle in nicht sehr tiefe, dafür aber äußerst langgestreckte Kammern führen. Diese Zugänge haben alle einen sehr tiefen Sturz; selbst die Mixteken (die wohl kleiner waren als wir heute) müssen sich beim Eintreten gebückt haben; sie mußten eine Haltung einnehmen, die den Göttern gegenüber angemessen erschien. Das verstärkt meine Vermutung, daß diese schmalen, dunklen Kammern (wie die hinteren Kammern der Mayapaläste) religiösen Zwecken mit mystischem Charakter dienten, daß sie die Räume waren, die den Kontakt ermöglichten zur jenseitigen, zur „unteren" Welt.

Der lichte, wohlproportionierte und reich geschmückte Hof aber, den man ausschließlich über den unbequemen, dunklen Gang erreicht, stellt die Verbindung zum weiten Himmel dar. Aufblickend von den Wänden, die mit religiösen Symbolen geschmückt sind, sieht man nichts weiter als die unendliche Weite der göttlichen Welt. Dieser nach oben offene Raum, umgeben von den vier dunklen Kammern, scheint mir ein einziges, großes Symbol zu sein. Eine Vermutung, die wohl nie wird bestätigt werden können.

Berühmt wurde der Palast durch die herrlichen Verkleidungen mit kunstvoll versetzten Steinmosaiken; sie beginnen schon an den Fassaden, wo das alte Tablero-Motiv mit den heruntergezogenen

Ecken, das uns vom benachbarten Monte Albán bekannt ist, nun zur reinen Dekorationsform verwandelt, gleich dreifach übereinander gereiht ist. Diese Tablero-Motive steigern sich im Innern mit immer neuen Mäandermotiven (insgesamt vierzehn an der Zahl) zu noch größerer Vielfalt. Erstaunlich ist die Verwandtschaft mit griechischen Motiven, doch sollte man auch hier daran erinnern (wie bereits bei den Mäandermustern in El Tajín auf S. 72 ausgeführt), daß man diesen Mustern eine bestimmte, uns heute nicht mehr bekannte, mythologische Bedeutung beimaß.

Die Bearbeitung der einzelnen Bänder zeugt von einer außergewöhnlichen Handfertigkeit der Steinmetzen in Mitla, im feinen Steinschnitt sind sie sogar den besten Arbeiten in Uxmal oder Kabáh überlegen. Auch ist ihre rhythmische Gliederung beachtenswert. Doch fehlt der Wandgliederung insgesamt die Genialität, die wir z.B. am Ostpalast in Uxmal erlebten, und sie wirkt, wenn wir an die Bewegung der Fassade in Kabah denken, eher etwas eintönig. Der Säulenpalast steht in der Tradition des Tablero-Schmucks Monte Albáns, seine perfekte Ausführung läßt zum letzten Mal die große Überlieferung dieser geometrischen Form aufleben. Seine späte Wiederverwendung zeugt aber auch von der gestalterischen Stärke der Tableroform selbst.

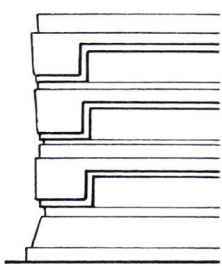

links: 262 a Mitla
SÄULENPALAS,
Die Tableroformen der
Außenwände

261 + 262 Mitla SÄULENPALAST,
oben: Großer Innenhof Nordost-Ecke

Mitte: Steinmosaik in einer der Kammern

WELTLICHE PALÄSTE

FRÜHE PALÄSTE

Als **WELTLICHE PALÄSTE** bezeichne ich die Paläste, die **kein** Zweikammer-System oder ähnliche Raumfolgen besitzen, die auf einen religiösen Charakter schließen lassen. Weltliche Paläste weisen stattdessen Räume auf, die durchaus für Versammlungen allgemeiner Art oder als Regierungs- oder herausgehobener Wohnsitz gedient haben können.

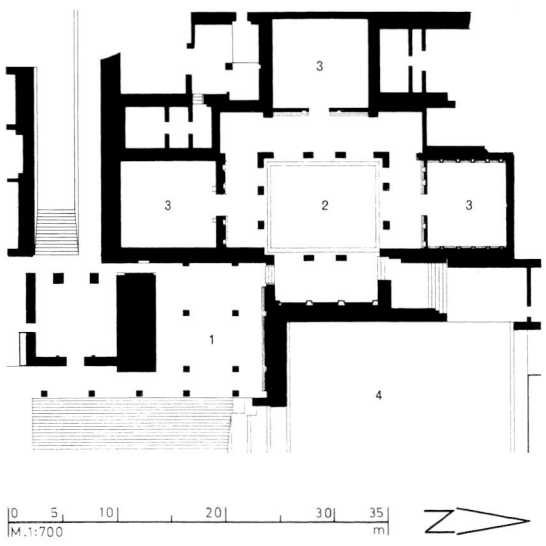

263 Teotihuacán
PALAST DES QUETZALPAPALOTL
Grundriß M. 1:700
1. Eingangshalle
2. Innenhof
3. Wohn- oder Audienzräume
4. Plattform am Mondplatz

DER PALAST DES QUETZALPAPALOTL IN TEOTIHUACÁN

Die bisher gezeigten Paläste wiesen mit ihrer immer gleichen Grundrißlösung auf eine zeremonielle Nutzung hin. Doch wie sahen nun weltliche Paläste aus, von denen angenommen werden kann, daß in ihnen die Herrscher gewohnt und regiert haben, oder in denen die Kriegerkasten, die seit dem 10. Jahrhundert mehr und mehr Bedeutung erlangten, ihre Versammlungen und Meditationen abhalten konnten. Für das Wohnen gab es aufwendige Anlagen mit komplizierteren Grundrissen, für die Kriegerkasten dagegen weite Hallen, von Pfeilern oder Stützen getragen.

Schon in Teotihuacán finden sich in unmittelbarer Nähe der Heiligtümer, teilweise sogar an diese angebaut, eine Reihe von aufwendigen, herausgehobenen Wohnanlagen, die man alle auf dem Lageplan S. 38 erkennen kann. Die Räume, die zum Wohnen oder Residieren geeignet sind, gruppieren sich zumeist um einen offenen Innenhof, der von gedeckten Wandelgängen umgeben ist. Kleinere Räume für Nebenfunktionen und Vorratshaltung liegen in den hinteren Bereichen. Hier erblicken wir erstaunlicherweise Wohnformen, die so aussehen, als seien sie direkt aus der hellenistischen Welt nach Mesoamerika gekommen.

Von diesen Wohnpalästen sei der PALAST DES QUETZALPAPALOTL betrachtet, so benannt nach den Reliefs auf den Pfeilern des Innenhofes mit dem Quetzalpapalotl = Quetzal-Schmetterling), weil er in Teotihuacán als einziger sehr gut restauriert wurde; sogar seine Dächer sind wiederhergestellt. Sein Innenhof weist eine erstaunliche Ähnlichkeit mit den Innenhöfen mediterraner Wohnhäuser auf, z.B. mit dem Hof im „Haus der Delphine" in Delos (siehe nebenstehende Abb.). Zwar wählte man in Delos statt der Pfeiler gefälligere Säulen, doch stimmt die Art der Anordnung der Stützen um den Hof herum und die Erschließung der inneren Räume durch einen offenen Gang nahezu überein.

Es taucht nochmals die Frage auf, ob eine für den Mittelmeerraum typische Wohnform nach Mesoamerika übertragen wurde? Von der Zeit her wäre es in diesem Falle durchaus möglich gewesen. Doch warum dann nur diese eine Innenhoflösung und keine anderen Bauformen? Wir müssen auch hier zur Kenntnis nehmen, daß auch in diesem Falle bei gleichen Bedürfnissen (repräsentatives Wohnen und Versammeln in überdachten, aber gleichzeitig von der Außenluft durchströmten Räumen) und gleichen äußeren Umständen (warmes, gemäßigtes Klima) nahezu gleiche Bauformen immer wieder von Neuem erfunden werden.

links: 264 Delos
GRIECHENLAND
HAUS DER DELPHINE
Grundriß

Natürlich ist auch beim Quetzalpapalotl-Palast nicht bekannt, wie weit er zu Wohnzwecken gedient hat, ob er nicht vielmehr nur Regierungssitz des Priesterfürsten oder Amtssitz eines hohen Priesters war. In diesem Fall könnte man bei dieser Palastform von einer Imitation einer bereits im Holzbau hoch entwickelten Bauform ausgehen. Die Bedeutung des Palastes geht schon daraus hervor, daß viel Mühe verwendet wurde, um für die ungünstige Situation an der Ecke des vorhandenen pyramidenförmigen Sockels eine repräsentative Lösung zu finden: Die ebenfalls offene Eingangshalle, die wohl als Empfangshalle diente, wendet sich (wie bereits auf der Abb. S. 50 gezeigt wurde) großzügig zum Platz. Danach aber mußte wegen der genannten Ecke der Plattform die Wegführung abgeknickt werden, und nur durch eine schmale Öffnung gelangt man schließlich in den zentralen Innenhof.

Hier überrascht die klare Gliederung: Der Hof ist zweifach achsial angeordnet. Daß er eindeutig der Mittelpunkt der Anlage ist, erkennt man auch an der reichen Ausschmückung der Pfeiler (siehe nächste Seite). Wichtig ist, daß hier bei einer frühen bewußten Gliederung eines Raumes sofort auch die doppelte Achsialität, die beim Pyramidenbau an der Außenform seit langem entwickelt war, auf den Innenraum übertragen wird. Denn von einem Raum kann man wohl sprechen, da sich die schweren Pfeiler und das hohe, aus dem Tablero entwickelte Gesims (auf das schon auf S. 51 hingewiesen wurde) mit großer Kraft um den kleinen Hof drängen.

Es bedarf keines Daches mehr, um diesen als einen Raum zu empfinden. Die bedrängte Situation, die die Ecke des Pyramidensockels mit sich brachte, führte dazu, daß der umlaufende, offene Gang nicht konsequent allseitig um den Hof herumgeführt werden konnte und man auf den sonst üblichen vierten Raum verzichtete. Aus diesem Umstand läßt sich auch die nur annähernd quadratische Form des Innenhofes erklären. Dennoch sind dessen Türöffnungen exakt auf die mittleren Pfeilerjoche bezogen, von den Türöffnungen aus läßt sich die Anlage des Hofes voll überblicken.

265 + 266 Teotihuacán
PALAST DES QUETZALPAPALOTL

oben: Der Innenhof

Mitte: Der von 4 Pfeilern getragene
Vorraum

oben: 267 Teotihuacán
PALAST DES QUETZALPAPALOTL
Innenhof und Pfeilerecke

unten: 268 Abydos
ÄGYPTEN
TEMPEL SETHOS' I.
Pfeilerhalle im zweiten Hof

PFEILER- UND SÄULENHALLEN

PFEILER ALLGEMEIN

Pfeiler sind Mauerstützen, die Öffnungen unterteilen; eine Sonderform ist der Pfeiler mit quadratischem Grundriß; er kommt in seiner Anwendung der Säule am nächsten. Auch Pfeiler mußten in jeder Kultur neu erfunden werden. Hatte man im Innenhof des Quetzalpapalotl-Palastes die Frage der Gesimsausbildung gelöst, indem man die einzig bis dahin bekannte Architekturform, den Tablero, mit großer Selbstverständlichkeit auch dem Gesims vorblendete, so war die zweite Frage, wie man in einem solchen Palast Wände mit vielen Öffnungen nebeneinander gestalten sollte, zunächst ebenfalls ungelöst. Das Öffnen einer hölzernen Wand zum Innenhof hin war bereits bekannt: Man ersetzte sie durch einfach geformte hölzerne Stützen, die man in angemessenen, gleichen Abständen aufstellte.

Im Steinbau wagte man sich nicht sofort an den Bau von Stützgliedern, vielmehr ging man aus von einer Wand mit größeren Öffnungen. Das läßt sich (wenn man noch einmal auf den Grundriß auf S. 150 zurückschaut) an den Hofecken ablesen: Die Eckstützen sind nicht wie Pfeiler, sondern wie die Ecken einer Wand ausgebildet; selbst die freistehenden Pfeiler haben noch keinen quadratischen Grundriß, sondern einen etwas in die Länge gezogenen rechteckigen.

Die massiven Pfeiler tragen hier in Teotihuacán, der großen Bedeutung des Palastes entsprechend, allseitig Flachreliefs in hoher künstlerischer Qualität.

Diese Reliefs sind jeweils als eine in Felder unterteilte Ansichtsfläche aufgefaßt, das große Feld in der Mitte beherrschen die aus dem Quetzalvogel und dem Schmetterling komponierten Fabelwesen. Die schmalen mit Leisten gerahmten Randfelder zeigen geometrisch gereihte religiöse Symbole. In diesen Pfeileransichten sind schon alle Grundzüge der mesoamerikanischen Dekoration vorweggenommen: Die Darstellung eines göttlichen Wesens, umgeben von kleineren, unzählig sich wiederholenden Symbolformen, und darüber hinaus die streng geometrische Anordnung des Ganzen.

Die Anordnung dieser geometrischen Formen ist der Pfeilerform entsprechend in die Höhe gezogen. Aber unten am Fußboden und oben unter den Holzbalken läuft jeweils ein Kranz von länglichen, blattartigen Formen um alle vier Pfeilerseiten herum. Dieser Kranz unterscheidet sich wesentlich von der übrigen Darstellung: Er schließt den Pfeiler nach oben und unten ab, er sitzt an den Stellen, wo bei den Säulen Basis und Kapitell auftreten; er zeigt bereits sehr früh die sogenannte Dreiteiligkeit (auf die in einem eigenen Abschnitt – siehe S. 172 f. – eingegangen wird).

Die hier zum Vergleich herangezogenen Pfeiler der Halle im zweiten Hof des SETHOSTEMPELS in Abydos (siehe Abb. links) haben auf den ersten Blick eine große Ähnlichkeit. Es sind schwere, massive Formen in relativ kleinem Abstand, die durchaus geeignet erscheinen, große Lasten zu tragen. Wegen dieser Monumentalität verwendeten die Ägypter in den Außenfronten ihrer Tempel zunächst nur Pfeiler. Auch sie haben keine Möglichkeit ausgelassen, die Ansichtsflächen allseitig mit Abbildungen ihrer Götter und Pharaonen zu verzieren. Auf den Pfeilern hier sehen wir in verhältnismäßig realistischer Darstellung jeweils Ramses II., vor verschiedenen Göttern stehend. Diese Reliefs haben den Charakter von erzählenden Bildern.

Darin unterscheiden sie sich von mesoamerikanischen Reliefs, die keine Bilder enthalten, sondern mit Symbolformen geschmückt sind. Zwar kommen die Symbole oft dem Abbild sehr nahe, aber viele Symbole sind so abstrahiert, daß sie auf den ersten Blick nur eine geometrische Form erkennen lassen. Die Menschen Mesoamerikas bedurften jedoch zum Verständnis des Inhalts keine Bilder, die Bedeutung der Symbole gehörten bei ihnen sozusagen zur Allgemeinbildung.

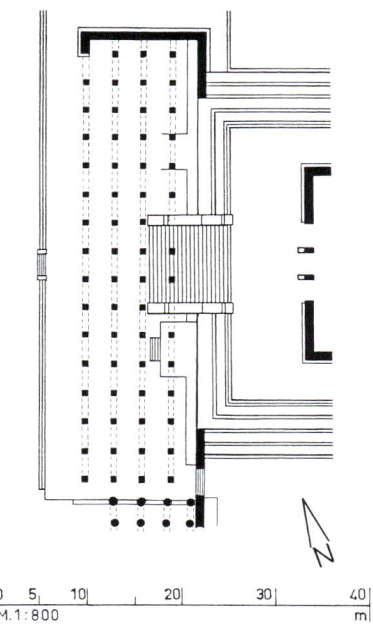

DIE PFEILERHALLE UNTERHALB
DES KRIEGERTEMPELS IN CHICHÉN ITZÁ

Der Umgang mit Pfeilern in einer langen Reihe wurde in Mesoamerika früher erprobt als die Aufstellung von Säulen, die man zunächst nur paarweise anordnete. In den ersten Versammlungshallen wurden nur Pfeiler in Reihen aufgestellt; erst nach und nach benutzte man hier auch die Säulen. Die Pfeiler (und später die Säulen mit den quadratischen Deckplatten) wurden in Längsrichtung der Hallen mit einem (oder auch mehreren) Balken überdeckt, über eine weitere Balkenlage in Querrichtung wurden dann runde Balken gelegt, die mit einer hohen Mörtelschicht abgedichtet wurden (eine solche Ausführung zeigt die Vorhalle auf S. 151).

Eine der ersten großen Pfeilerhallen bauten die Tolteken in Tula unterhalb ihres Haupttempels (Beschreibung und Grundriß siehe S. 92 f.). Dort sind es noch einfache, aus Ziegeln aufgemauerte Pfeiler, die mit einer dicken Putzschicht überzogen sind (und heute noch in halber Höhe erhalten sind). Aus Tula brachten die Tolteken nicht nur die Organisation ihrer Kriegerkasten mit nach Chichén Itzá, sondern – auf das Bauen bezogen – auch die Grundform ihrer Pfeilerhallen. Jedoch ergab die Synthese von Strenge der toltekischen Architektur und Schmuckreichtum der Mayabauten auch in diesem Fall ein neues Ergebnis: Die Ausrichtung der Halle und ihre Konstruktion gleichen der Halle in Tula, die Pfeiler aber sind aus Werkstein und vollflächig mit Flachreliefs überzogen.

Insofern sind die Pfeiler in Teotihuacán und die von Chichén Itzá vergleichbar, beide sind vollflächig als Ansichtsfläche begriffen, auch in Chichén Itzá faßt ein schwacher (allerdings ungestalteter) Rahmen die Pfeilerfläche ein. Bei genauerem Hinsehen entdeckt man allerdings Unterschiede: Nichts ist mehr vorhanden von der subtilen geometrischen Anordnung in Teotihuacán, vor allem wird kein Abschluß am Fuß und am Ende des Pfeilers gesucht, die dargestellten Krieger (nach denen der Tempel benannt ist) sind nicht wie der Quetzal-Schmetterling geometrisch stilisiert, sondern nur plump naturalistisch und möglichst furchterregend dargestellt. Und vor allem hat die Qualität der handwerklichen Ausführung merklich nachgelassen: Der Steinschnitt ist grob, und die einzelnen Quader sind mit dicken Fugen aufeinandergesetzt.

Die beiden Abbildungen hier zeigen aber auch, daß in Sälen mit quadratischen Pfeilern die Sicht in der Diagonalrichtung stark eingeschränkt ist, Säulenschäfte dagegen wirken gefälliger und haben einen geringeren Durchmesser (als die Pfeiler über Eck), wodurch sie den Blick weniger behindern. Insofern ist es verständlich, daß man immer mehr zum Bau von säulengestützten Hallen überging.

269 + 270 Chichén Itzá
PFEILERHALLE, unterhalb des Kriegertempels

oben links: Die Pfeilerreihen von Südwesten

oben rechts: Grundriß M.1:800

Mitte 271 Chichén Itzá PFEILERHALLE
unterhalb des Kriegertempels von Süden

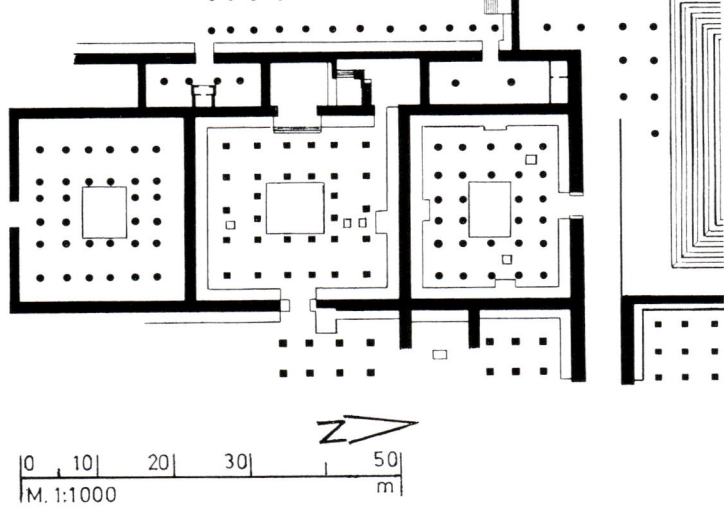

272 + 273 Tula
HAUPTTEMPEL des
Tlahuizcalpantecuhtli
Die Säulenhallen mit den drei
Innenhöfen

oben: Ansicht von Osten

unten: Grundriß M. 1:1000

DIE SÄULENHALLEN AM HAUPTTEMPEL IN TULA

Die frühesten SÄULENHALLEN, ebenfalls von den Tolteken bereits im 10. Jh. erbaut, sind in Tula erhalten (sie wurden bereits bei der Beschreibung des Heiligtums erwähnt – siehe S. 93 mit Lageplan).

Der Trakt mit den Säulenhallen (auch der „Palast" genannt) schließt unmittelbar an die Pfeilerhallen an, die den großen Hauptplatz im Norden begrenzen. Auf dem Plan (siehe Abb. unten) erkennt man, daß sich dieser Komplex in drei separate Hallen teilt, die von geschlossenen Wänden umgeben sind. Die hölzernen Decken sind in allen

der drei Säle in der Mitte von einer quadratischen Öffnung durchbrochen, durch die die Räume belichtet und belüftet wurden.

Die Säulen sind noch nicht (wie die Mayasäulen auf der nächsten Seite) aus mehreren Trommeln gefertigt, sondern wie die Pfeiler in Tula aus Ziegeln aufgemauert und mit Putz überzogen. Auf den Säulen ruhten wie bei den Pfeilern hölzerne Balken, die das Dach trugen. Da die Außenwände geschlossen waren, öffneten sich die Hallen ähnlich den viel kleineren Palastbauten in Teotihuacán zu einem Innenhof (dessen Grundfläche auf der Abb. oben zu erkennen ist). Auch eine solche Halle mit Innenhof zeigt, wie schon bei den Palästen in Teotihuacán beobachtet, durchaus Ähnlichkeiten mit mediterranen Bauformen.

Beim Kriegervolk der Tolteken hatte sich die Regierungsmacht mehr und mehr aus den Händen der Priester in die der Kriegerkasten verlagert. Große religiöse Feiern, wie man sie sich noch auf dem Hof des Nonnenviertels in Uxmal vorstellen konnte und an denen wohl das ganze Volk teilgenommen hat, fanden wegen der Zunahme der Bevölkerung auf riesigen Plätzen statt. Davon unabhängig versammelten sich die zahlenmäßig nicht sehr starken Kriegerkasten jetzt in überdachten Hallen, wo sie Beratungen abhielten und wo sie – da religiöse Gesetze weiterhin auch das Handeln der Krieger leitete – ebenfalls meditierten und opferten. Es muß bereits in Tula verschiedene Kasten gegeben haben, denn die drei separaten Hallenbauten haben jeweils nur einen Eingang an der äußeren Wand und sind untereinander nicht verbunden. Eine separate Nutzung kann aber auch deswegen erforderlich gewesen sein, weil in den Hallenbauten auch der Nachwuchs der Krieger ausgebildet wurde.

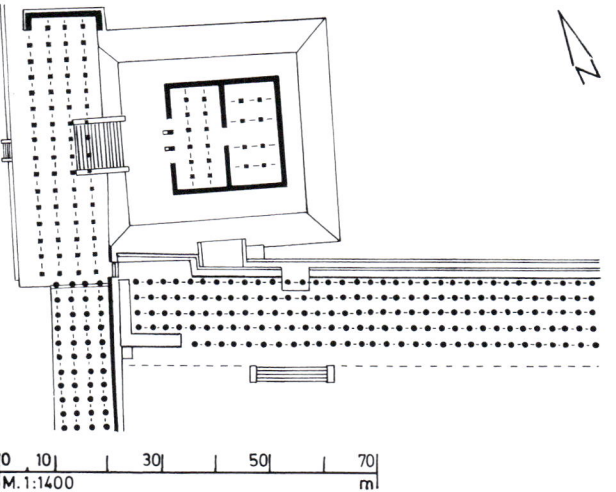

DIE SÄULENHALLE AM KRIEGERTEMPEL IN CHICHÉN ITZÁ

Die eindrucksvollsten Reste von Säulenhallen sind in Chichén Itzá erhalten. Sie stehen unmittelbar südlich vom Kriegertempel in einer L-förmigen Anlage und gehören zur sogenannten GRUPPE DER TAUSEND SÄULEN (siehe nebenstehende Abb.). Die größte dieser Hallen beginnt unmittelbar neben dem Kriegertempel: Auf einer Fläche von rd. 125 x 14 m reihen sich 4 bzw. 5 Säulenreihen nebeneinander. Auch hier lagen über den Säulen (ähnlich wie bei den Pfeilerhallen, jedoch hier auf gesonderten Deck- oder Kapitellplatten) die hölzerne Balken. Die aber trugen nicht mehr die bekannte hölzerne Decke, sondern auf ihnen ruhte in ganzer Länge das komplizierte, steinerne Mayagewölbe. Zum Kriegertempel hin ist die Halle noch heute mit einer massiven Wand abgeschlossen.

Auf der Grundrißzeichnung sieht es so aus, als würde auf der dem Tempel abgewandten Seite (der Südseite) eine äußere Säulenreihe die Außenfront bilden. Es ist aber nicht vorstellbar, daß die labilen Säulen den seitlichen Schubkräften standhalten konnten, deshalb muß sich früher an dieser Stelle noch eine tragfähige Wand angeschlossen haben (ein Teil einer solchen Wand ist auf der Abb. oben zu sehen). Zumindest muß eine Reihe von stabileren Pfeilern (wie einige auf der Abb. oben in Verlängerung der genannten Wand zu sehen sind) den seitlichen Druck der Gewölbe abgefangen haben.

Auch die Frage, welche Entscheidungskriterien zur wechselnden Verwendung von Säulen und Pfeilern geführt haben, läßt sich nur mit Vermutungen beantworten: Auffallend ist, daß Säulen zunächst nur in solchen Innenräumen auftreten, die außen mit einer Mauer umgeben sind. In den nach außen hin offenen Hallen verwendet man dagegen in der Außenwand fast ausschließlich Pfeiler. Diese haben eine flächige Ansicht und dieses Aussehen scheint für die Gestaltung der Fassade – wenigstens zur Zeit Chichén Itzás – erforderlich gewesen zu sein. Dort aber, wo geschlossene Wände den Blick ins Innere versperren ist (als Beispiel aus der Mayazeit siehe den Tempel der Tafeln, S. 157), verwendete man im Innern vorwiegend Säulen. Ob diese Feststellung generell gilt, ist schwer auszumachen; zu wenig Säulenhallen, die sicher in allen Städten vorhanden waren, sind erhalten geblieben. Andererseits gibt es auch einschiffige, offene Hallen mit Säulen an der Außenfront, wie der noch zu besprechende „Säulenbau" in Uxmal (siehe S. 159) zeigt.

274 + 275 Chichén Itzá
SÄULENHALLE
neben dem Kriegertempel

oben: Ansicht von Südosten
vom Kriegertempel aus

unten: Grundriß M. 1:3000

oben:
276 Chichén Itzá
SÄULENHALLE
neben dem Kriegertempel

DIE SÄULENHALLEN AM KRIEGERTEMPEL (FORTS.)

Die Säulen bestehen hier aus Säulentrommeln, je nach Höhe sind vier bis acht (am „Markt" sogar bis zu zehn Trommeln) übereinander gesetzt. Dabei fällt die handwerkliche Unbeholfenheit auf: Die Fugen zwischen den Trommeln sind sehr hoch; sie bestehen aus einer dicken Mörtelschicht; erst nachträglich wurden in den noch feuchten Mörtel mehr oder weniger kleine Steinchen eingedrückt. Obwohl die Steinmetzkunst an den Fassaden erstaunlich hoch entwickelt ist, konnte man die Trommeln nicht mit allerletzter Präzision „vorfertigen", jedenfalls verwendete man keine große Sorgfalt auf sie und fertigte sie sogar in willkürlichen Höhen an. Um aus ihnen absolut senkrecht stehende Säulen zu schaffen, mußte man jede Trommel erst nach dem Aufsetzen durch das Einfügen dieser kleinen Steine ausrichten. Auch diese etwas primitive Art wurde zur „handwerklichen Tradition", man ver-

suchte nie, die Methode zu verbessern; noch im späten Tulum finden sich diese Steinchen in den Säulenfugen.

Auch wurde die äußere Form der ursprünglich monolithischen Mayasäule, wie wir sie aus Sayil und Labná kennen, nicht verändert. Sie besteht nach wie vor aus einem Schaft, der sich allerdings etwas mehr in die Höhe streckt und nun etwas schlanker wirkt, und der schweren Abdeckplatte darüber. Weder an der Form der Säule noch an der des Kapitells hat sich etwas verändert. Auch werden die Säulen im Gegensatz zu den Pfeilern nie verziert.

Merkwürdig ist die sehr große Länge aller Hallen. Waren dies u.U. nicht nur Orte für Versammlungen und religiöse Übungen, wurde hier evtl. auch für die Kämpfe trainiert? Jedenfalls weist ein erhöhtes Podest darauf hin (siehe Abb. oben im Vordergrund und Grundriß auf der Vorseite), daß es einen Mittelpunkt gegeben hat, von dem aus die Versammlungen geleitet werden konnten.

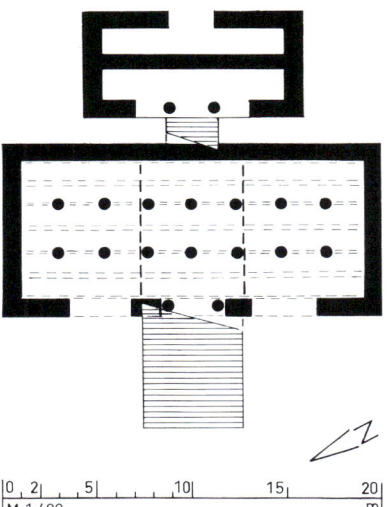

DIE SÄULENHALLEN IM TEMPEL DER TAFELN IN CHICHÉN ITZÁ

Dennoch sind dort, wo die unbeholfenen Säulen zusammen mit den Mayagewölben zu Hallenräumen vereint wurden, wunderschöne Raumschöpfungen entstanden. Ein Beispiel für einen solchen Innenraum mit Säulenstellungen und Gewölben bietet der TEMPEL DER TAFELN in Chichén Itzá (so benannt nach den im Innern gefundenen Wandtafeln). Er wird außen von einer wohlgeformten Mauer (siehe Abb. auf S. 169) umgeben, die in der Mitte später mit einem Treppenpodest überbaut wurde. Dieses führt zu einem weiteren Tempel, der auf einer Anschüttung in zweiter Ebene hinzugefügt wurde (siehe Grundriß rechts).

Neben dieser Treppe führen rechts und links zwei breite Öffnungen in den Säulensaal. Die Gewölbe sind heute natürlich eingestürzt; man muß die Phantasie zu Hilfe nehmen, um sich die drei Schiffe mit den steilen Gewölben vorzustellen. Die Form der Gewölbe läßt sich heute noch an den Stirnwänden genau ablesen (siehe Abb. oben). Man erkennt auch noch die Stümpfe der beiden nebeneinander liegenden, im übrigen vermoderten Holzbalken, auf denen ehemals die gewagte Gewölbekonstruktion ruhte. Allerdings muß man sich bei dem heute so licht wirkenden Raum vergegenwärtigen, daß über den Säulen damals die schweren Mayagewölbe ruhten und daß es keine Fenster gab, durch die hätte Licht einfallen können, daß der Raum also in ein mystisches Dunkel getaucht war.

Die Trommeln haben zwar den gleichen Durchmesser, sind aber in der Höhe unterschiedlich an-

gefertigt, der Höhenausgleich konnte erst bei der letzten Trommel an Ort und Stelle vorgenommen werden. Doch müssen wir uns auch hier den Stuck vorstellen, der den Schaft und damit auch die häßlichen Mörtelfugen überzog, erst dann erhält die Säule die ihr zugedachte Gestalt, die uns schon bei den monolithischen Säulen beeindruckte.

So erstaunlich das erste Auftreten von Säulen in Edzna und Sayil ist, so ist es doch ebenso unbegreiflich, daß man an der Gestaltung dieses Architekturgliedes nicht weiterarbeitete und die Säulen auf dem Höhepunkt der Mayaarchitektur – beim Bau der Paläste in Uxmal – überhaupt nicht mehr verwendete. (Die Säulen, die in Uxmal den Gelenkteilen des Gouverneurspalastes vorgestellt sind, und auch die Säulen im sogenannten Säulenbau südlich vom Nonnenviertel sind alle erst in späteren Jahren aufgestellt). Die Erklärung wäre allein darin zu sehen, daß die Transparenz, die sie Räumen und vor allem Außenfronten geben, zur Zeit dieser Palastbauten nicht in die Konzeption der Erbauer paßte. Man wünschte geschlossene, kompakte Fassaden, die durch Wände und reich dekorierte Gewölbezonen wirkten, nicht aber Durchblick und Einblick gewährten. Erst beim Bau der Versammlungshallen in „nachklassischer" Zeit war Transparenz vonnöten; erst dann griff man auf die Urform der Säule zurück.

oben: 277 Chichén Itzá
TEMPEL DER TAFELN
Innenraum mit zwei Säulenreihen
und den Gewölbeansätzen
an der Stirnwand

unten: 278 Chichén Itzá
TEMPEL DER TAFELN
Grundriß M. 1:400

DIE PFEILERHALLEN IM NONNENVIERTEL ZU UXMAL

In Mesoamerika sah man keinen Anreiz, die Urform der Mayasäule zu verändern oder zu verbessern. Doch in Bezug auf das andere Stützglied, den
PFEILER, ist es durchaus zu einer Weiterentwicklung gekommen, wir müssen dazu noch einmal in
die „spätklassische" Zeit nach Uxmal zurückblicken. Anlaß dazu gab der Puuc-Stil, der für die
zweigeteilte Fassade vorschrieb, die Wandzone
glatt und ungeschmückt auszubilden und alle Dekoration auf die darüber liegende Gewölbezone zu
konzentrieren.

Hier im NONNENVIERTEL wünschte man dem
NORDPALAST zum Platz hin einen besonderen
Charakter zu geben. Zu diesem Zweck fügte man
rechts und links der breiten Treppe (wie bereits auf
S. 141 beschrieben) sozusagen als überdimensionierte Wangen zwei Hallen in Höhe der Treppe
ein. Doch statt diesen beiden Hallen, wie es zum
Charakter des Nonnenviertels gehörte, jeweils geschlossene Wände mit Einzelöffnungen zu geben,
löste man diese Wände vollständig auf, indem man
Pfeiler als tragende Elemente einfügte. Jedoch ging
man nicht so weit (wie später im kleinen Säulenbau außerhalb des Nonnenviertels – siehe nächste
Seite) die ganze Vorderseite als Pfeilerreihe auszubilden, sondern man wollte – schon um der breiten
Treppe einen optischen Halt zu geben – eine gewisse Körperhaftigkeit beibehalten. Man band des-

halb die Pfeilerreihe ein zwischen zwei Wandscheiben, denen man ungefähr die Breite einer Öffnung gab. Diese Wandscheiben ließ man ungestaltet,
so wie es zu dieser Zeit der Puuc-Stil verbindlich
vorschrieb.

Wie aber sollte man die Pfeiler gestalten? Ihre
Flächen mit mythologischen Symbolformen anzu-
füllen, verstieß gegen den Puuc-Stil. Sollte man die
Pfeiler als schlichte, glatte Quader belassen? Das
entsprach nicht dem Wunsch, diese beiden Fassaden als Besonderheit hervorzuheben. So kam man
auf die völlig neue Idee, hier Formen nur aus der
Struktur der Pfeiler zu entwickeln, ähnlich wie man
es bereits bei einfachen Sockelleisten und Gesims-
bändern tat: Die den Pfeilern nun eingefügten
Sockel entsprechen dem Sockel des Gebäudes,
und das Kapitell des Pfeilers formt man ähnlich wie
das darüberliegende Hauptgesims.

Insgesamt wirken diese Pfeiler – wie die frühen
Säulenformen in Edzná und Sayil – sehr gedrungen,
zumindest besitzen sie eine in sich ruhende Form.
Das kann sehr wohl gewollt sein, denn die Pfeiler
stehen innerhalb der Wandfläche und diese wiederum bildet – wie bei den Palästen – die ruhige,
ungegliederte Zone, die bewußt als Gegensatz aufgefaßt wird zur darüber liegenden Schmuckzone.
Die Pfeiler sollen also Ruhe und Festigkeit ausstrahlen, ihre gedrungene, schwere Art wird in der Fol-
gezeit zu einer typischen Mayaform, die, ähnlich
den Säulen, bis zum Ende der „spätklassischen"
Zeit in fast gleicher Weise ausgeführt wird.

DER SÄULENBAU SÜDLICH DES NONNENVIERTELS

Diese wesentlich jüngere, freistehende Säulenhalle (siehe auch Frontalansicht auf S. 11), südlich des Nonnenviertels gelegen, stammt erst – was von ihrer Gestaltung abzulesen ist – aus „nachklassischer" Zeit. Damals wurden ähnliche Hallen auch am Hof vor der Wahrsagerpyramide angelegt. Im Gegensatz zur Feststellung auf S. 155, daß im „nachklassischen" Chichén Itzá Säulenreihen im allgemeinen nur im Innern der Hallen auftreten, stehen hier die Säulen in der Außenfront. Aber es ist kein freistehender, allseitig offener Säulenbau entstanden, sondern diese Halle wird an der Rückseite und an den beiden Stirnseiten durch stabile Mauern geschlossen. Über die Nutzung der Säulenhalle gibt es keine konkreten Aufschlüsse. Sie wird aber – schließlich steht sie nicht weit entfernt vom Ballspielplatz und der Wahrsagerpyramide – in religiöse Zeremonien einbezogen gewesen sein. Darauf deutet aus meiner Sicht schon das (heute ebenfalls restaurierte) Mayagewölbe hin. Andererseits ist die Dekoration nicht so reich und festlich, wie an den Gewölbezonen der Bauten im Nonnenviertel. Auch reichen die relativ kleinen Stufen nicht an die feierlich breiten Stufenanlagen der Paläste heran. Man könnte fast, schaut man z.B. auf die einfache Weise, wie in der Gewölbezone nur in großen Abständen das bekannte Motiv der zusammengebundenen Holzstämme wiederholt wird, von einem Zweckbau im heutigen Sinne sprechen.

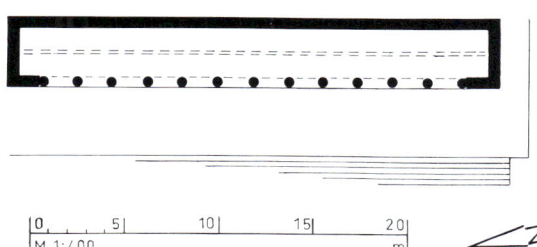

0 5 10 15 20
M. 1:400 m

Die große Bedeutung für unser Thema des Vergleichs mit griechisch antiken Bauformen liegt in der Grundrißanordnung: Diese einfache Säulenhalle in Uxmal entspricht mit ihrer geschlossenen Rückfront und ihrer langen, gleichmäßigen Säulenreihe, die sich zu einem Platz hin öffnet, sehr genau den Markthallen, die in hellenistischer und römischer Zeit zu Aberhunderten die Foren und Marktplätze aller Städte umgaben (allerdings mit dem Unterschied, daß sich dort in den geschlossenen Rückwänden relativ kleine Öffnungen befin-

den, die zu Läden und ähnlichen Räumen führten). Zwar werden in Mesoamerika offene Säulenhallen in sehr später Zeit – besonders von den Azteken – immer häufiger benutzt, nirgendwo aber sind Beipiele bekannt, bei denen man einfache Hallen wie diese wie in hellenistischer Zeit allseitig um Plätze herumgeführt hat. Festzuhalten ist, daß eine der hellenistischen Markthalle ähnliche Form zwar erneut erfunden wurde, daß es jedoch zu ihrer städtebaulichen Anwendung bis zur Ankunft der Spanier nicht mehr kam.

280 + 281 + 282 Uxmal
SÄULENBAU südlich
des Nonnenviertels

oben: Ansicht von Westen
Mitte: Innenansicht
unten: Grundriß M. 1:400

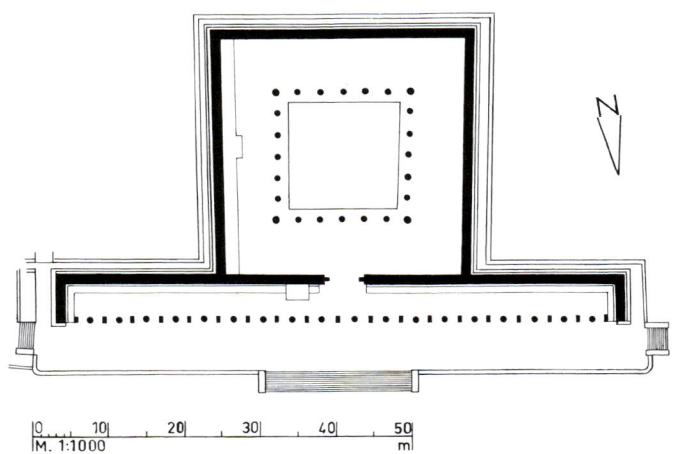

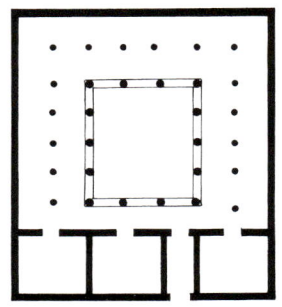

283 + 284 Chichén Itzá
DER MARKT
oben: Die Kolonnaden
unten: Grundriß
M. 1:1000

unten: 285 Argos
GRIECHENLAND
HERAION – Banketthaus
Grundriß

DER MARKT IN CHICHÉN ITZÁ

Betrachtet man auf einem Rundgang durch Chichén Itzá zunächst die frühen Gebäude aus der Mayazeit wie Nonnenkloster und Observatorium, geht man dann weiter zu den toltekischen Bauten, dem großen Ballspielplatz, der Pyramide des Kukulkan und dem Kriegertempel mit seinen Säulenhallen und tritt man von dort aus unvermittelt in die Säulenreihen des Marktes ein, dann fühlt man sich plötzlich in eine hellenistische Ruinenstadt versetzt. Ähnliches geschieht, wenn man in einer Reihe fotografischer Aufnahmen der Ruinenstadt plötzlich auf eine Rekonstruktionszeichnung dieses Gebäudes stößt (siehe Nebenseite Mitte): Der diesem sogenannten Marktgebäude innewohnende Geist scheint einer anderen Welt anzugehören: Der uns vertrauten hellenistischen Zeit. Diese Ähnlichkeit mit hellenistischen Anlagen wird noch auffälliger, wenn man die Grundrisse vergleicht: Hier sind wahrhaftig das antike Peristyl und die antike Kolonnade auferstanden, größere Übereinstimmungen sind kaum vorstellbar. Übereinstimmungen finden sich auch in den Einzelheiten: Wie beim griechischen Peristyl liegt der Fußboden in der Mitte um gut 25 cm tiefer, die hohe Kante bildet eine Art Stylobat für die Säulen.

Dem nahezu quadratischen Peristylbau ist eine sehr lange Kolonnade vorangestellt, eine ähnliche Anordnung wie im Säulenbau in Uxmal. Nur daß sich die Front hier nicht mit Säulen allein öffnet, sondern abwechselnd aus Pfeilern und Säulen besteht. Es kann sein, daß man die Pfeiler in die Säulenreihe einfügte, um eine bessere Aussteifung der langen Außenfront zu erreichen. Vor der Kolonnade erstreckt sich wie vor den Palästen in Uxmal in gleicher Breite eine lange Plattform, zu der – auch das erinnert an die Paläste dort – eine breite Treppe hinaufführt.

Sehr zweifelhaft erscheint mir jedoch, ob die heutige Bezeichnung „Markt" (die allenfalls aus kolonial-spanischer Sicht zutraf) die frühere Benutzung richtig wiedergibt. Gab es in unmittelbarer Nähe der anspruchsvollen Heiligtümer überhaupt eine prosaische Markttätigkeit? Wenn das Peristyl tatsächlich einen Markt umgab, dann dürfte es in einer so großen Stadt sehr viele solcher Märkte gegeben haben; aber nirgendwo haben sich Reste davon erhalten.

So wird wohl auch dieser Bau Versammlungen mehr oder weniger religiöser Art gedient haben. Anlaß zu dieser Vermutung gibt ein nur im Grundriß erhaltenes Peristyl in Griechenland: In Argos wurde bereits im 6. Jh. v.Chr. im Heraion ein von Säulenhallen umstandener Hof erbaut (siehe Abb. Vorseite unten). Da im Norden drei von steinernen Liegebetten umstandene Speiseräume angrenzen, nennt man es das „Banketthaus". Hier wurden zu Ehren und unter Obhut der Göttin die Sieger der Kampfspiele gefeiert. Könnten sich ähnliche Feiern nicht auch im Peristyl von Chichén Itzá abgespielt haben?

Das „Marktgebäude" wurde vermutlich später errichtet als die Säulenhallen am Kriegertempel; die Säulen sind hier von einer bemerkenswerten Schlankheit. Deshalb stelle ich ihnen hellenistische Säulen gegenüber, die sich in Griechenland im Gymnasion von Olympia erhalten haben: Tatsächlich erreichen die Säulen des Marktgebäudes die Zierlichkeit hellenistischer Säulen (wenngleich die einfache Ausführung ihrer Kapitele mit den griechischen nicht zu vergleichen ist). Es bleibt festzuhalten, daß sich in „nachklassischer" Zeit auch in den Proportionen der Säulen die Entwicklungsphasen beider Kulturen immer weiter annähern.

286 + 287 Chichén Itzá
DER MARKT

oben:
Das Peristyl

Mitte: Rekonstruktionszeichnung
von T. Proskouriakoff

unten rechts: 288 Olympia,
GRIECHENLAND
GYMNASION – Säulenhallen

rechts: 289 Tulum
DER HAUPTTEMPEL
auf dem höchsten Punkt der Stadt
von Norden gesehen

Mitte: 290 Tulum
LAGEPLAN M. 1:4000

PALASTÄHNLICHE WOHNBAUTEN

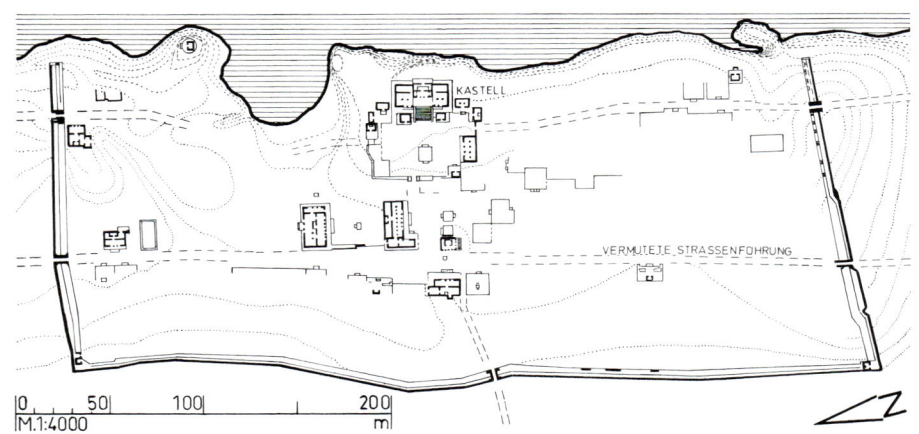

DIE STADT TULUM

unten: 291 Timgad, Nordafrika
LAGEPLAN M. 1:6000
der **RÖMISCHEN** Stadt

All die großen Städte, die es in der mesoamerikanischen Geschichte gegeben hat, sind offene Städte gewesen, d.h. sie kannten – sieht man einmal von

einfachen Wällen und Gräben ab – keinen nennenswerten militärischen Schutz in Form von Mauern und Türmen. Regelrechte Verteidigungsanlagen sind uns erst aus „nachklassischer" Zeit bekannt.

Das hatte seinen Grund in der Zunahme der kriegerischen Auseinandersetzungen. Zwar hatte es auch zuvor immer wieder Kriege gegeben, aber keine totalen, wie die Spanier sie führten, auch jetzt ging es vielfach nur darum, Gefangene zu machen, die man für die Blutopfer benötigte.

Erst am Ende der „nachklassischen" Zeit sahen sich die Städter gezwungen, Verteidigungsanlagen zu bauen oder ihre Ansiedlungen dort zu errichten, wo eine natürliche Situation die Verteidigung erleichterte. In Yucatán täuschte das 1194 geschlossene Dreierbündnis von Chichén Itzá, Uxmal und Mayapán nur Ruhe vor; praktisch waren alle Stadtstaaten, besonders auch die kleinen, auf sich selbst angewiesen. Auch wenn man sich gezwungenermaßen einem der mächtigen Staaten unterwarf, war man nicht sicher, doch von einer anderen Macht angegriffen zu werden. Deshalb begannen auch kleinere Städte damit, sich mit Mauern zu umgeben.

Eine solche Verteidigungsmauer, die allerdings keineswegs mit Befestigungen im mittelalterlichen Europa zu vergleichen ist, hat sich in Tulum erhalten. Diese Stadt liegt strategisch günstig auf dem einzigen Felsvorsprung der sonst flachen Karibikküste. Sie ist eine späte Gründung vom Beginn des 13. Jahrhunderts. Schon der Name Tulum bedeutet „Mauer". Zuvor hieß die Stadt Zamá was „Sonnenaufgang" bedeutet. Am frühen Morgen geht die Sonne über dem Meer auf und strahlt als erstes den Haupttempel an, der oben über der felsigen Küste emporragt.

Das kleine Plateau dort hatte nur Platz für dieses eine Zeremonialzentrum, von den Spaniern Kastell genannt. Die übrigen Bauten, alle im „nachklassischen" Stil und alle mit den typischen flachen Dächern, lagen ungeschützt im flachen Lande. So umgab man die Ansiedlung mit einer steinernen Mauer. Sie brauchte damals nicht hoch zu sein, knapp 6 m Höhe genügten. Denn es gab keine Feuerwaffen oder gar Kanonen, man kämpfte Mann gegen Mann, in erster Linie mit Pfeil und Bogen. Die Mauer selbst hatte einen Umgang unterhalb der Krone.

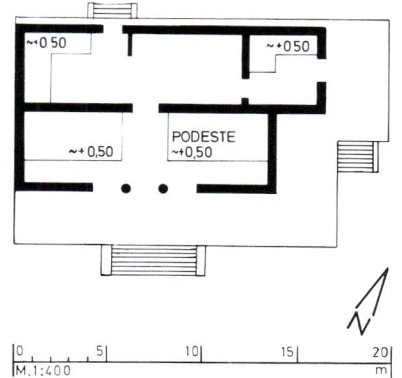

PALASTÄHNLICHE WOHNBAUTEN IN TULUM

Der rekonstruierte Stadtgrundriß (siehe Vorseite) ist allerdings verblüffend. Vom Plan her könnte man meinen, eine von den Römern gegründete Stadt vor sich zu haben: Drei Seiten werden durch eine rechtwinklig angelegte Mauer geschützt, an der vierten Seite brandet das Meer unterhalb des Felsplateaus. Eine breite Hauptstraße (es könnte der „decumanus maximus" sein) durchzieht die Stadt in Längsrichtung vom Südtor zum Nordtor; sie wird in der Mitte gekreuzt von einer zweiten, nicht so stark ausgebildeten Achse (dem „cardo"), die, vom Westtor kommend, am Tempel der Fresken vorbeiläuft und direkt auf das höher gelegene Zeremonialzentrum zuführt. Festzustellen ist: Ein Ordnungsdenken, das auf dem rechten Winkel beruht, und gleiche Erfahrungen mit Verteidigungsanlagen führten in beiden Kulturen zu sehr ähnlichen Stadtgrundrissen.

Am Ende der nachklassischen Zeit wiederholen sich in Mesoamerika immer mehr Entwicklungen, die sich auch im Mittelmeerraum zur Zeit des Hellenismus abgespielt haben. Die sozialen Verhältnisse hatten sich grundsätzlich gewandelt. Die Religion, die immer noch das öffentliche Leben bestimmte, griff nicht mehr so tief ins Leben des Einzelnen ein. Stattdessen hatte sich der Handel entwickelt, besonders in günstig gelegenen Städten wie Tulum. Das tägliche Leben glich immer mehr dem des Mittelmeerraums in griechischer und frührömischer Zeit. Nicht nur im Stadtgrundriß von Tulum läßt sich Gemeinsames ablesen, auch in den Grundrissen der freistehenden palastartigen Wohnpaläste mit ihren offenen Säulenhallen.

KLEINER PALAST (DIE STRUKTUR 20)

Im Innern dieser Bauten findet sich zwar immer noch die ans Kammersystem erinnernde Zweiteilung in einen Vorraum und einen etwa gleich großen hinteren Raum; jedoch werden beide Bereiche nun weiter unterteilt. Der „hintere" Bereich

liegt nicht mehr völlig im Dunkeln und ist auch nicht ausschließlich über den Vorraum belüftet; er erhält, was schon immer möglich gewesen wäre, nach hinten Türöffnungen mit kleinen Treppen davor. Trotzdem bleibt die Hauptfront betont: In einer breiten Öffnung steht meist eine Reihe von mehreren Säulen, auf deren quadratischen Kapitellplatten ehemals hölzernen Balken ruhten. Unklar ist, ob die offen konzipierten Vorräume nach außen abgeschlossen werden konnten, oder ob hier jedermann Zugang hatte. Spuren von Türen zwischen den Säulen sind nicht auszumachen, ein intimes Wohnen war also nur im hinteren Bereich möglich. Waren die breite Treppe und der große Vorraum wirklich frei zugänglich, dann spricht Vieles auch für einen Versammlungsraum im hinteren Teil.

Doch wird man bei diesen durchaus palastartigen Bauten nie mit endgültiger Gewißheit ausschließen können, daß sie nicht doch zu religiösen Zwecken gedient haben. Denn die weite Stadtfläche Tulums wird größtenteils mit vergänglichen Holz- und Lehmhäusern bebaut gewesen sein. Kleine Paläste wie diese fallen schon deshalb aus dem Rahmen, weil sie aus Stein errichtet sind. Die zusätzlichen schmalen Treppen und die kleinen, abgetrennten Nebenräume könnten auch durch Änderungen der religiösen Bräuche bedingt gewesen sein. So könnte dieses Gebäude durchaus, wie ähnlich bei den größeren Palästen aus „spätklassischer" Zeit vermutet, nur zum Aufenthalt anläßlich religiöser Feierlichkeiten genutzt worden sein. Auch die zu Tempeln gehörenden Attribute wie Sockel und breite Treppe und die in unmittelbarer Nähe gefundenen Altäre weisen auf diese Möglichkeit. Und schließlich könnten die vielen in den Häusern anzutreffenden steinernen Liegebänke zum Meditieren und für Opferhandlungen gedient haben.

292+293 Tulum
STRUKTUR 20

oben: Ansicht

Mitte: Grundriß M. 1:400

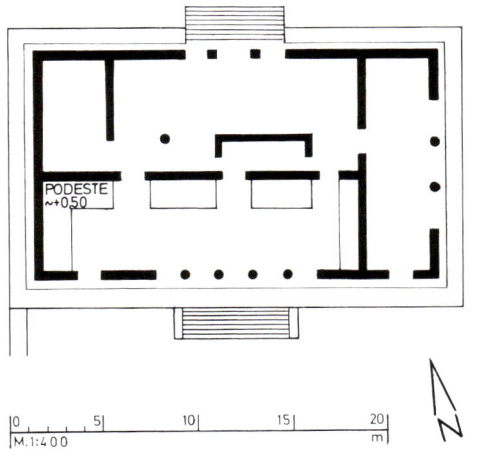

DER PALAST 25

Bauten wie diese in Tulum wären, ganz anders als die Paläste der „Spätklassik", in jedem Falle zum normalen Wohnen geeignet gewesen. Alles Monumentale ist verschwunden; Gebäudehöhen und Säulenhöhen haben menschliches Maß; die Gesimshöhe wirkt im Verhältnis zur Wandhöhe wohlproportioniert, und vor allem wird die Kopflastigkeit der Tempelfassaden vermieden. Die Bauten, die hier und auf der Vorseite gezeigt sind, hätten sich in hellenistische Städte einfügen lassen, ohne daß sie gestört hätten.

Die Art, wie hier Säulen in einer längeren Reihe aufgestellt werden, ist ein Merkmal hellenistischen Wohn- und Städtebaus. Im sogenannten „Palast 25" findet sich eine Reihe von vier Säulen in der Außenfront, das ist – wie bei der Besprechung der „Säulenbauten" auf S. 155 erwähnt wurde – eine große Ausnahme. Bisher bemühte man sich, breitere Öffnungen in Außenfronten auch „flächig" zu behandeln, indem man Pfeiler verwandte und eine der vier Seiten in die Flucht der Außenwand setzte. Säulen wurden allenfalls zu zweit in Öffnungen gestellt, wenn diese – wie an den beiden vorweg genannten Palästen – von einer ausreichend breiten Wandfläche eingeschlossen waren. Im Palast 25 kehrt man nun ab von dieser Regel und nutzt die Leichtigkeit einer längeren Säulenreihe. Das ist ein Ansatz, von dem aus sich Fronten, die nur aus Säulen bestehen, hätten weiter entwickeln können.

Aufgabe der Kopflastigkeit, ausgewogene Proportionen in der Unterteilung der Wände und durch Säulenreihen bewirkte Leichtigkeit in der Fassade – sind das alles nur zufällige Erscheinungen im späten Tulum? Oder sind es Veränderungen im Denken der Menschen, hervorgerufen durch wachsende Zivilisation in einer vom Handel geprägten Stadt?

Betrachtet man allerdings die Baumethoden, die sich in dieser Endphase herausgebildet haben, dann verspürt man eine gewisse Enttäuschung. An verschiedenen Stellen ist bereits auf die im Vergleich zur abendländischen Architektur einfachen Bauausführungen hingewiesen worden und auf die Tatsache, daß es keine Versuche gab, diese Methoden technisch zu verbessern. Es gab zwar Phasen, in denen Steine sehr exakt bearbeitet wurden, aber meistens verwendete man nur ungenau zugehauene Steine, füllte Löcher und Unebenheiten mit Mörtel und überzog alles mit Stuck. Ein gefälliges Aussehen erzielte man allein durch die grelle Bemalung des Stucks, von der die eigentliche Wirkung auszugehen hatte, die aber keinen langen Bestand hatte.

Hier in Tulum muß man tatsächlich von einem Verfall der Baumethoden sprechen; schon zur Zeit der Erbauung muß es sehr schwierig gewesen sein, die unregelmäßig gemauerten Wände auszugleichen und zu verputzen und vor allem instand zu halten.

Aber auch in Tulum hat einmal das Stadtbild in Farbe geglänzt. Und Vieles, was sich uns heute im unverputzten Zustand allzu schief und verschoben darbietet, geht auf Setzungen im Baugrund zurück. Verputzt und mit leuchtenden Farben bemalt, wird es damals u.U. sehr ordentlich gewirkt haben. Das frühere Aussehen ist zwar nicht aus Tulum überliefert, wohl aber zur gleichen Zeit aus der Hauptstadt der Azteken, aus Technotitlán. Dort sind, wie die Ausgrabungen zeigen, die Steine zwar etwas korrekter behauen, aber die Art des Verputzens und Übermalens war gleich. Trotzdem schuf man mit diesen primitiven Methoden, zumindest für den Augenblick, wundervolle Formen, die ihren Höhepunkt im Aztekenpalast fanden. Cortéz schrieb über diesen Palast, daß es ihm fast unmöglich erscheine, seine Schönheit und Größe zu schildern, und daß es in Spanien (wohlgemerkt im frühen 16. Jahrhundert) nichts Vergleichbares gäbe.

294 + 295 Tulum
PALAST 25

oben: Ansicht

Mitte: Grundriß M. 1:400

PODESTE ~+0,50

0   5   10   15   20
m
M. 1:400

SÄULENHALLEN DER AZTEKEN

DIE SÄULENHALLEN IN TENOCHTITLÁN

War bei den Palästen in Tulum nicht ganz auszuschließen, daß sie evtl. auch religiösen Veranstaltungen gedient haben konnten, so sind die Hallen, die im ehemaligen Tenochtitlán im Bereich des Hauptheiligtums ausgegraben wurden, ganz anderer Art: Sie sind weiträumiger (meist langgestreckt) und wurden von Säulen oder Pfeilern getragen. Es waren eindeutig Hallen, in denen sich die Angehörigen der Kriegerkaste versammelten; hier wurde beraten, wohl auch meditiert; in solchen Hallen wurde u.a. der aus der Adelsschicht stammende Nachwuchs an Priestern und Kriegern ausgebildet. Es sind im Grunde die gleichen Räume, die wir in Chichén Itzá neben dem Kriegertempel sahen; auch hier gibt es erhöhte Podeste und steinerne Liegebänke.

Selbst die Konstruktion hat sich seit Tula und Chichén Itzá nicht verändert: auf den massiven Pfeilern oder Säulen ruhten starke Balken, die wiederum die hölzerne Decke trugen. Diese war – unverändert seit den ersten Hallen – mit einer dicken Mörtelschicht abgedeckt. Die bizarren Mayagewölbe allerdings, die in Yucatán auch die Hallen deckten, sind in Tenochtitlán unbekannt geblieben.

Ein Bild dieser Hallen kann man sich leider nur aus den wenigen ausgegrabenen Bruchstücken machen. Und so sehr sich auch die heutige archäologische Forschung um ein Bild der zerstörten Stadt bemüht und uns ihre Ergebnisse z.B. in großen Modellen zu veranschaulichen versucht (siehe oben einen Ausschnitt vom Modell Tenochtitláns), auch hier überwiegen die ungelösten Rätsel. Vieles, was aus wenigen Bruchstücken im Modell zu einem Ganzen rekonstruiert wird, erweist sich wenige Jahre später durch neue Ergebnisse als falsche Hypothese. Wer wagt zu behaupten, daß das bewundernswürdige, große Modell Tenochtitláns (siehe oben) in allen Einzelheiten den tatsächlichen Zustand wiedergibt?

Doch bei aller Vorsicht kann man wohl davon ausgehen, daß sich die Paläste in Tenochtitlán – ähnlich wie es erstmals in Tula geschah – um kleine Innenhöfe gruppierten, die durch Säulenreihen geöffnet waren. Allerdings – und darin liegt doch eine Weiterentwicklung – treten diese Säulenreihen nun auch an den Außenfassaden auf. Die Ähnlichkeit mit hellenistischer Fassadengestaltung (die ebenfalls überwiegend aus Säulenstellungen bestand) verstärkt sich.

Diese Ähnlichkeit mit mediterranen Bauformen bezieht sich in der profanen Architektur nicht allein auf Technotitlán. Auch in den umliegenden, von den Azteken beherrschten Städten soll es nach zeitgenössischen Beschreibungen Säulenhallen gegeben haben, die die Marktplätze einfaßten. In ihrem Schatten wurde eifrig gehandelt und es soll darunter ein lebhaftes Treiben geherrscht haben. Ob es dabei aber um steinerne Hallen ging (in der Form, wie der Säulenbau in Uxmal rekonstruiert wurde – siehe S. 159) oder aber nur um hölzerne Konstruktionen, läßt sich aus den Berichten nicht entnehmen.

Das, was wir heute an den frühen spanischen Kolonialstädten bewundern: Die eingeschossige Bauweise mit den größtenteils geschlossenen Hausfronten, mit der Anordnung der Wohnräume um einen durchgrünten Innenhof und mit den schattenspendenden Umgängen um diesen Hof herum, all das hat es auch schon in vorkolumbischer Zeit gegeben. Wenn man darüber hinaus daran denkt, wie beengt und verwinkelt die spanischen Städte des 16. und 17. Jhs. angelegt waren, dann kann man davon ausgehen, daß die Wurzeln der Kolonialarchitektur, vor allem was ihre Großzügigkeit und konsequente Rechtwinkligkeit *) angeht, nicht allein im spanischen Mutterland liegen, sondern wichtige Impulse aus Mesoamerika selbst stammen.

296 Tenochtitlán HALLEN im Hauptheiligtum neben dem großen Doppeltempel, Modell im Museo Nacional de Antropología in Mexiko-Stadt (Zustand 1990)

*) Einfluß auf das Schachbrettmuster der Kolonialstädte hatte allerdings auch eine „General-Instruktion" des spanischen Königs Philipp II. von 1513, die mit ihren Festsetzungen auf die antiken Schriften des Vitruv (siehe S. 167) zurückging

NACHWORT

KLASSISCHE ARCHITEKTUR VERBINDET VERSCHIEDENE KULTUREN

KLASSISCHE ARCHITEKTUR

In meiner bisherigen Betrachtung habe ich heraus-zustellen versucht, daß einerseits in Mesoamerika ganz eigene Architekturformen geschaffen wurden, die sich nur dort finden und die hervorgegangen sind aus den besonderen Glaubensvorstellungen, von denen ich zwei wichtige nochmals hervorheben möchte: Einmal der Glaube an das gegenseitige Ausgeliefertsein von Menschen und Göttern, der die üppigen Dekorationen der Tableros und Gewölbezonen entstehen ließ (und schließlich zur Kopflastigkeit der Fassaden führte) und dann die Vorstellung, daß man in begrenzten Zeitabschnitten lebe, woraus der Zwang zur Überbauung am „Beginn einer neuen Zeit" entstand.

Von diesen Extremen abgesehen entwickelten sich in Mesoamerika sehr viele Architekturformen, die eine erstaunliche Ähnlichkeit mit Formen aus der griechischen, aber auch aus der ägyptischen und der römischen Architektur aufweisen. Ich hatte dies zu erklären versucht mit der Übereinstimmung der Zivilisationsstufen, mit der Übereinstimmung in den klimatischen Verhältnissen und letztlich mit der Tatsache, daß die sozialen Zustände in Über-flußgesellschaften es erlaubten, Arbeitskraft für gewaltige Bauleistungen freizustellen. Wenn bei Völkern, die unter den genannten, gleichen Vorausset-zungen lebten, die aber untereinander keinen Kontakt hatten und außerdem zu verschiedenen Zeiten gelebt haben, von dem Zeitpunkt an, wo sie eine eigene Architektur schaffen, auch ihr Formwille in die gleiche Richtung weist, kann dieser nur aus dem Unbewußten der Menschen entstehen. Man neigt dazu, das Reservoir des Unbewußten mehr der Gefühlswelt zuzuordnen, doch die unbewuß-ten Anlagen des Menschen bergen in gleichem Maße auch intellektuelle Eigenschaften.

Ich möchte deshalb diesen allen Menschen ge-gebenen Formwillen an Hand der Gemeinsamkei-ten aufzeigen, die wir bisher beim Vergleich der Kulturen festgestellt haben und die schließlich zu dem führen, was man unter KLASSISCHER ARCHI-TEKTUR versteht.

ANMERKUNG: An dieser Stelle möchte ich nochmals darauf hinweisen, daß nach meiner Auf-fassung die von der Forschung benutzte Untertei-lung der meosamerikanischen Kultur in verschie-dene Perioden der „Klassik" – nur auf die Architektur bezogen – wenig zutreffend ist. Denn zur eigentli-chen „klassischen" Periode Mesoamerikas werden bereits die letzte Phase der Sonnenpyramide und die Mondpyramide in Teotihuacán gerechnet, während die bedeutenden Paläste in Uxmal, die für mich den Höhepunkt mesoamerikanischer Gestal-tungskunst bedeuten, bereits zur „spätklassischen" Periode zählen. Und die von den Tolteken beein-flußten Bauten, die in Chichén Itzá eine Verbin-dung mit dem Mayastil eingehen, sind nicht „nach-klassischen" (was nicht mehr klassisch bedeutet), sie sind in ihrer Strenge durchaus noch klassisch zu nennen – also zumindest spätklassisch. Erst all das, was nach Chichen Itzá geschah bis hin zu den Bau-ten der Azteken würde ich als nachklassisch be-zeichnen.

Ich füge diese Anmerkung hier ein, weil ich den Begriff klassisch im Folgenden in seiner ganz allge-meinen Bedeutung verwende (siehe nächste Seite oben) und nicht auf die mesoamerikanische Be-nennung bezogen.

Von der Definition des Wortes her versteht man unter klassischen Architekturformen ganz allgemein Bauformen, die harmonisch, ausgewogen und beispielhaft sind, also „mustergültig" in der ursprünglichen Bedeutung des Wortes „klassisch". Deshalb ist ein klassisches Bauwerk zwar einfach, aber gleichzeitig auch so vollendet, daß weder etwas hinzugefügt, noch etwas hinweggenommen werden kann, ohne daß die Harmonie des Ganzen zerstört wird.

Die KLASSISCHE ARCHITEKTUR ist keinesfalls an ein starres Gesetz gebunden, nach dem sich alle Architektur ausrichten muß. Wäre sie es, dann gäbe es keine Renaissance- und keine Barockarchitektur, auch nicht die vielen klassizistischen Strömungen des 18., 19. und 20. Jahrhunderts. Die Klassische Architektur besitzt, auch wenn Begriffe wie „Säulenordnungen" es auf den ersten Blick so erscheinen lassen, kein fest formuliertes Regelwerk, sondern sie ist eher eine geistige Haltung, in der Gebäude erfunden werden, die von Widersprüchen frei sind. Diese Denkweise beruht auf einer geistigen Grundlage, die alle klassischen Formen verwandt erscheinen läßt.

Die geistige Grundlage erkennt man in den Bauten der Indiovölker genauso wie in denen der Ägypter und Griechen. Aber weder die Indios noch die Ägypter haben uns schriftliche Zeugnisse über die Art ihres Bauens hinterlassen. Die älteste uns überlieferte Formulierung klassischer Gestaltungskriterien stammen vom römischen Architekten Vitruv*), der sich auf uns unbekannte griechische Schriften beruft und der uns die zur Zeit des Augustus verbreiteten Theorien der griechisch-römischen Antike aufzeichnete. Da wir mit unserem Vergleich möglichst nahe an die Anfänge der Klassischen Architektur herankommen wollen, scheint es mir sinnvoll, sich mit diesen frühen Formulierungen zu beschäftigen.

Vitruv beginnt in dem ersten seiner zehn Bücher die Erklärung der ästhetischen Begriffe mit der Ordinatio (griechisch „taxis" genannt). Kann man Ordinatio im deutschen ziemlich genau mit „Ordnung" wiedergeben, so übersetzt man „taxis" ganz allgemein als „Aufeinanderfolge" oder auf die Architektur bezogen genauer mit „zweckmäßiger Folge". Vitruv erläutert den Begriff Ordinatio dann auch als „die nach Maß berechnete angemessene Abmessung" und die Herausarbeitung der proportionalen Verhältnisse im ganzen zur Symmetrie. Die Ordinatio bildet die Grundlage eines jeden Gebäudeentwurfs.

Vitruv läßt dann drei weitere Begriffe folgen: die Eurythmia, die Symmetria und den Decor, die sich vor allem mit der Fassadengestaltung befassen. Die bereits vielfach genannte Symmetria (aus meiner Sicht der Begriff, der allen drei übergeordnet ist) wird von Vitruv nicht, wie im heutigen Sprachgebrauch allgemein üblich, lediglich als Spiegelungsgleichheit benutzt, sondern in seiner ursprünglichen Bedeutung von Gleichmaß und Ebenmaß. Er übersetzt „sym-metria" mit „com-moditas" (womit man Größen bezeichnet, die durch die gleiche Maßeinheit ohne Rest teilbar sind). Vitruv meint damit, daß die mit „com-moditas" zusammengesetzten Bauglieder keinen Widerspruch ergeben und deshalb „ihr Anblick dem Auge wohltue".

Die Eurythmia (das Gleichmaß der Bewegungen) erläutert Vitruv als das „anmutige Aussehen" und den in der „Zusammensetzung der Glieder symmetrischen Anblick". Sie wird erreicht, „wenn die Glieder des Bauwerks in zusammenstimmendem Verhältnis von Höhe zur Breite und von Breite zu Länge stehen" und überhaupt alle Teile der ihnen zukommenden Symmetrie entsprechen. Um zu spüren, was mit Eurythmia wirklich gemeint ist, sollte man vom Begriff „Rhythmus" ausgehen, also dem regelmäßigen Wechsel bestimmter Formen. Dieser Wechsel in der Bewegung ist es, der eine Fassadengestaltung vor der Monotonie bewahrt und ihr ein spannungsreiches Aussehen verleiht.

Den Decor schließlich bezeichnet Vitruv als das „fehlerfreie Aussehen eines Bauwerks, das aus anerkannten Teilen mit Geschmack geformt ist". Er sagt nicht ausdrücklich, daß es bei den anerkannten Teilen um die Ausschmückung als Ergänzung zu den Architekturteilen geht. Aber er stellt diesen Begriff als einen selbständigen neben Symmetria und Eurythmia. Und er fügt hinzu, daß Decor durch „Satzung" (griechisch „thematismos") zu erreichen sei, womit er meint, daß für die Ausschmückung ein Thema gestellt werden müsse.

Den drei Begriffen Ebenmaß, Gleichmaß der Bewegung und Decor ist gemeinsam, daß sie die Mittel sind, mit denen man den Bauwerken ein anmutiges und zugleich spannungsreiches Aussehen geben kann, und daß sie hinführen zur Schönheit, die dadurch entsteht, daß ein Kunstwerk – also auch ein Bauwerk – frei ist von Widersprüchen.

Als Vitruv die ästhetischen Grundbegriffe der KLASSISCHEN ARCHITEKTUR am Ende des 1. Jhs. v.Chr. aufzeichnete, hatten sie bereits (rechnet man als ihren Beginn den Bau der ersten ionischen Tempel) eine fast sechshundertjährige Entwicklung zurückgelegt, in der sie ständig erweitert und – besonders in römischer Zeit – ganz neuen Bauaufgaben angepaßt wurden. Zur gleichen Zeit aber – am Ende des 1. Jhs. v.Chr. – lag in Mesoamerika die architektonische Gestaltung in ihren allerersten Anfängen (lediglich den frühen Erdpyramiden waren geometrische Umrisse gegeben worden). Siebenhundert Jahre später aber haben sich daraus bei Pyramidentempeln und Palästen gleichfalls Formen entwickelt, an denen die genannten Grundbegriffe Klassischer Architektur abzulesen sind. Dieses soll im Folgenden zusammenfassend dargestellt werden.

*) Vitruv
Zehn Bücher über Architektur
Herausgegeben von Curt
Fensterbusch
Darmstadt, 1964

RECHTER WINKEL UND SYMMETRIE

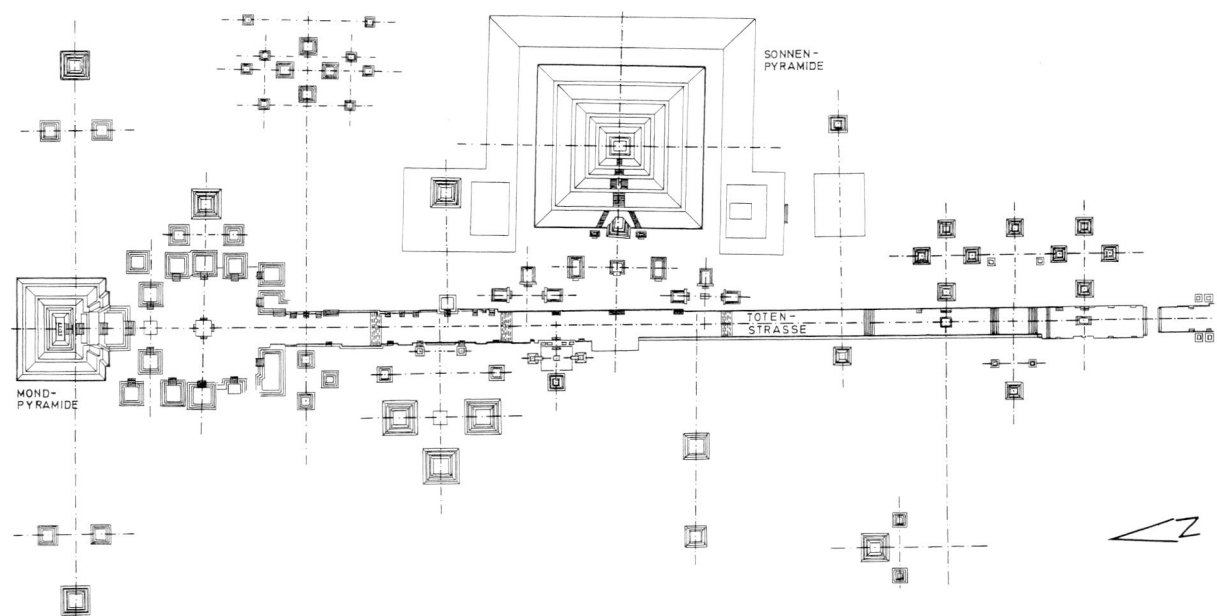

SONNEN-
PYRAMIDE

TOTEN-
STRASSE

MOND-
PYRAMIDE

297 Teotihuacán
STADTGRUNDRISS (Ausschnitt)
M. 1:10000
Die Idee des rechten Winkels

Voraussetzung für die Ordinatio sind der rechte Winkel und die Symmetrie. Beide sind auch in der mesoamerikanischen Architektur von grundlegender Bedeutung. Vom konsequent angewandten rechten Winkel ausgehend, erfand man im Städtebau ein Achsensystem, das die „zweckmäßige Folge" in einer Weise herstellt, die selbst die Römer nicht in dieser Qualität erreichten (allenfalls in verkleinerter Form bei der Anordnung der Kaiserforen in Rom).

Während symmetrische Formen uns allenthalben in der Natur begegnen, ist die Erfindung des rechten Winkels eine Leistung des menschlichen Geistes. Auch in Mesoamerika reicht seine Erfindung in ein frühes Stadium zurück: Bereits die frühen, noch sehr primitiven Erdpyramiden waren rechtwinklig und achsial ausgerichtet. Später sind in Teotihuacán nicht nur die großen Pyramiden und Heiligtümer in dieses achsiale System eingeordnet, sondern auch die sich daran anschließenden Wohnanlagen, die man in den Grundrissen nachweisen kann (siehe Abb. oben). Auf die Wohnanlagen bezogen, ist die rechtwinklige Anordnung nicht selbstverständlich; viele frühe Kulturen sind von ganz freien, mehr dem Kreis oder dem Oval angeglichenen Grundrissen ausgegangen, und in Mesoamerika ist bis heute in Form des Mayahauses (siehe S. 64) noch ein fast ovaler Grundriß in Benutzung. Aber selbst runde Hütten wurden meist auf rechtwinkligen Podesten errichtet, die sich dann im rechten Winkel aneinanderreihten.

Der rechte Winkel hatte sich als die sinnvollste Methode erwiesen, Gebäude und städtebauliche Gefüge zu ordnen. Während sich in der griechisch-römischen Antike im Städtebau meist ein schachbrettartiges Muster bildete (das in weiten Teilen der Welt bis heute das „gängige" Muster geblieben ist), kam es in Mesoamerika in Teotihuacán (auf S. 38 ff .beschrieben), zu einem System, bei dem sich rechtwinklig von der Hauptachse ausgehend, Nebenachsen bildeten, von denen dann wiederum weitere Nebenachsen abgehen konnten. Dieses System hat den Vorteil, eine Stadtanlage zunächst an einer Achse zu beginnen und sie in alle vier Himmelsrichtungen zu erweitern, in einem zweiten Schritt dann aber durch ständige Bildung weiterer Nebenachsen die bestehende offene Bebauung weiter zu verdichten.

Das Gebot des rechten Winkels, sowohl im Städtebau als auch an Gebäuden, blieb bis in die aztekische Zeit erhalten. Abgerundete Ecken, wie sie z.B. in „nachklassischer" Zeit in Chichén Itzá auftreten, bedeuten für diese Feststellung wenig, auch bei abgerundeten Ecken waren die Grundrisse nach wie vor im rechten Winkel gedacht.

Die reine Kreisform, die in Mesoamerika nur vereinzelt auftritt (z.B. bei frühen Erdpyramiden, beim Oberservatorium in Chichén Itzá und beim späten Quetzalcoatl-Tempel in Tenochtitlán) steht nicht im Widerspruch zum rechten Winkel, sondern kann jederzeit mit dem rechten Winkel korrespondieren.

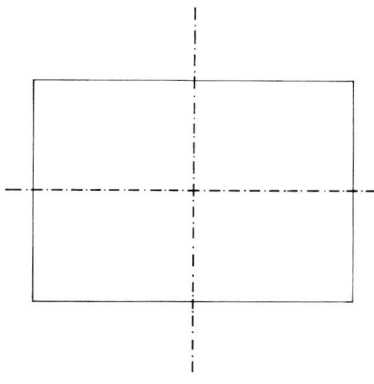

298 DAS RECHTECK
*Jede von rechten Winkeln gebildete
Fläche besitzt zwei Symmetrieachsen*

DIE SYMMETRIE in ihrer Erscheinung als die auf eine Mittelachse bezogene Spiegelgleichheit ist die Grundvoraussetzung für das Ebenmaß und für das Gleichmaß der Bewegung (für die von Vitruv genannte „Symmetria").

Die Symmetrie ergibt sich aus der genannten Rechtwinkligkeit (siehe Abb. rechts oben): Jede von rechten Winkeln gebildete Fläche besitzt zwei Symmetrieachsen. Auf den Aufriß der Gebäudefassaden bezogen bedeutet das allerdings, daß hier die Spiegelgleichheit prinzipiell nur um die senkrecht stehende Mittelachse möglich ist. Eine horizontale Mittelachse ist im Aufriß unmöglich, da Sockel und Dachzone in keinem Falle spiegelbildlich ausgeführt werden können (Abb. rechts in der Mitte).

In Mesoamerika war die Symmetrie von Anfang an vorhanden, ihre Erfindung geht einher mit der Erfindung des rechten Winkels. Es war selbstverständlich, auf den frühen, rechtwinkligen Podesten die Wohnbauten und Tempel in die Mitte zu rücken. Besonders das Stapeln der sich gleichmäßig verjüngenden Podeste zu symmetrischen Stufenpyramiden führte zwangsläufig dazu, auch die Treppe in der Symmetrieachse anzuordnen. Und diese Symmetrieachsen wurden, wo immer es durchsetzbar war, in das Achsensystem der Zeremonialzentren einbezogen.

Da die Spiegelgleichheit eine nicht wegzudenkende Voraussetzung für die „Symmetria" und auch für die „Eurythmia" ist, wurde immer wieder versucht, Gleichmaß und Ebenmaß dadurch zu vollenden, daß man die mögliche zweite Symmetrieachse zumindest im Grundriß auszubilden versuchte. Dieses Bemühen ist natürlich schwer mit einer normalen Nutzung der Gebäude in Einklang zu bringen: Denn eine zweite Achse ist nur dann möglich, wenn nicht nur die Seitenansichten, sondern jeweils auch die Vorder- und die Rückseiten gleich sind.

Beide Symmetrieachsen auszubilden ist z.B. den Griechen gelungen mit ihrer wichtigsten Tempelform, dem Peripteros, bei dem sie die Vorhalle in gleicher Weise auf der Rückseite wiederholten. Die zweifache Symmetrieachse gelang aber auch in Mesoamerika in dem Augenblick, als man aus rein formalen Gründen den Pyramiden vier gleiche Treppen zuordnete (siehe Abb. unten rechts) – und schließlich besitzen auch die ägyptischen Pyramiden mit ihren vier gleichen Ansichtsflächen zwei Symmetrieachsen.

Festzuhalten ist, daß es einerseits in Ägypten und in der griechisch-römischen Antike, und andererseits auch in der mesoamerikanischen Architektur kein Gebäude gibt, bei dem die Symmetrie in voller Absicht vernachlässigt wurde. D.h. natürlich nicht, daß man von den Sachzwängen her (oder aus dem Unvermögen der Architekten) nicht doch von der Symmetrie abgewichen ist, oder daß man dann, wenn die Fassade mit Mühe und Not der Symmetrie gehorchte, im Innern gezwungen war, die Symmetrie an gewissen Stellen aufzugeben.

Auch in der weiteren europäischen Architektur blieb die Symmetrie als erstebenswerte Idee in jedem Falle erhalten. Bewußt außer Kraft gesetzt wurde die Spiegelgleichheit erst in der Romantik des 19. Jahrhunderts, als man begann, eine von ihr unabhängige, allgemeine Ausgewogenheit der Baumassen anzustreben, und im übrigen aber dennoch versuchte, diese freie Komposition den Ideen Klassischer Architektur anzupassen.

Zum klassischen Ebenmaß gehört aber auch, daß der „Schwerpunkt" einer Fassade immer unterhalb der Mittelachse liegen muß (die nicht zu verwechseln ist mit der Symmetrieachse) (siehe Abb. Mitte rechts). Liegt der „Schwerpunkt" darüber (wie in der genannten Abb.), wird die Ausgewogenheit mißachet, die Fassade wirkt kopflastig. Die Kopflastigkeit ist ein Abweichen vom klassischen Ideal, sie ist ein eigenständiges Merkmal der mesoamerikanischen Architektur, das sie – worauf am Ende eingegangen wird – vom Ideal der griechisch-römischen Antike unterscheidet.

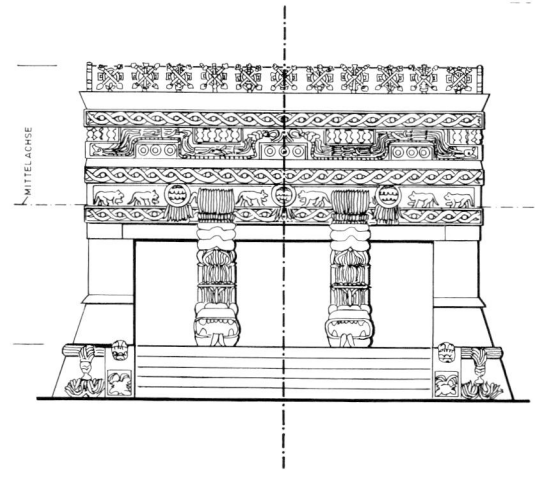

299 Chichén Itzá
*JAGUAR TEMPEL
Ansicht
In einer Fassade gibt es nur
eine vertikale Symmetrieachse
(eine horizontale Symmetrieachse
ist in einer Fassade unmöglich)
Fotografische Abb. des Jaguar-Tempels siehe S. 182*

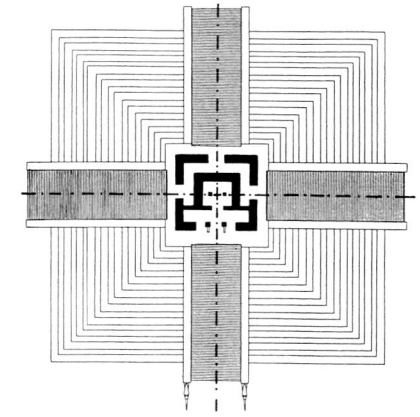

300 Chichén Itzá
*TEMPEL DES KUKULCAN
Eines der wenigen Beispiele einer
zweifachen Achsensymmetrie*

301 Xlapak
HAUPTTEMPEL
mit der 1. Bauphase links
(zweigeteilt ohne Sockel
und der 2. Bauphase rechts
(dreigeteilt mit Sockel)

DIE DREITEILUNG

Die Dreiteilung gehört zu den Kriterien, die Vitruv meint, wenn er von der „angemessenen Abmessung der Glieder eines Bauwerks" spricht und von der „Herausarbeitung der proportionalen Verhältnisse im ganzen zur Symmetria". Sie wird in der griechisch-römischen Architektur als etwas so Selbstverständliches angesehen, daß man kein großes Aufheben von ihr macht. Doch ist sie im Grunde neben dem rechten Winkel und der Symmetrie die wichtigste Erfindung in der Frühzeit der Architektur; sie bringt das Zusammenspiel unterschiedlicher Proportionen in ein festes Gefüge.

Die Dreiteilung und die vorausgegangene Zweiteilung entstanden aus der Erkenntnis, daß es vorteilhaft ist, einem Bauglied nach oben hin einen Abschluß zu geben: der Wand ein Gesims und der Säule ein Kapitell. Das Gesims nimmt die vom Dach kommenden Lasten auf und führt sie weiter in die Wand, das Kapitell überträgt die Lasten des Gebälks auf die Säule darunter. Mit feinem tektonischem Gespür werden die Punkte, in denen die Kräfte von einem Bauteil in den anderen übergehen, besonders geschmückt: Das Gesims erhält komplizierte Profilierungen, das Kapitell eine besondere Form. Dadurch ist zunächst die Zweiteilung a–b entstanden. Sie wird – unbewußt – an allen Bauten angewandt; parallel zu den Wänden mit Gesims entwickelten sich auch die Säulen zunächst ohne eine Basis (Beispiele: die dorische Säule und die Maya-Säule).

Die nächstliegende Erkenntnis ist dann, daß es notwendig ist, die Wand nicht einfach auf den Erdboden (oder auf ein vom Erdboden verdecktes Fundament) zu stellen, sondern auch hier eine Trennung vorzunehmen: So ist der Sockel entstanden; so die Basis für die Säule.

Auch in Sockel und Basis gehen die Kräfte in einen anderen Bauteil über, auch an diesem Punkt entstehen Schmuckformen. Diese Dreiteilung a–b–c, die seit der klassisch griechischen Antike ausgebildet ist, bestimmt nicht nur Wand und Säule, sie überzieht das ganze Gebäude. Das wird in der untenstehenden Zeichnung der LÄNGSWAND des ERECHTHEIONS in Athen deutlich: Der gesamte Tempel ist in vertikaler Richtung dreigeteilt in den dreistufigen Unterbau A, in die Wand B und ins Gesims C. Die Wand (bzw. die Säule) selbst und auch das Gesims und der Unterbau sind ebenfalls dreigeteilt (a-b-c) und schließlich sind oben Wandgesims und Kapitelle und unten die Sockel und selbst die Wülste der Basen in sich nochmals dreigeteilt (a-b-c).

In Mesoamerika beginnt ebenfalls alles zweigeteilt; erst mit der Ausbildung erster Sockel entwickelt sich auch hier unbewußt eine Dreiteilung (abzulesen an der Wand des Haupttempels in XLAPAK (Abb. oben): links die frühere, zweigeteilte Wandausbildung, rechts die spätere, dreigeteilte. Allerdings wird die Dreiteilung keine feste Regel gewesen sein, denn sie wurde nie so konsequent durchgeführt, wie im griechisch-römischen Bereich.

unten: 302 Athen
GRIECHENLAND
AKROPOLIS – ERECHTHEION
Die DREITEILIGKEIT
dargestellt an der südlichen
Längswand

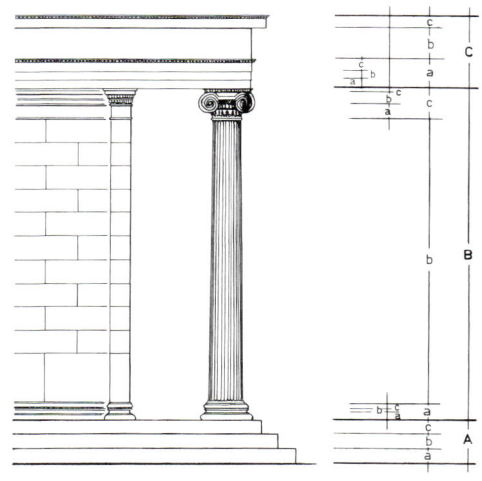

303 Labná
BOGEN (besser TOR)
Ansicht von Nordwesten

links: 304
Labná
BOGEN (TOR)
DIE DREITEILUNG

Fotografie vom
TRAJANSBOGEN
siehe S. 145

rechts: 305
Timgad, heute Algerien
TRAJANSBOGEN
DIE DREITEILUNG

Generell findet sich die Dreiteilung genauso in der horizontalen Ausrichtung der Gebäude, nur daß hier die Symmetrie einbezogen wird. Die Symmetrieachse verläuft hier durch den Mittelteil b, die beiden Teile a werden symmetrisch ausgebildet, es entsteht das Verhältnis a-b-a.

Mit einem Vergleich der Dreiteilung des Bogens in Labná mit dem römischen Trajansbogen in Timgad (die beide auf S. 145 im Aufbau als einander sehr ähnlich beschrieben wurden), möchte ich verständlich machen, daß die Dreiteilung in Mesoamerika zwar unbewußt angewendet, aber nie als feste Regel konsequent ausgeführt wurde.

In der horizontalen Ausrichtung ist die große Unterteilung in A-B-A bei beiden Toren vorhanden. Während man dann beim Trajansbogen in Timgad auch die weiteren Unterteilungen klar ablesen kann, sind beim Bogen in Labná zwar zunächst die beiden Seitenfelder A noch klar in Wand (a) – Türöffnung (b) – und Wand (a) – dreigeteilt (nur die Eckausbildung x läßt sich nicht einordnen), doch fehlt dann im Mittelfeld B, wie schon auf S. 144 f. als eine gewisse Unbeholfenheit angemerkt, eine Umrahmung des Bogens. Als Folge davon findet sich im Mittelfeld auch keine Dreiteilung – was den Erbauern u.U. gar nicht bewußt geworden ist.

In der vertikalen Ausrichtung ist die Dreiteilung in Timgad grundsätzlich auch vorhanden, aber durch fast schon barocke Überspielungen schwer abzulesen. Denn die „Große Ordnung", also die Säulenstellung über „zwei Geschosse" erschwert das Erkennen der Unterteilungen. Aber gerade dieses Überspielen der Regel schafft die Spannung im Aufriß.

Dagegen wird der Bogen in Labná nicht durch ein gemeinsames Gesims abgeschlossen, sondern sein Mittelteil B ist wesentlich höher als die Seitenteile, schon von daher ist also eine Anwendung der Dreiteilung erschwert. Betrachtet man die Seitenteile A für sich (rechte Seite der nebenstehenden Zeichnung), dann läßt sich hier durchaus eine Dreiteilung ablesen, auch in der Wand- und in der Gewölbezone findet eine Unterteilung statt. Schwerer wird die Feststellung im Mittelteil B (linke Seite der Zeichnung), weil dort Gewände und Bogenumrahmung fehlen. Ein Versuch, auch die Cresteríen in eine Dreiteilung einzubeziehen, schlägt

völlig fehl; hier haben wir einen typisch mesoamerikanischen Bauteil vor uns, der sich nicht mit den Kriterien griechisch-römischer Architektur messen läßt.

Wichtig erscheint mir, daß die Dreiteilung in der mesoamerikanischen Architektur überhaupt nachzuweisen ist und sie auch in diesem Punkte – in unbewußter Weise – ein Merkmal Klassischer Architektur aufweist.

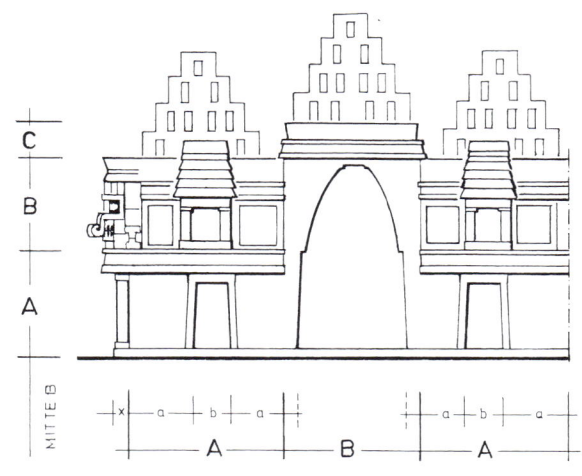

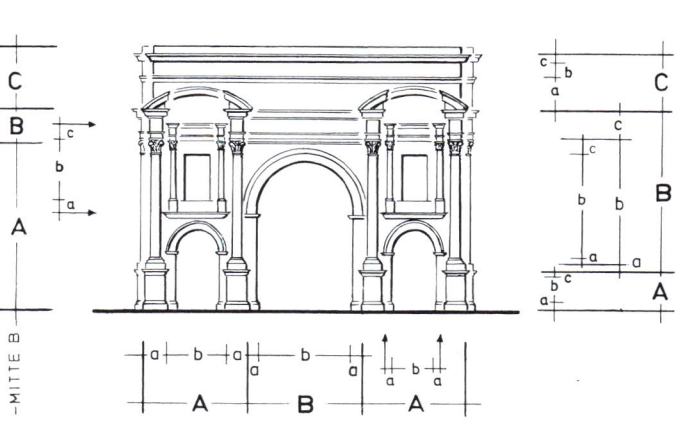

KLASSISCHE ARCHITEKTURGLIEDER

oben links:
306 Sayil
PALAST
Säulen im unteren Stockwerk

oben rechts:
307 Uxmal, Nordpalast
WESTLICHE VORHALLE
Ein Pfeiler

unten:
308 Gizeh
ÄGYPTEN
Mastaba der 5. Dynastie am Fuße
der Cheopspyramide
Säule am Eingang

DIE SÄULEN

Vitruv spricht von „anerkannten Teilen", mit denen ein Gebäude „stilgerecht zu formen" sei, und meinte damit natürlich die griechisch-römischen Säulenordnungen. Sie haben ein so hohes Maß an künstlerischer Ausformung erreicht, daß ihnen auf den ersten Blick in Mesoamerika nichts Vergleichbares gegenüberzustellen ist. Trotzdem gibt es auch hier Säulen, Pfeiler, Gesimse und Türumrahmungen. Nur ist ihnen nie die gleiche Beachtung geschenkt worden, wie im Mittelmeerraum. In Mesoamerika richtete man – da das religiöse Anliegen wesentlich stärker war – die ganze Kraft der Gestaltung auf die reinen Schmuckformen, die ausschließlich mythologische Inhalte wiedergeben.

Säulen entstanden in Mesoamerika erst relativ spät. Zu Beginn der „Spätklassik" sehen wir in Edzná und Sayil mit den ersten Mayasäulen gleich voll ausgeformte, frühe, klassische Stützglieder vor uns: Es sind gedrungene Säulen, noch ohne Basis, aber mit quadratischer Kapitellplatte und kreisrundem Schaft. Während in allen anderen Kulturen an einer Grundform weiter gearbeitet wird, die Säulen eine Basis erhalten, sie sich nach oben verjüngen und das Kaptell reich geschmückt wird, verbleibt man in Mesoamerika bei der einmal gefundenen Form. Zwar findet man auch hier (z.B. bei den Säulen in Sayil, siehe Seite 111) eine leichte Schwellung des Säulenschaftes; auch weisen dekorativ verwendete Dreiviertelsäulen (z.B. in Xlapak, siehe S. 116) eine Basis auf, aber die oben abgebildete Grundform wurde in fast gleicher Form noch in sehr später Zeit in Tulum wiederverwendet (siehe S. 164).

Eine ähnliche Urform steht am Anfang der ägyptischen Architektur. Auch diese frühe ägyptische Säule aus der 4. oder 5. Dynastie (siehe Abb. unten) besteht aus zwei geometrischen Körpern: aus dem Säulenschaft in Zylinderform und der Abdeckplatte in Form eines flachen Quaders mit quadratischer Grundfläche. Sie wirkt – wohl wegen ihrer ausgefeilteren Bearbeitung – noch exakter, sie ist darüber hinaus bereits langgestreckter. Aber während in Mesoamerika die frühe Form nicht weiter verändert wurde, ist – geschichtlich betrachtet – die ägyptische Urform nur als Vorstufe anzusehen für die späteren, reich geschmückten Formen, wie die Zeltstangensäulen, die Palmsäulen und die Lotos- und Papyrusbündelsäulen.

DIE PFEILER

Die klassischen Stützglieder sind in Mesoamerika die quadratischen PFEILER (die häufiger verwendet werden als kreisrunde Säulen). Bei den Pfeilern des Quetzalpapalotl-Palastes in Teotihuacán (siehe S. 152) hatten wir gesehen, daß dort die Pfeiler im Grunde noch als kleine Wandscheiben angesehen wurden zwischen denen sich die Wandflächen immer mehr vergrößert hatten; sie besaßen noch keine quadratischen Grundflächen. Erst bei ihrer Verwendung als Stütze in Innenräumen bildete sich zwangsläufig der quadratische Pfeiler heraus.

Ein weiterer Grund für die größere Beliebtheit der Pfeiler mag gewesen sein, daß sich die ebenen Außenflächen der Pfeiler sehr gut zum Anbringen von Schmuck eignen, was bei den runden Flächen der Säulen nur schwer möglich ist. So sind größtenteils alle Pfeiler – und damit gleichen sie den Pfeilern der ägyptischen Tempel (siehe Abb. S. 152) – vollflächig mit Flachreliefs überzogen.

Umso erstaunlicher ist es, daß man in Mesoamerika zur Zeit der Erfindung des Puuc-Stils, bei dem man auf vollflächig verzierte Pfeiler verzichten mußte, zu Formen gelangte, die allein von der Struktur einer Stütze abgeleitet werden. Die PFEILER (Abb. oben rechts) der VORHALLEN des NORDPALASTES in Uxmal (auf S. 158 beschrieben) sind alle im klassischen Sinne dreigeteilt in Flächen, die jeweils Basis, Schaft und Kapitell der Säule entsprechen. Es wird nur mit vorstehenden und zurückspringenden Streifen gearbeitet: Die ersteren betonen horizontal Basis und Kapitell, die zweiten geben dem Pfeiler in der Mitte eine Vertiefung in vertikaler Richtung. Dadurch wirkt der Pfeiler nicht nur schlanker, sondern mit dieser Bewegung wird das Nach-oben-Strebende betont und der horizontalen Lagerung von Sockel- und Gesimsform entgegengewirkt. Darüber hinaus wird auf jede weitere Profilierung verzichtet, die einfache Form dieses Pfeilers besitzt Ausdruckskraft genug; auch sie kann im klassischen Sinne nicht weiter verbessert werden.

Die maßvolle, aber bewußte Profilierung der Pfeiler wird im Gebälk fortgesetzt: Wie in den griechischen Ordnungen liegt auf den Kapitellen der einfache Architrav (hier ein Holzbalken), es folgt ein dreigeteiltes Gesims, bei dem das untere und das obere Band schräg nach vorn auskragen.

DIE TALUD-TABLERO-FORM

Bilden auch der TABLERO und sein abgeschrägter Unterbau, der TALUD, eine klassische Form? Auch wenn sie in Ägypten und Griechenland unbekannt geblieben sind? Selbstverständlich sind Talud und Tablero klassische Formen, denn alle bisher genannten Kriterien sind auch auf sie anwendbar: Sie bilden eine einfache und einprägsame Form, sie lassen sich variieren wie die Säulenformen, in ihren einzelnen Variationsformen sind sie so vollkommen, daß nichts hinzugefügt oder weggenommen werden kann – und schließlich bilden sie die mesoamerikanische Grundform, mit der nicht nur die Stufen der Pyramiden, sondern auch die Wände der Tempel verkleidet wurden.

links: 309   Chichén Itzá
KRIEGERTEMPEL, Talud-Tablero an der Südseite –
800 Jahre nach dem Entstehen in Teotihuacán
hier erneut verwendet

rechts: 310   Chichén Itzá
TEMPEL DER TAFELN
Teil der Außenwand

Meist erscheint der Tablero als Rahmen, der sich dann vorzüglich zum Anbringen figürlichen Schmucks eignet. Der Tablero kann aber auch ein geometrisches Muster werden, er kann sich verselbständigen und als Gesims benutzt werden. Die Grundform des Tableros ist immer gleich geblieben. Sie war so stark und so beispielhaft, daß sie rund 800 Jahre nach ihrem Entstehen in ihrer frühen mit Reliefs gefüllten Rahmenform eine Renaissance erlebte. Das geschah am Kriegertempel in Chichén Itzá (siehe Abb. oben). Die Bedeutung des Tableros als Grundelement des Gestaltens ist vergleichbar mit der Säule in der griechisch-römischen Antike.

unten: 311   Rolous bei Angkor Thom
(heute **KAMBODSCHA**)
BAKONG TEMPEL
Verkleidung der stufenförmigen Tempelanlage

Der Tablero und seine vielen Varianten hatten eine so große Bedeutung erlangt, daß man in dem Augenblick, als man nicht nur die Außenflächen der Pyramidensockel, sondern auch die Außenwände von Tempeln und anderen Gebäuden zu gestalten hatte, wie von selbst auf den Tablerorahmen zurückgriff. An den Wänden des Palastes von Mitla (siehe S. 146 ff.) geschah es dadurch, daß man über dem schrägen Talud drei Tablerorahmen (mit Mustern aus Steinmosaik gefüllt) übereinander anordnete.

Beim TEMPEL DER TAFELN in Chichén Itzá (siehe nebenstehende Abb.) besteht die traditionell undekorierte Wand aus dem schrägen Talud unten, dem das untere Gesims des Tablerorahmens folgt. Die große, glatte Wandfläche bildet dann sozusagen die Füllung des Tablerorahmens, während das breitere Gesims dem oberen Abschluß des Rahmens entspricht.

Talud und Tablero bilden eine so einfache und unverwechselbare Form, daß sie – wie Säulen und andere Architekturteile auch – ein weiteres Mal erfunden wurden. Zwar erfand man sie nicht in Ägypten (dort begnügte man sich bei den Stufenpyramiden und Mastabas mit glatten, abgeschrägten Flächen ohne Rahmung oder Gesimsformen) und auch nicht in Griechenland (dort gab es überhaupt keine massiven, erdgebundenen Bauten, die eine Tableroform notwendig gemacht hätten). Doch Ende des 9. Jhs. – viel später noch als in Mesoamerika – taucht im weit entfernten Angkor-Reich in Südostasien die Talud-Tablero-Form ein weiteres Mal auf. Wie auf S. 85 erwähnt, baute man auch dort aus roter, verwitterter Tonerde erdverbundene Pyramidensockel, deren Seiten man mit steinernen Mauern befestigte. Wie von selbst entwickelte sich am Fuße dieser Mauern die abgeschrägte Fläche des Talud und darüber eine senkrechte, von zwei Simsen eingefaßte Wand. Die hier (rechts) gezeigte Abmauerung der Stufen des BAKONG TEMPELS in Rolous stimmt ziemlich genau mit der Wand des Tempels der Tafeln in Chichén Itzá überein. Das beweist ein weiteres Mal, daß eine klassische Form bei gleichen Voraussetzungen jederzeit neu erfunden werden kann.

DIE KLASSISCHE AUSGEWOGENHEIT

DIE KLASSISCHE AUSGEWOGENHEIT

Die KLASSISCHE AUSGEWOGENHEIT ist ein Begriff, den Vitruv noch nicht kannte. Beachtet man bei der Gestaltung alle von ihm genannten ästhetischen Grundbegriffe, so gelangt man nicht ohne Weiteres zu einem befriedigenden Ergebnis. Denn Vitruv gibt zwar, wenn es um die Säulenordnungen und andere Architekturteile geht, genaue Anweisungen zur Ausführung; aber zur Komposition der Gebäude im Ganzen fehlen konkrete Angaben. Wenn er in allgemeiner Weise von „nach Maß berechneten, angemessenen Abmessungen der Glieder eines Bauwerks" und von „Herausarbeitung der proportionalen Verhältnisse" spricht und davon, daß „die Glieder des Bauwerks in zusammenstimmendem Verhältnis von Höhe zu Breite und von Breite zu Länge" stehen müßten, dann kann man sich von diesen Aussagen nur dann ein Bild machen, wenn man die Bauwerke, die Vitruv beim Schreiben vor Augen hatte, auf ihr „fehlerfreies Aussehen" hin überprüft. Auch wenn er beim Begriff „Symmetria" erklärt, daß sie „der sich aus den Gliedern des Bauwerkes ergebende Einklang sei" und „die auf einem berechneten Modul beruhende Wechselbeziehung der einzelnen, für sich gesonderten Teile zur Gestalt des Bauwerks als Ganzem", so erhält man keine Auskunft darüber, wie die Gestalt des Bauwerks tatsächlich auszuse-

hen habe. Er sagt nur, daß es einen Anblick gewähren müsse, der dem „Auge wohltue". Damit meint er etwas, was sich heute am besten unter dem Begriff „Ausgewogenheit" zusammenfassen läßt. Überprüfen wir die Ausgewogenheit an Beispielen.

Voraussetzung für die Ausgewogenheit ist die „Ordinatio", die „nach Maß berechnete angemessene Abmessung". Sie wurde zur Zeit Vitruvs bei allen Gebäuden von einigermaßen Bedeutung angewandt. In der Gegenüberstellung des Grundrisses vom OSTPALAST im NONNENVIERTEL in Uxmal mit einem Beispiel vergleichbarer Art aus Rom, dem Grundriß der BASILIKA AEMILIA, lassen sich diese Ordnungsprinzipien ablesen: In der Basilika führen gleiche Abmessungen der Säulen- und Pfeilerabstände und gleiche Maße der Innenräume zur Ausbildung harmonischer Gesamtproportionen. Der kleine Vorbau mit dem Altar auf der rechten Seite und der größere, massive Vorbau auf der linken Seite sind Mittel, die jeder Rasterfassade innewohnende Monotonie zu unterbrechen.

Ähnliche Proportionen lassen sich im Grundriß des Ostpalastes feststellen: Auch dieser wird bestimmt – wie alle anderen Mayapaläste – von der Wiederkehr gleicher Maße, die von der Spannweite der Gewölbe abgeleitet sind.

In der Gliederung der Fassade setzt sich die im Grundriß begonnene Ordnung fort. Das zeigt sich in der Anordnung der Öffnungen und auch in der Gliederung der Schmuckelemente in der Gewölbezone. Lediglich in der Mitte des Gebäudes ist diese gleichmäßige Reihung unterbrochen. Hier setzt nun die Kunst der Gestaltung ein, die das „harmonische Ganze" entstehen läßt: Um der Monotonie der langen Reihung der Tore entgegen zu wirken, die man bei den Fassaden der drei anderen Paläste durchaus empfindet, wird die Gebäudemitte besonders betont (wie S. 138 näher beschrieben): Die mittlere Öffnung wird verbreitert; über ihr wird Figurenschmuck angebracht. Rechts und links davon wird auf zwei vom Raster her erforderliche Öffnungen verzichtet. Durch diese Betonung der Mitte und das Überspielen des ihr innewohnenden Rasters erhält die Fassade eine große Spannung, die dann aber auf beiden Seiten durch die Wiederaufnahme des Rasters mit jeweils drei Türen wieder aufgehoben wird. Die klassische Ausgewogenheit ist gefunden.

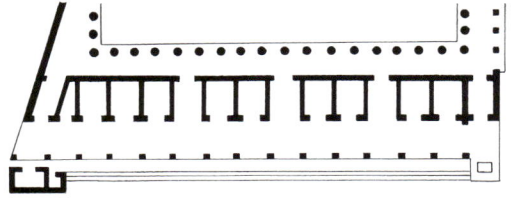

Ausgewogenheit bedeutet ebenfalls, daß ein Gebäude das „Ebenmaß" oder auch das „anmutige Aussehen" besitzt, das dann entsteht, wenn alle Glieder des Bauwerkes im „richtigen Verhältnis von Höhe zu Breite und von Breite zu Länge" stehen. Auch wenn Vitruv es nicht ausdrücklich sagt, gehört dazu auch, daß die Gebäude horizontal gelagert sind, daß sie breiter als höher sein müssen und die horizontalen Linien überwiegen. Andererseits sollten auch gewisse Teilungen vertikal angeordnet werden, um so ein bestimmtes Maß an Spannung zu erzeugen. Doch sollen diese in vertikale Richtung wirkenden Spannungen keineswegs nach oben offen bleiben, vielmehr sollten sie durch einen kraftvollen horizontalen Abschluß wieder zusammengefaßt werden. Das läßt sich auf die Fronten eines griechischen Tempels beziehen: Hier wird der dreistufige Unterbau breit gelagert; die aufrecht stehenden Säulen bilden die vertikale Gegenbewegung und über allem ruht als ausgleichendes Element ein betont kräftiges Gesims.

Diese Ausgewogenheit läßt sich ähnlich an Bauten Mesoamerikas beobachten. Im Palast in Palenque (bereits ausführlich beschrieben auf S. 119 ff.) finden sich Proportionen, die diesem Ebenmaß entsprechen. Schon dadurch, daß sich dieser Palast sich auf einem Podest erhebt, wirkt er breit gelagert. Diese Haltung verstärkt sich durch langgezogene Dächer. Die Gebäude, die von außen eine geschlossene Einheit bilden, bestehen in den Höfen (da der Palast erst nach und nach aus einzelnen Heiligtümern zusammengewachsen ist) aus mehr oder weniger selbständigen Gebäudeteilen. Die geringfügigen Abstände zwischen den Bauten der Höfe führten dazu, daß auch selbständige Fassaden entstehen konnten.

Der kleine Palast, der den Hof 3 auf seiner Südseite abschließt (auf der Abb. oben in der Mitte), bildet ein völlig freistehendes Gebäude und nimmt eine ausgesprochen klassische Haltung an: Er ist symmetrisch angelegt und zeigt eine horizontale Ausrichtung mit seiner breiten Treppe und dem in die Länge gezogenen Dach. Diese Haltung wird unterbrochen durch vertikale Elemente in Form der vier Pfeiler. Der über dieser Pfeilerfront zu erwartende kraftvolle, horizontale Abschluß erfolgt durch den langgestreckten Dachkörper (auch Gewölbezone genannt). Diese Gewölbezone ist hier noch in der geneigten Form des „Mansarddaches" ausgebildet und hat noch nicht die gewaltige Höhe erreicht, die später z.B. beim Gouverrneurspalast (siehe Abb. S. 177) so drohend wirkt. Dieser breit gelagerte Dachkörper, der die Pfeilerfront kraftvoll zusammenhält, ist vergleichbar mit Gebälk und Giebel der griechischen Tempelfront. Was das klassische Ebenmaß anbetrifft, sind vom Charakter her die kleine Palastfront hier und die Vorderfront eines viersäuligen griechischen Tempels einander sehr verwandt.

Betrachteten wir oben nur ein isoliert stehendes Gebäude, so bietet der Palast als Ganzes noch ein viel bedeutenderes Element, das in seiner betont vertikalen Haltung der horizontalen Ausbreitung des übrigen Baukörpers kraftvoll entgegentritt: den TURM im Hof 1 (der auch auf der Abb. oben über die Palastbauten hinausragt). Er bildet ein auflockerndes vertikales Element nicht nur für die Höfe, sondern für den ganzen Palast (siehe Abb. S. 119 - von oben von der Inschriftenpyramide aus). Der Turm übt auf den kleinen Hof eine ähnliche Wirkung aus, wie die Wahrsagerpyramide auf den großen Platz des Nonnenviertels (was die Abb. auf der Seite links verdeutlicht), Turm und Pyramide sind Spannungselemente, die die Ausgewogenheit letztlich bewirken.

315 Palenque
PALAST
Innenhof 3 mit dem kleinen
freistehenden Palast
von Norden gesehen

316 Sayil
PALAST
Die südliche, restaurierte Hälfte

Beschreibung des
PALASTES
in SAYIL siehe S. 111

Mitte Oben:
317 Teotihuacán
PYRAMIDE DES
QUETZALCOATL
Tablero mit dem Regengott Tlalox in
stilisierter Form

Mitte unten:
318 Kabah
MASKENPALAST
Einzelne Chacmaske

Die Ausgewogenheit auch im Hinblick auf den Begriff Decorì spricht Vitruv zumindest indirekt an, wenn er ihn nicht nur im Sinne bloßer Dekoration versteht, sondern umfassend als das „fehlerfreie Aussehen des Bauwerkes, das aus anerkannten Teilen mit Geschmack zu formen" sei. Solch „anerkannte Teile" standen in Mesoamerika in gleicher Weise zur Verfügung, wie in griechischer und römischer Zeit die Säulenordnungen und Bogenstellungen.

Wie ging man in Mesoamerika mit dem „Decor" um? Am PALAST IN SAYIL kann man einiges davon studieren. Beginnnen wir mit dem fehlerfreien Aussehen des Ganzen: Die drei übereinander angeordneten, sehr langgezogenen Palastfassaden werden unterbrochen durch die breite, kraftvoll nach oben strebende Treppenanlage; hier spürt man die ausgewogene Anordnung der Anlage, die nun durch Einzelheiten unterstützt wird: Da ist zunächst der Wandbereich der oberen Fassade; er wirkt sehr geschlossen, wird aber belebt durch wenige, sehr schmale Türöffnungen, die die Wirkung der allzu großen Länge ausgleichen. Die Gewölbezone darüber ist als abschließendes Gesims ausgebildet, hier wird die übergroße Länge durch aufrecht stehende Wandflächen unterbrochen.

Die untere Fassade ist wegen der eingestürzten Gewölbe nur zusammen mit der Rekonstruktionszeichnung (auf S. 112) zu beurteilen. Die Öffnungen mit jeweils zwei Säulen und markantem Gebälk zeigen eine aus „anerkannten Teilen" wohlgeformte Fassade.

Das aber, was Vitruv im Sinne von „Ausschmückung" mit „Decor" meint, finden wir an der Fassade des mittleren Stockwerks: Zunächst beginnt alles sehr nüchtern: unten der Sockel mit dem Muster aufrecht stehender Holzstämme, dann in der Wandzone breite Öffnungen mit jeweils zwei Säulen, die abwechseln mit schmalen Türöffnungen. Die Wandflächen sind mit dem ruhigen Motiv der zusammengebundenen Holzstämme dekoriert. Erst in der Gewölbezone kann sich die Dekoriationslust (an einziger Stelle des Palastes) voll entfalten: Hier finden sich große Chacmasken und Figuren des herabsteigenden Gottes. Aber auch diese füllen nicht vollflächig die Gewölbezone, sondern sind unterbrochen durch das Motiv der Holzstämme. Und betreffs des „guten Geschmack" sei darauf hingewiesen, daß alle Gewände der Türöffnungen geringfügig geneigt sind und damit dem zentralen Fassadenteil einen leicht schwingenden Charakter geben.

Die Einzelformen des „Decors" ordnen sich den Teilungen der Architekturglieder unter: Nie finden sich Schmuckformen, die über Rahmungen oder Gesimse hinausgreifen. Auch die Einzelheiten des Schmucks werden rechtwinklig aneinandergereiht (was gleichzeitig deren Herstellung in einer Serienproduktion erleichterte – siehe S. 126).

Während in Wandmalereien und auch in den Wandreliefs in sehr naturalistischer Weise Szenen aus dem Leben der Herrscher und ihres Gefolges dargestellt werden, besteht zumindest seit „spätklassischer" Zeit der Schmuck der Außenwände, der Teil der Architektur geworden ist, aus Symbolformen, die Götter, Geister und andere mythische Wesen darstellen. Diese Schmuckformen dienen in erster Linie der religiösen Aussage, aber darüber hinaus bemerken wir etwas, was ein besonderes Merkmal mesoamerikanischer Architektur ist:

All diese Detailformen sind kaum noch realistisch dargestellt, sondern zu wunderschönen Schmuckformen stilisiert. Solche stilisierten Formen finden sich schon in den Tablerorahmen in Teotihuacán (siehe Abb. Mitte links und Abb. auf S. 45), wo der Regengott Tlaloc als völlig stilisierte Form auftaucht, bis hin zu einer anderen Form des Regengottes, der Chacmaske der Mayas (siehe Abb. links unten), die am Maskenpalast in Kabáh unzählige Male aneinandergereiht ist (siehe S. 126). Die Gabe, Formen mit Symbolgehalt zunächst zu abstrahieren und dann mit ihnen flächendeckende Muster auszuführen, ist den Indiovölkern in Mesoamerika in ganz besonderer Weise gegeben. Anders als in den großen Formen der Architektur, wo man sich in der Vielfalt bewußt Beschränkungen auferlegt, sind die Skulpturen als Schmuckform von außerordentlichem Ideenreichtum.

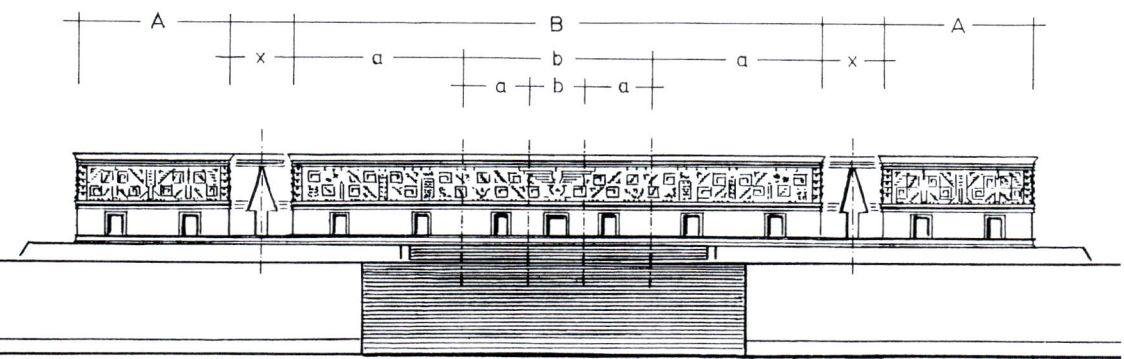

*319 + 320 Uxmal
GOUVERNEURSPALAST*

*oben: Frontalansicht
von Osten*

*darunter Mitte:
Ansicht von Osten
mit der Dreiteilung*

*Beschreibung vom
GOUVERNEURSPALAST
siehe S. 124 ff.*

Der langgestreckte GOUVERNEURSPALAST in Uxmal, zeichnet sich einerseits durch klassische Ausgewogenheit aus, er trägt aber auch Züge, die typisch sind für die mesoamerikanische Architektur.

Zunächst das klassisch zu Nennende: Die Symmetrie ist vorhanden, nicht nur als einfache Spiegelgleichheit, sondern im ursprünglichen Sinne als Ausgewogenheit im Verhältnis zum Ganzen. Die Dreiteilung ist angewandt, die Fassade ist (wie die Zeichnung oben zeigt) mehrfach im Verhältnis a-b-a unterteilt, Spannung bringt das raffinierte Zusammenfügen der drei Baukörper, wobei die Teile A durch die beiden in der Fassade zurückspringenden Bindeglieder X mit dem Mittelteil B verbunden sind. Diese Bindeglieder bringen auch die notwendige vertikale Unterbrechung durch ihre spitzen Mayabögen, die betont nach oben weisen.

Doch dann findet sich eine Reihe von Merkmalen, die sich aus den besonderen religiösen Bräuchen Mesoamerikas entwickelten und die sich der klassischen Ausgewogenheit widersetzen.

Führen wir also den Vergleich zu Ende. Drei Dinge möchte ich dabei hervorheben:

Der pyramidenförmig abgestufte „Sockel" des Palastes ist fast 1 Ω mal so hoch wie der Palast selbst – die Überbetonung von Sockel und Treppenanlage ist nicht (klassisch) ausgewogen. Entstanden ist das gewaltige Volumen aus dem Wunsch, das Gebäude von der Umgebung abzuheben und dem Volk eine Vorstellung von der Größe der göttlichen Welt geben.

Der Palast hat mit seinen 11 Toröffnungen und zwei Gelenkteilen eine bis dahin unerreichte Längendehnung. Zwar wird hier erstmals versucht, die Wirkung der gewaltigen Ausdehnung durch die geschickte Teilung in drei Baukörper zu mildern. Auch bemüht man sich, die Mitte im klassischen Sinne zu betonen. Aber diese Mittel reichen nicht aus, das Gebäude ausgewogen zu gestalten. Auch enthalten die beiden Seitentrakte A jeweils nur zwei Öffnungen, dadurch bleibt deren Mitte unbetont und erhält keinen Schwerpunkt. Deshalb laufen die Seitentrakte unbetont zur Seite hinaus, sie fassen das Gebäude nicht im klassischen Sinne zusammen. Die übertriebene Längendehnung, die erforderlich war, weil man eine große Zahl der aus dem Tempelgrundriß entwickelten Doppelkammern aneinander zu reihen hatte, entstand aus religiösem Anlaß.

Die Kopflastigkeit der Gewölbezone widerspricht der klassischen Ausgewogenheit. War in Palenque die hohe Dachform des Palastes (siehe Abb. auf S. 175) noch im klassischen Sinne vertretbar, erscheint die Überbetonung der Gewölbezone hier als eine Abweichung. Die Kopflastigkeit ist ebenfalls im Religiösen begründet: Sie sollte dem Gebäude einen beschwörenden Charakter verleihen und die Wirkung der Zeremonien vergrößern.

Diese Abweichungen von der klassischen Ausgewogenheit lassen bereits das Wesen der mesoamerikanischen Architektur erkennen, über das nun einige abschließende Bemerkungen folgen.

DAS WESEN DER MESOAMERIKANISCHEN ARCHITEKTUR

RELIGION UND ARCHITEKTUR

321 Teotihuacán
TOTENSTRASSE
Reihung von Podesten
an der Ostseite

In Mesoamerika hat die Religion – mehr als in anderen Kulturen – bestimmend auf die architektonische Gestaltung eingewirkt. Sie glich im Anfang den anderen Naturreligionen, in denen eine Große Zahl von Göttern verehrt und beschwört wurden. Einfache Tempel genügten, man schmückte sie mit pflanzlichem Material und setzte sie auf kleine Podeste, damit sie sich von den umgebenden Wohnhäusern unterschieden. Insgesamt entstanden kleine, im klassischen Sinne ausgewogene Gebäudeformen. Nach und nach kamen andere Vorstellungen hinzu: Man wünschte, dem Himmel (in dem die Götter wohnten) näher sein: Man erhöhte die Podeste; aus ihnen wurden Stufenpyramiden, schließlich turmartige Gebilde, die nur noch symbolhaft die Pyramidenform zeigten. Die klassische Auswogenheit wurde zu Gunsten einer vertikalen Dynamik verlassen.

Später trat ein gegenseitiges Abhängigkeitsverhältnis von Menschen und Göttern in den Vordergrund. Die schon aus der frühen Schöpfungsgeschichte bekannte Vorstellung, nach der die Götter zwar für den Fortbestand dieser Welt zu sorgen hatten, im Gegenzuge aber von den Menschen ernährt werden mußten (als Nahrung galt das menschliche Blut), führte zu vermehrten Blutopfern, gleichzeitig aber an den Tempeln zur ausdrucksstarken Überbetonung der Göttersymbole. Gewaltige Dekorationen der Gewölbezone und Kopflastigkeit waren die Folge. Sie führten den Menschen vor Augen, wie klein und unwichtig sie waren im Anblick der furchterweckenden Göttermasken.

Die zunächst bescheidenen Blutopfer wurden durch weitere Ängste gesteigert: Die große Furcht ging um, die Sonne könne abstürzen und am nächsten Tage nicht wieder aufgehen. In den sogenannten Blumenkriegen ging es allein darum, Gefangene zu machen, die man anläßlich großer Zeremonien opfern konnte. Die Zeremonialplätze nahmen gewaltige Größen an, die Pyramidentempel imponierten durch ihre Masse, ihre Vorderseiten bestanden nur noch aus breiten Treppenanlagen, die den Hintergrund für die Massenopfer bildeten.

Der mystische, bedrohende und dem Jenseits zugewandte Inhalt der mesoamerikanischen Religion steht im krassen Gegensatz zum Hintergrund der klassischen griechischen Architektur. Diese begann ebenfalls mit der Verehrung einer großen Götterfamilie. Aber die Griechen hatten sehr lebensbejahende, auf das Diesseits bezogene Vorstellungen von ihrer Götterwelt. Ihre Verehrung suchten sie beim Bau der Tempel – von wenigen Ausnahmen abgesehen – nicht durch furchterregende Darstellungen auszudrücken, sondern sie wählten sehr subtile, ästhetische Mittel: Ihr Ziel war es, die Götter bei der Gestaltung ihrer Tempel durch ein Höchstmaß an Schönheit und Vollkommenheit zufriedenzustellen.

Wenn die Architektur in Mesoamerika – trotz aller drohenden Gebärden – insgesamt dennoch von verstandesmäßiger Ordnung und erstaunlicher Kunstfertigkeit bestimmt ist, so aus der eingangs genannten, im Wesen der Menschen verankerten Veranlagung, die sie immer dann, wenn keine religiösen (oder auch politischen) Vorstellungen von außen auf sie einwirken, zu einer klassischen Grundhaltung zurückfinden lassen.

Welcher Art waren nun die Mittel, derer man sich zur Steigerung des religiösen Ausdrucks bediente? Man versuchte sehr früh, eine Steigerung dadurch zu erreichen, daß man eine Bauform – sei es ein Podest oder sei es die Symbolfigur einer Gottheit – verdoppelte oder gar vervielfachte (woraus sehr leicht ein Durcheinander der Formen hätte entstehen können). Doch das stark entwickelte Gefühl für Ordnung führte dazu, mehrfach auftretende Formen und Symbole zu reihen, was in horizontaler, aber auch in vertikaler und diagonaler Richtung geschehen konnte. Ein frühes Beispiel einer solchen Reihung bilden die Podeste an der Totenstraße in Teotihuacán (siehe Abb. oben). Der noch heute überwältigende Eindruck entsteht allein dadurch, daß man an den Fronten dieser Prozessionsstraße die nahezu gleichen Podestformen ständig wiederholte und die Straße eben nicht mit Tempeln und Altären ganz unterschiedlicher Form füllte.

322 Kabah
MASKENPALAST
Ausschnitt der Fassade

Vom MASKENPALAST
in Kabah
siehe weitere Abbildungen
auf S. 126 f. und S. 176

WIEDERHOLUNG UND REIHUNG

Neben der Reihung von Baukörpern läßt sich in Teotihuacán noch eine ganz andere Art der Reihung betrachten; und zwar an den Tableros der Quetzalcoatlpyramide (siehe S. 44 f.). Während die Griechen ihren zu verehrenden Gott meist nur in einer großen Statue abbildeten, diese Statue aber in der Cella des Tempels den Blicken des Volkes entzogen (und allenfalls noch Götterfiguren an den Friesen und im Tympanon mehr in erzählender, keinesfalls in beschwörender Weise anbrachten), wiederholte man in Mesoamerika in den Tablerorahmen z.B. den Schlangen- und den Regengott in abwechselnder Folge unzählige Male.

Als die ersten steinernen Tempel entstanden, traten sehr bald die Gewölbezonen an die Stelle der Flächen, in denen die Symbolformen Platz fanden. Daß auch die Gewölbezonen wie die Tableros gerahmt sind und einem wuchernden Schmuck wieder einen Halt geben, zeigt ebenfalls ihre klassische Haltung. Schaut man aber zurück auf die Abb. der Gewölbezone des Gouverneurspalastes in Uxmal (siehe S. 130), wo die noch fast figürlich dargestellten Masken des Regengottes Chac und die reinen Symbolformen des Mäanders nebeneinander gereiht sind und alle übrigen Flächen mit kleinerem, symbolischem Schmuck gefüllt werden, so spürt man noch heute die drohende Schwere, die die Wirkung der Zeremonien erhöhen sollte.

Von den ständigen Wiederholungen einzelner, immer gleicher, steinerner Symbole wird man sich damals die gleiche Wirkung versprochen haben, wie von der Wiederholung immer gleicher Gebetsformen. Diese Einsicht ergäbe auch eine Erklärung für die Fassade des Maskenpalastes von Kabah (siehe Abb. oben). Sie besteht (was bei keinem anderen Bau der Welt in dieser Weise wiederholt wurde) ausschließlich aus der ständigen Reihung einer einzigen Schmuck- oder Symbolform: der Maske des Regengottes Chac. Sie wird nicht nur der Gewölbezone vorgeblendet, sie überzieht in der Art des Chenes-Stils auch die Wandflächen und selbst den Sockel. Ausgehend von dem schon vielfach erprobten Übereinander-Stapeln der Chakmasken, werden die Masken hier nun auch horizontal in Reihen gesetzt. Genial an dieser endlosen Reihung ist, daß die Einzelform jeder Maske mit ihren tief liegenden Augen, ihren herausstehenden Zähnen und der gerollten Hakennase untergeht in der spannungsvollen Bewegung der vertikal zu einem Block verbundenen Masken. Die zunächst unlösbar erscheinende Aufgabe, den Regengott Chac mit einer unendlich scheinenden Zahl von völlig gleichen Masken zu beschwören, wurde nicht nur technisch gelöst, sondern auch künstlerisch bewältigt.

BESCHWÖRUNG
UND SCHAUARCHITEKTUR

EINZELNE SCHAUELEMENTE

Wenn eine Fassade über die innere Gliederung eines Gebäudes nichts mehr aussagt und wenn die Aufgabe der Fassade lediglich darin besteht, bei den Betrachtern einen bestimmten Eindruck zu erwecken, oder wenn schließlich das „Gebäude" nur noch aus einer Fassade besteht, dann spricht man von SCHAUARCHITEKTUR. Denkt man an die bereits besprochenen Pyramidentempel und Paläste, dann stellt man fest, daß der Begriff Schauarchitektur auf eine große Zahl dieser Gebäude anzuwenden ist, daß im Grunde sogar – das wurde bei der Erfindung der Tableros deutlich – die Schaufassaden

schon entstanden waren, bevor es überhaupt nutzbare Gebäude in unserem Sinne gab.

Schaufassaden sind in Mesoamerika alle aus religiösen Motiven entstanden, sie sind niemals um ihrer selbst willen geschaffen worden. Auch nahezu alle Schmuckformen (die ich deswegen oft nur Symbolformen genannt habe) besitzen eine symbolhafte, religiöse Bedeutung.

Ein Blick auf die griechisch-römische Architektur zeigt, daß auch dort die Schaufassaden in der letzten Phase immer beliebter wurden; aber dort ging es nicht um eine religiöse Beeinflussung, sondern um reine Prachtentfaltung um ihrer selbst willen. Z.B. waren die prächtigen, zwei- oder dreistöckigen Fassaden der Bühnenhäuser der römischen Theater kaum nutzbar, sie dienten allein dazu, die Zuschauer in eine festliche Stimmung zu versetzen.

Obwohl es bei der Schauarchitektur in Mesoamerika in erster Linie um Beschwörung und Abschreckung geht, die man auch mit primitiven Formen hätte ausdrücken können, bildeten sich dennoch ästhetische Kriterien heraus, mit denen die religiösen Symbole in ein festes Ordnungssystem eingebunden wurden, das zwar eine klassische Ausgewogenheit vernachlässigt, aber gerade dadurch zu einem unverwechselbaren mesoamerikanischen Merkmal wird.

Zum Wesen der mesoamerikanischen Schauarchitektur gehört ihre vertikale Ausrichtung. So wie man beschwörend die Hände erhebt, so streben alle Formen nach oben dem Himmel entgegen. Doch jedes Schauelement ist dann in sich streng gegliedert., wie das nebenstehende Beispiel der Gewölbezone des Nordpalastes in Uxmal zeigt (siehe auch Abbildungen auf S. 134 + 135). Die Seiten des Schauelements werden eingefaßt durch ein Band im Flechtwerkmuster, und die einzelnen Chakmasken sind (ähnlich wie beim Palast in Kabah) zu Rechtecken geformt, die stapelbar sind. Schließlich wird die erstrebte Wirkung durch Wiederholung der Elemente selbst weiter erhöht: Sieben solcher Schauelemente (mit unterschiedlichen Einzelformen) reihen sich in der Gewölbezone des Nordpalastes.

Gerade am Nordpalast zeigt sich aber auch, daß man hier auf dem Höhepunkt mesoamerikanischer Architektur diese beschwördende, nach oben weisende Komponente dennoch einzubinden suchte in eine gewisse Ausgewogenheit des Ganzen: Die Schauelemente überragen kaum noch das obere Gesims. Und bei den übrigen Palästen des Nonnenviertels verlaufen die breiten, oberen Gesimse durchgehend ohne Unterbrechung übers ganze Gebäude. Dadurch ist eine gewisse Ausgewogenheit zu spüren, die sogar eine geringe Kopflastigkeit der Paläste ausgleicht.

DIE CRESTERÍA ALS SCHAUARCHITEKTUR

Die letzte Steigerung der Schauarchitektur bildet natürlich die Cresteria. Schon bei ihrer ersten Erwähnung (auf S. 76) hatte ich sie als die phantasievollste Schöpfung der Mayaarchitektur bezeichnet. Sie besteht nur noch aus einer Fassade, sie schmückt nicht einmal mehr – wie die Schauelemente am Nordpalast in Uxmal – eine Gebäudefront, sie hat sich mit ihrer himmelweisenden Gebärde verselbständigt! Besonders die Ansammlung von sieben Cresterien auf dem sogenannten TAU-BENHAUS in Uxmal zeigt deutlich, daß man ihnen ein Eigenleben gegeben hat. Ihr Unterbau bildet eine schier endlos lange Wand mit senkrecht stehenden Einzelöffnungen, die noch zum darunterliegenden Gebäude gehört. Gebäude und Wand bilden nur ihren Sockel, darüber thronen die Cresteríen, von allem Irdischen entrückt.

Dachaufbauten hat es schon bei den hölzernen Tempeln gegeben, die vielen Nachbildungen früher Tempel an den Gewölbezonen in Uxmal und anderen Orten zeigen es. Auch diese Aufbauten wurden bereits mit Symbolen göttlicher Wesen geschmückt. Doch die meisten steinernen Cresteríen tragen, wenn sie stehende längliche Öffnungen aufweisen, figürlichen Schmuck. Am Tempel von Hochhob (siehe S. 77) stellen diese Figuren unbekleidete Männer dar. Da sie keine Priester- oder Kriegerkleidung tragen, könnte man daraus schließen, daß es sich um Menschen handelt, die bar allen irdischen Schmucks den Kontakt mit dem Jenseits aufgenommen haben. Diese Figuren wären dann ein Hinweis auf die Bedeutung des Tempels selbst: Er ist das Gehäuse der irdischen Welt, von dem aus allein der Zugang von der materiellen zur

jenseitigen, zur geistigen Welt möglich ist. Die Cresteria wäre dann in erster Linie ein religiöses Symbol – und erst danach ein Architekturelement.

Die Cresterien haben – wie diese Betrachtungen insgesamt zeigten – sehr unterschiedliche Formen. Daraus kann man nicht schließen, daß ihnen auch eine unterschiedliche Bedeutung innewohnte. Denn die Form hing von dem Stil ab, in dem jeweils gebaut wurde: In Palenque (S. 80 f.), wo eine langgestreckte, ausgewogenere Bauweise auch bei den Tempeln üblich war, bilden sie längliche Rechtecke; in Tikal aber, wo der Pyramidensockel eine fast turmartige Form annimmt (S. 83 ff.), stürmt auch die wuchtige Cresteria himmelwärts. Eine weitere Frage bleibt offen: Warum trugen auch Paläste – wie der genannte in Palenque und das Taubenhaus hier – eine Cresteria? Wenn die Cresteríen ein Kommunikationsmittel zur himmlischen Sphäre darstellten, was hatten sie auf Palästen zu tun? Oder hatten Paläste eben doch tempelartige Bedeutung, wurde auch hier – nur in größerem, festlicherem Rahmen – der Kontakt mit den himmlischen Mächten gesucht?

Darüber hinaus hat die Schaufassade des Taubenhauses auch eine Bedeutung für die architektonische Gestaltung: Sie wirkt raumbildend, denn sie bildet den Abschluß eines großen Hofes und steht einer hohen Pyramide gegenüber. Um ihre Schönheit zu erahnen, müssen wir sie uns mit dem verlorenen Schmuck ergänzt vorstellen, der nicht etwa grau aussah (wie heute der rekonstruierte auf der Abb. von Hochob), sondern in leuchtenden Farben bemalt war. Ich meine, daß diese üppig dekorierten Flächen, die wie erhobene Hände zum Himmel weisen, die mystische Haltung der mesoamerikanischen Architektur am besten widerspiegeln.

324 Uxmal
TAUBENHAUS
Ansicht von Südosten
Sechs der insgesamt
sieben Cresteríen

BEDROHUNG UND KOPFLASTIGKEIT

oben links: 325 Chichén Itzá
DIE KIRCHE

oben rechts: 326 Chichén Itzá
JAGUARTEMPEL
Ansicht von Westen

Ansichtszeichnung
des JAGUARTEMPELS
siehe S. 171

Im Gegensatz zur himmelweisenden Gebärde der Cresteria steht die drohende Schwere der KOPFLASTIGKEIT (auf die ich schon bei der Beschreibung der Fassade des Gouverneurspalastes in Uxmal auf S. 130 hinwies). Sie entsteht, wenn die Gewölbezone höher ausgebildet wird als die darunter liegende Wandzone. Dadurch stellt sich ein bedrückendes Gefühl der Schwere ein, das im Widerspruch steht zur klassischen Ausgewogenheit. Doch das Ruhende, Ausgewogene war nicht vereinbar mit den Vorstellungen der Erbauer. Für den Herrscher oder die Priester dienten die Fassaden als Hintergrund für ihr Bemühen, sich dem Volk als Vertreter der allmächtigen Götter begreiflich zu machen. Auch wenn ein Herrscher sich im Besitz der weltlichen Macht wähnte, wußte er doch, daß er diese Macht ohne die Darstellung des Göttlichen nicht erhalten konnte. Das Wesen der Götter aber war drohend und übermächtig; das mußte auch in den Fassaden seinen Ausdruck finden. Dazu bedurfte es nicht allein drohender Chacmasken, sondern man versuchte, diese Macht durch drohende Schwere der Bauten selbst auszudrücken. Auch mit diesem Mittel konnte man das Ausgeliefertsein an die göttlichen Kräfte begreifbar machen.

In Chichén Itzá steht neben dem „Bau der Nonnen" ein Gebäude, das man geradezu als ein Symbol für die Kopflastigkeit ansehen kann. Es ist die wegen ihres turmähnlichen Aussehens so benannte KIRCHE, die man unvoreingenommen sogar für ein dreigeschossiges Gebäude halten könnte. Dieser ganz normal im Puuc-Stil dekorierten Palastfassade ist lediglich eine zweite Gewölbezone aufgesetzt, wobei man in sehr überlegter Weise die Proportionen nach oben hin steigerte: Der sehr niedrigen Wandzone folgt die schon wesentlich höhere erste Gewölbezone, und bei der dann zusätzlich aufgesetzten zweiten Gewölbezone werden Höhe und Breite nochmals vergrößert.

Obwohl man nur mit horizontal gelagerten Schichten arbeitete, erreichte man dadurch, daß man diese Schichten nach oben proportional vergrößerte, das absolute Gegenteil einer horizontalen Ausgewogenheit: Man empfindet Angst, die beiden wuchtigen „oberen Geschosse" könnten das schmächtige „untere Geschoß" zerdrücken. Auf jeden Fall wird eine bedrückende Spannung erreicht. Auch dieses Gebäude war als ein Abbild der „ideelen, wahren Welt" gedacht, vor dem der Mensch die Bedeutungslosigkeit seines irdischen Daseins erkennen soll.

Eines der letzten Bauwerke in Chichén Itzá ist der JAGUARTEMPEL, der hoch oben die steile Wand des Ballspielplatzes überragt. Ist allein schon eine 8,5 m hohe Mauer als Begrenzung eines Spielfeldes ein Ausdruck erdrückender Monumentalität, dann wird dieser Charakter durch die Gestalt des Tempels noch verstärkt. Er wird geprägt von den schweren Schlangensäulen, die wir ähnlich bereits am Tempel des Kukulkan sahen (Abb. auf S. 97). Er wirkt durch den blockhaften Aufbau seiner Gewölbezone sehr kopflastig. In seiner drohenden Erscheinung spiegelt sich die menschenverachtende Haltung dieser „neuen Zeit". Oben vor dem Tempel standen die Priester in ihrem Putz, umgeben von ebenfalls aufgeputzten Kriegern, unten spielten die Gefangenen um Leben oder Tod.

Alle weiteren Bauten der Spätzeit sind von der Kopflastigkeit geprägt, man schaue auf die rekonstruierten Pyramiden auf dem Modell von Tenochtitlán (Abb. nächste Seite), auf die Rekonstruktionszeichnung der Schlangenpyramide in Tenayuca (S. 101) und auf die Abb. des kleinen Tempels in Santa Cecilia (S. 103). Obwohl man in den Zweckbauten dieser späten Phase viele Ähnlichkeiten mit Formen der hellenistischen Zeit erkennen kann, entfernt sich die Gestaltung der Zeremonialbauten immer mehr von den Merkmalen der klassischen Ausgewogenheit und damit auch von den Höhepunkten der eigenen Achitektur.

DAS ENDE IN TENOCHTITLÁN

Beim Anblick der soeben gezeigten typischen Merkmale der mesoamerikanischen Architektur sollte man nicht vergessen, daß die eigentliche Leistung dieser Architektur darin liegt, daß man alle Formen – seien es klassisch ausgewogene oder beschwörend drohende – in höchstmöglicher ästhetischer Vollkommenheit gestaltet hat. Dieses Bestreben verbindet sie mit der griechischen Ästhetik.

Gleichzeitig sei an ein anderes Phänomen erinnert, das das mesoamerikanische Denken wiederum vom griechisch-römischen unterscheidet: das konservative Festhalten an einmal gefundenen Formen. Neue Formen entstanden in Mesoamerika nur dann, wenn religiöse Gebräuche dies erforderten, nie aber aus dem Wunsche heraus, eine Form um ihrer selbst wegen weiterzuentwickeln. So finden sich auch keine Verformungen klassischer Bauglieder, wie sie im späten Rom auftraten, und erst recht keine Stilbrüche und Neuanfänge, wie sie die spätere europäische Architektur prägen. Das, was einmal gültig war, blieb so bis zum Ende; es wurde lediglich im einzelnen mit viel künstlerischer Eingebung gestaltet – allerdings in verschiedenen Zeiten auch mit unterschiedlicher Intensität.

So gehen in der Spätzeit viele Feinheiten verloren. Das zeigt sich besonders an den Resten der Bauten Tenochtitláns. Diese einmalig gelegene Großstadt, die im Gegensatz zu Teotihuacán, Tikal oder Chichén Itzá in vielen Bereichen große Ähnlichkeiten mit den europäischen Städten des frühen 16. Jhs. aufwies, sie an Größe wohl sogar übertraf, war ein Wunder durch die städtebauliche Ordnung ihrer Straßen und Kanäle, aber auch durch die Schönheit ihrer Wohnhäuser und Paläste (wozu das Zusammenwirken von Wasser und blühenden Gärten beitrug).

Doch die ausgegrabenen Reste der großen Pyramidentempel und der von Säulen getragenen Hallen zeigen keine neuen Ideen. Man benutzte in vereinfachter Form nur das, was frühere Völker erfunden hatten. Das Dekor besteht nicht mehr aus Stuckreliefs oder Steinmosaiken, stattdessen wird die Gewölbezone einfallslos mit Reihen vorstehender Steine verziert (siehe Abb. des kleinen TEMPEL SANTA CECILIA ACATITLÁN auf S. 103). Die Macht der großen Stadt wird allein durch Größe und Monumentalität dargestellt, das zeigt der riesige Doppeltempel des Hauptheiligtums (siehe Abb. oben links). Seine Treppenanlagen übertreffen nochmals die Überbauungen der „nachklassischen" Zeit (siehe die Reste der Treppen – Abb. oben rechts).

Diese kümmerlichen Reste der so gründlich zerstörten Stadt zeigen uns heute die ganze Tragik ihres Untergangs. Denn im Grunde stand Tenochtitlán 1521 erst am Beginn einer neuen Zeit. Das, was dem Dreierbund Uxmal – Chichén Itzá – Mayapán nur beschränkt aufs nördliche Yucatán gelungen war, hatten die Azteken für ganz Mesoamerika erreicht: ein großes, zentral geführtes Reich, in dem der Handel zu bisher nicht gekanntem Wohlstand geführt hatte. Die noch religiös geleiteten Kriegerkasten verloren ihren Einfluß, reiche Kaufleute und Handwerker bestimmten auch das Bauen. Was wäre geschehen, wenn die Spanier erst 100 Jahre später über den Atlantik gekommen wären? Hätte sich in dieser Zeit eine profane Architektur gebildet? Hätte diese sich – wäre 1521 nicht alles bis zur letzten Mauer zerstört worden – weiter entwickelt? Hätte sie, losgelöst von religiösen Dogmen, in ganz neue Richtungen geführt? Die Tragik der Geschichte aber wollte es, daß nicht nur Teotihuacán, Tikal, Palenque, Uxmal und Chichén Itzá frühzeitig untergingen, sondern am Ende auch Tenochtitlán eingeäschert wurde. Mit seinem Untergang hat die mesoamerikanische Architektur ein plötzliches, vorzeitiges Ende gefunden.

327 + 328 Technotitlán
HAUPTHEILIGTUM

oben links: Der DOPPELTEMPEL des Kriegergottes Huitzilopochtli und des Regengotts Tlaloc, davor der Rundtempel des Quetzalcoatl Modell des Hauptheiligtums im Museo Nacional de Antropología in Mexiko-Stadt (Zustand 1990)

oben rechts:
Der DOPPELTEMPEL freigelegte Reste der Treppenanlage

GESCHICHTLICHE DATEN

Ursprünge
Erste Landwirtschaft einer seßhaften Bevölkerung	ab	7000 v.Chr.
Erster Maisanbau	ab	5000 v.Chr.

„Vorklassische" oder „formative" Periode 1500 v. – 200 n.Chr.

Olmekische Kultur 1200 v. – 400 n.Chr.

Maya-„Vorklassik" (olmekisch beeinflußt)	800 v. – 200 n.Chr.	
Monte Albán I (olmekisch beeinflußt)	600 v. – 300 v.Chr.	
Monte Albán II	ab	300 v.Chr.
Teotihuacán I (Frühe Phase)	um	200 v.Chr.

„Klassische" Periode 200 – 600 n.Chr.

Teotihuacán II (Mondpyramide, Totenstraße)	150 – 250 n.Chr.	
Erste Stelen der Maya in Tikal	ab	298 n.Chr.
Monte Albán III (Zapoteken)	200 – 800 n.Chr.	
Teotihuacán III (Quetzalcoatl-Pyramide + Quetzalpapalotl-Palast)	ab	250 n.Chr.

El Tajín III	ab	300 n.Chr.
Teotihuacán geplündert		450 n.Chr.
Teotihuacán IV	550 – 650 n.Chr.	
„Klassische" Maya-Kultur im Petén in Tikal – Erfindung des Gewölbes	300 – 500 n.Chr.	
Copán	ab	460 n.Chr.
„Klassische" Maya-Kultur in Palenque	536 – 800 n.Chr.	
Erster Niedergang der Maya-Kultur im Petén	ab	500 n.Chr.
Uxmal Wahrsagerpyramide begonnen	ab	580 n.Chr.

„Spätklassische" Periode 600 – 900 n.Chr.

Erholung der Maya-Kultur im Petén (Tikal) 700 – 800 n.Chr.

„Spätklassische" Maya-Kultur in Palenque 600 - 850 n.Chr.

Río Bec-, Chenes- und Puuc-Stil in Yucatán	ab	550 n.Chr.
Aufblühen der Maya-Städte im Norden Yucatáns	800 n.Chr.	

Zweiter Niedergang der Maya-Kultur in Yucatán 900 – 1000n.Chr.

„Nachklassische" Periode 900 – 1550 n.Chr.

Toltekisches Reich in Tula	900 n.Chr.
Toltekische Herrschaft in Yucatán (Chichén Itzá)	1000 – 1224 n.Chr.

Monte Albán und Mitla (Mixteken)	1100 n. Chr.
Mayapán	1200 n.Chr.
Mixco Viejo	1400 – 1521 n.Chr.

Tenochtitlán, Hauptstadt der Azteken 1400 – 1521 n.Chr.

Untergang

Die Spanier unter Cortéz landen in Mexiko	1519 n.Chr.
Tenochtitlán, heute Mexiko-Stadt, wird erobert	1521 n.Chr.
Mixco Viejo, eine der letzten Mayafestungen, fällt	1525 n.Chr.
Die letzten Maya ergeben sich in Tayasal (Petén)	1697 n.Chr.

ZUR GLEICHEN ZEIT AUSGEFÜHRTE BAUTEN

Im Text behandelt
auf den Seiten:
(Seiten mit Lageplan
sind fett gedruckt)

„Vorklassische" oder „formative" Periode

Basaltköpfe	22
Erste Erdpyramiden in La Venta	**31**
Teotihuacán, Kern der Sonnenpyramide	34

„Klassische" Periode

Teotihuacán, Sonnen- und Mondpyramide	34, 36
Teotihuacán, Totenstraße	**38**
Monte Albán, Zeremonialzentrum	46, **52**, 58
Teotihuacán, Zitadelle + Quetzalcoatl-Pyramide	42, 44
Teotihuacán, Quetzalpapalotl-Palast	50, 150
El Tajín, Nischenpyramide u.a. Pyramiden	**48**
Copán, Zeremonialzentrum	**60**
Uxmal, Wahrsagerpyramide 1. Phase	86

„Spätklassische" Periode

Tikal, Pyramidentempel I und II	**83**, 84
Tikal, Gebäude der 5 Stockwerke	118
Palenque, Pyramidentempel der Dreiergruppe	66
Palenque, Inschriftenpyramide	80
Palenque, Palast	119
Copán, Ostplatz	**60**
Edzná, Gebäude der fünf Stockwerke	108
Sayil + Labná, Paläste und Bogen	111, **115**, 144
Kabáh, Palast, Bogen	126, 143, 171
Xpulhil, Palast mit Türmen	88
Uxmal, Wahrsagerpyramide	86
Uxmal, Paläste und Säulenhalle	104, 107, **128**, 158

„Nachklassische" Periode

Tula, Tlahuizcalpantecuhtli-Tempel + Säulenhallen	**92**, 154
Chichén Itzá, Kriegertempel und Tempel des Kukulkan	59, **90**, 94, 96
Säulenbauten	153, 160
Mitla, Säulenpalast	**146**
Mixco Viejo, Pyramiden	100
Tulum, Kastell, Freskentempel, Wohnbauten, Stadtmauer	98, **162**
Tenayuca	101
Tenochtitlán, Pyramiden, Säulenhallen	**102**, 165

MESOAMERIKA

POZA RICA

El Tajin

Tula

Teotihuacán

Tenayuca
CD. MEXICO ⊙ **MEXICO**

C E N T R .

Tlaxcala

Cholula ⊙ PUEBLA

⊙ CUERNAVACA

Malinalco

VERACRUZ

GOLF VO

La Venta

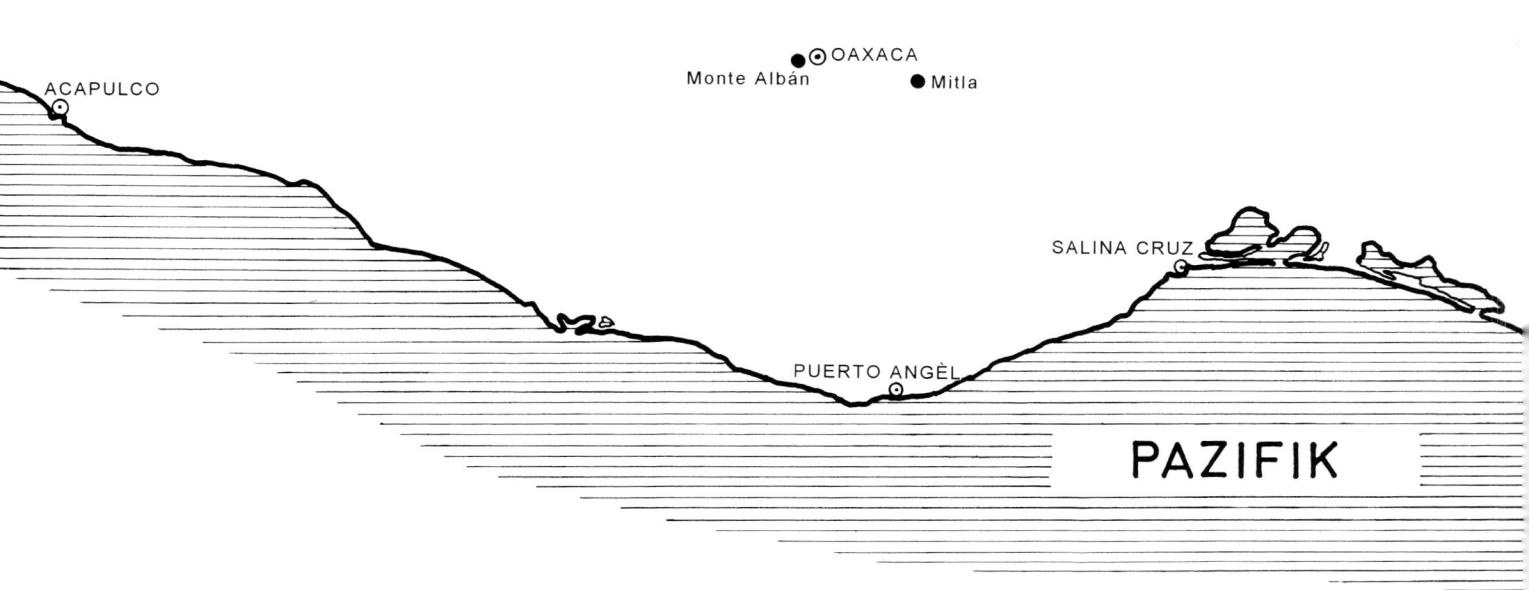

⊙ OAXACA

Monte Albán

Mitla

ACAPULCO

SALINA CRUZ

PUERTO ANGEL

PAZIFIK

LITERATURHINWEISE

Adams, Richard E. W., The Origins of Maya Civilization Albuquerque 1977

Alcina, José, Die Kunst des alten Amerika, Freiburg (Breisgau) 1978

Anders, Ferdinand, Das Pantheon der Maya, Graz 1963

Baudez, Claude Francois /Jean Fréderic Waldeck, Le premier explorateur des ruines mayas. (Paris) Hazan 1993

Baudez, Claude Francois / Pierre Becquelin, Die Maya (aus dem Französischen übertragen), München 1985

Baudez, Claude Francois, Sculpture of Copán. The Iconography, Norman u. London, University of Oklahoma Press 1994

Bernal, I., Mexiko, Vergessene Götter Amerikas, Luzern u. Frankfurt 1968

Codes Dresden, Codes Dresdensis (Leipzig 1892) Graz 1975

Coe, Michael D., Dean Snow und Elizabeth Benson, Amerika vor Columbus. The culturel Atlas of the ancient America (aus dem Englischen übertragen von Dagmar Ahrens-Thiele, Joachim Rehork und Gabriele Wilhelm) München 1986

Coe, Michael D., Die Maya, Aufstieg, Glanz und Untergang einer indianischen Kultur (aus dem Englischen übertragen von Ulrike Schmidt und Peter Schmidt, „The Maya", London 1966), Bergisch Gladbach 1968

Coe, Michael D., Das Geheimnis der Maya-Schrift. Ein Code wird entschlüsselt (aus dem Englischen übertragen von Frauke Johanna Riese) Reinbek 1995

Cordan, Wolfgang, Das Buch des Rates Popol Vuh – Schöpfungsgeschichte und Wanderung der Quiché-Maya (aus dem Quiché übertragen und erläutert, Düsseldorf – Köln 1962

Cortés, Hernando., Die Eroberung Mexikos, Drei Berichte, Frankfurt a.M. 1980

Davies, Nigel, Die Azteken (aus dem Englischen übertragen, Originaltitel „The Aztecs. A History", 1973) Düsseldorf – Wien 1974

Eggebrecht, Arne und Eva und Nikolai Grube, Die Welt der Maya, Mainz 1994

Gendrop, Paul / Doris Heyden, Mittelamerika, Die alten Kulturen, Reihe Weltgeschichte der Architektur (aus dem Italienischen übertragen) Stuttgart 1988

Hartung, Horst, Die Zeremonialzentren der Maya. Ein Beitrag zur Untersuchung der Planungsprinzipien, Graz 1972

Helfritz, Hans, Mexiko und Mittelamerika, Berlin 1954

Hellmuth, Nicholas M., Monster und Menschen in der Maya-Kunst. Eine Ikonographie der alten Religionen Mexikos und Guatemalas, Graz 1972

Hohmann, Hasso / Annegret Vogrin, Die Architektur von Copán. 2 Bände, Graz 1995

Ivanoff, P., Maya, Reihe Monumente großer Kulturen, Wiesbaden 1974

Kerr, Justin, The Maya Vase Book. A Corpus of Rollout Photographs of Maya Vases, New York 1989

Kirchhoff, Paul, Mesoamerika. Sus límites geográficas, composicion étnica y carácters culturales, Mexico (1943) 1960

Krickeberg, W., Altmexikanische Kulturen, Berlin 1971

Landa, Diego de, Bericht aus Yucatán, deutsch von C. Rincon, Leipzig 1990

Marquina, I., Arquitectura Prehispanica, Instituto Nacional de Antropología E Historica, Mexico 1964 (2. Aufl.) (Spanisch)

Miller, Virginia E., Stätten der Maya, Köln 1995

Prem, Hanns J., Geschichte Altamerikas, München 1989

Prem, Hanns J. / Ursula Dyckerhoff (Hrsg.), Das alte Mexiko. Geschichte und Kultur der Völker Mesoamerikas, München 1986

Proskouriakoff, Tatiana., An Album of Maya Architecture, Norman University of Oklahoma Press 1970 (englisch – mit ausführlichen Rekonstruktionszeichnungen der Mayabauten)

Rätsch, Christian., Chactun – Die Götter der Maya. Quellentexte, Darstellung und Wörterbuch, Köln 1986

Riese, Berthold C., Die Maya. München (1995) 2002

Riese, Berthold C., Epigraphy of the South-Eastern Zone in Relation to Other Parts of the Maya Realm, Washington 1987

Riese, Berthold C., The Copán Dynasty. In: Handbook of the Middle American Indians, Supplement, 5, S. 128–153. Austin (University of Texas Press) 1992

Schele Linda und David Freidel, Die unbekannte Welt der Maya, Das Geheimnis ihrer Kultur entschlüsselt, München 1991

Schultze Jena, Leonhard, Popol Vuh. Das heilige Buch der Quiché-Indianer von Guatemala, Stuttgart (1944) 1972

Soustelle, Jacques, Die Kunst des alten Mexiko, (aus dem Französischen übertragen), (Paris 1966) 1968

Soustelle, Jacques, Die Olmeken, Ursprünge mexikanischer Hochkulturen, Zürich 1980

Stephens, John L., Incidents of Travel in Central America, Chiapas and Yucatán, with Illustrations by Frederick Catherwood, 2 Bd., New York (1841) 1969

Stierlin, Henri, Maya. Guatemala, Honduras, Yukatan, Reihe Architektur der Welt, Fribourg 1964

Stierlin, Henri, Das Alte Mexiko, Reihe Weltkulturen und Baukunst, München 1967

Stierlin, Henri, Maya, Paläste und Pyramiden im Urwald, Köln 1997

Stuart, David und Stephen Houston, Classic Maya Place Names, Dumbarton Research, Library and Collection, Washington D.C. 1992

Westheim, P., Die Kunst Alt-Mexikos, Köln 1966

Westphal, Wilfried, Die Maya, Volk im Schatten seiner Väter, München 1977

Westphal, Wilfried, Die Maya-Forschung. Geschichte, Methoden, Ergebnisse, Frankfurt am Main 1991

Wilhelmy, H., Welt und Umwelt der Maya – Aufstieg und Untergang einer Hochkultur, München und Zürich 1981 (Taschenbuchausgabe 1989)

REGISTER